全国高等学校应用型法学人才培养系列规划精品教材

总主编 谈萧

法学概论

Introduction to Law

主编 王丽娜

副主编 张素伦 孙安洛

广东省高等学校教学质量与教学改革工程本科类项目
『法学专业综合改革试点』（粤教高函〔2012〕204号）成果

广东省本科高校教学质量与教学改革工程建设项目
『法学专业系列特色教材』（粤教高函〔2014〕97号）成果

广东教育教学成果奖（高等教育）培育项目
『应用型法学人才培养系列精品教材』（粤教高函〔2015〕72号）成果

WUHAN UNIVERSITY PRESS
武汉大学出版社

全国高等学校应用型法学人才培养系列规划精品教材

编委会

总主编： 谈　萧

编　委：

蔡国芹　蔡镇江　曹　智　陈文华　陈　默
陈　群　丁永清　杜启顺　傅懋兰　方　元
管　伟　高留志　高　涛　郭双焦　韩自强
洪亦卿　姜福东　李华武　李　亮　李　鑫
宁教铭　钱锦宇　强晓如　秦　勇　丘志乔
申慧文　谈　萧　王国柱　王金堂　王丽娜
肖扬宇　谢登科　谢惠加　谢雄伟　杨春然
杨　柳　余丽萍　余耀军　赵海怡　张　斌
张玫瑰　张素伦　周汉德

支持机构：

指南针司法考试培训学校
众合司法考试培训学校

前　言

在全面推进依法治国的进程中，法学教育发挥着举足轻重的作用，法学教育通过培养法学专业人才以及普及法律意识为法治国家的建设提供智力和人才支持。高等院校的法学教育除了法学本专业的设置和教学外，同时也越来越多地为其他学科专业的学生普及法学知识，加强法制教育。尤其是那些与法律密切相关的学科领域，如知识产权专业、法律事务专业以及国际关系、行政管理、经济管理、社会工作、电子商务等，相关的法律课程已经成为他们的必修课。本教材即是面向此类学生，为其学习与法律相关的本专业课程提供必要的法学知识基础，培养运用所学法律知识解决一般法律问题的能力，同时通过对《法学概论》的学习增强法律意识和法学素养，培养法治思维与行为模式。

本教材在全国高等学校应用型法学大类人才培养系列规划教材编委会的指导下，组织多个高等院校实际讲授“法学概论”课程的任课教师和部分法学博士，结合法学领域的最新规则与案例编写而成。

该教材注重实用性、适用性和总体的逻辑性，在体系上基本涵盖了法学的各核心课程，但在内容编排上侧重基本法律概念、法律程序和法律方法等体现实操性和应用性的知识和技能。为避免对这些法律知识和技能的空洞说教，教材在编写过程中通过穿插案例及分析、司法考试真题等栏目，针对不同的栏目，相应地结合不同的教学方法，如案例教学法、情景教学法、讲座式教学法等，丰富了教材的可读性与传授性。本教材在编写中不仅考虑到贴近现实法律生活，将当今社会生活及法律生活中方方面面的法律现象在教材中有所反映，而且也考虑到应对国家统一法律职业资格考试及其他执法资格考试的需求，强调真题演练和法律实务处理。

此外，由于本教材受篇幅的限制，并没有面面俱到，对其他法律方面，通过列举参考材料和设置课后练习，鼓励学生进行主动性的学习和思考。

本教材共分十二章，除第一章法的基本理论外，其余十一章分别代表我国法律体系中的一个法律部门。教材内容既包括抽象性的关于法的本体的一般理论，也包括调整和保护各种法律行为的实体规则和程序规则。在编写体例上，各章节都设有学习目标、练习思考以及案例导入等栏目。本教材的具体编写分工如下：

本教材由王丽娜担任主编，张素伦、孙安洛担任副主编。各章作者为（以撰写章节先后为序）：

王丽娜（河南财经政法大学法学院）：第一章第一、二节，第三章，第十一章

张素伦（郑州大学法学院）：第五章第三至八节，第八章

孙安洛（石河子大学政法学院）：第四章第三、四节，第十二章

李静雅（河南财经政法大学法学院）：第一章第三、四节，第二章

付东萍（河南财经政法大学法学院）：第四章第一、二节，第五章第一、二节，第七章

曹冬媛（北京科技大学文法学院）：第六章，第十章第一至三节

王琦（河南检察职业学院法学院）：第九章，第十章第四至七节

本教材由正、副主编审稿、统稿，最后由主编定稿。

本教材的编写旨在服务于应用型法学大类人才的培养，主要面向需要开设部分法学课程的其他专业，同时高等院校法学专业的学生学习本教材也会大有裨益。

本教材是对培养应用型法学大类人才的一次探索，是否达到了编写时设定的应用型目标尚需实践检验，教材中难免有错误和疏漏之处，竭诚欢迎读者批评、指正。

编　者

2016 年 5 月

目　录

第一章

法的一般原理

学习目标

了解法律如何起源，社会主义法制的创制与实施以及社会主义法律与共产党政策的关系，理解法律的本质，法律关系的主体、内容和客体，法律关系的形成、变更与消灭，掌握法律的基本特征和作用，法律关系的概念和特征，社会主义法制的概念、特征和基本原则，依法治国的内涵和社会主义法治国家的基本标志；技能要求：了解法律的作用在现实生活中的体现，会用法的一般原理的知识将法律与其他社会规则进行区分，能将法律关系与一般的社会关系区分开来。

案例引导

李某违反校规的法律问题

李某是某高校在校大学生，因违反校规被处以校内警告的处分，其同学存在两种意见：一种意见认为校规客观上对本校学生具有约束力和强制力，因而是法律；另一种意见则认为校规虽然对本校学生具有约束力和强制力，但并不是法律。那么，校规究竟是不是法律？实际上，因为校规虽然具有一定的约束力和强制力，但并不符合法律的基本特征，即不具有国家意志性，并不是由国家制定或认可，因而并不属于法律。

第一节　法的起源、本质和基本特征

一、法律的产生

法律是人类文明的重要成就之一。法律是如何在人类历史中产生的？这是一个需要我们持续探索的领域。不可否认的是，法律的出现与人类社会的文明发展密不可分。人类生产力的发展、社会结构的变化以及语言文字的出现都对法律的产生和发展产生了极大的影响。

随着原始人类的发展，到了石器时代，具有一定社会组织形式的原始社会开始形成。以血缘关系为纽带的原始氏族是社会组织的最基本的单位，并在其基础上产生了胞族、部落和部落联盟。在这样的社会组织形式下，人们共同劳动，平均分配劳动果实，重大问题集体决定。氏族或部落首领由集体选举产生，并随时可能更换，其权威来源于人们的信服而非暴力。

任何社会必然需要与其适应的社会调控机制。在原始社会中，人们在长期的共同生产、生活中缓慢地、自发地形成了共同认可的原始习惯，这是人们共同遵守的主要行为准则，也是原始社会的主要调控准则。在当时，原始习惯对社会的调控作用的实现并不依赖于专门的管理机构和人，而更多依靠传统的力量和首领的权威。

到了原始社会末期，金属工具的采用促使了生产力的发展，使得个体劳动成为可能，并逐步取代了集体劳动。生产力的发展导致社会大分工的出现，农业和畜牧业、手工业和农业开始分离，并产生了商业。在上述背景下，以家庭为单位的生产活动取代了氏族的集体生产，进而产生了以家庭为单位的私人占有，私有制出现，并逐渐产生了社会的分化，产生了富人和穷人。由于生产力的发展，对劳动力的需求日益增加，氏族不再处死战俘，而是作为战利品分配给各个家庭作为奴隶，同时，一些穷人由于债务也逐渐沦为奴隶。这样，社会开始出现第一次大的分化，产生了奴隶主和奴隶两大阶级，原始社会宣告解体，人类进入奴隶社会。

随着阶级间的冲突和矛盾的加剧，原始习惯已经不能适应日益复杂的社会关系，难以满足奴隶主的统治需要。为了应对日益冲突的阶级矛盾，将冲突限制在合理范围内，以官方暴力机构为代表的国家应运而生。国家的产生，必然要求一种适应社会调控要求的规范，一部分有利于奴隶主统治的原始习惯得到认可，并获得了国家的强制力保证，成为习惯法，法律由此产生。

二、法律的本质

法律究竟是什么？关于法律本质的讨论，理论界存在着多种不同学说，代表性的有：法律命令说，该学说认为法律是主权者发布的一种命令，这种命令包含了做某事的要求以及违反命令要遭遇的“恶果”即处罚；人民公意说，该学说认为法律是代表了全体人民的“公意”的行为；社会控制说，该学说认为法律是一种政治上组织的社会高度专门化的社会控制形式。上述学说从不同的角度对法律的本质进行了分析，是我们理解法律本质可以借鉴的资源。马克思主义则从辩证唯物主义和历史唯物主义角度出发，对法的本质进行了科学揭示。

（一）法律是国家意志的体现

法律由国家制定或认可，本质上体现了国家意志。马克思、恩格斯指出：“在这种关系中占统治地位的个人，除了必须把自己的力量构建成国家外，还必须使他们的由这些特定关系所决定的意志具有国家意志即法律这种一般表现形式。”① 国家意志要得到贯彻和实现，必然需要一种普适性的规范将国家意志予以明确化，并在全国强制适用，这就是法律。立法者在立法的过程中将国家的意志通过法律这种载体表达出来，并在全国予以适

① 马克思恩格斯：《德意志意识形态》（节选本），人民出版社2003年版，第108页。

用，其本质是通过法律的适用，贯彻和实现国家意志。

（二）法律是取得国家政权的阶级意志的体现，兼顾社会公共利益

法律所体现的国家意志，本质上是取得国家政权的阶级意志的体现。这种阶级意志既不是该阶级部分个人的意志，也不是该阶级所有个人意志的简单相加，而是由该阶级的根本利益和需求所决定的共同意志。同时，作为取得国家政权的特殊阶级，为了国家的长治久安，不可能仅考虑本阶级的利益，同时必须兼顾其他阶级、阶层的利益，以及整个社会的公共利益。

（三）法律体现的意志最终取决于所处社会的物质生活条件

马克思主义认为，物质决定意识，社会的物质生活条件决定了法律所体现的意志。我们可以看到，由于客观物质生活条件的不同，不同时代的法律也往往有所不同，其实质是由于法律需要体现的意志最终取决于所处的社会物质生活条件。

三、法律的基本特征

要深刻理解法律，还需要从法律的特征，也就是法律的外在表现形式上进行探讨，以将法律与其他的社会规范区分开来。

（一）法律是体现国家意志的社会规范

任何社会都存在各种各样的社会规范。社会规范调整的是人与人之间的关系，具有一定的约束力，如道德规范、宗教规范、风俗习惯等。法律是社会规范的一种，调整人与人之间的社会关系。道德、宗教、习俗等社会规范往往是在漫长的社会历程中缓慢、自发地形成的，往往并不代表国家意志。为了治理国家的需要，立法者将国家意志通过法律予以固化，因而法律的本质是国家意志的外在体现。

（二）法律由国家制定或认可

纵观所有法律，其产生方式主要有两种：一种是由国家授权的专门立法机关制定而产生的法律即成文法，亦称为制定法；另一种则是由国家认可而产生，如国家认可社会中长期存在的习惯、司法判例而形成的法律即习惯法、判例法。不同于其他的一般社会规范，法律的产生方式比较特殊，必须由国家制定或认可。凡是未经国家制定或认可将之上升为国家意志的规范，都不能称为法律，如党规党纪、校规校纪等，由于并不是国家制定和认可的规范，虽然具有一定约束力，但并不属于法律。

（三）法律以权利、义务为主要内容

法律的产生，是为了治理国家的需要。国家、社会的安定有序要求必须为每一个人提供某种官方权威的行为规则，从而使得个人的行为得到规范。现代法律的内容主要是权利和义务，权利设定了个人行为自由的范围，义务则是对个人行为的约束。这与道德、宗教

有明显差别，后者往往通过对人的义务的设定实现对人的约束。正是通过权利、义务的内容设定，法律使个人行为有了明确而具体的准则，从而实现对社会的调控作用。

（四）法律具有国家强制性，其实施以国家强制力为保障

所有的社会规范都具有一定的强制性。法律作为体现国家意志的一种社会规范，其强制性与其他的社会规范相比，在方式、范围、程度上存在很大的差异。道德、习惯的强制力主要依赖于人的内心和社会舆论，而法律的强制力具有国家强制性，由一系列专门国家机关负责实施。

通过上述讨论，我们可以得出法律的概念。所谓法律，是体现国家意志，由国家制定或认可，以权利、义务为主要内容，并由国家强制力保障实施的行为规范。

四、法律的作用

法律的作用指的是法律作为体现国家意志的规范对于人的行为或社会关系所产生的影响。历史上，思想家、法学家对法律的作用做过很多有益的探讨，认为法的作用是“定纷止争”“令人知事”“实现社会控制”“实现社会正义”等。总体而言，法律的作用可以分为两类，一类指法律作为一种行为规范对于人的行为所产生的作用，即规范作用；另一类指法律作为一种社会规范对社会关系和社会生活的影响，即社会作用。

（一）法律的规范作用

1. 指引作用

法律的指引作用是指法律对人的行为起到的具有导向性的指导作用。法律作为一种普适性的规范对人的行为起到指引作用。法律规范包含了一系列对人的行为的要求，包括人可以作出哪些行为，不应当作出哪些行为或者禁止作出哪些行为，这些要求无不是对人们行为的引导，而人们往往会依据法律的要求而去从事相关行为。因此，法律的指引作用可以视为一种自律作用，即人们依照法律的要求，避免从事违法的行为，自觉地从事法律许可的行为。

司考真题

2011年7月5日，某公司高经理与员工在饭店喝酒聚餐后表示：别开车了，“酒驾”已入刑，咱把车推回去。随后，高经理在车内掌控方向盘，其他人推车缓行。记者从交警部门了解到，如机动车未发动，只操纵方向盘，由人力或其他车辆牵引，不属于酒后驾车。但交警部门指出，路上推车既会造成后方车辆行驶障碍，也会构成对推车人的安全威胁，建议酒后将车置于安全地点，或找人代驾。鉴于我国对“酒后代驾”缺乏明确规定，高经理起草了一份《酒后代驾服务规则》，包括总则、代驾人、被代驾人、权利与义务、代为驾驶服务合同、法律责任共6章21条邮寄给国家立法机关。

关于高经理和公司员工拒绝“酒驾”所体现的法的作用。下列说法正确的是：（　　）

A. 法的指引作用　B. 法的评价作用　C. 法的预测作用　D. 法的强制作用

【分析】本题正确答案为A，即法的指引作用。在这里，法律明确禁止“酒驾”行为，高经理等人按照法律的指引作出了人力推车的行为，以避免违法。

2. 评价作用

法律的评价作用是指人们将法律作为评价标准，判断某种行为是否合法或违法及其程度的过程中，法律所起到的判断、衡量作用。法律的评价对象是人的行为。所有的人的行为都可以为法律所评价，判断其是否合法、违法及其程度如何。法律并不评价人的思想，只有在人的思想转化为外在行为付诸行动时，法律才会发挥其评价作用。法的评价作用可以视为一种律他作用，即以法律为标准对人已经实施的行为进行判断和衡量，确定该行为是否合法及违法程度如何。

其他的社会规范，如道德、宗教戒律，也具有评价作用，其评价对象除了人的行为，还可能是人的思想。相比之下，法律的评价作用更为客观、明确、具体，并且有国家强制力的保证，因而在现实中对人的行为的影响更为直接和有效。

案例分析

蒋某在市场卖水果时与郑某发生争执，郑某随即纠集多人到现场，持木棍殴打蒋某。为了不让蒋某逃跑，郑某将蒋某紧紧抱住，其他人仍继续殴打蒋某。蒋某为了逃脱，持水果刀刺了郑某左后背两刀，致其重伤。蒋某在逃跑过程中被郑某叫来的其他人打倒在地，造成轻微伤。检察院在对该案情进行审查过程中，根据我国《刑法》第20条第1款的规定，“为了使国家、公共利益、本人或者他人的人身、财产和其他权利免受正在进行的不法侵害，而采取的制止不法侵害的行为，对不法侵害人造成损害的，属于正当防卫，不负刑事责任”，认为蒋某构成正当防卫，不应当承担刑事责任，决定不予起诉。

【分析】在上述案例中，检察院根据刑法规定，对蒋某的行为进行判断和衡量，认为其构成正当防卫，因此是合法行为，不应当追究其刑事责任。这体现了法律的评价作用。

3. 预测作用

法律的预测作用是指人们根据法律规范的规定可以预见到当事人双方将如何行为及行为的法律后果。现代社会人与人的联系愈加密切，任何人都不可能孤立地生活，必然要受到其他人的影响。通过法律规范的规定，一方面，人们可以事先预测到对方可能的行为，以及自己可能采取的对策；另一方面，人们可以预测到自己的行为在法律上是合法还是违法的，是受到法律的保护还是受到法律的否定和制裁。

案例分析

律师张某前往某品牌汽车4S店选购汽车，决定预定一款车。销售员告知其需要预先交纳1万元的费用，张某在看到交款单据的款项为“订金”后，认为该款项不属于定金，属于一般的预定费用，即使将来不在该店购车，也可以要求返还，所以就交纳了1万元的预定费用，并签订了购车合同。随后张某发现该店车辆售价较高，决定不再购买该车，被

4S店告知其所交付的款项属于"定金"，根据法律的规定，在对方解除合同时，定金不予返还。双方为此诉至法院，法官支持了张某的诉讼请求，认为订金不具备定金的法律效力，要求该4S店返还张某交纳的订金。

【分析】在上述案例中，律师张某根据法律的规定，预测到交款单据的"订金"不属于定金，可以在解除合同时要求对方返还。这就体现出法律的预测作用。

4. 教育作用

法律的教育作用是指通过法律的实施，可以对人们的内心产生影响，对人的行为产生矫正作用。法律是最低限度的道德，法律的要求往往是道德上对人的行为的要求底线。法律本身蕴含的公平、正义等社会价值，在法律的实施中能够深入人心，从而引导人们产生对法律的信仰，自觉依照法律的要求规范自己的行为。

5. 强制作用

法律的强制作用是指法律以国家强制力作为保障，能够对违法者处以制裁，使之负担法律上的不利后果，最终保证法律的顺利实现。其他社会规范，如道德、宗教往往是一种精神上的强制力，而法律则是以国家强制力作为保障，有专门的国家机关如警察、法庭、监狱负责法律的实现。法的强制作用不可或缺，是法律能够有效发挥其他作用的保障。

（二）法律的社会作用

1. 分配社会资源和利益

任何社会的资源都是有限的，而社会成员对资源的所有和利用又体现为一种社会利益。法律的社会作用之一就在于可以有效地依照一定的原则和方法，对社会资源和利益进行分配，以权利、义务的具体规定确定利益主体、利益内容和数量，确定社会资源的权属。通过法律对社会资源和利益的明确分配，可以有效预防由于社会资源和利益分配不明可能产生的纠纷，维护社会稳定。

2. 控制和解决社会矛盾冲突

在社会交往中，社会矛盾冲突不可避免。在现代社会，法律是控制和解决社会矛盾冲突最有效和最重要的手段。法律对社会矛盾冲突的控制和解决主要体现在司法裁判活动中。通过司法裁判活动，可以控制社会矛盾冲突的恶化和升级，促使当事人通过法律途径和平解决纠纷：裁判者依据法律的规定，对守法者予以保护，对违法者予以惩罚，对受害者予以补偿，化解当事人间的社会矛盾冲突。

3. 管理社会公共事务

任何一个社会都有大量的社会公共事务需要进行管理。法律可以促进社会公共事务的有效管理，这主要体现在国家行政机关执法的过程中。进入现代社会，国家行政权急速膨胀，社会公共事务更为庞杂，涉及经济、文化、教育、卫生、交通、环保等诸多领域，法律通过系统化、明确化、规范化的规定，实现行政机关行政管理活动有序、高效的进行。

第二节　法 律 关 系

一、法律关系的概念和特征

（一）法律关系的概念

在社会生活中，人与人的交往形成各种各样的社会关系。在现代社会中，法律关系是最重要的一种社会关系。法律关系的观念最早源于古罗马时代的“法锁”（法律的锁链，juris vinculum）一词。在古罗马法中，“债”是债权人根据法律要求债务人作出一定给付的法锁。在这里，“法锁”一词代表对了“债”对当事人双方具有约束力和强制力的属性。到了19世纪，德国法学家萨维尼第一次系统地对法律关系进行了理论阐述，“法律关系”开始成为法学中最基本的概念之一。

所谓法律关系，是指在社会交往中由法律调整而产生的以权利、义务为内容的社会关系。

（二）法律关系的特征

法律关系作为一种特殊的社会关系，由于其具有法律属性，而不同于其他社会关系。法律关系具有如下特征：

1. 法律关系由于法律规范的调整而产生

法律规范是法律关系产生的前提。是否受到相应法律规范的调整，是判断某一社会关系是否是法律关系的重要标准。一些社会关系，如朋友关系、恋爱关系等，并不受到法律规范的调整，因而不属于法律关系。另一些社会关系，如债权债务关系，以及夫妻、父母和子女间的财产和人身关系，由于受到法律规范的调整，因而属于法律关系。

2. 法律关系的内容为法律上的权利和义务

与一般社会关系不同，法律关系的内容体现为法律设定的当事人的权利和义务。法律通过设定当事人的权利和义务，从而调控和规范人的行为。

3. 法律关系本质上体现国家意志

法律关系作为由法律调整而产生的社会关系，本质上体现了国家意志。法律本身是国家意志的体现，而依据法律规范而产生的法律关系，从其成立到完成，无不体现了国家意志。当然，除了国家意志外，在一些法律关系中还必须有当事人的个人意志的一致（如合同关系），但不可否认的是，由个人意志一致而产生的社会关系之所以能够成为法律关系，关键还在于体现国家意志的法律的认可，因而其本质上仍体现了国家意志。

二、法律关系的主体、内容和客体

（一）法律关系的主体

法律关系的主体是指法律关系的参加者，即在法律关系中能够享有权利和承担义务的人、机构和组织。法律关系的主体主要有以下几类：

1. 自然人

自然人是生理学上具有人的属性的人。只要具有人的自然属性的人，都属于自然人，都可能成为法律关系的主体，包括公民、外国公民和无国籍人。需要注意的是，外国公民和无国籍人在一些特殊的法律关系中受到限制，如在选举法律关系中，只有我国公民可以成为法律关系的主体。

2. 机构和组织

机构和组织作为集体主体也可以成为法律关系的主体，具体包含三类：立法机关、行政机关和司法机关等国家机关；企事业组织；政党、社会团体。

3. 国家

在特殊情况下，国家也可能成为法律关系的主体。如在国际事务中，国家可以参与外交、外贸、领土、战争等国际法律关系，作为法律关系主体缔结条约、享有债权和承担债务，以及参与战争并在战后获得战争赔偿等。在一国范围内，国家可以以自己的名义参与国内法律关系，如：成为土地、矿山、森林及其他财产的所有权人，对刑事法律关系的犯罪人进行处罚，对冤假错案中的受害人进行国家赔偿等。

案例引入

一名新西兰的农场主，立过一份将部分遗产留给两只牧羊犬的遗嘱。遗产价值高达100万新西兰元。根据遗嘱，农场主的第三任妻子，只能获得20万新西兰元，农场主的两个亲生儿子则根据遗嘱分文不得。农场主于1996年去世，死后，两个儿子非常不满，要求奥克兰市法院推翻遗嘱。历经4年，法院终于宣布遗嘱无效，剥夺两只牧羊犬的“继承权”，两个儿子可以获得部分遗产。法院宣称，牧羊犬是没有民事继承权利的。

【分析】 在上述案例中，牧羊犬不具备成为法律关系主体的资格，所以无法按照遗嘱继承农场主的遗产。

（二）法律关系的内容

法律关系的内容是法律主体所享有的法律权利和承担的法律义务。

1. 法律权利

法律权利是依据法律规定法律主体所享有的受到法律保护的追求正当利益的行为自由。追逐利益是人的天性，人在社会生活中所作出的行为，其最终目的都是为了追求某种利益。法律权利就是法律所承认的法律主体在相应范围内从事逐利行为的自由。在法律权利授权的范围内，任何人都不能任意干涉他人的行为自由。

2. 法律义务

法律义务是依据法律规定法律主体所应当承担的作出相应行为（即作为）或不作出相应行为（即不作为）的责任。如果说法律权利意味着当事人的行为自由，那么法律义务则意味着法律对当事人行为的限制，一旦当事人违反法律义务，则要承担法律上的不利后果。法律权利与法律义务是对应的，一方当事人享有的法律权利，意味着对方当事人必然要承担对应的法律义务。

（三）法律关系的客体

法律关系的客体是指法律关系主体所享有的法律权利和承担的法律义务所指向的对象。法律关系的客体主要有以下几类：

1. 物

法律意义上的物指的是具有一定经济价值、能够满足人的某种需要的可以控制和支配的物质资源。它可能是具备固定形态的物，如土地、房屋、钻石等；也可能是没有固定形态的物，如天然气、电力等。

2. 非物质财富

非物质财富是指不属于物质形态的精神财富。主要包含两类：人的智力成果，如科学发明、专利技术、文学艺术作品等；与人身、人格相联系的人或社会组织的肖像、名誉、隐私等。

3. 行为

特定的行为也可以成为法律关系的客体，包括积极的作为和消极的不作为。如在劳务合同中劳务工作者提供劳务的行为，就是劳务合同法律关系的客体。

三、法律关系的形成、变更和消灭

（一）法律关系的形成、变更和消灭的概念

法律关系的形成是指法律主体间依据法律规范而成立一定的权利、义务关系；法律关系的变更是指由于法律规定的特定法律事实出现，导致法律关系产生一定的变化；法律关系的消灭是指法律主体之间权利、义务关系由于特定法律事实的出现而终结。

（二）法律关系的形成、变更和消灭的条件

1. 调整法律关系的法律规范的存在

法律规范的存在是法律关系形成、变更和消灭的前提条件。法律关系是在法律规范调整人与人之间的社会关系的过程中形成的，因而，法律规范是法律关系之所以形成、变更和消灭的基本依据。没有相关法律规范的存在，法律关系就不可能形成、变更和消灭。

2. 特定的法律事实的出现

法律规范是一种静态的、文本的规定，要使法律关系形成、变更和消灭，还必须有特定的法律事实的出现。根据是否以当事人的意志为转移，法律事实可以分为法律事件和法律行为。

（1）法律事件，是指不以当事人意志为转移，能够引起法律关系形成、变更和消灭的客观事实。如社会革命、战争、罢工等社会事件，以及人的出生和死亡、地震、山洪暴发等自然事件。

（2）法律行为，是指以当事人意志为转移，能够引起法律关系形成、变更和消灭的行为。法律行为既可能是合法行为，也可能是违法行为。法律行为可能是积极法律行为，

具有一定外部举动的行为，即作为，如购买商品、租赁房屋等；也可能是消极法律行为，体现为没有外部举动的身体静止，即不作为，如不支付到期债务等。

第三节　社会主义法制及其运行

一、社会主义法制的概念和基本要求

（一）社会主义法制的概念

在我国的古代典籍《礼记》中有这样的记载："命有司，修法制，缮囹圄。"可见，在我国古代就已经出现了"法制"一词。对于法制主要存在两种理解：一种观点认为法制即静态的法律制度；另一种观点则认为法制是所有社会关系的参加者，包括国家机关、政党、公民，平等、严格地将法律作为自己的行为准则进行立法、守法、执法、司法等活动的动态过程。

社会主义法制既指静态的社会主义国家的法律制度，又指所有社会关系的参加者平等、严格地执行法律和遵守法律以及制定法律、实施法律的动态过程，包括立法、守法、执法、司法和法律监督等具体环节。

（二）社会主义法制的基本要求

社会主义法制的基本要求是：有法可依、有法必依、执法必严、违法必究。

有法可依是对立法环节提出的要求，要求立法机关制定出能够调整各方面社会关系的法律，并形成完备的体系，使所有社会关系的参与者有相应的法律规范作为其行为的准则和依据。要建设社会主义法制，首先就必须做到有法可依，只有将体现人民意志的完备法律制定出来，才可能有遵守法律、实施法律的活动，才可能对社会进行有效的管理。

有法必依是对守法环节提出的要求，要求所有国家机关、政党、社会组织、公民都必须严格遵守和执行法律的规定，在法律许可的范围内从事社会活动。法律本身只是文本上的规定，如果束之高阁，只能成为一纸空文。要使"书本中的法"发挥实际的作用，有赖于全体社会成员包括国家机关及其工作人员的遵守。

执法必严是对执法环节提出的要求，要求所有国家机关在执法的过程中应当尊重法律的权威，严格依照法律规定办事。国家机关掌握着公权力，如果不能对其进行有效的约束，就可能造成权力滥用，侵害普通公民的正当权利。执法必严要求国家机关的活动必须严格依据法律进行，实际上也就是运用法律对国家机关进行约束，防止其滥用公权力。

违法必究是对司法环节提出的要求，要求对违反法律的违法、犯罪行为都必须平等地予以追究，不论实施该行为的人或组织的身份、地位如何，都要承担相关法律责任，不允许法外特权的存在。违法必究是使法律发挥实际效力的必然要求。法律之所以能够得到人们的信服和遵守，有赖于其强制力的发挥，有赖于对违法者依法进行制裁。

有法可依、有法必依、执法必严、违法必究这四个方面的要求是相互联系、相互制约、不可分割的有机整体，是建设社会主义法制的基本要求。要建设社会主义法制，实现

法治国家的目标，就必须在立法、守法、执法、司法活动中充分贯彻上述四个方面的要求。

二、社会主义民主与社会主义法制的辩证关系

民主即“人民的统治”，是一种国家制度，是指依照一定的程序，遵循“少数服从多数”“保护少数”的原则，按照多数人的意志从事国家管理活动的国家制度。社会主义民主要求人民当家做主，人民能够有效地参与国家管理和社会治理活动，切实享有各项权利和自由。社会主义法制是社会主义民主的制度化、法律化。社会主义民主与社会主义法制相互依存、密不可分。

（一）社会主义民主是建设社会主义法制的前提条件

社会主义民主是社会主义国家的国家制度，是建设社会主义法制的前提要件。只有建立了社会主义民主制度，人民才可以真正成为国家的主人，才可以真正有效地参与到立法的过程中，并将最大多数人民的意志通过法律的形式体现出来；只有建立了社会主义民主制度，通过民主程序、民主决策形成的法律制度才是社会主义法制，才能体现最广大人民的根本利益和要求，才能为人民所信仰和自觉遵守。

（二）社会主义法制是实现社会主义民主的保障

社会主义民主的实现，依赖于社会主义法制的保障。通过社会主义法制，能够将社会主义民主的国家制度，通过法律制度的形式予以确定；能够保障人民有效的参与管理国家事务的管理，进行民主决策；能够保障公民所享有的权利和自由，打击敌对分子，制裁违法和犯罪行为，从而巩固社会主义民主制度。

三、社会主义法制的基本原则

社会主义法制的基本原则是指贯穿始终的基本精神和理念，包括合法原则、民主原则、平等原则和统一原则。

（一）合法原则

合法原则是指所有国家机关、政党、社会组织、公民都必须以法律为行为的最终依据，严格执行和遵守法律，不得从事法律不允许的行为。合法原则是社会主义法制的必然要求，社会主义法制体现了人民的共同意志，遵循合法原则，也就是遵循体现了人民的共同意志的法律制度，并通过人们对法律的服从，将人民的共同意志付诸实践。

（二）民主原则

社会主义民主是社会主义法制的基础，社会主义法制根本上是为了保障社会主义民主的实现。民主原则在社会主义法制中得到了充分贯彻和体现。一方面社会主义法制明确了人民民主的国家制度，规定了人民所享有的各项民主权利，并通过各种法律制度予以保障，对侵犯民主权利的违法、犯罪行为依法予以制裁；另一方面，社会主义法制从制定到

实施的各环节离不开人民的民主参与。社会主义法律的制定离不开人民的民主参与，社会主义法律的实施离不开人民的自觉遵守、民主决策和民主监督。

（三）平等原则

平等原则是指法律面前人人平等。平等原则的具体表现为：所有人平等地享有法律权利，并承担法律义务；所有人都必须平等的服从法律，不允许法外公民的存在；所有人的违法、犯罪行为都必须平等的予以追究和制裁。

（四）统一原则

统一原则是指法律及法律制度由国家立法机关统一制定并在全国范围内实施。就立法方面而言，统一原则要求由国家最高立法机关统一行使立法权，各地区、各部门经授权制定规范性文件时，要与法律的精神和规定保持一致；就法律的实施而言，统一原则要求法律在全国范围内统一实施，对所有国家机关、社会组织和公民统一生效。

四、社会主义法律的创制

（一）法律创制的概念

法律的创制，又称为法律的制定、立法，是指具有立法权的国家机关通过特定立法程序制定、认可、修改、废止法律及其他规范性文件的专门性活动。社会主义法律的创制，是社会主义国家的立法机关根据广大人民的意志，依照一定的法律程序，制定、认可、修改、废止法律的专门性活动。

我国要建设社会主义法制，首先就必须完善法律制度，将广大人民的意志上升为法律，使所有国家机关、政党、社会组织和公民有法可依。因而，在建设社会主义法制的过程中，法律的创制显得尤为重要。全国人民代表大会是我国最高权力机关，代表全国人民的共同意志和利益，行使国家立法权。

（二）社会主义法律创制的基本原则

社会主义法律创制的基本原则是指在社会主义国家享有立法权的主体，在制定、认可、修改或废止法律及其他规范性文件的专门性活动中所遵循的基本准则。社会主义法律创制的基本原则包括法治原则、民主原则和科学原则。

1. 法治原则

在社会主义法律创制的过程中，要坚持法治原则，要求社会主义法律的创制活动以法律作为最高准则，由法律上享有立法权的主体严格依照法定的程序和步骤进行。针对社会主义法律的创制，法治原则有三个方面的要求：一是立法权的法制化，要求通过法律的明确规定，对立法权作出合理划分；二是内容的合宪性和合法性，要求法律创制的内容必须合乎宪法和效力等级更高的法律；三是程序的法定性，要求法律的创制活动必须严格依照法定的程序、步骤进行。

坚持法律创制的法治原则，可以使法律的创制活动依照法律的设定更为规范的进行，可以有效防止法律的创制活动受到人为因素的肆意干涉。

2. 民主原则

民主原则要求在法律创制的过程中，实现人民群众的广泛参与，使国家专门立法机关在创制法律时，通过各种制度和途径，充分吸收广大人民群众的意见和建议。在我国的法律创制活动中，民主原则体现为：人民代表作为人民的代表参与立法；立法机关公布法律草案，向社会公众征询意见和建议，将之作为立法活动的参考。

坚持民主原则，可以使广大人民有效地参与到法律的创制活动中，集思广益，避免立法出现偏差，并使制定出来的法律充分体现广大人民的意志和利益。另外，通过民主原则创制出来的法律，由于充分体现了人民的意志和利益，也往往能够得到人民普遍的遵守。

3. 科学原则

社会主义法律的创制应当遵循科学原则。科学原则要求在创制法律的活动中，要坚持科学、客观的态度，从实际出发，立足于现实国情，避免主观臆断和照搬照抄他国经验。使创制出来的法律能够反映客观规律，符合社会发展规律，科学有效地调整社会关系。

坚持法律创制的科学原则，才能制定出符合客观现实国情、符合社会发展规律的法律。同时，只有通过科学方法、科学立法技术创制出来的法律，才能有效地调整社会关系，控制和化解矛盾冲突，才能有效地实施社会管理，推动社会进一步发展。

（三）社会主义法律创制的程序

法律创制的程序是指立法机关在创制法律的活动中必须遵守的法定步骤。社会主义法律的创制也必须要依照法定的步骤按部就班地进行。根据我国宪法、立法法和相关法律的规定，我国最高立法机关，即全国人民代表大会，在创制法律的专门活动中，应当遵循如下法定步骤：

1. 提出法律议案

创制法律的开始步骤是提出法律议案，即由享有法律议案提案权的国家机关或个人向立法机关提出关于制定、认可、修改或废止相关法律的建议，并要求将其列入议程进行讨论。

提出法律议案，必须由依法享有提案权的主体作出。根据我国宪法和相关法律的规定，有权向全国人民代表大会及其常委会提出法律议案的国家机关和个人包括：

（1）在全国人民大会开会期间，一个代表团或者30名以上的人民代表联名，可以提出属于全国人民代表大会立法职权范围内的议案。

（2）全国人民代表大会主席团、全国人民代表大会常务委员会，可以提出属于全国人民代表大会立法职权范围内的议案。

（3）国务院、中央军事委员会、最高人民法院、最高人民检察院，可以提出属于全国人民代表大会立法职权范围内的议案。

（4）全国人民大会常务委员会10人以上、全国人民代表大会各专门委员会、国务院、中央军事委员会、最高人民法院、最高人民检察院，可以提出属于全国人民代表大会常务委员会立法职权范围内的议案。

2. 审议法律议案

提出的法律议案经决定列入会议议程后，开始进入审议法律议案阶段。审议法律议案是指立法机关审查和讨论列入会议议程的法律议案。通过对法律议案的审议，可以使法律议案获得全面审查和讨论，弥补漏洞和不足，从而保证立法质量，使制定出来的法律更为完善。

我国人民代表大会审议法律议案时，主要遵循以下程序：（1）由法律议案的提案人进行说明；（2）由各代表团进行讨论，由法律委员会进行综合和修改，并向主席团作审议报告；（3）主席团如有分歧，可提交大会审议。法律议案经过审议，可能被提付表决，也可能被搁置或终止审议。

3. 通过法律草案

通过法律草案是指立法机关对通过审议的法律议案所附的法律草案进行表决，以法定多数的表决结果，同意法律草案成为法律。我国法律草案采取无记名方式（按电钮）进行表决。在我国，对宪法进行修改，必须获全体代表的2/3以上多数同意方可通过；对除宪法外的其他法律，获全体代表或常委会委员的过半数同意即可。

4. 公布法律

公布法律是指立法机关按照法律的规定，将通过的法律刊登在专门的刊物上，向全体社会予以公布的行为。法律的公布是创制法律的最后步骤，未经公布的法律不对外发生法律效力。在我国，根据全国人民代表大会及其常委会的表决结果，由国家主席对通过的法律签发主席令向社会予以公布。我国公布法律的报刊包括《全国人大常委会公报》和在全国范围内公开发行的报纸，并以刊登在《全国人大常委会公报》上的法律文本为官方标准法律文本。

（四）我国的立法体制、法律体系和法律部门

1. 我国现行的立法体制

立法体制是指在一国国内，划分国家机关之间的立法权限的制度。立法体制对立法权的配置进行制度安排，是在制定、认可、修改、废止法律和其他规范性文件的活动中，确定享有立法权的主体及其立法权限的制度。

我国现行的立法体制是新中国成立以后逐步形成，并伴随国家的发展日益完善，最终形成符合我国目前具体国情的立法体制。根据我国宪法和立法法的规定，享有立法权的国家机关及其权限如下：

（1）作为我国最高权力机关，全国人民代表大会的立法权包括：修改宪法、制定和修改刑法、民法等基本法律；作为全国人大的常设机构，全国人大常委会的立法权包括：制定和修改除应由全国人大制定的法律以外的其他法律，在全国人大闭会期间对全国人大制定的法律进行不违背其基本原则的修改。

（2）作为我国最高行政机关及其所属机关，国务院和各部委的立法权限包括：国务院可以根据宪法和法律，制定行政法规；国务院各部、委员会、中国人民银行、审计署和具有行政管理职能的直属机构，可以根据法律和国务院的行政法规、决定、命令，在本部门的权限范围内，制定规章。

(3) 作为地方各级国家权力机关及其常设机构，地方各级人大及其常委会的立法权限是：省、自治区、直辖市的人大及其常委会可以根据本行政区域的具体情况和实际需要，在不同宪法、法律、行政法规相抵触的前提下，可以制定地方性法规；较大的市（包括省、自治区人民政府所在地的市、经济特区所在地的市和经国务院批准的较大的市）的人大及其常委会根据本市的具体情况和实际需要，在不同宪法，法律、行政法规和本省、自治区的地方性法规相抵触的前提下，可以制定地方性法规，报省、自治区的人大常委会批准后施行。

(4) 作为地方各级行政机关及其所属机关，地方各级政府及其所属机关的立法权限包括：省、自治区、直辖市和较大的市的人民政府，可以根据法律、行政法规和本省、自治区、直辖市的地方性法规，制定规章。

根据我国目前的立法权限的划分，我们可以看出，我国的立法体制表现为一元的立法体制，拥有统一的立法体系，同时还具有两级并存、多层次的特点：统一的立法体系是指全国人大享有最高立法权，其他主体在行使立法权时不得与之制定出来的宪法和法律相违背；两级并存是指我国存在着中央立法权和地方立法权的权限划分；多层次是指根据各立法主体的立法权限，制定出来的法律及规范性文件的种类和法律效力等级不同，具有多层次性，如全国人大制定的法律效力高于国务院制定的行政法规，国务院制定的行政法规又高于地方人大制定的地方性法规。

2. 我国的法律体系及法律部门

按照一定的原则和标准，根据调整对象和调整方法的不同，可以将一国的法律规范划分为若干法律部门。这些不同的法律部门及其所包括的法律规范形成的相互作用、相互影响的统一整体，称为法律体系。

根据调整对象和调整方法的不同，我国的法律部门可以划分为以下的法律部门：

(1) 宪法。宪法是我国的根本大法，是我国法律体系中最重要的法律部门。宪法规定了我国的国家制度、社会制度、公民的基本权利和义务，以及国家机构组织活动的基本原则。在我国的法律体系中，宪法居于各种法律之首，其法律效力最高，所有其他法律的制定都必须以宪法为基础和依据，不得与宪法相违背，否则将归于无效。

(2) 行政法。行政法是调整国家行政机关及其工作人员从事的行政管理活动的法律规范的总称，包括行政机关的管理体制，行政机关及其工作人员的职权和职责、行政机关活动的基本原则、方式、方法和程序等。

(3) 民商法。民法是调整平等主体间的人身关系和财产关系的法律规范的总称，如物权法、合同法、侵权行为法、婚姻法、继承法等。商法是调整平等主体间的商事行为和商事关系的法律规范的总称，如公司法、票据法、海商法等。商法属于广义的民法，是为了满足日益发展的追求交易便捷的商业活动的需要而产生的民法的特殊部分。

(4) 经济法。经济法是调整国家对宏观经济实施干预、调控、管理活动而产生的社会经济关系的法律规范的总称，包括财政法、税法、审计法、价格法、消费者权益保护法等。

(5) 刑法。刑法是规定犯罪与刑罚的法律规范的总称。刑法是历史最为悠久的法律部门之一。刑法所调整的行为具有严重社会危害性，因而刑法的调整方法也最为严厉，违犯刑法的人可能被判处拘役、有期徒刑、无期徒刑、甚至死刑等刑罚。

（6）环境法。环境法是保护人类生存环境和自然资源、防治污染及其他环境公害的法律规范的总称。环境法是新兴的法律部门，包括环境资源保护法、森林法、草原法以及大气污染防治法等。

（7）社会法。社会法是调整劳动关系、社会保障以及社会福利关系的法律规范的总称，包括劳动法、残疾人保护法、未成年人保护法等。

（8）程序法。程序法是规定为实现实体权利和义务、职权与职责而采取的诉讼活动和非诉讼活动的法律规范的总称，包括民事诉讼法、刑事诉讼法、行政诉讼法以及仲裁法等。

五、社会主义法律的实施

法律的实施是指法律在现实生活中调整人与人之间的社会关系并得到充分运用和贯彻的过程。只有通过法律的实施，法律才能焕发生命力。法律在被制定出来以后，只是一种"书本上的法律"，如果不能得到实施，只能成为一纸空文。法律实施就是要使"书本上的法律"变成"行动中的法律"，从应然状态进到实然状态，使法律规范从抽象的行为模式变成人们的具体行为。① 社会主义法律的实施包括三个方面：法律遵守、法律执行和法律适用。

（一）法律遵守

法律遵守又称为守法，是法律实施的重要方式之一，是指所有国家机关、政党、社会组织和公民严格依法参与社会关系，在法律许可的范围内行使权利，按照法律的要求履行义务的活动。

守法的主体包括一国范围内所有国家机关和武装力量、政党、社会团体、企事业单位和公民；守法的内容是按照法律的规定去实施行为，包括依法行使权利或权力，依法履行义务和承担责任；守法的范围包括遵守宪法、法律、行政法规、地方性法规、地方性规章，以及国家条约和协定等一系列规范性法律文件。

（二）法律执行

法律执行又称为执法，是指国家行政机关和其他受法律委托的组织及其公务人员，在行政管理活动中，严格依照法律的规定行使职权和履行职责，贯彻和落实法律的活动。

行政权作为一种国家公权力，如果不受到法律的限制，很容易被滥用，侵害公民的权利。社会主义民主要求用法律来规范和约束行政权，要求行政权必须根据体现广大人民意志的法律来实施。行政机关行使行政权的根本任务在于执行法律，实现法律的价值。通过法律执行，可以实现实施法律、实现政府管理职能和保障公民权利等功能。

---

① 付子堂主编：《法理学初阶》，法律出版社 2003 年版，第 269 页。

（三）法律适用

法律适用又称为司法，是指国家专门司法机关及其工作人员，按照法律的授权和法定程序，将法律适用于特定案件的专门性活动。司法机关在运用法律处理案件的活动中，应当遵循司法公正、司法平等、以事实为根据，以法律为准绳、司法独立等基本原则。

法律适用是实施法律的重要环节，通过专门性的司法活动，一方面可以将法律运用于具体案件，控制和解决社会矛盾，促进法律的实施；另一方面可以通过代表官方权威的裁判活动，对守法者进行保护，对违法者处以惩罚，进而促使人们自觉守法。

第四节　依法治国，建设社会主义法治国家

一、依法治国基本方略的提出及其内涵

（一）依法治国基本方略的提出

法治与人治是两种相对立的治国方略。人治主张依靠统治者或领导人的意志和能力对国家和社会进行管理。受到儒家思想的影响，我国古代社会长期崇尚“德治”型的人治，认为治理国家的关键在于提高统治者的德性，寄希望于君主的贤明统治。先秦时期，法家虽曾经提出过“以法治国”的方略，但究其本质，法家倡导的仍然是人治，法律不过是统治者管理国家的“刑赏二柄”，与现代法治大相径庭。在我国历史上，虽然人治曾创造了“康乾盛世”等繁荣景象，但终究难以使社会长治久安，往往由于君主的暴政酿成民族灾难。

法治的思想源流起源于古希腊社会，亚里士多德对法治的含义进行了准确阐释：“法治应包含两重含义：已成立的法律获得普遍服从，而大家所服从的法律又应该是良好的法律。”① 启蒙运动之后，法律至高无上、法律面前人人平等的思想深入人心，法治被奉为现代民主国家的基本治国方略。到了近代，法治思想开始在我国传播，但由于种种原因难以开花结果。

新中国成立初期，董必武曾在中共八大上指出：“依法办事，是我们进一步加强人民民主法制的中心环节。”② 对于实施违法行为的人，无论其地位如何功劳如何，都要依法进行追究。

“文革”结束后，1978 年 12 月，邓小平在题为“解放思想，实事求是，团结一致向前看”的重要讲话中指出：“为了保障人民民主，必须加强法制。必须使民主制度化、法律化，使这种制度和法律不因领导人的改变而改变，不因领导人的看法和注意力的改变而改变。……做到有法可依，有法必依，执法必严，违法必究。”③ 上述讲话精神在随后的

① ［古希腊］亚里士多德：《政治学》，吴寿彭译，商务印书馆 1983 年版，第 167~168、199 页。
② 《董必武政治法律文集》，法律出版社 1986 年版，第 487 页。
③ 《邓小平文选》（第 2 卷），人民出版社 1994 年版第 2 版，第 146~147 页。

中共第十一届三中全会得到进一步确认和强调。

1979 年 9 月，中共中央在《关于坚决保证刑法、刑事诉讼法切实实施的指示》中，第一次明确提出了“社会主义法治”的概念。

1996 年 3 月，第八届全国人民代表大会第四次会议中，第一次将“依法治国，建设社会主义法治国家”作为国家战略目标，这也标志着依法治国开始成为我国的治国方略。

1997 年 9 月，中共十五大进一步强调：“依法治国，是党领导人民治理国家的基本方略。”

1999 年 3 月，第九届全国人民代表大会第二次会议通过的宪法修正案明确规定：“中华人民共和国实行依法治国，建设社会主义法治国家。”这是我国历史上第一次实现“法治入宪”，通过国家根本大法，对依法治国的基本治国方略进行正式确认。

2014 年 10 月，中共第十八届四中全会通过了《中共中央关于全面推进依法治国若干重大问题的决定》，全面、具体、更有针对性地描绘了依法治国路径图。

（二）依法治国的内涵

依法治国作为我国的基本治国方略，已经获得了我国宪法以及历次官方权威会议、决议的明确确认。与此同时，依法治国的内涵也在历次会议和决议中得到反复的阐释和明确，概括起来主要包括以下几个方面：

（1）依法治国的主体是广大人民群众。我国的社会主义民主制度要求广大人民群众是依法治国的主体，即广大人民群众是国家的主人，有权依照法律管理国家和社会事务。人民群众作为依法治国的主体，主要通过民主程序产生人民代表和行政机关的公务人员，代表人民群众具体从事国家和社会的管理活动。

（2）依法治国中所依据的“法”，是社会主义民主制度化、法律化的宪法和法律，充分体现了广大人民群众的意志和利益。依法治国要求所有国家机关、政党、社会组织和公民都将法律奉为最高的行为准则，对实施违法行为的任何组织、机构和个人，无论其地位和身份，都要受到法律的追究，承担相应法律责任。

（3）依法治国的客体是国家的各项工作，包括所有的国家事务和社会事务。依法治国要求将我国所有的国家和社会事务都纳入法律调整的轨道上，实现国家各项工作的法治化。国家各项工作的法治化有助于发挥法律“制度理性”的优势，避免人治的主观臆断和个人喜恶的影响，推动社会主义各项事业顺利开展。

二、社会主义法治国家的基本标志

（一）有法可依，有完备的社会主义法律体系

社会主义国家要实现法治，首先要做到有法可依，即国家机关、政党、社会组织和个人在进行各项活动时，有明确、严谨、科学的法律可以作为行为的依据，并且行为所依据的各法律之间不能相互冲突，应当共同构成统一的、完备的、协调的法律体系。

（二）法律至上，实现对法律的普遍服从

社会主义法治要求将法律作为治国的最高准则，所有国家机关、政党、社会组织和个人都应当服从法律。社会主义国家的法律反映了广大人民的意志和利益，因而服从法律也就意味着服从了人民的集体意志，服从法律也就意味着人民的利益得到了保障。

（三）公正司法，实现司法独立

社会主义法治要求国家司法机关能够公正地将法律适用于案件，只有这样法律才能充分有效地发挥作用。要保证司法的公正，实现社会主义法治，作为官方权威的裁判权的司法权必须保持独立，法官在行使司法权的过程中，任何国家机关、政党和个人都不得进行干涉。

三、社会主义法律与共产党政策的关系

（一）社会主义法律与共产党政策的联系

政党政策是某一政党为完成特定任务或实现某一目标而制定的路线、方针、措施和规范等。共产党作为我国的执政党，其制定的政策与社会主义法律有着较为密切的联系。

1. 社会主义法律与共产党政策都体现了广大人民的意志和利益

在制定社会主义法律的过程中，人民进行了广泛参与和讨论，并通过人大代表充分表达人民的意愿，因而社会主义法律体现了广大人民的意志和利益。同样，作为我国的执政党，共产党自始至终是广大人民群众的代言人，代表了广大人民的根本利益，因而其政党政策也体现了广大人民的意志和利益。

2. 共产党政策能够通过法定程序转化为社会主义法律

共产党的政策是其进行执政活动的政策依据和行为指南。为使国家的政治、经济、社会各项工作充分贯彻党的政策，需要通过法律的形式将党的政策定型化、条文化和规范化。通过法定的程序，党的政策能够通过立法机关的创制法律的行为转化为社会主义法律。

（二）社会主义法律与共产党政策的区别

共产党政策与社会主义法律，在产生方式、表现形式、调整范围以及强制力方面存在着区别。

1. 产生方式不同

社会主义法律是享有立法权的国家机关通过法定程序和步骤制定出来的；共产党政策则是在党内会议中经过党员的民主讨论由党组织制定出来的。

2. 表现形式不同

作为国家的规范性文件，社会主义法律以条文形式予以公布，体现为宪法、法律、行政法规、地方性法规、地方政府规章等表现形式；作为党的文件，共产党政策则体现为纲领、决议、宣言、声明、指示、建议、口号等表现形式。

3. 调整社会关系的范围不同

社会主义法律主要调整对社会全局存在重大或直接影响或基本的社会关系，某些社会关系则不在其调整范围内；为了实现有效的执政，共产党的政策调整社会关系的范围比法律要广泛，深入到社会生活的各个领域。

4. 强制力不同

社会主义法律由国家强制力保证实施，对所有的国家机关、政党、社会组织和公民具有强制作用，并以国家暴力机关为后盾，对违法行为予以制裁。共产党的政策是我国执政党推行的政党政策，不具备国家强制力，仅对党的组织和党员具有约束力，其处罚措施主要是纪律处分。

（三）社会主义法律和共产党政策的相互作用

社会主义法律与共产党政策均是我国重要的治国依据，两者相互作用、相互影响。

1. 共产党政策对社会主义法律具有指导作用

根据我国宪法，共产党作为执政党，在我国社会主义事业中居于领导地位。党的政策是共产党指导全国各项工作的依据，因而对社会主义法律具有指导作用。在立法活动中，党的相关政策经过实践的检验，被认为是行之有效的，就可以将其通过法定的程序上升为法律；在执法活动，党的政策可以指导行政机关及其工作人员正确、合理地执行法律；在司法活动中，党的政策可以指导司法机关及其工作人员对法律进行恰当的解释和适用，使法律合乎实际。

2. 社会主义法律对共产党的政策具有制约作用

社会主义法律对所有社会组织和个人，包括执政党的行为，都具有同等的约束力。在特殊情况下，当党的政策与法律之间出现相互矛盾时，应当坚持法律至上，依法执政，尊重法律的权威：如果党的政策出现了偏差或不当，必须及时依法作出调整；如果法律出现了不适应社会的情况，应当及时在党的政策指导下对法律进行修改或另立新法，但在未对法律进行修改之前，不得以党的政策取代法律。

四、依法行政和公正司法是建设社会主义法治国家的关键

（一）依法行政

要建设社会主义法治国家，必须将“权力”关进制度的“笼子”，实现对公权力，特别日益膨胀的行政权的法律制约。依法行政是指行政机关及其工作人员在从事行政管理活动时，必须严格依照法律规定的步骤、程序、方式和手段行使行政权。

依法行政的基本要求有如下四个方面：

（1）行使行政权的主体应当符合法律的规定。在我国，享有行政权，能够依法对社会实施行政管理的主体为行政机关即各级人民政府。

（2）行使的行政权应当获得法律的明确授权。对于作为行政机关的政府而言，应当遵循“法无授权皆禁止”的原则，即行政机关必须在法律的授权范围内行使行政权，不得超越法律的授权违法行使行政权。

（3）行使行政权应当严格依照法定程序进行。

（4）滥用行政权的行政主体应当依法承担法律责任，并对受到损害的当事人进行行政赔偿。

（二）公正司法

公正司法是建设社会主义法治国家的国家的关键。司法权的本质是判断权，即以法律为依据，运用理性进行居中裁判的活动。司法活动是司法机关作为官方权威裁判机构适用法律解决社会纠纷的专门活动。因此，只有通过公正司法，才能使法律得以正确地适用和实施，有效发挥规范作用和社会作用；才能维护法律的尊严，实现法律面前人人平等，使法律获得人们的信仰和尊重。

实现公正司法，应当从以下四个方面进行努力：

（1）促进司法改革，实现司法独立。有步骤、有计划地推进司法改革，逐步形成公正、高效、廉洁的司法体制，确保司法机关及其工作人员依法独立行使司法权，任何组织和个人都不得以任何借口干预司法。

（2）建立和完善公正司法的各项制度。公正司法的实现，有赖于各项具体制度的建立和完善，如建立和完善办案责任制、错案追究制、司法赔偿制等。

（3）促进司法活动的公开化、透明化。司法的公开和透明与司法公正密切联系。一方面，只有公正的司法才敢于公开和透明；另一方面，司法的公开和透明有助于实现对司法活动的有效监督。如我国法院在裁判文书网上公开制度，有助于提高司法的公开度和透明度，更有利于公正司法的实现。

（4）加强对司法活动的监督。司法活动要保持公正，有赖于有效的监督机制。应当把党的监督、人大的监督、检察机关的监督、人民群众的监督、社会舆论监督有机地结合起来，形成严密有序的监督体系，从而有效地杜绝司法腐败，实现公正司法。

本章练习

一、判断题

1. 法律是在国家产生以后制定出来的，最早的法律是制定法。（ ）

2. 法律是取得国家政权的阶级意志的体现，兼顾社会公共利益。（ ）

3. 所有的社会规范都具有一定的强制性，法律是一种具有国家强制力的社会规范。（ ）

4. 法律作为一种行为规范对于人的行为所产生的作用指的是法律的社会作用。（ ）

5. 法律关系是指在社会交往中由法律调整而产生的以权利、义务为内容的社会关系。（ ）

6. 一些法律关系的产生离不开当事人间个人意志的一致，但其本质仍然是国家意志的体现。（ ）

7. 社会主义法制的基本要求是有法可依、有法必依、执法必严、违法必究。（ ）

8. 违法必究是对执法环节提出的要求，要求所有国家机关在执法的过程中应当尊重法律的权威，严格依照法律规定办事。（ ）

9. 社会主义法制是社会主义民主的制度化、法律化。（　　）

10. 社会主义法律的实施包括三个方面：法律遵守、法律执行和法律适用。（　　）

二、单项选择题

1. 法律本质上体现了(　　)。

A. 全体人民的意志　B. 国家意志　C. 党的意志　D. 社会公益

2. 不能成为法律关系的客体的是(　　)。

A. 钻石　B. 劳务行为　C. 月亮　D. 文艺作品

3. 不属于法律的创制行为的是(　　)。

A. 制定法律　B. 修改法律　C. 废止法律　D. 适用法律

4. 以下不属于法律的是(　　)。

A. 制定法　B. 习惯法　C. 判例法　D. 党的政策

5. 社会主义法律的实施不包括(　　)。

A. 法律制定　B. 法律遵守　C. 法律执行　D. 法律适用

三、多项选择题

1. 法律的规范作用包括(　　)。

A. 指引作用　B. 评价作用　C. 教育作用　D. 强制作用

2. 下列选项中哪些属于法律的社会作用？(　　)

A. 分配社会资源和利益

B. 控制和解决社会矛盾冲突

C. 根据法律预见到人们如何行为及行为的法律后果

D. 管理社会公共事务

3. 区别于其他社会关系，法律关系的主要特征有(　　)。

A. 由于法律规范的调整而产生　B. 内容为法律上的权利和义务

C. 本质上体现国家意志　D. 具有强制力

4. 社会主义法制包括(　　)。

A. 立法　B. 守法　C. 执法　D. 司法

5. 社会主义法治国家的基本标志有(　　)。

A. 有法可依，有完备的社会主义法律体系

B. 有法必依，所有普通公民都服从法律

C. 法律至上，实现对法律的普遍服从

D. 公正司法，实现司法独立

四、问答题

1. 法律的概念和基本特征是什么？

2. 社会主义法制的基本原则有哪些？

3. 依法治国的内涵是什么？

五、案例分析题

吴某某是河南万庄化肥交易市场有限公司的一名普通员工。1 月 28 日下午 1 点左右，吴某某和同事赵某某一起乘公交车去公司参加会议，下午 2 点 30 分左右，二人在郑州万

客来公交站下车。吴某某说，他在大街上正走着，一穿便装的陌生人忽然拦住他，在他眼前晃了一下证件说“我是洁云路派出所的”，让他“配合一下工作”。说话间，陌生人搜走了他裤腰上挂的钥匙和身份证，接着让他上了一辆白色普通面包车，将他带到了洁云路派出所。吴某某告诉记者，在洁云路派出所，他将自己身上所有证件都掏出来给交给警方，以证明自己不是坏人，希望警方能尽快让他走，别耽误了公司的会议，但警方人员不为所动。其中一名警官称他钥匙链上的折叠水果刀是管制刀具。他赶忙解释说，小水果刀是在正规超市购买的，如果知道是管制刀具，自己也不会购买，更不会串在钥匙链上。随后，四名警方工作人员先把他送到情报室进行采血样、取指纹、拍照等；之后，将他送进禁闭室；再后，也就是当晚的 7 点 36 分左右，警方工作人员将他关进了二七拘留所。3 天后，也就是 1 月 30 日上午 9 时左右，他从二七拘留所被放了出来。

记者仔细查看并测量了吴某某在同一超市再次购买的同款小刀：刀身长 63 毫米，刀鞘长 95 毫米。针对吴某某及个别知情市民的疑问，郑州市公安局二七第二分局治安大队副队长周某某接受记者采访时解释说，按照《中华人民共和国治安管理处罚法》第三十二条，“非法携带枪支、弹药或者弩、匕首等国家规定的管制器具的，处五日以下拘留，可以并处五百元以下罚款；情节较轻的，处警告或者二百元以下罚款。非法携带枪支、弹药或者弩、匕首等国家规定的管制器具进入公共场所或者公共交通工具的，处五日以上十日以下拘留，可以并处五百元以下罚款”。按照公安部发布的管制刀具认定标准中的第 3 项，“带有自锁装置的弹簧刀（跳刀）：刀身展开或弹出后，可被刀柄内的弹簧或卡锁固定自锁的折叠刀具”属于管制刀具。吴某某所带刀具完全符合这一标准。

根据案例情况进行单项选择：

1. 通过本案，可以看到法律的本质是(　　)。

A. 人民的意志　　B. 国家的意志
C. 行政机关的意志　　D. 制定机关的意志

2. 法律对人的行为具有规范作用，在本案中，对于吴伟春携带管制刀具的行为而言，体现了法律的(　　)。

A. 指引作用　　B. 预测作用　　C. 强制作用　　D. 教育作用

3. 法律对社会关系和社会生活具有社会作用。在本案中，我国《治安管理处罚法》体现了对社会的(　　)。

A. 分配社会利益的作用　　B. 解决社会矛盾的作用
C. 实施社会管理的作用　　D. 教育惩戒的作用

4. 在本案中，公安机关依法对社会进行管理，从而使法律得以实施。公安机关的活动属于法律实施中的(　　)。

A. 法律遵守　　B. 法律执行　　C. 法律适用　　D. 法律制定

第二章

宪 法

学习目标

在知识方面，了解宪法的产生和发展，我国的政体、选举制度、经济制度和精神文明建设以及我国国家机构的设置，理解宪法实施及其保障，我国的国家结构形式，掌握宪法的概念、特征和基本原则，我国的国家性质以及公民的基本权利和义务；在技能方面，知道宪法的地位和作用，了解宪法与公权力以及公民基本权利的关系，会用宪法的基本原理分析实际案例。

案例引导

2004年，重庆南隆房地产开发有限公司与重庆智润置业有限公司共同对九龙坡区鹤兴路片区进行开发，拆迁工作从2004年9月开始，该片区280户均已搬迁，仅剩一户未搬迁。这幢户主为杨武、吴苹夫妻的两层小楼一直伫立在工地上。吴苹夫妇的房屋相继被断水、断电。施工队进场后，房屋与外界的道路也被阻断，但吴苹夫妇坚持拒绝搬迁。2005年4月，重庆智润置业有限公司和吴苹夫妇达成协议。吴苹夫妇接受异地商品房安置，自愿搬迁，并获得90万元营业损失补偿，房屋被顺利拆除。在该案中，吴苹夫妇以自己的实际行动捍卫了我国宪法所确认的公民享有的财产权。财产权是我国宪法所确认的公民的基本权利，任何人和机关都不得予以剥夺。如果为了公共利益需要征用公民的财产，必须作出合理补偿。

第一节 宪法概述

一、宪法的概念和特征

宪法是特定国家法律体系中规定国家的根本制度、根本任务及一系列基本制度，集中全面反映国家的政治力量对比关系，将现行民主制度法律化、条文化，具有最高法律效力，作为该国一切组织和个人的行为准则的根本大法。①

通过理解上述关于宪法的概念，可以看到宪法具有以下几方面的特征：

1. 从内容上来看，宪法规定的是国家的根本制度、根本任务和一系列基本制度，主要包括国家性质、国家政治经济制度、政权组织形式、国家机关的组织活动原则以及公民的基本权利和义务等。

2. 从阶级性上来看，宪法反映了该国的政治力量对比关系，集中体现了掌握国家政权的统治阶级的意志。

3. 从宪法的功能价值来看，宪法是民主制度的法律化、条文化，其功能价值在于保障民主制度。宪法是为了保护个人权利，使之免于受到公权力的恣意侵害而产生的，其核心精神在于实现对公权力的约束。

4. 从法律地位来看，宪法是国家的根本大法，具有最高的法律效力，所有其他法律都必须与宪法保持一致，其他法律如果违背宪法精神和宪法规范，就应当予以修改或废除。

二、宪法的产生和发展

（一）西方资产阶级宪法的产生和发展

1. 西方资产阶级宪法产生的条件

任何法律的产生，都根源其生根发芽的现实土壤。资本主义宪法之所以能在近代的西方社会产生，离不开当时特定的经济、政治和思想条件：

（1）在经济方面，商品经济的发展为宪法的产生提供了经济条件。随着近代的机器大生产取代传统的手工生产，商品经济获得迅猛发展。资本主义商品经济要求自由的市场和自由的劳动力，因而制定宪法，通过制度化的方式限制政府的权力以及保障公民的基本权利和自由，成为资产阶级的普遍要求。

（2）在政治方面，资产阶级夺取政权为宪法的产生提供了政治条件。随着资产阶级力量的逐渐壮大，资产阶级在与封建主的斗争中逐渐胜出，开始掌握国家政权。为满足商品经济自由竞争的要求，掌握政权的资产阶级倡导资产阶级民主制，鼓吹政治自由。因而，通过宪法对民主制度予以确认和巩固，成为了资产阶级的普遍共识。

（3）在思想方面，启蒙思想家的理论为宪法的产生提供了思想条件。在近代，启蒙思想家提出了“自然权利”“社会契约论”以及“三权分立”等理论，认为人人生而平等地享有“自然权利”，国家的根本目的是为了保障个人权利，应当通过立法权、行政权、司法权的相互制衡实现对国家权力的约束。启蒙思想家的理论实际上成为了近代宪法的理论基石，为宪法的产生提供了可贵的思想资源。

2. 近代资本主义国家宪法的产生和发展

英国的《自由大宪章》是历史上第一份宪法性文件。1215 年，经过当时新兴资产阶级与以国王为首的封建主的相互妥协，《自由大宪章》第一次以法律文件的形式提出，国

① 许崇德：《国家司法考试用书 法理学·宪法》，法律出版社 1998 年版，第 43 页。

王在法律之下，对王权进行了明确限制。此外，《自由大宪章》还对个人自由作出了明确规定：“除依据国法（the law of the land）之外，任何自由民不受监禁人身、侵占财产、剥夺公民权、流放及其他任何形式的惩罚，也不受公众攻击和驱逐。”1628年的《权利请愿书》、1629年的《人身保护法》、1701年的《王位继承法》等宪法性文件及相关宪法惯例，与《自由大宪章》一起，共同成为英国不成文宪法的重要组成部分。

1776年的《独立宣言》是美国的第一个宪法性文件。受到启蒙思想的影响，《独立宣言》宣称人人平等，强调人的正当权利，主张建立权力有限政府：“我们认为下述真理是不言而喻的：人人生而平等，造物主赋予他们若干不可让与的权利，其中包括生存权、自由权和追求幸福的权利。为了保障这些权利，人类才在他们中间建立政府，而政府的正当权力，则是经被治者同意所授予的。任何形式的政府一旦对这些目标的实现起破坏作用，人民便有权予以更换或废除，以建立一个新的政府。”

1787年，费城制宪会议制定了美国宪法，这是历史上第一部成文宪法，具有划时代的意义。费城制宪会议的立法者，创造性地将启蒙思想转化为宪政实践，确立了立法权、行政权、司法权相互制衡的“三权分立”的国家制度，规定了联邦与各州的权限及关系，明确了修改宪法的程序，强调了宪法的地位和效力。

（二）中国宪法的产生和发展

1. 清朝、中华民国时期宪法的产生和发展

面对空前的民族危机，开明的中国人开始意识到，西方的强大不仅源于坚船利炮的器物文明，还源于西方政治法律制度所焕发出来的活力。受到西方资产阶级民主思想影响，晚清的政治家提出在中国实施宪政的主张，要求“立宪法，开议院”。清末的戊戌变法是一次伟大的追求宪政的尝试，虽然以失败告终，但表明在当时的中国，开明之士已经意识到在中国实施宪政是大势所趋。

1906年，为应对孙中山领导的资产阶级革命的冲击，清政府制定了《钦定宪法大纲》，这是我国历史上第一部宪法性文件。《钦定宪法大纲》虽然确认了君主立宪制，但其规定的皇权过于强大，议院和臣民的权利十分有限，带有浓厚的封建色彩。到了1908年，光绪皇帝与慈禧太后相继去世，为应对面临的政治危机，清政府草草出台《宪法重大信条十九条》，规定了皇帝的权力、国会与内阁的权力，实行“虚君共和”的责任内阁制，皇族不得为总理、国务大臣以及各省行政长官，但只字未提人民的权利自由。

1912年，辛亥革命取得胜利后，为限制袁世凯的权力，中华民国制定了《中华民国临时约法》。这是中国历史上第一部资产阶级宪法性文件。《临时约法》确认了资产阶级民主共和国的国家制度，采用责任内阁制，依据“五权分立”由参议院、大总统、国务院、法院依授权分别行使国家权力，规定了人民的人身、财产、居住、信教等自由和选举、考试、请愿，诉讼等权利，并制定了严格的约法的程序。

由于孙中山为首的国民党的妥协，袁世凯窃取了革命的胜利果实，成为了民国大总统。为了摆脱《临时约法》的束缚，在其授意下出台了《中华民国约法》。《中华民国约法》，又称袁记宪法，取消了《临时约法》的责任内阁制和对总统权力限制的规定，解散了议会，其主要内容是确认总统至高无上的权力，为袁世凯复辟铺平道路。

袁世凯的“皇帝梦”破灭后，中国进入北洋军阀混战时期。1923年，直系军阀曹锟通过收买议员成为了大总统，并出台《中华民国宪法》，又称贿选宪法。贿选宪法形式上以资产阶级议会民主做招牌，实际上赋予了总统绝对的权力，其目的是为了维护军阀专制统治。

北伐战争胜利后，在国民党的统治时期，代表性宪法性文件和宪法典主要有《中华民国训政时期约法》和《中华民国宪法》。《中华民国训政时期约法》以蒋介石的“以党治国”的方针为基础，实际上以“民主”的外衣，确认了国民党一党专制的政治体制，其目的是为了维护蒋介石的独裁统治。抗日战争胜利后，国民党不顾共产党和其他民主党派的反对，于1947年公布了《中华民国宪法》，确认了总统独裁制，保护四大家族为代表的官僚垄断资本，规定了实际上受到限制的公民的权利和自由，其目的是为了维护国民党的专制统治。

2. 新中国宪法的产生和发展

在中国共产党的领导下，中国人民经过艰苦卓绝的斗争，于1949年10月1日建立了中华人民共和国。为了巩固革命成果，确认人民的民主权利，新中国的宪法性文件以及宪法应运而生，并随着国家政治、经济形势的变化不断发展。

1949年9月，在新中国诞生前夕，在共产党的领导下，经过各民主党派的协商，通过了《中国人民政治协商会议共同纲领》。《共同纲领》确认我国的国家性质为人民民主国家，实行民主集中制原则，由各级人民代表大会和人民政府行使政权，赋予人民各项权利和自由，包括选举、被选举、男女平等的权利和思想、言论、出版、集会、结社、通讯、人身、居住、迁徙、宗教信仰、示威游行的自由，规定了国家的经济政策、文教政策、民族政策、外交政策等大政方针。《共同纲领》是新中国初期的施政纲领，是新中国第一部宪法性文件，起到了临时宪法的作用。

经过新中国成立初期的一系列改革，我国社会主义经济初步建立。为适应全新的国家形势，在《共同纲领》的基础上，参考苏联等国的宪法经验，结合中国实际，我国于1954年制定出《中华人民共和国宪法》，以根本法的形式规定了国家在过渡时期的总任务和步骤，确认了我国的国家性质为人民民主国家，国家的基本政治为民主集中制的人民代表大会制度，明确了国家所有制、合作社所有制、个体劳动所有制以及资本家所有制的合法性，并优先发展国营经济，赋予了公民享有的广泛权利和自由。1954年宪法是新中国第一部宪法典，是中国长期制宪经验的历史总结，是中国人民智慧的结晶。

随着1956年社会主义改造的基本完成，1954年的部分条款开始出现不适应客观现实的情况，但没有得到及时修改。由于宪政和法治传统的缺失，人们缺乏对宪法的足够重视和尊重。随着政治运动的不断升级和“文革”的开始，1954年宪法被破坏和废弃，中国开始陷入“无宪”的乱局。到了“文革”中后期，在“四人帮”的严重干扰下，第四届全国人民大会颁布了1975年宪法，确定“以阶级斗争为纲”为基本路线，规定了很多极“左”的内容。在粉碎四人帮以后，第五届人民代表大会通过了1978年宪法，对1975年宪法的某些错误进行了纠正，但由于受到国家政治形势和历史条件的限制，仍然肯定文革的成就，坚持“以阶级斗争为纲”的左倾思想。

随着1978年12月十一届三中全会的召开，我国进入一个全新的历史时期。这次会议全面清理了文革的错误，实现了思想路线、政治路线、组织路线和重大历史是非的拨乱反正，恢复了党的民主集中制的传统，作出了实行改革开放的重大决策。在这样的历史背景下，经过宪法修改委员会的反复修改，在听取广大人民群众意见和建议的基础上，1982年宪法，即我国的现行宪法颁布施行。现行宪法以1954年宪法为基础，确认了人民民主国家的国体，人民代表大会制度的政体、社会主义经济制度以及公民广泛的权利和自由。同时，1982年宪法又对1954年宪法进行了适当的发展，对1975年宪法和1978年宪法的错误进行了更正，如扩大全国人大常委会职权，恢复国家主席的建制，限制国家领导人的任期等。

随着我国改革开放的发展，经济体制、政治体制改革不断深入，我国先后于1988年、1993年、1999年和2004年通过宪法修正案，对1982年宪法作出了一定修改：确立了邓小平理论和“三个代表”重要思想的指导地位，调整了我国的经济制度，肯定了作为社会主义市场经济的重要组成部分的个体经济、私营经济的合法地位，明确了依法治国的基本方略和建设社会主义法治国家的任务。

我们可以看到，宪法的发展在我国并不是一蹴而就的，经历了多次波折，甚至曾跌入低谷。我国的现行宪法，是中国人民根据当前具体国情，结合自近代以来长期的立宪实践的经验而制定，体现人民意志的国家根本大法。

三、宪法的基本原则

宪法的基本原则是指贯穿宪法始终的基本准则、基本立场和基本精神。宪法的基本原则是制定和实施宪法的基石，是宪法的灵魂。我国宪法的基本原则包括人民主权原则、人权保障原则、权力制约原则和法治原则。

（一）人民主权原则

人民主权原则，又称主权在民原则，是近代民主国家的宪法普遍奉行的基本原则。人民主权原则是指国家权力属于人民，人民掌握国家的根本权力。我国宪法第2条规定：“中华人民共和国的一切权力属于人民。”这是对人民主权原则的宪法确认，是我国宪法在国家与人民关系问题上所持的基本立场。

人民主权理论源于近代西方的启蒙思想。法国思想家卢梭在《社会契约论》中第一次系统的对主权在民说进行了阐释：国家权力是由人民通过社会契约让渡出来的，其目的是为了保护个人。国家主权是人民公意的体现，不可分割，也不可让渡。卢梭的“主权在民”理论被西方民主国家部分采纳，成为西方国家宪法重要的思想基础。

应当注意，与西方国家的理解相比，我国宪法的人民主权原则在两方面有所不同：一是我国的人民主权理论是在马克思主义国家学说的基础上发展而来的；二是我国的人民主权理论中的“人民”并不包括所有公民，如被依法剥夺政治权利的人和其他敌对分子并不属于人民的范畴。

（二）人权保障原则

人权是指作为人当然应当享有的基本权利。人权概念的起源最早可以追溯到古希腊时代的自然法思想。到了近代，启蒙运动思想家们提出人人生而享有生命、财产和自由等“自然权利”，“自然权利”是人之所以为人的根本，不可剥夺，不可转让，国家产生的目的就是为了保障人生而享有的生命、财产和自由。这里所说的“自然权利”到了现代，就成了我们今天所说的“人权”。启蒙思想家的“自然权利”理论成为了近代资产阶级革命的理论根据，并且普遍得到各国宪法的确认。

实现“人的全面而自由的发展”是马克思主义的追求。要实现这样的目标，人权能够得到有效保障是最基本的要求。我国宪法修正案第24条明确确认对人权的保护：“国家尊重和保障人权。”我国长期以来一直致力于人权的保障和促进人权发展的事业，先后加入了20多个国际人权公约。为了充分保障人权，我国宪法第二章以根本法的形式确认了公民在政治、经济、文化和社会生活等领域享有的权利，并且通过各部门法的实施将公民在宪法上的基本权利落到实处。

（三）权力制约原则

权力制约原则是指国家权力的各部门间相互独立，相互制衡的原则。权力制约理论起源于西方。在洛克的分权理论的基础上，法国思想家孟德斯鸠在《论法的精神》中系统的提出了“三权分立”理论。他认为绝对的权力会导致绝对的腐败，因此将国家权力分为立法权、行政权和司法权，各权力间彼此独立，相互制衡，可以有效防止权力滥用。权力制约理论后来逐渐成为西方各国宪法的基本原则之一。

与西方国家所倡导的“三权分立”有所不同，我国宪法对权利制约原则的表述为：权力统一和民主集中制下的国家机关各部门的分工。也就是说，我国认为，国家权力具有不可分割性，由行使立法权的人民代表大会统一行使，行政机关、司法机关等国家机关在负责各自职权范围内的工作，向人民代表大会负责并接受其监督。

（四）法治原则

法治是指法律的统治，即在一国范围内，法律居于至高无上的地位，任何人、任何权力都不能凌驾于法律之上。

到了近代，随着西方资本主义民主思想的传播，传统的人治更是受到摒弃。能够克服专制，实现民主制度化的法治成为世界各国的普遍治国方略。法治原则也被各国宪法以不同方式予以确认。

“文革”期间，法律曾一度被废置，各种政策、口号取而代之，导致国家陷入混乱，民众因此付出惨痛代价。改革开放以来，法治已经成为中国人民的普遍选择，法治成为我国的基本治国方略，并被写入宪法，成为我国宪法的基本原则。我国宪法第5条明确规定：“中华人民共和国实行依法治国，建设社会主义法治国家。”

四、宪法实施及其保障

（一）宪法实施的概念及要求

宪法实施是指宪法发挥其根本法的作用，在该国范围内得到充分运用和贯彻的过程。

宪法的生命在于实施。如果宪法被制定出来以后得不到实施，被束之高阁，就只能成为缺乏生命力的“闲法”。要使宪法真正发挥其根本法的价值，就在于通过各种途径使其得到运用和贯彻。总体而言，宪法的实施的主要要求有：

1. 宪法的普遍实施。宪法的实施应当具有普遍性。首先，宪法应当在所有国家机关、政党、社会组织中得到实施。其次，宪法应当在社会生活的各领域得到普遍的适用和遵守，在各种社会关系中发挥自己的功能。最后，宪法应当在属于该国主权范围内的所有地域、行政区域得到实施。

2. 宪法的平等实施。宪法的平等实施要求宪法外无特权，即所有国家机关、社会组织、政党和个人都必须遵守和服从宪法。一旦出现违宪行为，无论其身份地位如何，都要平等的承担违宪责任。

（二）宪法实施保障

作为国家的根本大法，宪法的内容规定的是国家基本制度、政治组织形式以及公民的基本权利和义务等，且其规定往往比较笼统，甚至没有设定法律后果。因此，与规定较为明确具体的部门法比较起来，要使宪法得到有效实施，对社会发挥其作为根本法的价值和功能，更为依赖相关保障制度的建立。

1. 宪法实施保障的概念和目的

宪法实施保障，又称宪法监督，是指国家为了促进宪法在该国得到充分运用和贯彻，实现宪法对社会的价值和功能，而建立的各项制度和开展的活动的总称。宪法实施保障主要体现在两方面：保障法律及法律规范性文件的合宪性；保障所有国家机关及其工作人员、政党、社会组织和公民的行为的合宪性。

宪法实施保障的目的主要有两方面：保障宪法秩序，维护宪法权威，撤销或修改违宪的法律或规范性文件以及追究实施违宪行为的机关、组织或个人的责任；保障宪法所确认的公民的基本权利和自由，并为受侵害者提供法律救济。

2. 宪法实施保障的体制

（1）立法机关保障体制。在这种体制下，由一国的立法机关负责保障宪法实施，根据相关程序和规则进行宪法监督，并对违反宪法的法律、法规及行政命令予以修改或撤销。这种体制肇始于英国。我国属于立法机关保障体制，由我国立法机关人大及其常委会行使宪法监督职权。

（2）司法机关保障体制。这种体制主要由一国的司法机关负责保障宪法实施，主要由该国的普通法院在司法活动中，对作为具体案件审理依据的法律、法规以及行政命令等规范性文件，依据司法程序进行合宪性审查，并对违反宪法的规范性文件不予适用。这种体制中，法院对违宪的规范性文件并没有撤销权，但可以拒绝适用违宪的规范性文件。这种体制为美国、日本等国所采取。

（3）专门机关保障体制。这种体制主要由一国专门设立的特别机关，如宪法法院、宪法委员会等，负责保障宪法实施。上述专门机关依照特定程序对法律及其他规范性文件的合宪性进行审查，并对违法的规范性文件予以撤销。德国、法国、俄罗斯等国采取的是这种体制。

（三）宪法实施保障的基本方式

1. 事先审查和事后审查

事先审查又称为预防性审查，是指在法律及其他规范性文件正式公布实施之前，由享有宪法审查权的相关机关对其合宪性进行的审查。事后审查则是指由享有宪法审查权的相关机关，对已经生效的法律和规范性文件的合宪性进行的审查。我国采取事先审查与事后审查相结合的方式：如自治区的人民代表大会制定的自治条例和单行条例须报全国人大常委会批准后生效，就属于事先审查；全国人大常委会有权撤销国务院制定的同宪法、法律相抵触的行政法规、行政规章、决定和命令，则属于事后审查。

2. 附带性审查和宪法控诉

附带性审查又称具体审查或个案审查，是指司法机关在案件审判活动中，对有违宪可能的适用于案件的法律及规范性文件进行的合宪性审查。宪法控诉则是指由于宪法所保障的基本权利遭到侵害，公民直接向宪法法院提起的控诉。目前，我国尚未采用这两种宪法实施保障方式。

第二节　我国的国家制度

一、我国的国家性质

国家性质又称为国体，原属于政治学的概念，指国家所具有的阶级本质，即社会各阶级在一国政治生活中的地位。

我国宪法第 1 条明确规定了我国人民民主专政的国家性质：“中华人民共和国是工人阶级领导的，以工农联盟为基础的人民民主专政的社会主义国家。”

（一）我国的人民民主专政的内涵

我国的人民民主专政可以区分为两个层面：在人民的范围内实行民主；对人民实行民主对敌人进行专政。我国的人民民主专政是对人民民主和对敌人专政的统一。

具体而言，我国的人民民主专政包括以下内容：

1. 以工人阶级为领导力量

我国的领导阶级为工人阶级，这是由我国的社会主义性质所决定的。工人阶级的领导，是我国的人民民主专政的首要内容。我国工人阶级的领导，是由其组成的政党即中国共产党来实现的。

2. 以工农联盟为阶级基础

工农联盟是我国人民民主专政的阶级基础。由于我国的独特国情，与工人阶级相比，农民阶级人口众多。我国社会主义政权的取得，是建立在工农联盟的基础上的。

3. 以知识分子为依靠力量

我国的社会主义建设，离不开知识分子的智慧贡献。知识分子属于我国工农联盟的重要组成部分，是我国人民民主专政的依靠力量。

4. 以爱国统一战线为重要保障

我国的爱国统一战线，是以抗日时期的抗日统一战线和解放战争时期的人民民主统一战线为基础发展起来的。爱国统一战线包括工人、农民、知识分子和其他社会主义劳动者、建设者以及拥护社会主义和拥护祖国统一的爱国者，是由前者组成的最广泛的联盟。爱国统一战线是我国的政治基础，是我国人民民主专政的重要保障。

（二）我国的人民民主专政的实质和阶级结构

在我国宪法的序言部分，对我国的人民民主专政有这样的阐释："工人阶级领导的、以工农联盟为基础的人民民主专政，实质上即无产阶级专政。"可见，我国的人民民主专政的实质是无产阶级专政。

阶级结构是指社会的阶级构成（包括各阶级内部的阶层构成），各阶级、阶层的地位以及各阶级、阶层间相互关系的总和。我国人民民主专政的阶级结构是：工人阶级是我国人民民主专政的领导力量；工农联盟是我国人民民主专政的阶级基础；作为一个阶层的知识分子是我国工人阶级的重要组成部分。

二、我国的政体

政体又称政权组织形式，是指一个社会中掌握政权的阶级由于统治或管理的需要而配置国家权力的形式和模式。国体体现国家所具有的阶级本质，政体则是国家政权的组织形式。国家政权的组织形式是由国家的阶级本质所决定的，因此政体由国体所决定，国体与政体是内容与形式的关系。

我国宪法第 2 条对人民代表大会制度的政体进行了明确："人民行使国家权力的机关是全国人民代表大会和地方各级人民代表大会。"人民代表大会制度作为我国的政体，是对我国人民民主专政国体的反映。

（一）人民代表大会制度的历史由来

作为我国的根本政治制度，人民代表大会制度是中国人民在长期革命实践中的经验总结，是全国人民经过经过反复验证被证明其正确性的制度选择。

人民代表大会制度可以追溯到第一次国内革命时期。当时，在共产党的领导下的革命斗争中出现了"罢工工人代表大会""市民大会"以及"农民协会"等组织。在第二次国内革命时期，苏维埃政权召开了"全国工农兵代表大会"。抗日战争时期，我党在抗日根据地成立了各级参议会。解放战争时期，我党创设了人民代表会议制度，并在解放后发展为大民代表大会制度。

（二）人民代表大会制度的概念和特征

人民代表大会制度是指依据宪法和法律的规定，以民主集中制为原则，按照法定程序，由掌握国家权力的人民选举出人民代表组成全国人民代表大会和地方各级人民代表大会，作为我国的权力机关，并由各级权力机关产生向其负责的同级其他国家机关的国家政权组织形式。

概括起来，我国的人民代表大会有如下特征：

（1）人民代表大会在国家权力配置中居于支配地位。在我国，所有其他国家机关，都由同级的人民代表大会产生，并向人民代表大会负责并接受其监督。

（2）人民代表大会采取民主集中制的原则。民主集中制是指在广泛民主参与的基础上集中多数人的正确意见作出决策的方式。民主集中制在我国的主要表现为：通过民主选举产生各级人大；所有国家机关都由人大产生；中央与地方国家机构职权划分由中央统一领导，并发挥地方积极性；各级人大实行合议制的集体领导制度，人大讨论和决策时，实行少数服从多数。

（3）人民代表大会独特的组织结构。在我国，人民代表大会的组织结构具有两个层次，即人大及其常委会。根据我国宪法，县级以上人大设立常务委员会，由常务委员会在人大闭会期间依法行使国家权力。

（三）人民代表大会制度的完善

任何制度的建设都不是一蹴而就的，而是需要不断在实践中予以完善。作为我国的根本政治制度，人民代表大会制度被证明是适合于我国现实国情，能够体现人民民主专政国体的国家政权组织形式。但是，我国人民代表大会制度仍然有待进一步完善：

（1）正确处理人大与党的关系。共产党是我国的执政党，在我国的社会主义建设中居于领导地位。党与人大关系应该是：党对人大进行政治领导、思想领导和组织领导；党应当服从人大制定的宪法和法律，服从人大的监督。

（2）加强人民代表大会的组织建设。为保证人民代表充分代表人民，应当建立科学、有效的民主选举程序；健全各级人大的组织机构，如健全各级人大专门委员会，吸纳相关专家作为专门委员会成员；提高人大代表和各级人大常委会的参政议政能力。

（3）增加人民代表大会的工作的公开度与透明度。

三、我国的选举制度

（一）选举制度的概念及其基本原则

选举制度是拥有选举权的主体，依照宪法和法律的规定，按照一定选举程序选举国家代表机关的代表和公职人员的制度。在我国，选举制度仅指选举全国人大代表和地方各级人大代表的制度。

选举的基本原则是指选举过程中应当共同遵守的基本准则和基本精神。我国的选举制度遵循如下基本原则：

1. 普遍性原则

该原则是指享有选举权和被选举权的主体的广泛性，凡是依据法律享有选举权和被选举权的公民都可以自由参与选举活动。我国《宪法》第 34 条明确了享有选举权的主体范围：凡是具有中华人民共和国国籍的，未被剥夺政治权利的，年满 18 周岁的公民都享有选举权和被选举权。

在我国，除了被剥夺政治权利的人，以及因犯罪行为被羁押、正在受侦查、起诉、审判，人民检察院、人民法院决定在羁押期间停止选举权的人外，其他年满18周岁的公民都享有选举权和被选举权，包括符合下述情形的人员都准予行使选举权：被判处有期徒刑、管制、拘役而没有附加剥夺政治权利的；被羁押、正在受侦查、起诉、审判，人民检察院、人民法院没有决定停止选举权的；正在取保候审或被监视居住的，正在被劳动教养的，正在受拘留处罚的。

另外，由于精神病患者的特殊性，其享有的选举权和被选举权，依照其病情作出如下处理：如果病情不严重，可以由其自己行使或由监护人代理；如果病情严重，经选举委员会确认无法行使选举权的，不列入选民名单，暂不行使选举权。

2. 平等性原则

该原则是指所有享有选举权和被选举权的主体平等的参加选举，每人每次只享有一次投票权，并且每个选民所投选票的效力相等。选举的平等性原则是宪法确认的“公民在法律面前一律平等”原则在选举制度中的具体体现。我国选举法明确规定，我国城乡居民“同票同权”，取消了过我国过去城乡选举权的差别。

为促进选举制度实现实质上的平等，我国选举法存在一些特别规定：对少数民族代表、妇女代表、归侨代表进行适当特殊照顾，如对少数民族与汉族代表所代表的人口规定了不同的比例；对军队和港澳台地区人大代表的选举单独进行，并制定了特殊政策。

3. 直接选举和间接选举并用原则

为适应我国的具体实际，我国在选举中采取直接选举和间接选举并用原则。选举的基本目的是在保证选民真正表达自己的意志的基础上，选出能代表多数选民意志的代表。但是由于具体国情的差异，受到地理环境、人口数量、政治经济发展程度、选民素质的影响，直接选举不一定能真正达到选举的目的。在我国，由于现实国情的限制，经济政治发展很不均衡，选民素质有待提高，因此采取直接选举与间接选举并用的原则。

直接选举是指由选民根据其意愿直接投票选举出代表机关的代表的选举制度。直接选举可以保证选民的普遍民主参与，通过选民直接选举其所信任的人民代表进入国家代表机关，有利于加强选民和人民代表间的联系，保证人民代表听取选民的意见及要求，接受选民的监督。在我国，县级以下（包括县级）人民代表大会的代表，由选民直接选举。

间接选举是指代表机关的代表由选民选出的代表机关的代表投票选举出上一级代表机关的代表的选举制度。在我国，全国人大代表、省、自治区、直辖市、设区的市、自治州的人大代表的选举，采取间接选举的方式。

随着我国的社会主义政治、经济以及精神文明建设的推进，公民政治素养的提高，我国应当逐渐扩大直接选举的范围，推进选举制度进一步民主化。

4. 无记名投票原则

无记名投票又称秘密投票，是指选民在进行投票时无须签署自己的名字，并亲自将选票投入票箱的选举方法。除了无记名投票以外，还有记名投票以及公开投票（举手、起立、唱名）等投票方法。

无记名投票与记名投票、公开投票等方法不同，选民的意思表示是秘密进行的，他人无权干涉。无记名投票原则可以保证选民按照自己的意愿选举出合适的代表，可以保证选民在行使选举权时不受到他人的任意干涉，从而使保证选举的公正性和真实性。

5. 选举权利保障原则

为了保证选举的公正、民主的开展，我国为选民自由行使选举权利提供了全面的物质保障和法律保障。我国《选举法》第7条规定："全国人民代表大会和地方各级人民代表大会的选举经费，列入财政预算，由国库开支。"此外，为保证选举顺利进行，国家还提供选举所需的一切物质设施，如电视台、报刊、网络等媒体平台。

为保障选民自由行使选举权利，我国《选举法》第11章专门规定，对破坏选举的违法行为予以行政处罚，构成犯罪的，依法追究刑事责任。

（二）我国选举的民主程序

选举程序是指选民行使选举权应当遵循的方法、步骤和规则。选举程序是选举制度的重要部分，是保障选举公正、民主的进行的程序性规则，是选民实现选举权利的程序保障。

1. 选举的组织

选举的组织由选举法所规定的负责和主持各级人大代表的选举工作的机构负责。在我国，采取间接选举的各级人大代表的选举工作，即设区的市以上（包括设区的市）的人大代表的选举工作，由本级人大常委会主持。我国《选举法》第8条规定："全国人民代表大会常务委员会主持全国人民代表大会代表的选举。省、自治区、直辖市、设区的市、自治州的人民代表大会常务委员会主持本级人民代表大会代表的选举。"采取直接选举的各级人大代表的选举工作，即县级以下（包括县级）人大代表的选举工作，由选举委员会主持。县、自治县、不设区的市、市辖区的选举委员会，由本级人大常委组成，并受本级人大常委会领导；乡、民族乡、镇的选举委员会，通过县、自治县、不设区的市、市辖区的人大常委会的任命产生，并受其领导。省、自治区、直辖市、设区的市、自治州的人大常委会可以指导本辖区内的县级以下人大代表的选举工作。

2. 选区划分和选民登记

选区是选民进行选举的基本单位，是以一定数量的人口为基础所划分的选举代表的区域。选区的划分应遵循一定的原则，总体而言，应当按照方便选民参加选举，保障选民的选举权与被选举权的原则，以及选举制度及选举的特殊要求，进行选区的划分。我国《选举法》对选区的划分做了灵活的规定："选区可以按居住状况划分，也可以按生产单位、事业单位、工作单位划分。"在划分选区后，按照选区的大小，一个选区一般产生1名到3名代表，同时每个代表所代表的人口数量应当大致相等。

选民登记是确认公民是否具有选民资格的程序。我国的选民登记按选区进行，经登记后的选民长期享有选民资格。每次选举前，以选区为单位，对上次选民登记后新获得选民资格的人进行登记，包括年满18周岁的、新迁入本选区的、被剥夺政治权利期满后恢复政治权利的公民等，同时将不再具有选民资格的人，如经登记后迁出原选区的、死亡和被剥夺政治权利的人，从选民名单上除名。严重的精神病患者，经选举委员会确认无法行使选举权的，不列入选民名单。

3. 代表候选人的提名和确定

根据我国选举法规定，全国人大和地方人大的代表候选人按选区或选举单位产生。对于采取直接选举的方式产生人大代表的，按选区提名产生代表候选人；对于采取间接选举的方式产生人大代表的，按选举单位产生代表候选人。10人以上的选民或人大代表可以联名推荐代表候选人，并将候选人基本情况介绍给选举委员会或大会主席团，并由接受推荐的代表候选人提供个人身份证明、简历等信息。

我国选举实行差额选举，即代表候选人的人数应当比应选代表名额多出一定比例。对于采取直接选举的，代表候选人的人数应当比应选代表名额多出1/3到1倍；对于采取间接选举的，代表候选人的人数应当比应选代表名额多出1/5到1/2。

代表候选人的提名结束后，开始进入确定代表候选人的阶段。对于采取直接选举的候选人，应由选举委员会汇总后，在选举15日前向选区公布候选人名单，并交本选区的各选民小组讨论，根据多数意见，确定正式代表候选人；对于采取间接选举的候选人，由各该级人大主席团把依法提出的代表候选人名单交全体代表讨论，对于人数符合法定差额比例的，直接进行选举，如果超过法定差额比例，则首先进行预选，并根据预选结果确定正式代表候选人。

4. 代表的选举

代表的选举是由选民或代表通过投票的方式从代表候选人中产生代表的活动。根据我国选举法的规定，在实行直接选举的地方，可以在各选区设立投票站或由选举委员会主持并召开选民大会，进行无记名投票；在实行间接选举的地方，由各该级人大主席团主持代表进行无记名投票。选民如不能亲自书写选票，可以委托他人代写；行动不便的居民或交通不便的选民，可以在流动票箱投票；选民如果在选举期间外出，在征得选举委员会同意后，可以书面委托其他选民代为投票，但每一选民接受委托的人数不得超过3人。

投票结束后，对选票进行核对，统计，并以此为基础确定选举结果。如果选票总数等于或少于投票人数，则选举有效。如果选票总数多于投票人数，则选举无效。对于采取直接选举的地方，需要过半数以上选民参加投票，选举方为有效。代表候选人需要获得过半数参与投票的选民的选票才能当选。对于采取间接选举的地方，需要获得过半数的全部代表的投票方能当选，如果获得半数选票的代表候选人的人数超过待选代表名额，则由票数多者当选。选举委员会或人大主席团依据选举法的规定，对选举结果予以确定和公布。

5. 代表的罢免、辞职和补选

代表的罢免是人民对代表进行监督的有力措施，目的是督促代表依法履行职责，充分代表选民意志和利益。我国选举法规定了代表的罢免程序：由直接选举产生的县级人大代表和乡级人大代表的罢免，分别需要由原选区的50名和30名以上选民联名，书面提出罢免要求及理由，并经原选区半数以上选民表决通过；由间接选举产生的代表的罢免，在人大开会期间，需要由主席团或者1/10以上代表联名提出罢免案，并经过半数的代表通过。在人民代表大会闭会期间，需要由人大常委会主任会议或者人大常委会1/5以上组成人员联名提出罢免案，并经常委会组成人员的过半数通过。被罢免的代表可以出席上述会议并进行申辩。

我国选举法对代表的辞职作出了明确规定：直接选举产生的代表，可以向本级人大常委会书面提出辞职；间接选举产生的代表，可以向选举他的人大的常委会书面提出辞职。

由于死亡、罢免和辞职等原因，会导致尚在任期的代表出缺，依照我国选举法规定，这时应当由原选区或原选举单位对出缺的代表进行补选。补选出缺的代表时，应当实行差额选举，并按省、自治区、直辖市的人大常委会的规定进行补选活动。

四、我国的国家结构形式

（一）国家结构形式的概念和分类

国家结构形式是指国家整体与组成部分之间、中央与地方政权之间的相互关系的形式。国家结构形式反映了一国的职权划分关系。根据中央与地方政权之间关系的不同，国家结构形式主要分为单一制和复合制。

单一制是指国家的主权由中央统一行使，地方在中央的领导下行使职权的国家结构形式。在单一制国家中，全国只有一个宪法和中央政府，国家主权统一由中央行使。在单一制国家里，由于国家管理的需要，可能划分为若干地方行政区域，国家主权先于各地方行政区域存在，这些地方行政区域并不是独立的政治实体，虽然各地方行政区域对地方事务有一定的管理权力，但要服从中央的统一领导。

复合制是由两个或两个以上政治实体组成国家联盟的国家结构形式。在加入国家联盟之前，组成国家联盟的各部分本来是独立的政治实体，在加入联盟后，虽然不再享有完全独立的主权，但依然在一定范围内享有一定主权。按其联合的程度，复合制可分为联邦制和邦联制。在复合制国家中，各成员本来除了中央以外，组成国家的各部分也享有一定程度的主权，如在实行联邦制的美国，联邦宪法明确界定了联邦政府和各州权力的界限，除联邦政府外，各州在宪法的规定范围内享有主权和立法权，各州可以以州的名义从事外交活动，制定州宪法等。

（二）我国的国家结构形式和特征

我国的国家结构形式属于单一制，由中央集中行使国家主权，地方受到中央的领导。在我国，虽然地方也享有一定的地方立法权和行政管理权，但地方必须在中央制定的宪法和法律许可的范围内行使立法权，地方政府应当服从中央政府的领导。

我国采取单一制的国家结构形式是由我国的历史传统和基本国情决定的。在漫长的历史中，我国绝大部分时期都是中央集权的国家，形成了不可分割的整体。我国国情复杂，地域广阔，民族众多，采取单一制能够增强凝聚力，发挥各区域优势互补，巩固国防和促进民族团结。

事实证明，单一制国家结构形式符合我国国情和社会发展需要。同时，根据我国具体国情和部分地区的管理需要，在单一制国家结构形式框架内进行了灵活变通。我国单一制国家结构形式具有以下特征：

（1）实行中央集权，同时赋予地方一定的权力。一方面，由中央统一行使国家立法、行政、司法、军事、外交等权力，另一方面，为了充分发挥地方的积极性，在坚持中央的领导的基础上，赋予各地方一定的地方立法权和行政权。如在我国，各省和较大的市的人大有制定地方性法规的权力，地方各级人民政府管理本地区的行政工作。

（2）实施民族区域自治，对中央和地方的权力进行灵活划分。由于我国民族众多，各民族经济发展、风俗习惯各有不同。在少数民族聚集区，我国实施民族区域自治制度，设立各民族自治区、自治州、自治县等。在民族区域自治地方，可以由民族自治地方的自治机关根据本民族的习惯，在宪法和法律规定的范围内行使自治权。

（3）设立经济特别行政区，实施特殊经济政策。为了促进改革开放，吸引外资，我国设立了深圳、珠海、湛江、厦门等经济特区，实施特殊的经济政策，由地方享有较大的经济自主权。

（4）设立特别行政区，实施“一国两制”。为了完成祖国统一，维护地区稳定，我国设立了香港和澳门两个特别行政区，使我国单一制国家结构形式更具包容性。特别行政区享有高度的自治权，在特别行政区基本法的授权范围内享有立法权和独立的法律体系，有完全独立的司法系统，并可以以地区的名义参与法律授权内的外交活动。

五、我国的经济制度

从宪法学上来讲，经济制度是一国宪法和法律所确认和调整经济关系的过程中所形成的制度。经济制度主要包含三个层面的内容：生产资料的所有权归属；人们在经济活动中的关系；产品如何分配。在我国，实行坚持生产资料的公有制为主体、多种所有制经济共同发展的基本经济制度；在经济活动中，实行社会主义市场经济体制；在产品分配领域，坚持按劳分配为主体、多种分配方式并存的分配制度。

由于我国的社会主义性质和特殊国情，我国的经济制度具有以下特征：

（1）坚持社会主义公有制的主体地位。由于我国的社会主义属性，我国坚持生产资料的社会主义公有制是我国社会主义经济的基础。社会主义公有制包括全民所有制经济和集体所有制经济。全民所有制经济又称为国有经济，是指生产资料归全体人民所有的经济，是我国社会主义公有制经济的重要组成部分。集体所有制经济是指生产资料归部分劳动群众集体占有的经济，是我国公有制经济的重要组成部分。

（2）鼓励、支持和引导非公有制经济的发展。由于我国尚处于社会主义初级阶段，非公有制经济能够提高人民的生产积极性，促进经济发展。我国鼓励、支持和引导非公有制经济的发展。非公有制经济包括个体经济、私营经济、外资经济等。我国《宪法》第11条规定明确规定：“在法律规定范围内的个体经济、私营经济等非公有制经济，是社会主义市场经济的重要组成部分。国家保护个体经济、私营经济等非公有制经济的合法的权利和利益。国家鼓励、支持和引导非公有制经济的发展，并对非公有制经济依法实行监督和管理。”

（3）实行社会主义市场经济体制。传统的计划经济具有造成经济决策僵化，劳动者主观能动性无法发挥等缺点。而市场经济则有利于资源配置的优化，市场竞争也有利于带动劳动者积极性的发挥。根据我国宪法，我国实行社会主义市场经济，要求市场在资源配置中起基础性作用。

（4）按劳分配为主体、多种分配方式并存。由于我国的社会主义性质，在产品分配领域，我国坚持以按劳分配为主体，多劳多得，少劳少得的分配制度。同时，由于我国鼓励非公有制经济的发展，与之相适应，我国还存在着其他多种分配方式，如利息收入、入股分红、不动产物权和知识产权产生的收益、企业经营者的经营收益等分配方式。

六、我国的精神文明建设

与物质文明相对，精神文明是人类社会在改造客观世界的同时对自己的主观世界实施改造的过程中，获得的精神成果。精神文明包括教育的发展，科学的普及和进步，思想道德的提高。物质文明是精神文明的基础，精神文明反映物质文明的发展水平，并为物质文明的发展提供智力支持。

我国宪法强调，在把我国建设成为富强、民主、文明的社会主义国家的过程中，要实现"物质文明、政治文明和精神文明协调发展"。

我国的精神文明建设坚持以由马克思列宁主义、毛泽东思想、邓小平理论和"三个代表"重要思想组成的中国特色社会主义理论为指导。

我国精神文明建设的主要内容有：

(1) 思想道德建设。根据宪法规定，我国的思想道德建设主要内容包括：社会主义公德的倡导：社会主义公德包括爱祖国、爱人民、爱劳动、爱科学、爱社会主义等公德；爱国主义、集体主义和国际主义、共产主义的教育；辩证唯物主义和历史唯物主义的教育。

(2) 文化教育建设。根据宪法规定，在教育领域，要发展社会主义教育事业，举办各种学校，发展教育设施，扫除文盲，培养社会主义专门人才，提高全民的科学文化水平；在文化领域，"国家发展为人民服务、为社会主义服务的文学艺术事业、新闻广播电视事业、出版发行事业、图书馆博物馆文化馆和其他文化事业，开展群众性的文化活动。"

第三节　我国公民的基本权利和义务

一、公民基本权利和义务概述

(一) 公民的概念

公民作为一个法律概念，指具有某一国国籍，并根据该国法律规定享有权利和承担义务的人。在我国，具有中国国籍的人都属于中华人民共和国公民。

"公民"一词最早出现在古希腊时代的雅典，其意为"属于城邦的人"，指享有从事管理社会和国家等公共事务的权利的人。到了古罗马时代，公民又称为"市民"，被用于区分罗马人和外邦人。古希腊和古罗马时代的"公民"仅指一部分享有特权的自由民。近代资产阶级民主革命后，公民一词泛指组成国家的每一个人，被广泛用于宪法或宪法性文件中。在现代民主国家里，公民与外国人相对，被用于指称每个具有本国国籍的人。

作为法律概念的公民，与人民的含义不同。在我国，人民作为一个与"敌人"相对的政治概念，包括全体社会主义劳动者、社会主义事业建设、拥护社会主义的爱国者和拥护祖国统一的爱国者，但不包括敌视和破坏社会主义的罪犯。由此可见，公民的概念含义的范围比人民要广泛。

（二）公民基本权利的概念及特征

公民基本权利，又称宪法权利，是指由一国宪法所确认和保障的，公民所享有的维持其生存和发展所需要的根本权利和自由。不同于普通法律所规定的具体权利，基本权利是作为人不可或缺的根本性权利。

公民基本义务，又称宪法义务，是指由一国宪法所规定的，公民作为一国国民应当履行的某种法律责任。与普通法律所规定的义务相比，公民基本义务由宪法规定，往往是一国对本国公民的最起码的义务要求。

公民基本权利与人权不同。人权是指作为人当然应当享有的权利，是一种道德权利和应然权利。人权具有普遍性，其主体是所有人。作为应然权利的人权，必须从法律上予以确认和保障，才可能得到实现。从某种意义上讲，公民基本权利是一国国民的人权获得一国宪法确认和保障后的结果。

作为一国公民所享有的根本性权利和义务，公民基本权利和义务有如下特征：

（1）由宪法确认和规定。公民基本权利和义务由宪法进行确认，其内容、范围由宪法具体规定。公民基本权利是宪法所确认的公民享有的根本利益或自由，任何国家机关、社会组织和个人不得限制和剥夺公民基本权利。公民基本义务是宪法所规定的公民负担的基本法律责任，任何人不得以任何借口不履行公民基本义务。

（2）基础性和不可或缺性。公民基本权利和义务是一国公民所享有或承担的基础性权利和义务，是普通法律设置法律权利和法律义务的基础和依据。由于宪法的特殊性，公民基本权利和义务的实现，有赖于民法、刑法、行政法以及各诉讼法等部门法的具体规定和落实。同时，公民基本权利和义务具有不可或缺性。与普通的法律权利和义务相比，公民基本权利和义务是公民最根本的权利和义务，是作为一国公民所享有的或应当承担的最低限度的权利和义务。

（3）反映了国家与公民的关系。宪法的根本目的就在于限制国家权力，保护公民基本权利。究其本质，宪法是确定国家与公民关系的根本大法。保护和实现公民基本权利，是国家机关活动的根本目的，是国家应当履行的职责。公民在公民基本权利的授权范围内的活动，国家机关不得干涉和阻挠。公民基本义务是作为公民应当履行的最低限度的法律责任，国家机关有权要求甚至强制公民履行。

二、我国公民的基本权利

（一）平等权

平等权是我国宪法所确认和保障的公民基本权利。根据我国《宪法》第5条规定："一切违反宪法和法律的行为，必须予以追究。任何组织或者个人都不得有超越宪法和法律的特权。"第33条规定："中华人民共和国公民在法律面前一律平等。"平等权作为我国公民的基本权利，其主要内容包括：

（1）所有公民一律平等的享有权利。所有中国公民，无论民族、种族、性别、职业、家庭出身、宗教信仰、教育程度、财产状况、居住期限等，一律平等地享有宪法和法律所规定的权利，任何人不得享有法外特权。

（2）所有公民一律平等的履行义务。权利与义务相生相随，没有无权利的义务，也没有无义务的权利。在平等的享有权利的同时，所有公民还应当平等的履行义务。任何人不得以任何借口，只享有权利而不履行义务。

（3）所有公民的违法行为一律平等追究。任何公民实施的违反法律的行为，包括违反民法、行政法等一般违法行为以及违反刑法的犯罪行为，一律平等的受到法律的追究，平等承担法律责任。

（二）政治权利与自由

亚里士多德曾把人定义为“天然的政治动物”。作为现代意义上的公民，享有政治权利与自由，即从事管理社会和国家等公共事务的权利与自由，是各国公民享有的基本权利之一。

我国公民享有的政治权利与自由主要可以分为两大类：公民参与国家组织、管理和决策的权利，具体表现为选举权与被选举权等政治权利；公民表达个人政治意见的自由，具体包括言论、出版、集会、结社、游行、示威等自由。

我国宪法具体规定了公民所享有的各项基本政治权利与自由。

1. 选举权和被选举权

选举权是指公民依法享有的选举代表机关代表和国家机关工作人员的权利。被选举权是指公民依法享有的被选举为代表机关代表和国家机关工作人员的权利。在我国，选举权和被选举权仅指选举或被选举为全国人大代表和地方各级人大代表的权利。

在我国，选举权和被选举权是我国公民普遍享有的一项政治权利。根据我国《宪法》第 34 条规定：“中华人民共和国年满十八周岁的公民，不分民族、种族、性别、职业、家庭出身、宗教信仰、教育程度、财产状况、居住期限，都有选举权和被选举权；但是依照法律被剥夺政治权利的人除外。”

当然，由于政治权利的形式对公民的政治行为能力有较高要求，所以能够享有选举权与被选举权的公民应当年满 18 周岁的公民并且未被剥夺政治权利。同时公民的精神状况可能会影响选举权和被选举权的实际行使，如严重的精神病人，经确认无法行使选举权的，可中止其选举权的行使。

2. 言论自由

言论自由是指公民可以通过各种语言形式表达自己的思想和观点以及对国家管理和社会事务的看法的自由。由于新闻、著作和出版都是表达言论的方式，所以广义的言论自由包括了新闻、著作、出版等自由。自近代的资产阶级革命起，言论自由作为一项重要的政治自由，就被写入宪法，成为公民表达自己的意见，参与国家和社会管理的重要途径。

通过公民的言论的自由传播和交流，有利于形成公民间的思想沟通，形成共同意志，并将这种共同意志通过代表机关予以实现。可以说，言论自由的程度往往与国家的民主程度密切相关。在各项政治权利中，言论自由被视为“首要人权”，包括出版、集会、结社、游行、示威等自由，都建立在言论自由的基础上，是言论自由的实现形式和延伸发展。

我国宪法明确规定，我国公民享有言论自由。同时，我们要注意，言论自由并不意味毫无限制的滥用权利，其行使必须受到合理的限制。我国宪法第51条明确规定："中华人民共和国公民在行使自由和权利的时候，不得损害国家的、社会的、集体的利益和其他公民的合法的自由和权利。"

3. 出版自由

出版自由又称刊行自由，公民在宪法和法律的许可范围内，享有的通过出版物表达自己的见解和意愿的权利。图书、报纸、报刊、音像制品、电子出版物和宣传材料等都属于出版物。出版自由是对言论自由的扩充发展，属于广义的言论自由。

出版自由成为公民的基本权利，可以追溯至1695年，当时英国取消了出版领取许可执照的制度。在随后的资产阶级革命中，出版自由被视为基本政治纲领，被载入宪法明确予以保障。1789年法国资产阶级的《人权宣言》宣称："自由传达思想和意见是人类最宝贵的权利之一，因此各个公民有言论、著述和出版的自由。"

出版自由作为一项重要的政治自由，使得公民能够自由的通过刊行的出版物表达自己的见解。由于出版物方便传播，流传较广，因而可以在公民间促进意见沟通和交流、普及相关知识，形成舆论等，因此出版自由要比传统的言论自由更有影响力，更能够促进公民的政治自由的有效实现。

我国宪法明确规定，我国公民享有出版自由。当然，如果出版自由不受到适当的约束，可能会给社会带来极大的危害。因此，出版自由并不意味着不受限制。根据我国宪法和法律的相关规定，出版物必须到相关部门办理登记，非法出版活动应当依法严惩，淫秽色情出版物严禁发行和传播。

4. 结社自由

结社自由是指公民为了某种宗旨或共同主张，依照法定程序，组织或参加某种社会团体的自由。结社可以分为两类：一类是以营利为目的的结社，如设立公司等；一类则是不以营利为目的的结社，包括组织政党和社会政治团体等政治性结社，以及组织慈善机构、宗教团体、学术组织等非政治性结社。

结社自由是公民享有的一项重要的政治自由，属于广义的言论自由，是人们从事国家和社会管理的重要途径。结社有利于将具有相同宗旨和主张的公民联合起来，成为国家和公民间的中介，向国家表达公民的要求和愿望，并将国家的法律和政策在公民中予以贯彻。通过结社可以形成多元化的社团，有利于经济、政治、文化、慈善等各项事业的推进，促进社会全面健康发展。

我国宪法明确规定，公民享有结社自由。同时，为了维护社会公共利益和秩序，对结社自由也进行了一定程度的限制：通过结社形成的社团应当到国家相关部门进行登记；公民应当在宪法和法律许可的范围内进行结社；公民的结社活动不得损害国家、社会和集体的利益和其他公民的合法的自由和权利。

5. 集会、游行、示威自由

集会、游行、示威自由是对言论自由的具体化和延伸，是属于公民表达自己意愿的形式，属于广义的言论自由。集会自由是指公民依法享有的集聚于露天公共场所，发表自己意见和看法的自由。游行自由是指公民依法享有的在公共道路和露天公共场所列队行进，表达共同意愿的自由。示威自由是指公民依法享有的在露天公共场所或公共道路上以集会、游行、静坐等方式，表达要求，抗议、支持或声援的自由。

集会、游行、示威是由公民自发组织的在露天公共场所表达自己意愿的活动，不包括国家、国家机关、安排的庆祝、纪念等活动，也不包括政党、企事业组织以及社会团体依法组织的集会活动。集会、游行、示威是在露天公共场所进行的活动，不同于公民的私下集会，具有公开性。同时，集会、游行、示威是表达公民意愿的政治活动，不包括在公共场所举办的一般的文娱、体育和宗教活动。

我国宪法明确规定，我国公民享有集会、游行、示威自由。同时，由于集会、游行、示威往往会对社会造成较大的影响，为了避免可能产生的负面影响，我国《集会游行示威法》对公民的集会、游行、示威做了一定的限制：

(1) 公民行使集会、游行、示威的权利的时候，必须遵守宪法和法律，不得反对宪法所确定的基本原则，不得损害国家、社会和集体的利益和其他公民的合法的自由和权利。

(2) 举行集会、游行、示威，必须依照本法规定向主管机关提出申请并获得许可。集会、游行、示威的主管机关，是集会、游行、示威举行地的市、县公安局、城市公安分局；游行、示威路线经过两个以上区、县的，主管机关为所经过区、县的公安机关的共同上一级公安机关。

(3) 集会、游行、示威按照许可的目的、方式、标语、口号、起止时间、地点、路线及其他事项进行。举行集会、游行、示威，不得违反治安管理法规，不得进行犯罪活动或者煽动犯罪。

6. 监督权

监督权是指公民依法享有的监督国家机关及其工作人员的权利。根据我国宪法的规定，公民享有的监督权包括批评权、建议权、检举权、控告权和申诉权。批评权是指公民依法享有的要求国家机关及其工作人员改正和克服工作中的缺点和错误的权利。建议权是指公民依法享有的向国家机关及其工作人员提出自己的主张和建议的权利。检举权是指公民依法享有的揭发国家机关及其工作人员的违法失职行为，请求相关国家机关对之予以制裁的权利。控告权是指公民依法享有的向相关机关揭发和控诉国家机关及其工作人员的违法失职行为的权利。申诉权是指公民依法享有的向相关机关申诉理由，要求对国家机关及其工作人员的错误裁判和违法失职行为予以重新处理的权利。

监督权是我国公民享有的重要政治权利。如果公民仅享有选举权而没有监督权，就会导致通过选举产生的国家代表机关及其代表不再受到公民的监督。由于国家机关及其工作人员掌握着国家权力，如果不对其进行有效监督，很容易造成公权力滥用，导致公民的各项权利无法保障。监督权可以充分调动人民群众的广泛力量，对一切国家机关及其工作人员进行有效约束，使其始终忠实于人民的共同意志，同时保证能够迅速发现和追究国家机关及其工作人员的违法失职行为。

(三) 宗教信仰自由

宗教信仰自由是指公民依据其内心的信念和愿望，自由选择其是否信仰宗教以及信仰何种宗教的自由。

在欧洲中世纪，人们的精神问题和信仰问题必须服从罗马教会。宗教信仰自由是在西方国家在与罗马教会斗争中产生的，成为近代资产阶级革命的重要胜利成果。现代国家普遍认同“政教分离”，认为国家仅干预公民的世俗生活，而宗教领域属于个人精神生活，由公民自主安排。宗教信仰自由要求由公民自主、自愿的决定其精神生活领域的宗教信仰问题，任何人，任何机关不得干涉。各国通过宪法和法律的规定，确认和保障公民的宗教信仰自由，对侵害公民宗教信仰自由的行为予以制裁。

我国《宪法》第 36 条明确规定了我国公民的宗教信仰自由：“中华人民共和国公民有宗教信仰自由。”同时，我国宪法还明确了宗教信仰自由的界限：

（1）不得强制公民信仰宗教或者不信仰宗教，不得歧视信仰宗教的公民和不信仰宗教的公民。上述要求适用于任何国家机关、社会团体和个人，体现了对我国公民宗教自由的保障。任何国家机关、社会团体和个人都必须尊重公民的宗教自由，对公民的宗教信仰不得以任何理由予以歧视。

（2）不得利用宗教进行破坏社会秩序、损害公民身体健康、妨碍国家教育制度的活动。上述内容要求适用于所有人、宗教团体、社会组织，体现了对我国公民宗教自由的合理限制，是所有人、教教团体、社会组织进行宗教活动的行为底线。

（3）宗教团体和宗教事务不受外国势力的支配。上述规定是我国宪法基于我国现实国情和历史经验总结而确定的宗教信仰自由的界限。除了正常的对外宗教交流外，我国的宗教事务独立自主的开展，不受任何境外势力的干涉，防止境外敌对势力利用宗教干涉我国内政。

（四）人身自由

人身自由又称为身体自由，是指公民在法律许可的范围内，按照个人意志决定是否从事某种行为以及人身不受约束、妨碍、强制和控制的权利。广义的人身自由还包括了人格尊严不受侵犯、住宅不受侵犯以及通信自由等。

1. 身体自由

身体自由是指公民的身体不受非法约束、强制和搜查的自由。身体自由是公民其他各项人身自由的基础，是现代文明社会中公民享有的最基本自由之一。我国《宪法》第 37 条明确规定：“中华人民共和国公民的人身自由不受侵犯。任何公民，非经人民检察院批准或者决定或者人民法院决定，并由公安机关执行，不受逮捕。”

在我国，只有在特定情况下由专门机关依照法定程序，才能实施对公民自由的限制或剥夺，主要包含以下三种情形：

（1）拘留和逮捕。只有在公民实施了违法、犯罪行为，有拘留和逮捕必要的时候，才可以由专门机关实施，并且必须依据严格的法律程序进行。如在刑事诉讼中，公安机关逮捕公民时，必须出示逮捕证，除无法通知以外，应当在 24 小时内通知被捕人家属。

（2）搜查取证。为了侦破案件，调取证据，公安机关可以对犯罪嫌疑人的人身和住所等进行搜查，但必须依照法定程序进行。如在进行搜查时必须出示搜查证，并且应当有被搜查人或其家属、邻居及其他见证人在场。

（3）判处自由刑和死刑。法院经过案件的审理，依据法律和事实，确定被告人应当承担刑事责任，可以判处其拘役、有期徒刑、无期徒刑等自由刑甚至死刑。司法机关在判处限制人身自由或剥夺生命的刑罚前，必须依照法定程序进行，如受理案件，通知其聘请律师，进行庭审辩论，给予被告人辩解的机会等。

2. 人格尊严不受侵犯

从法律意义上讲，人格是指人作为主体享有权利与承担义务的资格。人格尊严是指作为法律关系的主体，公民的主体资格应当受到所有国家机关、组织和个人的尊重和认可。人格尊严不受侵犯是指公民的人格尊严不受任何人的侮辱、诋毁、诽谤和陷害。从内容上讲，人格尊严不受侵犯主要指公民的姓名、肖像、名誉不被诋毁，人身不得侮辱和诽谤。我国《宪法》第 38 条明确规定："中华人民共和国公民的人格尊严不受侵犯。禁止用任何方法对公民进行侮辱、诽谤和诬告陷害。"

人格尊严不受侵犯，是我国宪法在总结历史教训后，予以确认的公民基本权利，具体包括以下方面：人格尊严不受侮辱。即任何机关、组织和个人都不得以任何目的，使用暴力或其他方式对公民的人格进行贬低，对公民的名誉进行破坏；不得对他人进行诽谤。即任何机关、组织和个人不得为诋毁他人，捏造事实损害他人人格；不得对他人进行诬告陷害。即任何机关、组织和个人不得为达到陷害他人的目的，以歪曲或捏造事实的方式向有关机关虚假告发他人。

3. 住宅不受侵犯

住宅不受侵犯是指公民生活、居住的场所不受非法入侵和搜查。住宅是公民生活的场所，是公民个人的"私有领地"，是人维持其最起码的自由、安全和尊严的基础。住宅不受侵犯的权利意味着公民可以免受国家公权力干涉和侵扰，在自己的"私有领地"自主的安排个人生活，享有个人隐私。我国《宪法》第 39 条规定："中华人民共和国公民的住宅不受侵犯。禁止非法搜查或者非法侵入公民的住宅。"

我国宪法规定的住宅，不仅指传统意义上供公民居住的房屋，宅居，也包含宿舍、旅馆房间、办公室、汽车等所有私人活动的场所。住宅不受侵犯的具体内容除了包括传统的不得强制非法侵入和破坏以外，还包括了不得对私人对话偷听、利用电子设备窃听等。另外，法律也规定了例外情形，侦查机关为搜集犯罪证据，抓获犯罪人，可以按照法律程序对犯罪嫌疑人的住所及其他有关地方进行搜查。

4. 通信自由

通信自由是指公民通过各种通讯手段，按照自己的意愿与他人通信的自由。各种通讯手段包括传统的信件，也包括电报、电话、传真、电邮等通讯方式。公民自由的从事社会交往，与他人进行思想交流，是公民享有的基本权利。我国《宪法》第 40 条规定："中华人民共和国公民的通信自由和通信秘密受法律的保护。除因国家安全或者追查刑事犯罪的需要，由公安机关或者检察机关依照法律规定的程序对通信进行检查外，任何组织或者个人不得以任何理由侵犯公民的通信自由和通信秘密。"

通信自由的主要内容是通信秘密，通信秘密是通信自由的基础，通信自由依赖通信秘密而存在。根据我国宪法，通信自由和通信秘密受到法律保护。保护通信秘密的具体的要求有：不得非法扣押、隐匿和损毁公民的通信；不得私窥和窃听公民的通信和通话；除公安机关和检察机关依照法定程序对信件进行检查外，任何组织和个人不得侵犯公民的通信自由和通信秘密。

（五）社会经济文化权利

社会经济文化权利是指公民享有的经济权利和文化权利。经济权利包括财产权、劳动权、休息权和获得物质帮助的权利。文化权利包括受教育权、文艺创作自由等。

1. 财产权

财产权是指权利主体对其所有的合法财产享有的占有、使用、处分、收益的权利。财产权是个人赖以生存和发展的物质基础。我国《宪法》第 13 条明确规定："公民的合法的私有财产不受侵犯。国家依照法律规定保护公民的私有财产权和继承权。国家为了公共利益的需要，可以依照法律规定对公民的私有财产实行征收或者征用并给予补偿。"

根据宪法和法律的相关规定，我国公民的财产权有以下四种：（1）合法收入，是指在法律许可的范围内，公民依靠自己劳动或其他方式所获得的货币和实物收入；（2）储蓄，是指公民存入银行或其他金融机构的货币；（3）房屋，是指由公民所有的作为其生活资料的住宅；（4）其他公民所有的生活资料。在特殊情况下，由于公益的需要，征收和征用公民的财产，必须给予合理的补偿。

2. 劳动权

劳动权是指具有劳动能力的公民享有的，要求国家和社会为其提供劳动机会，并支付合理报酬的权利。劳动权是公民生存的基本保障。我国《宪法》第 42 条规定："中华人民共和国公民有劳动的权利和义务。国家通过各种途径，创造劳动就业条件，加强劳动保护，改善劳动条件，并在发展生产的基础上，提高劳动报酬和福利待遇。"

在我国，劳动权主要具有下列基本特征：①平等性。即无论身份、地位、性别、年龄、民族、宗教信仰等差异，所有具有劳动能力的公民平等的参与社会劳动，享有平等的就业机会，并按照其劳动成果的数量和质量平等的获得报酬；②权利与义务的双重属性。在我国，劳动权既是权利，同时也是义务，是有劳动能力的公民对于国家和社会应尽的光荣职责。

3. 休息权

休息权是指劳动者享有的进行休息和休养的权利。休息权是劳动者享有的一项重要权利，有利于劳动者恢复体力和精力，防止劳动者过度劳动，提高劳动者的劳动积极性和创新精神。我国《宪法》第 43 条规定："中华人民共和国劳动者有休息的权利。国家发展劳动者休息和休养的设施，规定职工的工作时间和休假制度。"

在我国，任何机关、组织都不得剥夺劳动者休息权享有的基本权利。在法定休息时间，劳动者有权按照个人意愿安排自己的活动，所在单位不得予以阻挠，也不得克扣劳动者工资。为了充分保障劳动者的休息权，我国劳动法详细规定了保障休息权的各项劳动制度：（1）工作时间。劳动者每日的工作时间应当不超过 8 小时，平均每周工作时间不超过 44 小时；（2）休息时间。用人单位应当保证劳动者每周至少休息 1 天；（3）延长工作时间的限制。由于经营需要，单位在协商后可延长工作时间，一般每日不得超过 1 小时。由于特殊原因需要延长工作时间的，应当首先保障劳动者身体健康，延长工作时间每日不得超过 3 小时，每月不得超过 36 小时；（4）休假制度。用人单位在法定休息日应当安排劳动者休假，劳动者连续工作1年以上的，享受带薪年休假。

4. 获得物质帮助权

获得物质帮助权是指公民由于特定原因而无法维持基本生活时享有要求国家和社会给予基本生活所需的物质帮助的权利。获得物质帮助权是从国家和社会获得生活保障，享有社会福利的权利，是所有公民享有的基本权利。

根据我国《宪法》第45条的规定，公民享有的获得物质帮助权主要有：（1）公民在年老、疾病或者丧失劳动能力的情况下，有从国家和社会获得物质帮助的权利。（2）国家和社会保障残废军人的生活，抚恤烈士家属，优待军人家属。（3）国家和社会帮助安排盲、聋、哑和其他有残疾的公民的劳动、生活和教育。

对于现代宪政国家而言，为特殊困难的公民提供物质帮助是其必须履行的义务。为了保障公民获得物质帮助权的实现，国家发展为公民享受这些权利所需要的社会保险、社会救济和医疗卫生事业。通过国家的积极干预，能够使处于困境的公民获得必要的社会救济，保障公民的基本人权。

5. 受教育权

受教育权是指公民享有的要求国家和社会为其提供平等的受教育的机会的权利。我国《宪法》第46条明确规定："中华人民共和国公民有受教育的权利和义务。"

在我国，受教育权不仅是公民享有的基本权利，也是公民应当履行的应尽义务。一方面，国家大力发展教育事业，努力促进教育资源优化，提供各种教育机会，实现公民的受教育权，另一方面，国家有权要求公民履行受教育义务，不得以任何借口不接受义务教育。为保证公民的受教育权，我国法律规定了义务教育制，要求所有适龄儿童必须接受义务教育，同时严禁任何组织和个人招收接受义务教育的适龄儿童、少年就业。

6. 文化权利和自由

文化权利和自由，又称为学术自由，是指公民享有的广泛的与文化相关的权利与自由，其实质属于公民的精神自由的外在表现。我国《宪法》第47条规定："中华人民共和国公民有进行科学研究、文学艺术创作和其他文化活动的自由。"

我国公民享有的文化权利与自由主要包括三类：

（1）从事科学研究的权利与自由。公民有权自由地对科学研究领域的问题进行讨论，不受任何非法干涉；公民有权发表自己的科研成果，国家应当提供必要的条件和设施；国家创造科学研究的条件，奖励科研人员，保护科研成果。

（2）从事文学艺术创作的权利与自由。公民有权自由地进行文学艺术作品的创作，不受任何非法干涉；国家应当鼓励和帮助公民从事文学艺术创作活动，丰富公民文化生活。

（3）从事其他文化活动的权利与自由。其他文化活动包括欣赏文艺作品、鉴赏艺术珍品、从事文化娱乐活动等。这些活动对于丰富公民的文化生活，提高公民的文化素质具有积极意义。

三、我国公民的基本义务

我国公民的基本义务是指我国公民应当承担的宪法所规定的根本义务。公民的基本义务是国家对公民的最基本要求，体现了公民对国家的责任和道德自觉。公民的基本义务具有强制性，国家有权要求公民依照宪法履行基本义务，并对拒不履行基本义务的公民，要求其承担法律责任。我国《宪法》第33条明确规定："任何公民享有宪法和法律规定的权利，同时必须履行宪法和法律规定的义务。"

（一）维护国家统一和民族团结的义务

国家统一和民族团结，符合我国的根本利益，是我国长治久安、社会全面发展的基础。维护国家统一和民族团结是我国公民首要的基本义务，是爱国主义对公民的基本要求。我国《宪法》第52条明确规定："中华人民共和国公民有维护国家统一和全国各民族团结的义务。"所有中国公民，都应当自觉维护国家统一和民族团结，反对国家分裂和民族歧视。

（二）遵纪守法和尊重社会公德的义务

遵纪守法和尊重社会公德是我国对公民的基本要求。我国《宪法》第53条明确规定："中华人民共和国公民必须遵守宪法和法律，保守国家秘密，爱护公共财产，遵守劳动纪律，遵守公共秩序，尊重社会公德。"具体要求包括：

（1）遵守宪法和法律。我国的宪法和法律体现了人民的根本意志和国家根本利益，是所有公民应当遵守的行为准则。遵守宪法和法律，是公民的行为底线。

（2）保护公共财产。公共财产包括国有财产和集体财产。作为社会主义国家，公共财产是国家赖以生存和发展的物质基础，保护公共财产是每一个公民应尽的基本义务。

（3）遵守劳动纪律。劳动纪律是劳动者在从事生产活动中应当遵守的劳动规则和秩序。遵守劳动纪律，有利于社会生产的顺利进行，促进我国社会主义事业的发展。

（4）遵守公共秩序。公共秩序是指为维护社会公共生活的安定应当遵守的基本规范和准则。作为社会的成员，我国公民都应当自觉遵守公共秩序，保证社会生活安定、有序的开展。

（5）尊重社会公德。社会公德是指一个社会公认的道德标准，是人们普遍认可的行为规范。社会公德属于道德的范畴，依靠人们的自觉和社会舆论予以实现。尊重社会公德是我国社会主义精神文明建设的重要内容。

（三）维护祖国的安全、荣誉和利益的义务

现代国家的根本宗旨就在于保障公民的基本权利。国家的安全与强盛是公民生存和发展的保障。国家的安全、荣誉和利益与每一位公民息息相关。我国《宪法》第54条要求："中华人民共和国公民有维护祖国的安全、荣誉和利益的义务，不得有危害祖国的安全、荣誉和利益的行为。我国公民在从事社会活动时，应当自觉维护国家的安全、荣誉和利益，不得以任何理由实施损害祖国的安全、荣誉和利益的行为。"

（四）保卫祖国，依法服兵役的义务

国家安全依靠国防的巩固。巩固国防需要建设一支现代化的高素质的武装部队，需要公民普遍将服兵役视为自己对国家应尽的责任。我国《宪法》第55条规定"保卫祖国、

抵抗侵略是中华人民共和国每一个公民的神圣职责。依照法律服兵役和参加民兵组织是中华人民共和国公民的光荣义务。”根据我国兵役法的相关规定，我国公民，无论民族、种族、职业、家庭出身、宗教信仰和教育程度，凡年满 18 周岁，都有依法服兵役的义务。

（五）依法纳税的义务

国家要维持正常运行，从事社会管理，需要必要的财政来源。税收是以实现国家公共财政职能为目的，由政府专门机构向居民和非居民就其财产或特定行为实施具有强制性和非惩罚性的金钱和实物征收，是国家最主要的财政来源。税收由政府征收，取之于民、用之于民。我国《宪法》第 56 条规定："中华人民共和国公民有依照法律纳税的义务。"我国公民应当自觉履行依法纳税的义务，不得以任何理由逃税和抗税。

第四节　我国的国家机构

一、国家机构的概念和活动原则

（一）国家机构的概念和分类

国家机构是掌握国家政权的阶级为实现其统治职能而建立起来的进行国家管理和执行统治职能的国家机关的总和。按照组成国家机构的各国家机关行使的权力的不同，现代国家的国家机构一般分为如下四类：

1. 立法机关

立法机关，又称为代议机关，是指通过选举产生的，有权审议、制定、修改和废止法律以及进行执法监督的国家机关。在我国，立法机关又称为权力机关，指全国人民代表大会及地方各级人民代表大会。

2. 国家元首

国家元首是主权国家的最高代表，属于国家机构的重要组成部分。国家元首的产生方式有世袭制和选举制两种。实行君主制的国家主要采取世袭制，如英国、日本、荷兰等国。在这些国家里，国家元首被称为国王、天皇、大公等；实行共和制的国家主要采取选举制，如美国、德国、中国等国。在这些国家里，国家元首被称为总统、主席等。

3. 行政机关

行政机关，又称为执行机关，即负责执行法律、制订和执行国家政策、管理国家对内对外事务的机关。在我国，行政机关是指中央政府即国务院以及地方各级人民政府。

4. 司法机关

司法机关是代表国家行使司法权，将法律适用于具体案件的国家机关。狭义的司法机关仅指行使审判权的审判机关即法院，广义的司法机关还包括行使法律监督权的检察机关。在我国，司法机关是指各级人民法院和各级人民检察院。

（二）我国国家机构的活动原则

1. 民主集中制原则

民主集中制原则是指国家机构组织和活动应当遵循的在民主基础上的集中和在集中指导下的民主相结合的基本准则。我国《宪法》第3条明确规定："中华人民共和国的国家机构实行民主集中制的原则。"

根据我国宪法的相关规定，我国国家机构组织和活动遵循的民主集中制原则主要体现在以下四个方面：

（1）作为我国的权力机关，全国人民代表大会和地方各级人民代表大会由民主选举产生，对人民负责，受人民监督。

（2）我国的行政机关、审判机关、检察机关由人民代表大会产生，对它负责，受它监督。

（3）我国在中央和地方的国家机构职权的划分方面，一方面坚持中央的统一领导下，另一方面充分发挥地方的主动性、积极性。

（4）在各国家机关内部，在作出相关决策时，都不同程度遵循民主集中制原则。

2. 社会主义法治原则

社会主义法治原则要求组成国家结构的各国家机关都要按照国家法律规定行使权力，不得超越法律授予的权限，也不得怠于行使法律规定的职责，更不得以个人意志或政策代替法律。对于国家机构而言，社会主义法治原则包括以下具体内容：

（1）国家机关的设立应当以宪法和法律为依据。设立组成国家机构的各国家机关必须依照宪法和法律的规定内容和程序进行，任何机关、任何人非经宪法和法律的许可不得任意设立国家机关。

（2）国家机关的职权应当有法律依据。国家机关只能在宪法和法律的明确授权范围内行使本机关的职权，不得超越宪法和法律的授权。

（3）国家机关必须依法履行职责。各国家机关必须依法定程序行使宪法和法律规定的职责，不得推诿拖延，拒不履行职责。

（4）国家机关的违法行为必须依法追责。任何国家机关违反宪法和法律的行为，都必须予以纠正，并追究相关责任人的法律责任。

3. 责任制原则

我国宪法明确规定我国国家机构实行工作责任制。国家机构对责任制原则的贯彻表现在：①全国人民代表大会要向人民负责，每一代表都要受原选举单位的监督，原选举单位可以随时罢免自己所选出的代表；②最高国家行政机关、最高国家审判机关、最高国家检察机关和最高国家军事领导机关等向全国人民代表大会及其常务委员会负责。

在不同的国家机关，责任制原则具体表现有所不同，可分为集体负责制和个人负责制两种形式：

（1）集体负责制是相关国家机关在决定问题时，所有成员的地位和权利平等，包括领导在内的任何人都没有特殊的权利，相关重大问题由全体成员集体讨论，并按照多数人的意见作出决定，集体承担责任。全国人大会及其常委会、最高人民法院和最高人民检察院等国家机关实行的是集体负责制。集体负责制能够充分发挥集体的智慧和作用，防止个人专断，避免国家权力过于集中带来的风险。

(2) 个人负责制，又称首长负责制，指国家机关在行使职权时，由机关首长决定问题并承担相应责任的制度。在我国，国务院及其各部、委，中央军委等都实行个人负责制。个人负责制由于责任明确，可以有效提高工作效率，往往为工作任务繁重，需要快速高效进行工作的执法机关所采用。当然，实行个人负责制的国家机关，在重大问题上也要进行民主集体讨论，并由首长在民主讨论的基础上作出决策。

4. 联系群众，为人民服务原则

联系群众，为人民服务是我党的历史经验总结，是我党各项执政基本宗旨和原则。我国《宪法》第 27 条规定："一切国家机关和国家工作人员必须依靠人民的支持，经常保持同人民的密切联系，倾听人民的意见和建议，接受人民的监督，努力为人民服务。"联系群众，为人民服务原则作为我国国家机构的活动原则，其具体表现为：

(1) 国家机关在制定国家法律、法规、政策时，要从最大多数人的最大利益出发，为人民的根本利益服务。

(2) 国家机关及其工作人员必须坚持"从群众中来，到群众中去"的工作方法，倾听和尊重人民群众的意见和要求，接受人民的监督，不断完善为人民服务的具体办法和措施，使国家机关能够和人民群众形成良好的沟通机制，更高效地实现为人民服务。

(3) 国家机关应当开辟各种途径和方式，让人民群众参加国家管理活动。如公布法律草案，并组织人民群众参与讨论；国家机关进行重大决策时召集人民群众进行听证等。

5. 精简和效率原则

我国国家机构的活动应当遵循精简和效率原则。我国《宪法》第 27 条明确规定："一切国家机关实行精简的原则，实行工作责任制，实行工作人员的培训和考核制度，不断提高工作质量和工作效率，反对官僚主义。"在国家机构的组织和活动方面，应当遵循精简和效率的原则，避免机构人员臃肿，职权重复人浮于事，影响工作效率。

二、权力机关

我国的权力机关是人民代表大会，包括作为最高国家权力机关的全国人民代表大会和作为各级地方权力机关的地方各级人民代表大会。

(一) 全国人民代表大会

全国人民代表大会是我国最高国家权力机关。我国《宪法》第 2 条明确规定："中华人民共和国的一切权力属于人民。人民行使国家权力的机关是全国人民代表大会和地方各级人民代表大会。"

全国人大由各省、自治区、直辖市、特别行政区和军队按一定名额比例选举出的不超过 3000 人的人大代表组成。每届全国人大的法定期限为 5 年，并在任期届满 2 月前完成下一届选举。全国人大的职权主要包括：①修改宪法，制定和修改法律；②选举、决定和罢免国家机关主要领导人；③决定国家重大问题；④最高监督权；⑤其他应由其行使的职权。

全国人大常务委员会是全国人大的常设机关，在全国人大闭会期间代为行使部分国家最高权力。全国人大常委会任期 5 年，由委员长、副委员长、秘书长、委员等组成，其组成人员不得担任行政机关、审判机关和检察机关职务。全国人大常委会的职权包括解释宪法和法律，行使宪法规定范围内的立法权，审查和监督行政法规及地方性法规的合宪性，行使对国民经济和社会发展计划及国家预算部分调整方案的审批权，监督国家机关的工作，决定、任免国家机关领导人员等。

（二）地方各级人民代表大会

地方各级人民代表大会是指各省、自治区、直辖市、自治州、市、市辖区、县、自治县、乡、民族乡、镇的人民代表大会，是地方国家权力机关，地方行政机关、司法机关、检察机关由本级人大选举产生，对其负责，受其监督。

地方各级人大通过直接选举或间接选举产生，每届任期 5 年。地方各级人大的职权主要包括：保证宪法、法律和行政法规获得遵守和执行；在法律授权内制定地方性法规；选举和罢免本级国家机关负责人；决定重大地方事务以及行使监督权等。

县级以上地方各级人大常委会是地方各级人大的常设机关，任期 5 年，在地方人大闭会期间代其行使部分国家权力，对本级人大负责并汇报工作。地方各级人大常委会的职权主要包括：保证宪法、法律行政法规和上级人大及其常委会的决议得到遵守和执行；主持本级人大选举，召集本级人大会议；决定本地区重大事项；变更本地区的国民经济和社会发展计划和预算；监督本级行政机关、审判机关、检察机关和下级人大及其常委会的工作，任免有关工作人员；依照法律授权制定地方性法规等。

三、国家主席

作为独立的国家机关，国家主席是我国国家机构的重要组成部分。国家主席是我国对内对外的最高代表，依法行使宪法授予的国家主席职权。

我国的国家主席和副主席通过全国人大选举产生，每届任期 5 年，连续任职不得超过两届。根据我国《宪法》第 79 条规定："中华人民共和国主席、副主席由全国人民代表大会选举。有选举权和被选举权的年满四十五周岁的中华人民共和国公民可以被选为中华人民共和国主席、副主席。"其产生程序主要包括：①由全国人大主席团提出候选人名单；②各代表团讨论协商；③主席团根据多数意见确定候选人；④交付全国人大表决；⑤由全国人大全部代表过半数通过。

根据我国宪法的规定，国家主席的职权主要包括：

（1）公布法律，发布命令。法律在全国人大及其常委会通过后，应当由国家主席予以颁布施行。根据全国人大的决定，国家主席有权发布特赦令、动员令、宣布进入紧急状态或战争状态等。

（2）任免国务院的成员和驻外代表。在全国人大及其常委会正式确定人选后，国家主席有权任免国务院总理、副总理、国务委员、各部部长、各委员会主任、人民银行行长、审计长、秘书长和驻外大使。

（3）外交权。国家主席享有代表国家从事对外国事活动，接受外国使节，根据全国人大常委会决议批准或废除国际条约、协定的职权。

（4）荣典权。根据全国人大常委会决定，国家主席有权向相关公民或组织授予国家的勋章和荣誉称号。

四、行政机关

行政机关，又称国家管理机关，简称政府，是指国家依照宪法和法律设置的、行使国家权力、组织管理国家行政事务的机关，是国家机构的重要组成部分。我国的行政机关包括最高国家行政机关和地方国家行政机关。我国的最高行政机关是指中央人民政府，即国务院，地方国家行政机关则指地方各级人民政府。在我国，行政机关由国家权力机关产生，是国家权力机关的执行机关。它对国家权力机关负责，接受国家权力机关的监督。

（一）国务院

国务院，即中央人民政府，是我国最高行政机关，是最高国家权力机关的执行机关。国务院根据宪法和法律，享有管理全国的行政事务的职权，可以制定行政法规，规定行政措施，发布决定和命令。

国务院由总理，副总理若干人，国务委员若干人，各部部长，各委员会主任，审计长，秘书长组成，实行总理负责制。国务院每届任期5年，连任不得超过2届。国务院作为我国最高行政机关，其主要职权主要包括：

（1）制定行政法规、发布决定、命令。为了促进宪法和法律的实施，在法律授权范围内，制定行政法规，发布行政命令和决定。

（2）提出议案。向我国最高权力机关提出法律草案以及国民经济和社会发展计划和国家预算等议案，并在获得通过后予以执行。

（3）领导和监督各部、委员会和地方政府的权力。领导其他各级行政机关的工作，规定各部和各委员会的任务和职责，规定中央和省、自治区、直辖市的国家行政机关的职权的具体划分，并对各级行政机关进行监督，改变或者撤销各部、各委员会和地方政府发布的不适当的命令、指示和规范性文件。

（4）领导和管理各项行政工作。领导和管理经济、教育、科学、文化、卫生、体育、计划生育、民政、公安、司法行政和监察等工作；领导和管理对外事务、国防建设事业、民族事务和华侨事务等。

（5）任免、奖惩行政人员。审定行政机构的编制，依照法律规定任免、培训、考核和奖惩行政人员。

（二）地方各级人民政府

地方各级人民政府，是地方各级权力机关的执行机关，是地方国家行政机关，管理地方各级所辖范围内的行政事务。我国地方国家行政机关分为省（自治区、直辖市）、市（自治州、直辖市的区）、县（自治县）、乡（镇、民族乡）四级。地方各级人民政府实行行政首长负责制。

地方各级人民政府的地位具有双重性：一方面，它是地方国家权力机关的执行机关；另一方面，它是国务院统一领导下的国家行政机关。地方各级人民政府在管辖的地域范围内，依照宪法和有关法律规定的权限，管理本行政区域内的各项行政事务。地方各级人民政府的行政职权主要包括：（1）在法律授权范围内制定地方规章权或发布决定、命令；（2）管理本管辖区域内各项行政事务；（3）领导和监督本级政府的职能部门和下级人民政府的行政工作。

五、军事机关

国家军事机关是指为维护国家安全所设立的领导和统帅国家武装力量的国家机关。我国《宪法》第93条明确规定："中华人民共和国中央军事委员会领导全国武装力量。"中央军事委员会是中国共产党领导下的最高军事领导机构，对全国的军事力量具有决策权和指挥权。

根据我国宪法规定，中央军事委员会由主席、副主席若干人、委员若干人组成。中央军事委员会由全国人大选举产生，向全国人大及其常委会负责。中央军事委员会任期5年，实行主席负责制。中央军事委员会有权规定军队中党的组织体制和机构。中国人民解放军的党组织，根据中央军事委员会的指示进行工作。中央军事委员会的政治工作机关是中国人民解放军总政治部，负责管理军队中党的工作和政治工作。

六、人民法院和人民检察院

（一）人民法院的组织与制度

我国《宪法》第123条明确规定："中华人民共和国人民法院是国家的审判机关。"作为我国的审判机关，人民法院具体包括最高人民法院、地方各级人民法院和军事法院等专门人民法院。各级人民法院向产生它的本级国家权力机关负责。人民法院在其职权范围内独立行使审判权，依据法律审理案件，除法律规定的特别情况外，一律公开进行，在审判过程中被告人有权获得辩护。

在我国，最高人民法院是最高审判机关，负责审理各类案件，制定司法解释，监督地方各级人民法院和专门人民法院的审判工作，并依照法律确定的职责范围，管理全国法院的司法行政工作。我国《宪法》第127条明确规定："最高人民法院是最高审判机关。最高人民法院监督地方各级人民法院和专门人民法院的审判工作，上级人民法院监督下级人民法院的审判工作。"这表明，为了保障各级法院审判的独立，上级法院对下级法院的审判工作仅有监督权，而没有领导权，即上级法院不能直接命令和干涉下级法院的审判活动。上级法院主要通过上诉程序、审判监督程序以及死刑复核程序对下级法院的审判活动进行监督。

地方各级人民法院包括基层人民法院、中级人民法院和高级人民法院，各级法院分别在法律授权范围内从事司法活动，具体如下：

（1）基层人民法院，主要包括县、自治县、不设区的市、市辖区人民法院，其主要职权有：审判所有一审案件，法律规定由上级法院管辖的除外；依法处理不需要开庭审判的民事纠纷和轻微的刑事案件；依法指导人民调解委员会的工作。

（2）中级人民法院，包括在省、自治区内按地区设立的中级人民法院、在直辖市内设立的中级人民法院、省、自治区辖市的中级人民法院以及自治州中级人民法院。其主要职权有：法律、法令规定由其管辖的第一审案件；审判基层人民法院移送审判的第一审案件；审判对基层人民法院判决和裁定的上诉案件和抗诉案件；审判人民检察院按照审判监督程序提出的抗诉案件；认为案情重大，可以请求移送上级人民法院审判。

（3）高级人民法院，包括省高级人民法院、自治区高级人民法院以及直辖市高级人民法院。其主要职权有：审判法律、法令规定由它管辖的第一审案件；审判下级人民法院移送审判的第一审案件；审判对下级人民法院判决和裁定的上诉案件和抗诉案件；审判人民检察院按照审判监督程序提出的抗诉案件。

此外，我国还存在军事法院、海事法院、铁路法院等专门法院。专门法院依法在其管辖范围内从事司法审判活动。

（二）人民检察院的组织与制度

人民检察院是我国的法律监督机关，具体包括最高人民检察院、地方各级人民检察院和军事检察院等专门人民检察院。各级人民检察院向产生它的本级国家权力机关负责。人民检察院在其职权范围内独立行使检察权，不受行政机关、社会团体和个人的干涉。

在我国，最高人民检察院是最高检察机关和最高法律监督机关，领导地方各级人民检察院和专门人民检察院的工作。上级人民检察院领导下级人民检察院的工作。地方各级人民检察院包括省、自治区、直辖市人民检察院，省、自治区、直辖市人民检察院分院，自治州和省辖市的人民检察院，县、市、自治县和市辖区人民检察院。不同于上下级法院的监督关系，上级检察院对下级检察院具有领导权，有权对下级检察院的检察活动发布指示和命令。

人民检察院的主要职责包括：（1）对重大犯罪案件行使国家检察权；（2）对于直接受理的刑事案件进行侦查；（3）对于公安机关办理的刑事案件进行审查，决定是否批准逮捕、起诉；（4）对于公安机关的立案活动、侦查活动是否合法实行监督；（5）对于刑事案件提起公诉，支持公诉；对于人民法院刑事审判活动是否合法实行监督；（6）对于刑事案件判决、裁定的执行和监狱、看守所、劳动改造机关的活动是否合法实行监督；（7）对于民事诉讼和行政诉讼是否合法实行监督；（8）法律规定的其他职权。

此外，我国还存在专门人民检察院，如军事检察院。专门检察院在法律授权的专门领域内依法行使国家检察权。

七、民族自治地方的自治机关

我国民族自治地方的自治机关是基于我国的民族区域自治制度而产生的特殊国家机关，具体指自治区、自治州、自治县的人民代表大会和各级人民政府。自治区、自治州、自治县的人大常委会中应当有实行区域自治的民族的公民担任主任或者副主任。自治区主席、自治州州长、自治县县长由实行区域自治的民族的公民担任。

与一般的省、直辖市的国家机关相比，民族自治地方的自治机关在其管辖范围内享有高度自治权，根据本地方实际情况贯彻执行国家的法律、政策。根据我国宪法的规定，我国民族自治地方的自治机关享有的自治权主要表现在下列方面：有权依照当地民族的政治、经济和文化的特点，制定自治条例和单行条例；享有管理地方财政的自治权；自主地安排和管理地方性的经济、教育、科学、文化、卫生、体育事业；经国务院批准，可以组织本地方维护社会治安的公安部队。

本章小结

本章是本书的重点部分，主要内容介绍宪法的基本知识和原理，包括宪法的概念、特征、基本原则、实施，我国的国家制度、公民的基本权利和义务、国家机构等。宪法是根本大法，是其他部门法的母法，因此对本章的学习十分重要，对学习今后各章具有基础性作用。学习本章需要在采用面授学习的基础上，鼓励学生进行网上学习，熟悉宪法法条和宪法案例，提高学生的实践能力，能够从宪法的角度了解我国的国家制度、国家机构以及公民的政治社会生活。

本章练习

一、判断题

1. 宪法是我国的根本大法，是所有组织和个人的行为准则，具有最高的法律效力。（ ）

2. 宪法的主要内容是国家的根本制度、根本任务和一系列基本制度，一般不对公民权利、义务进行规定。（ ）

3. 清政府制定的《钦定宪法大纲》，是我国历史上第一部宪法性文件。（ ）

4. 宪法的内容规定往往比较笼统，没有设定法律后果，所以宪法难以实施。（ ）

5. 在我国，人民代表大会在国家权力配置中居于支配地位，所有其他国家机关向人民代表大会负责并接受其监督。（ ）

6. 我国所有年满18周岁的公民都享有选举权和被选举权。（ ）

7. 我国的国家结构形式属于单一制，由中央集中行使国家主权，地方没有自治权。（ ）

8. 公民与人民的含义基本相同，是指具有一国国籍的人。（ ）

9. 任何公民享有宪法和法律规定的权利，同时必须履行宪法和法律规定的义务。（ ）

10. 国家主席是我国的最高元首，但不是独立的国家机关。（ ）

二、单项选择题

1. 世界上最早的成文宪法典是（ ）。

A. 英国《自由大宪章》　　B. 美国《独立宣言》

C. 美国宪法　　D. 法国《人权宣言》

2. 我国的国家结构形式是（ ）。

A. 单一制　　B. 复合制　　C. 联邦制　　D. 邦联制

3. 我国宪法规定，我国的根本制度是（ ）。

A. 人民民主专政制度　　B. 人民代表大会制度
C. 民主集中制　　D. 社会主义制度

4. 下列哪项不属于全国人民代表大会的职权(　　)。
A. 修改宪法，制定和修改法律　　B. 选举、决定和罢免国家机关主要领导人
C. 主持全国各项行政管理工作　　D. 实施最高监督权

5. 从宪法实施保障体制来看，我国属于(　　)。
A. 立法机关保障体制　　B. 司法机关保障体制
C. 专门机关保障体制　　D. 行政机关保障体制

三、多项选择题

1. 在我国，采取直接选举的方式选举人大代表的有(　　)。
A. 乡级人大　　B. 县级人大　　C. 市级人大　　D 省级人大

2. 对于国家机构而言，社会主义法治原则包括(　　)。
A. 其设立应当以宪法和法律为依据　　B. 国家机关的职权应当有法律依据
C. 国家机关必须依法履行职责　　D. 国家机关的违法行为必须依法追责

3. 关于公民基本权利，下列说法正确的是(　　)。
A. 与人权的含义基本相同　　B. 由宪法确认和规定
C. 具有基础性和不可或缺性　　D. 反映了国家与公民的关系

4. 属于广义的言论自由的有(　　)。
A. 通信自由　　B. 出版自由
C. 结社自由　　D. 集会、游行、示威自由

5. 我国的司法机关是指(　　)。
A. 全国人民代表大会　　B. 人民法院
C. 人民政府　　D. 人民检察院

四、问答题

1. 宪法的概念和特征是什么？
2. 我国宪法的基本原则有哪些？
3. 我国的宪法实施保障包含哪些方面？
4. 我国国家机构的基本活动原则有哪些？

五、案例分析题

2001 年毕业于武汉科技学院艺术设计专业的大学生孙志刚，案前任职于广州达奇服装公司。2003 年 3 月 17 日晚上，孙志刚在前往网吧的路上，因未携带任何证件被广州市天河区黄村街派出所民警李耀辉带回派出所对其是否“三无”人员进行甄别。孙被带回后，辩解自己有正当职业、固定住所和身份证，并打电话叫朋友成先生把他的身份证带到派出所来，但李耀辉却没有对孙的说法进行核实，也未同意孙的朋友“保领”孙志刚，也未将情况向派出所值班领导报告，导致孙被错误地作为拟收容人员送至天河区公安分局待遣所。3 月 18 日晚，孙志刚因病被送往市卫生部门负责的收容人员救治站诊治。

3 月 19 日晚至 3 月 20 日凌晨，孙志刚在该救治站 206 房遭连续殴打致重伤，而当晚值班护士曾伟林、邹丽萍没有如实将孙志刚被调入 206 房及被殴打的情况报告值班医生和

通报接班护士，邹丽萍甚至在值班护理记录上作了孙志刚“本班睡眠六小时”的虚假记录，导致孙志刚未能得到及时救治，3 月 20 日，孙志刚死于该收容人员救治站。经法医鉴定，孙系因大面积软组织损伤致创伤性休克死亡。后经广州市中级人民法院、广州市白云区法院和天河区法院三地同时审理，涉案的 18 名被告人受到法律制裁。

当时适用的《城市流浪乞讨人员收容遣送办法》是导致孙志刚案的重大制度缺陷。2003 年 5 月 14 日，许志永、俞江、滕彪三位法学博士以普通公民身份向有关机关提出审查《城市流浪乞讨人员收容遣送办法》的建议：一是收容遣送制度有违法治精神，应予废除。二是《收容遣送办法》违反了宪法和《立法法》的有关规定，应予改变或撤销。三是应尽快启动违宪审查机制，修改收容遣送办法，增加错误收容赔偿机制。这几位法学家也提请启动特别程序调查孙志刚案。

《瞭望》杂志相关文章指出，“孙志刚事件”和三博士上书事件，也许将被记入中国依法治国的历史之中。2003 年 6 月 20 日，国务院总理温家宝签署国务院第 381 号令，《城市流浪乞讨人员收容遣送办法》被废止，取而代之的是《城市生活无着的流浪乞讨人员救助管理办法》。

1. 在该案件中，派出所收容孙志刚的行为涉嫌侵犯的公民基本权利是(　　)。

A. 政治自由　　B. 人身自由　　C. 财产权　　D. 劳动权

2. 根据我国宪法的规定，能够就孙志刚被殴打致死一案提起公诉的是(　　)。

A. 当地人民政府　B. 当地公安局　C. 当地人民法院　D. 当地人民检察院

3. 作为我国公民，你决定通过书信的方式向有关机关检举涉案人员，并提出你对本案的建议，你所行使的是宪法所确认的哪项基本权利？(　　)

A. 通信自由　　B. 批评权　　C. 言论自由　　D. 监督权

4. 在本案中，根据我国宪法，三位博士应当向(　　)提出审查《城市流浪乞讨人员收容遣送办法》是否违宪的建议？

A. 全国人民代表大会及其常委会　　B. 最高人民法院

C. 最高人民检察院　　D. 国务院

第三章

行 政 法

学习目标

知识要求：了解行政的含义与特征，行政权的性质，公务员的概念和范围，行政法制监督的概念和特征，对行政的外部监督，行政法律责任；理解行政法的渊源，行政主体的行政职权和职责，行政立法行为、行政执法行为、行政司法行为的概念和具体内容，行政机关的内部监督，行政违法的分类；掌握行政法的概念、特征、基本原则，行政主体的概念和范围，行政行为的概念和特征，行政违法的概念及构成要件。

技能要求：知道行政与行政法的关系以及行政法的作用，了解我国行政主体的范围，识别行政违法行为并知道公民面对行政违法行为的救济途径，会用行政法的基本原理分析实际案例。

案例引导

1994 年 9 月，田某考入北京科技大学应用科学学院物理化学系，取得本科生学籍。1996 年 2 月 29 日，他在参加课程补考过程中，随身携带写有公式的纸条，被监考教师发现。监考教师虽未发现他有偷看纸条的行为，但还是按照考场纪律，当即停止了他的考试。同年 3 月 5 日，北京科技大学根据本校发布的《关于严格考试管理的紧急通知》认定田某的行为是考试作弊，并按照该通知第一条“凡考试作弊者，一律按退学处理”的规定，决定对田某按退学处理，于 4 月 10 日填发了学籍变动通知。但是，北京科技大学没有直接向田某宣布处分决定和送达变更学籍通知，也未给田某办理退学手续。田某继续在该校以在校大学生的身份参加正常学习及学校组织的活动。

1996 年 3 月，田某的学生证丢失，未进行 1995—1996 学年第二学期的注册。同年 9 月，北京科技大学为田某补办了学生证。其后，北京科技大学每学年均收取田某交纳的教育费，并为他进行注册、发放大学生补助津贴，还安排他参加了大学生毕业实习设计，并由论文指导教师领取了学校发放的毕业设计结业费。田某还以该校大学生的名义参加考试，先后取得了大学英语四级、计算机应用水平测试 BASIC 语言成绩合格证书。田某在该校学习的 4 年中，成绩全部合格，通过了毕业实习、设计及论文答辩，获得优秀毕业论文及毕业总成绩全班第九名。然而，在临近毕业时，田某被告知不具备学籍，学校拒绝为其颁发毕业证和学位证。经过多方沟通无果后，田某将北京科技大学告上法院，提起行政诉讼。

【分析】在本案中，首先要解决的是问题是北京科技大学能否作为行政诉讼的被告，即是否具有行政主体的资格。北京科技大学能否成为行政主体，其关键在于颁发毕业证、学位证的行为是否属于行使职权的行政行为。在本案中，法院认为根据我国《教育法》相关规定，授权学校行使颁发毕业证和学位证的行政职权，因此北京科技大学能够成为本案的适格被告。法院审理后认定田某的“夹带”行为不属于考试作弊，而仅仅是“违反考场纪律”，并且退学处理决定没有直接向被处理者田某本人宣布、送达，也没有允许田某提出申辩意见，因此该处理决定并没有实际执行，北京科技大学以后的一系列行为更“应视为”该校自动撤销了原处理决定。同时，校规、校纪和据此进行的教学管理和违纪处理，必须符合法律、法规和规章的规定，必须保护当事人的合法权益，而北京科技大学对田某按退学处理，有违法律、法规和规章的规定，是无效的，遂判令北京科技大学向田某颁发毕业证，并对其学位资格进行审核。

第一节　行政法概述

一、行政与行政法

（一）行政的含义与特征

“行政”一词的英文是administration，指管理、执行、处理。行政法意义上的行政是指国家行政机关或国家授权的社会组织，为实现公共利益，在法律许可的范围内，运用公权力对公共事务进行组织与管理的活动。作为行政法意义上的行政具有下列特征：

（1）行政法意义上的行政指的是公行政。公行政是指以公共利益为目的，以国家强制力为后盾的组织和管理活动。企事业单位进行的自我管理活动属于私行政。私行政不以公共利益为目的，也没有国家强制力作为后盾，不属于行政法意义上的行政范畴。

（2）从事行政的主体是国家行政机关或国家授权的社会组织。国家行政机关，即各级人民政府及其下属工作部门。国家授权的组织，是指根据法律及其他规范性文件的授权，履行一定行政职能的社会组织，如大学、行业协会等。

（3）行政的客体是公共事务。行政是对公共事务的管理活动。公共事务包括国家事务和社会事务两大类。根据现代的“有限政府”原则，对于公民的私人事务，政府的公权力是不应当任意干涉的。只有涉及国家事务和社会事务，政府才可以运用进行适度干预，进行组织与管理。

（4）行政的目的是为了公共利益。公共利益是指社会不特定多数人的利益。行政的目的是为了通过公权力的组织和管理，最终实现社会不特定多数人的利益。

（二）行政权与公权力

行政权是国家行政机关执行法律、管理国家和社会公共事务的权力。行政权的性质集中体现为以下几个方面：

（1）行政权具有命令力。行政权具有强大的命令力，对所有公民和组织都产生约束力和命令力。

（2）行政权具有强制力。行政权以国家强制力为后盾，保证政府对公共事务的管理活动顺利开展，并对违反和阻碍行政的人予以处罚。

（3）行政权具有执行力。行政机关同时也是执法机关，通过各具体职能部门采取一系列具体措施将法律予以高效的贯彻和落实。

公权力是国家、社团、国际组织等人类共同体为生产、分配和提供安全、秩序、公交、通信等“公共物品”而对共同体成员进行组织、指挥、管理，对共同体事务进行决策、立法和执行、实施决策、立法的权力。根据掌握公权力的主体的不同，可以分为国家公权力、社会公权力和国际公权力。在原始社会，不存在国家，所以只存在社会公权力。国家产生以后，国家公权力开始出现，并在相当长时间内远远强大于社会公权力和国际公权力。随着现代国家的民主化发展，国家权力逐步出现向社会权力转移的趋势，社会公权力和国际公权力逐渐有所增强。

国家公权力包括立法权、行政权和司法权。在三种国家公权力中，公民最经常、最直接接触的公权力无疑是行政权。伴随现代政府管理职能的日益扩张，经济、文化、卫生、教育、交通等各公共领域都需要政府的组织和管理，导致政府所掌握的行政权日益膨胀，渗透到社会生活的方方面面。为了保护公民的个人权利、限制日益膨胀的行政权，现代国家普遍要求行政权的行使必须依法进行，即由有行政权的行政主体在法定职权范围内依法行使对社会公共事务的管理权。

（三）行政法的概念和特征

对于行政法的含义，由于制度、法律文化不同，各国理解也有所相同。由于公法、私法划分的传统，大陆法系学者一般从公共管理角度进行理解，认为行政法是调整行政活动的公法，是调整行政主体与公民之间的行政关系的法律规范。英美法系学者则更多从保护个人利益的角度，将行政法理解为控制行政权力的法，其内容规定行政机关可以行使的权力，强调行使行政权的程序，对违法行政的行政救济等。

行政法，是指以行政关系为调整对象，以有关行政组织、行政行为和行政程序等规定为内容，以规范和控制行政权力为价值取向的一类法律规范的总称。① 行政法由规范行政主体和行政权设定的行政组织法、规范行政权行使的行政行为法、规范行政权运行程序的行政程序法、规范行政权监督的行政监督法和行政救济法等部分组成。其重心是控制和规范行政权，保护行政相对人的合法权益。行政法的主要特征体现在以下几个方面：

（1）行政法以行政关系为调整对象。行政关系是指在行政权的行使过程中产生的各种法律关系，包括行政管理关系、行政法制监督关系、行政救济关系和内部行政关系。行政管理关系是行政主体在行使行政职权过程中与行政相对人发生的各种关系，如交警部门对违反交通规则的人的处罚；行政法制监督关系是作为行政法制监督主体实施法制监督而

① 胡建淼主编：《行政法学概要》，浙江工商大学出版社2012年版，第5~6页。

发生的关系；行政救济关系是行政相对人认为其权益受到行政主体行政行为侵犯，向行政救济主体申请救济而发生的各种关系；内部行政关系是行政主体内部发生的各种关系。

（2）行政法以规范和控制行政权为目的。行政权一方面可以维护社会公益和秩序，另一方面又存在被滥用的可能。行政权的实施更为灵活，与立法权、司法权相比，实施程序不够严格、公开，容易导致被滥用。由于行政权与公民个人、组织有着经常、更广泛、更直接的联系，就必须对其进行规范和控制。行政法的目的就是为了规范和控制行政权，行政法控制行政权的主要方式有：通过行政组织法控制行政权的权源；通过行政程序法规范行政权行使的方式；通过行政法制监督法、行政责任法、行政救济法制约行政权的滥用。

（3）行政法没有统一的法典。与宪法、民法、刑法不同，行政法广泛地散见于各种法律规范文件之中，而没有统一的法典。究其原因，在于行政法的调整对象过于广泛，不同的行政关系差异较大，部分行政关系的稳定性低，难以统一地规范加以调整。

二、行政法的渊源

行政法渊源，又称行政法法源，是行政法规范的表现形式。它的基本类型可分为制定法渊源和非制定法渊源。制定法渊源，又称成文法渊源，是指有关国家机关在法律授权内依照法定程序制定的，较为系统的规范性法律文件。非制定法渊源，又称不成文渊源，是指未经国家机关对其内容进行系统化整理的，其效力、内容和适用规则存在不确定性的法的来源，如判例、习惯、行政法原理等。我国行政法的制定法渊源包括宪法、法律、行政法规、地方性法规、自治条例和单行条例、行政规章、法律解释和国际条约；我国行政法的非制定法渊源包括习惯、判例和行政法原理。

三、行政法律关系

（一）行政法律关系的概念

行政法律关系，是指由行政法律规范所调整的，因实施国家行政权而产生的行政主体之间，行政主体与行政人之间，行政主体与行政相对人之间的权利义务关系。

行政法律关系与行政关系有所不同。行政关系是行政法的调整对象。如政府要行使行政权必然要对公民进行管理从而形成管理关系，这就是行政关系，是行政法调整的对象。行政法律关系则是行政法调整行政关系后形成的明确的权利义务关系。可以说，行政法律关系是行政关系受到行政法调整后产生的法律上的结果。

（二）行政法律关系的构成要素

行政法律关系有三个要素构成，分别为行政法律关系的主体、客体和内容。

1. 行政法律关系的主体

行政法律关系的主体，又称为行政法主体，是指在具体的行政法律关系中有享有权利和承担义务的当事人。作为行政法律关系主体的当事人，可能是个人，也可能是国家机关、社会组织。要确定当事人是否是行政法律关系主体，就看其是否受到行政法的约束，依照行政法规定享有权利和承担义务。

在我国，能够成为我国行政法律关系的主体的有国家行政机关、其他国家机关、企事业单位、社会团体和组织、公民，以及在我国境内的外国组织、外国人和无国籍人。根据地位的不同，可以将行政法律关系的主体分为行政主体与行政相对人。行政主体是指享有行政管理权的一方，而行政相对人则是指被进行行政管理的一方。如政府在对公民进行行政管理时，政府是行政主体，而公民则是行政相对人。

2. 行政法律关系的客体

行政法律关系的客体，又称行政法律关系内容，即行政法律关系主体的权利义务所指向的对象，包括人身、行为和财物。如行政拘留中行政法律关系的客体为人身，即行政行为对人身进行直接约束。行为指行政法律关系的主体的作为和不作为，既可以是积极的行动，也可以是特定的身体上的静止。财物是指财产或有价值的物，如罚款，没收违禁品等。

3. 行政法律关系的内容

行政法律关系的内容，是指行政法律关系的主体享有的权利和承担的义务。行政法律关系与一般法律关系一样，其内容体现为行政法律关系的主体依据行政法所享有的权利和承担的义务。由于行政法律关系的不同，行政法律关系的内容也有所不同。如在不同的行政法律关系中，行政主体享有不同性质、内容和范围的职权，同时应当履行相应的职责，如遵守法律程序，履行法定职责，给予对方申辩的机会等。行政相对人则享有请求权、受保护权、申辩权、知情权等，同时应当履行遵守法律和法规、执行行政命令、接受行政主体的管理等义务。

（三）行政法律关系的特征

与民事、刑事法律关系相比较而言，行政法律关系在主体、内容、双方当事人的地位以及解决争议的方式上，都有很大的不同。对行政法律关系的特征进行讨论，对我们正确认识和区分行政法律关系大有帮助。行政法律关系主要有如下特征：

（1）就主体上而言，必须有一方是行政主体。行政法律关系是由于行政主体实施行政管理而产生的，没有行政主体的参与，就不可能存在行政法律关系。在行政法律关系中，行政主体是行政法律关系之所以产生的主导者，行政主体不可或缺。而在民事、刑事法律关系中，则没有要求其法律关系主体必须有行政主体。

（2）就内容而言，必须与国家行政权力直接相关。国家行政权是产生行政法律关系的直接原因。行政法律关系的产生，是行政主体行使行政权，从事管理活动的直接结果。在民事、刑事法律关系中，并不与国家行政权直接相关。与国家行政权的直接相关，是行政法律关系的重要特征。此外，与民事法律关系不同，在行政法律关系中，当事人不能对其权利和义务自由处分。如行政主体不得擅离职守，不得放弃职权或随意委托他人代为行使职权，行政相对人也不得逃避行政处罚。

（3）就当事人的地位而言，双方并不对等。在行政法律关系中，双方当事人的地位并不对等。行政主体由于掌握着国家行政权，从事管理活动，处于优势地位，可以对行政相对人发布命令和指令，甚至直接采取强制措施。民事法律关系的产生遵循“自愿、平等、等价、有偿”的原则。与民事法律关系不同，行政法律关系的产生往往是行政主体的单方行为，无需征得行政相对人的同意，也无需建立在当事人协商的基础上。

（4）就解决争议的方式而言，行政主体有处理行政争议的权力。在行政法律关系中，行政主体有单方处理的权力。在民事法律关系中，当事人任何一方都无权单方处理，只能求助于第三方解决争议。虽然行政争议可能最后要通过司法裁决予以解决，但行政主体往往有先置处理权。

四、行政法的基本原则

行政法的基本原则，是指其贯穿于所有行政法规范的，能够集中体现行政法的根本价值和行政法的主要矛盾，对行政法规范的制定与实施具有普遍指导意义的基础性法律准则。由于法律原则具有使用范围广、稳定性强等优势，可以较好地发挥宏观指导作用，弥补相关法律漏洞。可以说，研究我国的行政法的基本原则具有重要的现实意义。在我国，行政法的基本原则成为解决行政争议，弥补行政法律规范漏洞的重要方式。概括而言，我国的行政法的基本原则主要有依法行政原则，行政公正、公开原则，尊重和保障人权原则，信赖保护原则，比例原则。

（一）依法行政原则

依法行政所依据的“法”应当从广义进行理解，即包括宪法、法律、法规、规章和法的原理和原则等。行政机关必须在法律授权的范围内行使职权，对于行政机关而言，应当遵守“法无明文规定即禁止”。在没有明确法律依据的情况下，行政机关不得作出影响公民、法人和其他组织合法权益或者增加公民、法人和其他组织义务的决定。

依法行政所依据的“法”既包括实体性法律规范，也包括程序性法律规范。在行政法律关系里，实体性法律规范以规定行政主体与行政相对人的权利（职权）与义务（职责）为具体内容；程序性法律规范是则以规定行政主体与行政相对人行使权利（职权）和履行义务（职责）时应当遵循的方式，过程、步骤、时限等为内容。行政机关从事行政管理时，不仅应当遵守实体性法律规范所规定的具体内容，也要按照程序性法律规范规定的方式，过程、步骤、时限等行使职权。

（二）行政公正、公开原则

行政公正原则要求行政主体及其工作人员应当做到公正无私，合理考虑相关因素，不单方接触行政相对人，平等对待不同身份、民族、性别和不同宗教信仰的行政相对人。

行政公开原则要求行政立法和行政政策公开，应当在政府公报上或其他公开刊物上公布；要求行政执法公开，执法行为的标准、条件、程序、手续公开；裁决和复议公开，行政信息、情报公开等。

（三）尊重和保障人权原则

尊重和保障人权原则要求行政主体及其工作人员应当积极履行法定职责，保障法律确认的公民各项基本权利与自由，不得非法侵犯行政相对人的人身和财产，不得阻碍其行使法律授予的各项政治权利。

在实施行政行为时，行政主体及其工作人员不得实施精神折磨或其他侮辱人格的行为，实施行为时有文明、有礼貌，应当充分尊重行政相对人的人格。

（四）信赖保护原则

信赖保护原则是指为了保证行政行为的确定力和公信力，行政行为一经作出，除非出现法定事由并经过法定程序，否则不得随意撤销、废止或改变。信赖保护原则的核心思想是维护法律秩序的安定性，保护社会成员的正当权益。

信赖保护原则要求已经作出的行政行为具有确定力和公定力，没有法定事由和未经法定程序不得对其随意撤销、废止或改变。即使事后发现授予行政相对人以相关权益的行政行为存在违法情形，除非相对人存在行贿或提供虚假资料、信息等过错，行政机关亦不得随意撤销或改变。如果为了国家、社会公共利益，必须对违法行政行为进行撤销或改变的，则需对行政相对人进行赔偿。

行政行为作出后，其所依据的法律、法规、规章修改或废止，或者客观情况发生重大变化，为了公共利益的需要，行政主体可以撤销、废止或改变已经作出的行政行为，但需要对行政相对人进行合理补偿。

（五）比例原则

比例原则是指行政主体在实施行政行为时，既要使行政目标得以实现，同时也要保护行政相对人的权益，如果为了实现行政目标可能对行政相对人权益造成某种不利，则应当将不利限制在尽可能小的范围和限度内，保持二者处于适度的比例。比例原则又可以区分为以下三个子原则：

（1）适当性原则，是指行政机关实施的行政行为应当恰当，其采取的行政措施能实现行政目的或至少有助于目的的达成。

（2）必要性原则，又称最小侵害原则，是指行政主体在实现行政目标时，如果存在多种适合的手段，应选择对行政相对人的权益造成的损害最小的手段。

（3）衡量性原则，是狭义的比例原则，是指行政主体采取的行政手段对行政相对人所造成的损害应当与实现行政目的所达成的利益保持恰当的比例，不得与欲达成的行政目的的利益明显失衡。

第二节　行政主体和公务员

一、行政主体概述

（一）行政主体的概念与特征

行政主体是指行政法律关系中享有行政权力，能以自己的名义行使行政权，作出影响行政相对人权利义务的行政行为，并能独立承担由此产生的相应法律责任的组织。行政主体主要包括行政机关和法律、法规授权的社会组织。

要准确理解行政主体的含义，需要注意其与行政法主体的区别。行政法主体，即行政法律关系的主体，是指在行政法律关系中享有权利和承担义务的当事人。行政法主体包括行政主体和行政相对人。而行政主体是行政法主体中行使国家行政权的一方，在行政法律关系中居于主导地位。行政主体具有如下特征：

（1）行政主体是一种组织。与自然人相对应，组织是为一定目的人为建立的联合体。组织在一定条件下可能成为行政主体，而自然人不能成为行政主体。虽然组织的行政管理活动归根结底仍需要通过组织内的工作人员的行为才能实现，但在这里工作人员实施的并非是个人行为，而是以组织为名义进行的国家行政管理活动。

（2）行政主体是享有行政权的组织。组织可能成为行政主体，但并非所有的组织都是行政主体。只有在组织享有国家行政权力时，才能成为行政主体。如我国的法院虽然是一种组织，也享有一定的公权力，但法院享有的是审判权而非行政权，所以法院不能成为行政主体。是否享有行政权，是区分一个组织是否是行政主体的重要标准。

（3）行政主体是能以自己名义行使行政权并能独立承担法律责任的组织。作为行政主体，必须在从事行政活动时，能够以自己的名义行使行政权。行政主体要求独立的法律人格，能够以自己的名义行使行政权，并能够独立承担行为可能产生的法律责任。要判断行政机关内部的机构组织是否是行政主体，可以采取这种标准进行判定。

（二）行政主体的分类

根据行政主体享有的行政权的来源的不同，可以把行政主体分为职权性行政主体和授权性行政主体。

1. 职权性行政主体

职权性行政主体是指根据宪法、行政机关组织法的规定，直接享有行政职权并获得行政主体资格的行政组织。职权性行政主体享有的行政权来源于宪法或行政机关组织法的规定，自机关成立之初就享有固有的行政职权。如国务院及其各部委，地方各级人民政府，县级以上人民政府的职能部门和县级以上地方人民政府的派出机关，都属于职权性行政主体。

2. 授权性行政主体

授权性行政主体是指根据宪法和行政机关组织法以外的法律、法规和规章的授权，享有行政权并取得行政主体资格的组织。授权性行政主体享有的行政权并非来源于宪法和行政机关组织法，而是来源于其他法律、法规和规章的授权。授权性行政主体主要包括两大类：一类属于行政机关所属的机构，如内部机构、派出机构和临时机构等；另一类属于法律法规授权的社会组织，如社会团体、企事业单位、行业协会以及基层群众自治组织等。

二、行政主体的行政职权和职责

对于行政主体而言，其享有的职权和承担的职责具有统一性。行政主体要进行行政活动，对社会实施管理，必须享有具有主动性、广泛性和强制性的行政职权。同时由于社会生活的复杂性，又要求行政机关在行使职权时能够进行一定范围的自由裁量。由于上述情况，行政职权一旦被滥用，就可能对行政相对人的合法权益造成侵害，所以必须要求对行政主体享有的行政职权进行限制，要求其只能在法定授权范围内行使行政职权，并必须履行相对应的法定义务即行政职责。

（一）行政职权

行政职权是指行政主体享有的实施国家行政管理活动的权力。行政职权按其来源分为两类：一类是固有行政职权，另一类是授予行政职权。固有行政职权由行政主体的职能、分工、级别等因素所决定，其本来就享有的行政职权。授予行政职权是指行政主体由于法律、法规、规章的授予而享有的行政职权，而这些行政职权，本不属于该行政主体享有的职权范围，可能由于授权机关的撤回而消灭。

由于行政主体的不同，其所具体享有的职权也各有不同。概括起来，行政职权主要包括七种，即行政立法权、行政命令权、行政处理权、行政监督权、行政裁决权、行政强制权和行政处罚权。

1. 行政立法权

行政立法权是指行政主体制定行政法规、政府规章等法律规范性文件的权力。在我国，相关行政主体获得宪法和法律以及全国人大的授权，享有在特定范围内制定法律规范性文件的权力。要注意的是，行政立法权属于准立法权，即其相关行政主体行使立法权时，不得与宪法、法律及效力等级较高的法规和规章相违背。在我国，下列行政主体享有行政立法权：国务院享有依据宪法和法律制定行政法规的权力；国务院各部委、中国人民银行、审计署以及相关直属机构，有权依据法律和行政法规制定部门规章；省、自治区、直辖市和较大的市的人民政府，有权依据法律、行政法规及本地的地方性法规，制定地方政府规章。

2. 行政命令权

行政命令权是指行政主体享有的发布命令、指令以及具有普遍约束力的行政措施，要求行政相对人作出或不作出一定行为的权力。行政命令权是行政主体重要的行政职权，是行政管理活动顺利进行的基本保障。

3. 行政处理权

行政处理权是指行政主体享有的依法对与行政相对人权益相关的事项进行处理的权力。行政处理不仅是行政机关的职权，同时也是行政机关履行行政职责的重要方式，主要包括行政许可、行政给付、行政征收、行政征用等。

4. 行政监督权

行政监督权是指行政主体享有的依法对行政相对人是否守法及其履行法定义务进行监督的权力。行政监督权是行政机关享有的重要职权，可以通过检查、审查、调查、查验等方法对行政相对人进行有力的监督，保证其遵守法律、积极履行法定义务，最终确保法律获得遵守和实施。

5. 行政裁决权

行政裁决权，又称为行政司法权，是指特定行政主体享有的依法按照准司法程序，对特定的行政争议或与行政管理相关的民事争议进行裁决的权力。如对自然资源权属纠纷，县级以上人民政府享有裁决权。

6. 行政强制权

行政强制权是指行政主体享有的强制行政相对人履行法定义务以实现行政管理的目的，或为了维护社会秩序及公共利益对行政相对人的人身、财产采取一定强制措施的权力。根据行政强制权作用的对象的不同，行政强制可以分为对财产的强制、对人身的强制以及对行为的强制。

7. 行政处罚权

行政处罚权是指行政主体享有的依法对违反行政管理秩序的行政相对人进行处罚的权力。

（二）行政职责

行政职责是指行政主体进行国家行政管理活动依法应当承担的义务。行政职责是行政职权的伴生物，没有无职责的行政职权，也没有无职权的行政职责。一方面，行政主体依靠行使行政职权进行行政管理活动；另一方面，行政主体又通过履行行政职责完成国家授予的行政职能。

行政职责具有法定性。在现代法治国家，要对行政主体进行有效的约束，就必须要在法律上对其应当承担的法定职责予以明确，使行政主体在实施行政管理活动中有章可循。行政主体在从事行政管理的活动中，必须严格按照法律的要求履行其法定职责。在法律没有明文规定的情况下，行政主体才可以按照社会公认的合理性标准履行职责。

由于行政主体的不同，其所具体承担的行政职责也各有不同。概括起来，行政职责主要包括以下几方面：

1. 依法履行职责

行政职责是国家要求行政主体应当完成相应行政职能的任务，是法律确定的行政主体应当承担的义务。因此，行政职责的首要要求就是行政主体必须按照法律的规定，忠实履行自己的职责。在履行职责的过程中，行政主体不能相互推诿，随意放弃和任意处分行政职责；否则，将构成失职，并将因此承当相应法律责任。

2. 严格遵守法定权限

由于法律职权的特性容易导致滥用，对于行政主体而言，应当遵循“法无授权皆禁止”的原则，即行政主体只能在法律明确授权的范围内行使行政职权，不得超越法律划定的权限边界行使职权，否则即构成越权行为。对于行政主体而言，在法律授权的范围内行使行政职权，是行政主体应当普遍遵守的法定职责。任何超越法定职权的越权行为都应当归于无效，相应行政主体应当向由于其越权行为而遭受损失的行政相对人承担法律责任。

3. 符合法定目的

行政主体在实施行政管理活动时，应当依法定目的的需要行使职权，不得出于不正当的动机或以实现个人私利为目的而行使行政职权，否则即构成权力的滥用，可能对社会公共利益造成损害，对公民及其他组织的合法权益构成侵害。

4. 遵守法定程序

行政主体应当严格遵守法定程序，按照法律要求的方式、步骤、时限、顺序实施行政行为，不得随意变更程序，忽略当事人的程序权利。法定程序能够保障行政主体通过一系列的方式、步骤、实现、顺序得到稳定的、获得当事人信服的行政处理结果。遵守法定程序是行政主体的基本行政职责之一，任何违背程序而作出的行政行为，应当归于无效。

5. 正确适用法律

行政机关，又称为执法机关，其重要职责之一就是在实施行政管理的活动中正确地适用法律。不同的法律适用的范围和对象不同，规定的内容也各不相同，适用不同的法律往往会产生不同的结果。行政主体应当正确地适用法律，这要求在进行行政管理活动中，不能盲目武断，应当具体问题具体分析，保证正确的法律条款得到适用。

6. 遵循合理原则

行政主体在实施行政行为时，不仅应当合法，同时还应当合理。合法性是对行政主体的最基本的要求，但仅追求合法是不够的，同时应当依据具体情况的不同，作出恰如其分的合理的行政行为。只有做到既合法又合理，才能保障行政相对人的合法权益，获得对方的信服和尊重，并最终保障行政活动的顺利进行。

三、行政机关

（一）行政机关的概念和特征

行政机关是指为行使国家行政职能，由宪法或行政机关组织法的授权而设置的行使行政权的国家机关。行政机关具有双重性质，它既是国家权力机关的执行机关，又是从事行政活动的行政主体。行政机关的特征主要表现在以下几个方面：

（1）从国家机关的职权分工来看，行政机关行使国家行政职权，管理国家行政事务。我国宪法对各国家机关进行了职权分工：立法机关行使国家立法权，如全国人大拥有修改宪法，制定法律的权力；司法机关行使国家司法权，从事对案件的审理活动；行政机关行使国家行政权，从事对各种行政事务的管理。

（2）从组织体系来看，行政机关实行“领导—从属制”。“领导—从属制”要求在行政机关内部，上级行政机关与下级行政机关的是领导与被领导的关系，上级行政机关有权就下级行政机关各项工作发出命令和指示，而下级行政机关则从属于上级行政机关，应当服从上级行政机关的命令和指令。

（3）从决策体制来看，行政机关一般实行首长负责制。在行政机关中，在民主讨论的基础上，一般由首长对本辖区内的重要事务享有最后决策权，并对此负责。首长负责制有利于行政活动迅速和高效的进行，同时也利于明确职权和责任归属。

（4）从行使方式来看，行政机关一般是主动地、经常地、不间断地行使职权。行政机关从事国家各项行政事务的管理，由于行政事务的特性，要求行政机关主动地去从事行政管理，并且应当经常、不间断地行使管理职权。

（5）从与社会的联系来看，与立法机关和司法机关相比，行政机关最经常、最直接、最广泛与社会中的个人、组织发生联系，与社会的联系程度最高，对个人、组织发生的影响也更经常、直接和广泛。

（二）我国的行政机关的体系

1. 中央行政机关与行政机构

我国的中央行政机关由国务院和国务院的各工作部门、直属机构、办事机构和直属事业单位组成。

（1）国务院。国务院由全国人民代表大会产生，对全国代表大会负责，受全国人民代表大会及其常务委员会监督。作为我国的最高行政机关，国务院领导各级行政机关，有权改变或撤销各级行政机关违法或不适当的行政规章、命令、指示和决定。

（2）国务院的各工作部门。国务院的各部委的设立经总理提出，由全国人民代表大会决定，在全国人民代表大会闭会期间，由全国人大常务会决定。国务院各部、委实行部长、主任负责制。国务院的各工作部门包括：①国务院办公厅，负责协助国务院领导处理国务院日常工作，但不具有行政主体资格；②国务院组成部门共有25个，分别负责全国范围内某一方面或某一类行政事务的管理，有权制定适用于全国范围内的部门规章，具有行政主体资格。国务院组成部门具体包括：外交部、国防部、发展和改革委员会、教育部、科学技术部、工业和信息化部、民族事务委员会、公安部、国家安全部、监察部、民政部、司法部、财政部、人力资源和社会保障部、国土资源部、环境保护部、住房和城乡建设部、交通运输部、水利部、农业部、商务部、文化部、卫生和计划生育委员会、中国人民银行、审计署。其中，监察部与中共中央纪律检查委员会机关合署办公，机构列入国务院序列，编制列入中共中央直属机构；③国务院直属特设机构1个：国务院国有资产监督管理委员会。国务院授权国有资产监督管理委员会代表国家履行出资人职责，具有行政主体资格。

（3）国务院直属机构。国务院直属机构由国务院根据工作需要和精简的原则设立，无需全国人大或全国人大常务会批准。国务院直属机构负责其主管的专门业务，享有规章制定权、行政事项处理权以及争议的裁决权，具有行政主体资格，具体包括：海关总署、税务总局、工商行政管理总局、质量监督检验检疫总局、广播电影电视总局、新闻出版总署（国家版权局）、体育总局、安全生产监督管理总局、统计局、林业局、知识产权局、旅游局、宗教事务局、国务院参事室、国务院机关事务管理局、国家预防腐败局。

（4）国务院办事机构。国务院办事机构的设立亦由国务院根据工作需要和精简的原则自行决定，无需经全国人大或全国人大常委会批准。国务院办事机构协助总理办理专门事项，负责某一方面事务的调查研究、政策分析、组织协调事宜，没有独立的行政管理权，无权颁布规范性文件，不具有行政主体资格。国务院办事机构主要包括：侨务办公室、港澳事务办公室、法制办公室、国务院研究室。

（5）国务院直属事业单位。国务院直属事业单位不是国家行政机关，是指以增进社会福利，满足社会文化、教育、科学、卫生等方面需要，提供各种社会服务为直接目的由国务院直接领导的社会组织，是国家机构的分支。直属事业单位中的大部分没有行政管理职能，不具有行政主体资格，如新华社、科学院、社会科学院、工程院、国务院发展研究中心、国家行政学院、地震局、气象局、自然科学基金委员会。少部分直属事业单位由于获得授权具有一定的行政职能，具备行政主体资格，如银监会、证监会、保监会、电监会、社会保障基金理事会。

2. 地方行政机关与行政机构

（1）地方各级政府。地方各级政府是地方各级人大的执行机关，在国务院的领导下负责本地区范围内的行政事务，行使行政管理职权，具有行政主体资格。我国地方政府分为四级，分别为省级（省、自治区、直辖市）、地级（下辖区、县的市）、县级（县、县级市、市辖区）和乡级（乡、镇）。地方各级政府的职权主要有：①执行本级人大及其常委会的决议与命令，完成上级政府交办的各项任务；②发布决议与命令，制定行政规章①；③管理本行政区域内的经济、文化、教育、公安等行政事务，依法任免与奖惩行政工作人员；④解决行政争议，县以上人民政府可改变或撤销所属各部门及下级政府违法或不适当的命令、指示、决定。

（2）地方各级政府的工作部门和直属单位。地方各级政府的工作部门受到本级政府以及所属上一级工作部门的双重领导，负责专门的行政管理事务。在县级以上的地方政府，可以设立工作部门。一般而言，地方各级政府的机构设置与国务院基本一致，因此地方各级政府的工作部门和直属单位往往与国务院的工作部门和直属单位相对应，国务院的所属部门和单位具有行政主体资格的，地方政府的对应部门和单位也有行政主体资格。

（3）地方各级政府的派出机关。根据宪法和法律的规定，为满足行政管理的需要，地方各级政府可以依法设立派出机关。派出机关在其管辖范围内享有对行政事务的决定权和管理权，对所辖职能部门和下级政府进行领导和监督，具有行政主体资格。地方各级政府的派出机关具体如下：①省、自治区政府经国务院批准，可以设立若干行政公署；②县、自治县的政府经省、自治区、直辖市的政府批准，可以设立若干区公所；③市辖区、不设区的市的政府，经上一级人民政府批准，可以设立若干街道办事处。

（4）地方政府工作部门的派出机构与内设机构。地方政府工作部门的派出机构，是指作为地方政府职能工作部门的行政机关，根据行政管理的需要，针对某项特定行政事务而设置的工作机构。原则上讲，派出机构作为地方政府工作部门的分支，不具有独立职权，不具备行政主体资格。然而，在实践中，多数派出机构往往是获得授权的执法部门，在一定权限范围内具有行政主体资格。如为了工作需要，地级市公安局可以设置公安分局，县公安局可以设置公安派出所。公安分局、公安派出所作为派出机构，由于获得授权可以实施治安管理处罚，成为行政主体。其他类似的派出机构还包括税务部门设置的税务所、工商部门设置的工商所等。

地方政府工作部门的内设机构，是指作为地方政府职能工作部门的内在组成部分的机构，往往不具有独立的法律地位，不具有行政主体资格。但是内设机构经过授权，在授权范围内行使行政管理职权，可以成为独立的行政主体。如作为公安部门的内设机构的公安交通管理机构、公安出入境管理机构等。

---

① 省级、设区的市以上的人民政府有权依据法律、行政法规以及地方性法规制定地方政府规章，规定行政措施，发布决定和命令，其他地方各级人民政府可以依法发布决定和命令。

四、法律法规授权的组织

法律法规授权的组织，是指由于法律、法规的授权而享有特定行政职权的非国家行政机关组织。法律法规授权的组织，其行政职权的来源是宪法和行政机关组织法以外的法律、法规的授权，行使特定的行政职能。应当注意，法律法规授权的组织并不属于国家行政机关，但由于其取得了法律法规的授权而享有行政职权，所以是一类较为特殊的行政主体。

在传统意义上，能够作为行政主体行使行政权的只有国家机关。但随着现代社会民主的发展，伴随社会力量的崛起，国家职能不断向社会转移，以应对日益复杂而繁重的行政管理任务。国家的各项行政职能如果都集中由行政机关负责，则很容易造成行政权过于膨胀，导致行政权力难以约束，滋生腐败。事实上，在一些领域，社会组织由于与社会成员联系更为紧密，往往能够比国家机关更为有效地实施行政管理。当今，法律法规授权的组织的社会管理职能正在日益增加，成为一类重要的行政主体。

概括起来，法律法规授权的组织主要有以下四类：

(1) 基层群众性自治组织。基层群众性自治组织包括村民委员会和居民委员会。根据我国《村民委员会组织法》和《城市居民委员会组织法》的授权，村民委员会和居民委员会有权办理当地的公共事务和公益事业，调解民间纠纷，协助维护社会治安，协助人民政府开展工作，维护公民的合法权益等。

(2) 行业组织。行业组织是指公民、法人或其他组织在自愿基础上，基于行业的利益要求所组成的一种民间性、非营利性的社会团体。行业组织经法律法规的授权，能够行使行政职权。如律师协会经过《律师法》的授权，享有对执业律师进行考核、奖励和处分的职权。

(3) 社会团体。根据法律法规的授权，一些社会团体也享有一定的行政职权。如我国的《工会法》对工会授予了一定范围内的行政职权，包括保障职工合法权益、调查职工伤亡事故和其他严重危害职工健康的问题并提出处理意见等。

(4) 企事业组织。部分企业组织和事业组织根据法律法规的授权，享有一定的行政职权。如《烟草专卖法》授权全国烟草总公司和省级烟草公司有下达卷烟产量指标的行政职权；《教育法》授权我国的公立教育机构有招收学生，对受教育者进行管理和处分，颁发学业证书，聘任教师、职工并对其进行管理和处分的行政职权。

五、公务员

(一) 公务员的概念和范围

公务员，是指国家依照法定方式任用的，在中央和地方各级国家机关工作的，依法行使国家行政权、执行国家公务的人员。我国对公务员采取广义的理解，其范围相当广泛，包括所有国家机关中除了工勤人员以外的所有工作人员，具体包括：各级人大及常委会机关、各级行政机关、各级审判机关、各级检察机关、中国共产党各级机关、政协各级委员会机关、各民主党派和工商联的各级机关的工作人员。

（二）公务员的分类

根据公务员法的相关规定，我国的公务员可以分为三类：综合管理类、专业技术类和行政执法类。公务员职务分为领导职务和非领导职务。领导职务层次分为：国家级正职、国家级副职、省部级正职、省部级副职、厅局级正职、厅局级副职、县处级正职、县处级副职、乡科级正职、乡科级副职；非领导职务（仅在厅局级以下设置）分为：巡视员、副巡视员、调研员、副调研员、主任科员、副主任科员、科员、办事员。

根据公务员职位的不同，可以分为一般职公务员和特别职公务员。我国《公务员法》第3条规定："法律对公务员中的领导成员的产生、任免、监督以及法官、检察官等的义务、权利和管理另有规定的，从其规定。"可见，在我国，公务员中的领导成员、法官、检察官属于较为特殊的一类，即所谓特别职公务员，其他则是一般职公务员。针对特别职公务员，应当优先适用《公务员法》以外的特别法，在没有特别法规定的情况下，才能适用《公务员法》的规定。

（三）公务员的法律地位

1. 行政机关与其公务员的法律关系

公务员纳入国家行政编制，由国家财政负担工资福利，并从事行政工作。笼统意义上讲，行政机关与其公务员的关系构成劳动关系，即由公务员提供相应劳务，国家则代表行政机关支付报酬。然而，行政机关掌握国家行政权，要真正行使行政权，归根结底离不开公务员代为实施相应的行政管理行为。在行政管理法律关系中，行政机关的公务员在行政管理活动中行使行政权的行为并不是个人行为，而是以所在行政机关的名义实施的行政行为，因而其行为的法律后果由所在行政机关承担。

在行政诉讼法律关系中，公务员不具有诉讼当事人的地位，既不能成为原告，也不能成为被告。在内部行政关系中，公务员可以以自己的名义与行政机关发生法律关系。在行政监督法律关系中，公务员可以成为当事人，作为被监督的一方与监督主体发生法律关系。

2. 公务员享有的法律权利

作为我国国家机关的工作人员，公务员依法享有法律所规定各项法律权利。根据我国《公务员法》第13条规定，公务员的法律权利主要包括：（1）获得履行职责应当具有的工作条件；（2）非因法定事由、非经法定程序，不被免职、降职、辞退或者处分；（3）获得工资报酬，享受福利、保险待遇；（4）参加培训，对机关工作和领导人员提出批评和建议；（5）提出申诉和控告，申请辞职；（6）法律规定的其他权利。

3. 公务员享有的法律义务

公务员作为国家机关的工作人员，其工作属性比较特殊，往往与公权力的行使密切相关，因此，我国《公务员法》明确规定了公务员应当履行的法律义务，主要包括：（1）模范遵守宪法和法律，按照规定的权限和程序认真履行职责，努力提高工作效率；（2）全心全意为人民服务，接受人民监督；（3）维护国家的安全、荣誉和利益；（4）忠于职守，勤勉尽责，服从和执行上级依法作出的决定和命令；（5）保守国家秘密和工作秘密；（6）遵守纪律，恪守职业道德，模范遵守社会公德；清正廉洁，公道正派；（7）法律规定的其他义务。

第三节 行政行为

一、行政行为概述

（一）行政行为的概念与特征

行政行为，是指享有行政权能的行政主体行使行政权对行政相对人所作的法律行为。要理解行政行为的概念，要注意下列几点：

（1）行政行为的主体是行政主体，包括能够以自己的名义享有和行使行政权的政府机关和法律、法规授权的组织。

（2）行政行为的内容表现为行政主体行使行政职权、履行行政职责的行为。并非所有行政主体的行为都是行政行为。行政主体参与民事关系，如采购办公设备等，并不属于行政行为。

（3）行政行为的后果表现为一定的法律意义，能够引起行政主体与行政相对人的权利义务关系的产生、变更和消灭。

作为行政主体行使行政权的行为，行政行为与其他国家机关的行为和普通的民事行为存在较大的差异，概括而言，其主要特征体现在以下几方面：

1. 从属法律性

行政行为是执行法律的行为。行政行为要求严格依法进行，是行政主体依据法律的规定行使行政职权的行为，具有从属法律性，其目的是为了引起由法律所规定行政主体与行政相对人间权利、义务关系的产生、变更和消灭。未经法律明确规定或授权，行政主体不得作出任何超越权限的行政行为。

2. 裁量性

行政行为是以与行政相对人的特定法律关系的创设为目的，由享有行政职权的行政机关及授权组织按照自己的意志而实施的行为。由于行政管理具有广泛性、变动性、应变性的特点，要求行政主体在实施行政行为时具有裁量性。行政主体可以根据具体情况的不同，以自己的判断和意志作出恰当的行政行为。

3. 单方意志性

行政行为是行政主体为实现行政职能而实施的行为，是运用国家行政权的行为，具有单方意志性。与民事法律关系不同，行政行为无需征得当事人的同意，是行政主体根据自己的意志实施的行为。

4. 强制性

行政行为是行政主体行使行政职权的行为，以国家强制力为保障，具有强制性。行政相对人必须服从并配合行政主体实施的行政行为。如果行政相对人拒不服从，行政主体将予以制裁或强制执行。

（二）行政行为的分类

1. 抽象行政行为和具体行政行为

根据行政行为的适用范围的不同，可以将行政行为分为抽象行政行为和具体行政行为。

抽象行政行为适用于不特定的人或事，是指行政主体制定在其管辖范围内具有普遍约束力的法规、规章和有普遍约束力的决定、命令等行政规则的行为。抽象行政行为的主要特点是针对不特定的多数人和事项发挥效力，反映为行政主体制定具有普遍约束力的行政规则的行为，如国务院制定行政法规、地方政府制定行政规章的行为等。

具体行政行为适用于特定的人或事，是指行政主体在行政管理过程中针对特定的人或事采取具体措施的行为，其行为的内容和结果将直接对特定行政相对人产生影响。具体行政行为的主要特点就是针对对象的特定性和具体化，如交警部门对某个违法交通规则的人进行处罚等。

2. 羁束行政行为和自由裁量行政行为

根据行政行为受法律约束的程度的不同，可以将行政行为分为羁束行政行为和自由裁量行政行为。

羁束行政行为是指针对行政主体实施行政行为的范围、条件、标准、形式、程序等，法律作了详细而明确的规定，从而受到严格的法律约束的行政行为。行政主体实施羁束行政行为时，没有自由选择的余地，只能严格依照法律的规定作出相关行为。

自由裁量行政行为是对于行政主体的行政行为的目的、行为范围等，法律仅作原则性规定，而行为的具体条件、标准、幅度、方式等可以由行政机关根据具体情况进行自行选择、决定的行政行为。

3. 依职权的行政行为和依申请的行政行为

根据行政主体是否能够主动作出行政行为，可以将行政行为分为依职权的行政行为和依申请的行政行为。

依职权的行政行为，是指行政机关可以依据法律授予的行政职权，主动实施的相关行政行为，而无需行政相对人的请求。依职权的行政行为的主要特征在于行政主体有权主动实施，行政机关享有发动相应行政法律关系的主动权。如公安机关对扰乱公共秩序的人进行拘留，环保机关对未依法排污的企业进行处罚等，都属于依职权的行政行为。

依申请的行政行为，是指行政主体只有在得到行政相对人的申请时才能实施的行政行为。依申请的行政行为的主要特征是行政相对人的申请是行政机关实施相应行政行为的前提条件和必要条件。在没有行政相对人的申请的情况下，行政机关无权主动发动相应的行政法律关系。如工商机关颁发营业执照、行政机关进行行政复议等，都是依申请的行政行为。

4. 作为行政行为和不作为行政行为

根据行政主体实施的行政行为的外在表现方式，可以将行政行为分为作为行政行为和不作为行政行为。

作为行政行为，是指行政主体以积极的外部行动，即以作为的方式表现出来的行政行为。作为行政行为的主要特征在于行政主体的积极行为。绝大多数的行政行为都属于作为行政行为，如行政奖励、行政强制行为等。

不作为行政行为，是指行政主体以消极的外部静止，即以不作为的方式表现出来的行政行为。不作为行政行为的主要特征是行政主体的消极不作为。不作为行政行为是一类较为特殊的行政行为，近年来也开始逐渐为我国学术界重视。如我国《集会游行示威法》第9条规定，主管机关接到集会、游行、示威申请书后，应当在申请举行日期的2日前，将许可或者不许可的决定书面通知其负责人。不许可的，应当说明理由。逾期不通知的，视为许可。在这里，如果主管机关逾期不通知的，就被视为许可相关申请。主管机关的“逾期不通知”就属于不作为行政行为。

5. 行政立法行政行为、行政执法行政行为和行政司法行政行为

根据行政行为作用的方式和实施行政行为所形成的法律关系的不同，可以将行政行为分为行政立法行政行为、行政执法行政行为和行政司法行政行为。

行政立法行为，是指由享有特定法定职权的行政主体，依照法定程序制定行政法规、政府规章等具有普遍约束力的法律规范性文件的行为。行政立法行为属于抽象行政行为，其所形成法律关系的主体为行政主体和不确定的行政相对人。

行政执法行为，是指由享有特定法定职权的行政主体，依法实施的直接影响行政相对人的权利义务的行为，或者对行政相对人是否依法行使权利和履行义务进行监督检查的行为。行政执法行为所形成的法律关系的主体是行政主体和被采取措施的行政相对人。行政执法行为范围十分广泛，包括行政许可、行政确认、行政奖励、行政处罚、行政强制、行政合同、行政监督等行为。

行政司法行为，是指由享有特定法定职权的行政主体作为居中裁判者，对发生争议的双方当事人，按照准司法程序审理特定的行政争议或民事争议案件，并依据法律和事实作出裁决的行为。行政司法行为所形成的法律关系的主体是行政主体和发生争议的双方当事人。

二、行政立法行为

（一）行政立法行为的特征

行政立法行为包括相关行政机关制定行政法规和政府规章的行为。行政立法行为既是一种由行政主体进行的立法行为，同时又属于行政主体进行的抽象行政行为。

行政立法行为的特征主要体现在如下方面：

（1）行政立法行为的主体为享有特定法定职权的行政机关。我国的立法机关，如全国人大和地方人大，虽然也享有立法权，但其立法活动并不属于行政立法行为。在我国，能够享有立法职权的行政机关包括：国务院、国务院的部、委、中国人民银行、审计署和具有行政管理职能的国务院的直属机构以及省、自治区、直辖市、较大的市的人民政府。其中，较大的市包括省、自治区所在地的市和国务院批准的较大的市以及经济特区等。

（2）行政立法行为必须在法定权限内依照法定程序进行。任何在非法定职权范围内

和非依照法定程序实施的行政立法行为，都应当归于无效。

（3）行政立法行为的主要内容是制定行政管理方面的法律规范性文件。行政机关执法活动中，需要按照宪法和法律的精神加以具体化，制定出操作性更强、规定更为明确具体的规范性文件，使得行政机关可以依据这些操作性较强的法律规范性文件，进行高效的行政管理活动。

（二）行政立法行为的分类

1. 职权立法行为和授权立法行为

根据立法职权的权力来源的不同，行政立法行为可以分为职权立法行为和授权立法行为。

职权立法行为，是指由宪法和组织法的规定而享有立法职权的行政机关依照法定程序在法定职权范围内制定法律规范性文件的活动。根据我国宪法和组织法的规定，国务院及其主管部门，省、自治区、直辖市和较大的市的人民政府可以进行职权立法，但一般不能变通法律和法规的规定。

授权立法行为，是指行政机关根据宪法和组织法以外的法律、法规的授权，或依据国家权力机关、上级行政机关的专门授权，制定本不属于其权限范围内的法律规范性文件的活动。行政机关通过授权立法所制定的行政法规和规章可以在一定范围内对法律和法规进行变通和补充。如我国《立法法》第 9 条规定，本属于全国人大及其常委会制定的法律事项在未制定之前，可授权国务院根据实际需要，先对其中部分事项制定行政法规。

2. 创制性立法行为和执行性立法行为

根据立法内容的不同，行政立法行为可以分为创制性立法行为和执行性立法行为。

创制性立法行为，是指行政机关根据宪法和组织法的规定或法律、法规的授权，就效力等级更高的法律、法规和规章尚未立法的事项进行行政立法的活动。如依据上述《立法法》第 9 条规定，国务院根据实际需要，在全国人大及其常委会立法之前，对部分事项制定行政法规，就属于创制性立法行为。

执行性立法行为，是指行政机关为执行法律、法规及上级规章，明确相关法律规范的确切含义的适用范围，制定具体实施办法、细则的活动。为了贯彻和落实国务院制定的行政法规，地方政府制定具体实施办法、细则等规章的活动，则属于执行性立法行为。

3. 中央行政立法行为立法和地方行政立法行为

根据主体级别的不同，行政立法行为可以分为中央行政立法行为立法和地方行政立法行为。

中央行政立法行为是指国务院、国务院的部委、中国人民银行、审计署和具有行政管理职能的国务院的直属机构所从事的制定行政法规和部门规章的活动。中央行政立法行为一般针对全国范围内或特定管辖领域内的普遍性问题进行立法，在全国范围内有效。

地方行政立法行为省、自治区、直辖市、较大的市的人民政府所从事的制定地方政府规章的活动。地方行政立法行为一般是地方政府对中央行政立法或针对地方的具体行政管理进行具体化、明确化的规定，其效力范围为地方政府所管辖的行政区域。

（三）行政立法的法律效力位阶

（1）宪法具有最高的法律效力，一切法律、行政法规、地方性法规、自治条例和单行条例、规章都不得同宪法相抵触。

（2）法律的效力高于行政法规、地方性法规、规章。

（3）行政法规的效力高于地方性法规、规章。

（4）地方性法规的效力高于本级和下级地方政府规章。

（5）省、自治区的人民政府制定的规章的效力高于本行政区域内的较大的市的人民政府制定的规章。

（6）自治条例和单行条例依法对法律、行政法规、地方性法规作变通规定的，在本自治地方适用自治条例和单行条例的规定。

（7）经济特区法规根据授权对法律、行政法规、地方性法规作变通规定的，在本经济特区适用经济特区法规的规定。

（8）部门规章之间、部门规章与地方政府规章之间具有同等效力，在各自的权限范围内施行。

三、行政执法行为

行政执法行为具体包括行政许可、行政确认、行政奖励、行政处罚、行政强制、行政合同等行为。

（一）行政许可

行政许可，是指行政主体根据公民、法人或者其他组织等行政相对人的申请，经依法审查，准予其从事特定活动的行政行为。行政许可由具有行政许可权的行政机关、法律、法规授权的组织在其法定职权范围内实施。

行政机关在其法定职权范围内，依照法律、法规、规章的规定，可以委托其他行政机关实施行政许可。受委托行政机关在委托范围内，以委托行政机关名义实施行政许可，并不得再委托其他组织或者个人实施行政许可。委托行政机关对受委托行政机关实施行政许可的行为应当负责监督，并对该行为的后果承担法律责任。

在我国，行政机关可以进行行政许可的范围包括：

（1）直接涉及国家安全、公共安全、经济宏观调控、生态环境保护以及直接关系人身健康、生命财产安全等特定活动，需要按照法定条件予以批准的事项；

（2）有限自然资源开发利用、公共资源配置以及直接关系公共利益的特定行业的市场准入等，需要赋予特定权利的事项；

（3）提供公众服务并且直接关系公共利益的职业、行业，需要确定具备特殊信誉、特殊条件或者特殊技能等资格、资质的事项；

（4）直接关系公共安全、人身健康、生命财产安全的重要设备、设施、产品、物品，需要按照技术标准、技术规范，通过检验、检测、检疫等方式进行审定的事项；

（5）企业或者其他组织的设立等，需要确定主体资格的事项；

(6) 法律、行政法规规定可以设定行政许可的其他事项。

(二) 行政确认

行政确认，是指行政主体依法对行政相对人的法律地位、法律关系或者法律事实进行鉴别，给予确定、认可、证明或者给予否认并进行宣告的具体行政行为。行政确认的主要形式主要包括确定认定（认证）、证明、登记、鉴证等。行政确认的内容主要包括法律事实和法律关系。道路交通事故责任认定、医疗事故责任认定、伤残等级的确定、产品质量的确认等，都属于行政确认。

行政确认由于具有官方权威性，有利于稳定法律关系，减少各种纠纷，保障社会安定秩序，保护行政相对人的合法权益。

从专业领域来看，可以将行政确认分为以下六类：

(1) 公安管理中的确认。主要包括：对交通事故的现场及当事人状态的检验和鉴定；对交通事故等级的确认；对当事人交通责任的认定；对行政案件的原告中受治安行政拘留的人员、劳教和受审人员的精神病司法鉴定等。

(2) 司法行政管理中的确认。主要有对合同、委托、遗嘱、继承权、财产权、收养关系、亲属关系等民事法律关系的公证；对身份、学历、经历、出生、死亡、婚姻状况等事实的证明；对有关文件的真伪、法律效力的公证，等等。

(3) 民政管理中的确认。主要有对现役军人死亡性质、伤残性的确认；对烈士纪念建筑物的等级确认；对革命烈士的确认；对结婚、离婚条件的确认等。

(4) 劳动管理中的确认。主要有对人员伤亡事故原因、责任的确认；对锅炉压力容器事故原因和责任的确认；对特别重大事故的技术鉴定等。

(5) 卫生管理中的确认。主要有食品卫生的确认；对新药品及进口药品的鉴定；对环境卫生的鉴定；对医疗事故等级的鉴定。

(6) 经济管理中的确认。主要有对产品标准的行政认证和计量器具鉴定，产品质量认证；对商标和专利权的审定；对著作权属的确认；对动植物检疫的确认；对自然资源的所有权和使用权的确认；对无效经济合同的确认等。

(三) 行政奖励

行政奖励，是指行政主体依照法定条件和程序、对有表率作用的作出突出贡献或者遵纪守法的行政相对人，给予一定物质、精神、职务奖励的具体行政行为。

行政奖励的种类主要包括三种：(1) 精神方面的奖励，即给予被奖励人精神荣誉，如授予荣誉称号、通报表扬、记功、发给奖状、荣誉证书等；(2) 物质方面的奖励，即发给被奖励人一定数额的奖金或者物品；(3) 职务方面的奖励，即给被奖励人晋级、晋职等。

(四) 行政处罚

行政处罚，是指在法定职权范围内，行政主体依照法定程序对违反行政法律规范但尚未构成犯罪的行政相对人给予行政制裁的具体行政行为。除法律、法规另行规定的例外情形，行政处罚由违法行为发生地的县级以上地方人民政府具有行政处罚权的行政机关管辖。

行政处罚可以分为四类：（1）人身自由罚，如行政拘留，通知出境管理机关阻止出境等；（2）财产罚，如罚款、没收违法所得、没收非法财物等；（3）行为罚，如责令停产停业；暂扣或者吊销许可证、暂扣或吊销执照等；（4）申戒罚，如警告、通报批评等。

由于行政处罚是对行政相对人的制裁，如果处罚不当，则容易对其合法权益造成侵害。为了防止权力滥用，限制行政机关的行政处罚权，必须通过法律对行政处罚进行明确规定：（1）行政处罚的种类、内容、幅度应当由法律明确进行规定；（2）行使行政处罚权的主体及其职权应当由法律进行规定和明确；（3）被处罚的行为应当由法律进行规定和明确。

在我国，各种行政处罚只能由法律、行政法规、地方性法规进行设定。限制人身自由的行政处罚，只能由法律设定。行政法规可以设定除限制人身自由以外的行政处罚。地方性法规可以设定除限制人身自由、吊销企业营业执照以外的行政处罚。政府规章可以在法律、法规设定的行政处罚的行为、种类和幅度的范围内作出具体规定。行政机关必须获得法律的明确授权，并且在法定权限范围内依照法定程序对法律规定的违法行为进行行政处罚。

（五）行政强制

行政强制，是指行政主体为实现特定的行政目的，在法定职权范围内依照法定程序对相对人的财产、身体及自由采取的强制措施。行政强制主要包括行政强制措施和行政强制执行。

1. 行政强制措施

行政强制措施，是指行政机关在行政管理过程中，为制止违法行为、防止证据损毁、避免危害发生、控制危险扩大等情形，依法对公民的人身自由实施暂时性限制，或者对公民、法人或者其他组织的财物实施暂时性控制的行为。根据我国《行政强制法》第 9 条规定，我国的行政强制措施的种类主要有：限制公民人身自由、查封场所、设施或者财物、扣押财物、冻结存款、汇款以及其他行政强制措施。

2. 行政强制执行

行政强制执行，是指行政机关或者行政机关申请人民法院，对不履行行政决定的公民、法人或者其他组织，依法强制履行义务的行为。行政强制执行的目的是通过各种强制措施保证不履行行政义务的行政相对人履行其法定义务，进而保障行政管理活动的顺利进行。根据我国《行政强制法》第 12 条规定，行政强制执行的方式主要有：加处罚款或者滞纳金；划拨存款、汇款；拍卖或者依法处理查封、扣押的场所、设施或者财物；排除妨碍、恢复原状；代履行；其他强制执行方式。

（六）行政合同

行政合同，是指行政主体为了行使行政管理职能而与公民、法人和其他组织等行政相对人，经过协商，相互意思表示一致所达成的协议。与民事合同不同，行政合同必须有行政主体作为当事人一方。与一般的行政行为不同，行政合同需要建立在与对方协商一致的基础上。

行政合同建立在行政主体与行政相对人协商一致的基础上，一般行政相对人都能积极主动完成合同义务，从而保证行政管理职能的实现。同时，订立行政合同能够明确行政合同主体双方的权利义务关系，做到权利、义务分明，防止行政主体利用优势地位侵犯相对人合法权益。一旦双方发生争议，行政合同就可以作为解决纠纷的重要依据。

四、行政司法行为

行政司法行为并不属于严格意义的司法活动，而应当属于带有准司法性质的行政行为。在我国，行政司法行为主要包括行政复议行为、行政裁决行为、行政调解行为和行政仲裁行为。

（一）行政复议

行政复议，是指行政复议机关在法定职权范围内，依照法定程序对行政相对人提出申请的行政行为进行审查，确定其是否合法和合理，并根据审查结果作出相应的行政决定的行政司法行为。

在行政主体管理社会事务的过程中，其行使的行政职权不可避免地要影响到行政相对人的利益，因此有可能导致行政争议的产生。公民、法人或者其他组织认为相关具体行政行为侵犯其合法权益的，可以自知道之日起60日内提出行政复议申请。

行政复议所处理的争议是行政主体与行政相对人之间的行政争议，以具体行政行为为审查对象，并附带审查部分抽象行政行为。行政复议的审查方式主要采用书面审查，必要时也可以进行听证。行政复议机关在进行行政复议时，应当遵循合法、公正、公开、及时、便民的原则，坚持有错必纠，保障法律、法规的正确实施。行政相对人对行政复议决定不服的，可以向人民法院提起行政诉讼，但是法律规定行政复议决定为最终裁决的除外。

根据我国《行政复议法》的规定，我国的行政复议的管辖机关按如下方法进行确定：

（1）对地方各级政府的具体行政行为不服的，向上一级地方政府申请复议。

（2）对县以上地方各级政府工作部门的具体行政行为不服的，除海关、金融、国税、外汇管理等实行垂直领导的行政机关和国家安全机关以外，申请人除了可以向上一级主管部门，也可以向该部门的本级政府申请行政复议。

（3）对经国务院批准实行省以下垂直领导的部门作出的具体行政行为不服的，可以选择向该部门的本级政府或者上一级主管部门申请行政复议，省、自治区、直辖市另有规定的除外。

（4）对国务院部门或者省、自治区、直辖市政府的具体行政行为不服的，向作出该具体行政行为的行政机关申请复议。对行政复议决定不服的，可以向法院提起行政诉讼或向国务院申请裁决。如果申请国务院裁决，则国务院的裁决为最终裁决，不得另行起诉。

（二）行政裁决

行政裁决，是指行政主体在法律授权范围内，对当事人之间发生的与行政管理活动密切相关的非合同关系的民事纠纷进行审查，并依照法定程序作出裁决的行政司法行为。行政裁决是行政主体依照特定程序对与行政管理密切相关的民事纠纷进行裁决的准司法行为。对行政纠纷的裁决不属于行政裁决的范围。由于合同关系是当事人自愿达成的民事法律关系，与行政行为无关，所以行政裁决的范围不包括民事纠纷中的合同纠纷。

概括起来，行政裁决的范围主要包括以下几类：

（1）侵权纠纷的裁决，即由行政主体对涉及行政管理中当事人的合法权益受到他人的侵害而产生的民事纠纷进行裁决的行政司法行为。涉及行政管理的合法权益受到他人侵害时，当事人可以依法向行政机关提出申请，并由行政机关就此争议作出裁决。如对于造成水污染的单位，环保部门可以应受损者请求，要求其承担赔偿责任。

（2）补偿纠纷的裁决，即行政主体对涉及行政管理过程中发生的房屋、草原、水面、滩涂、土地征用等民事争议进行裁决的行政司法行为。如房屋拆迁过程中，拆迁人与被拆迁人间对于具体事项无法协商一致时，由批准拆迁的房屋拆迁主管部门进行裁决。

（3）损害赔偿纠纷裁决，即行政主体对涉及行政管理过程中发生的一方当事人的权益受到侵害后，要求侵害者给予损害赔偿所引起的民事纠纷进行裁决的行政司法活动，一般涉及食品卫生、药品管理、环境保护、医疗卫生、产品质量、社会福利等领域。

（4）权属纠纷的裁决，即行政主体对涉及行政管理过程中双方当事人因特定财产的所有权或使用权的归属产生的民事争议进行裁决的准司法行为，包括土地、草原、水流、滩涂、矿产等自然资源的权属等争议。如土地使用权争议，可以由人民政府进行裁决。

此外，享有法定职权的行政主体还可以依法对国有资产产权、专利强制许可使用费、劳动工资、经济补偿以及民间纠纷进行裁决。

（三）行政调解

行政调解是行政主体基于其官方权威，根据法律规定对属于其职权管辖范围内的民事纠纷进行调解，通过沟通和说服工作，使纠纷的双方当事人在平等协商的基础上达成一致协议的行政司法活动。

行政调解是我国行政机关处理民事争议的一种方法。行政调解由行政机关主持，坚持在当事人双方自愿和平等协商基础上进行，并依法达成协议，从而解决民事争议。行政调解协议的性质是当事人间通过协商而产生的合同，对当事人具有一定约束力，但不具有强制执行的法律效力。

（四）行政仲裁

行政仲裁是指由享有特定法定职权的行政仲裁机构作为居中裁判机构，根据产生争议的双方当事人提交的与行政管理活动密切相关的事先或事后达成的协议，对争议的事实和权利义务，依法作出裁决的行政司法活动。行政仲裁是一种居间行政裁判活动，由特定的行政仲裁机构进行，对于与行政管理活动密切相关的合同争议进行仲裁，仲裁的范围主要包括劳动合同争议和农村承包合同纠纷。如我国《劳动争议调解仲裁法》第 5 条规定："当事人不愿协商、协商不成或者达成和解协议后不履行的，可以向调解组织申请调解；不愿调解、调解不成或者达成调解协议后不履行的，可以向劳动争议仲裁委员会申请仲裁；对仲裁裁决不服的，除本法另有规定的外，可以向人民法院提起诉讼。"

第四节　行政法制监督

一、行政法制监督的概念和特征

行政法制监督是指享有行政监督权的国家权力机关、国家司法机关、上级行政机关、专门行政监督机关及公民、组织依法对行政主体及其工作人员的行政行为所进行的监督。其中，行政机关的工作人员包括从事执法活动的行政机关的公务员以及国家行政机关任命的其他人员。行政行为具有广泛性、直接性、裁量性等特点，其对社会生活的影响巨大，如果行使不当，很可能造成对行政相对人合法权益的侵害。因此，必须建立完善的行政法制监督体系，保证行政主体及其执法人员合法、合理的行使行政职权。

行政法制监督的特征主要表现在以下三方面：

（1）监督主体的广泛性。为了对行政主体及其工作人员进行有效的监督，享有行政监督权的主体十分广泛，包括国家权力机关、国家司法机关、上级行政机关、专门行政监督机关以及公民和组织。其中国家权力机关、国家司法机关、上级行政机关、专门行政监督机关作为国家机关对行政主体及其工作人员进行监督，公民和组织则作为社会监督主体对行政主体及其工作人员进行监督。

（2）监督对象的特定性。行政法制监督的对象是行政主体及其工作人员。在行政法制监督法律关系中，一方是十分广泛的行政监督主体，另一方是被监督的行政主体及其工作人员。任何不享有行政职权的国家机关及其工作人员，以及公民和组织，都不属于行政法制监督的对象。

（3）监督内容的行政性。行政法制监督的内容是行政主体及其工作人员的行使行政职权的行政行为。行政法制监督对行政主体及其工作人员在行政管理活动中的行政行为的合法性和合理性进行监督。行政主体及其工作人员也可能作为民事主体参与民事关系，由于其作出的民事行为并不涉及行政权的行使，所以并不属于行政法制监督的内容。

我国的行政法制监督可以分为两大类：一类属于行政内部监督体系，即行政机关内部的监督体系，包括上级行政机关的监督和专门行政机关的监督；另一类则属于行政外部监督体系，包括权力机关的监督、司法机关的监督和公民、组织的监督。

二、行政机关的内部监督

行政机关的内部监督是指行政机关内部的上下级行政机关之间的监督以及专门监督机关对行政机关及其工作人员的监督。我国行政机关的内部监督分为两类：一类是层级监督，即上下级行政机关的监督；另一类则属于专门监督，即专门监督机关对行政机关及其工作人员的监督。

（一）层级监督

1. 层级监督的概念和特征

层级监督，是指在行政机关内部，上级行政机关对下级行政机关、行政机关首长对其他工作人员的行政行为进行的监察和督促活动，以及享有行政复议权的本级政府或上级主管部门对其管辖范围内被申请复议的行政行为进行的监察和督促活动。

作为一种重要的行政机关的内部监督方式，层级监督的特征主要表现如下：

（1）层级监督主要是上级对下级、行政首长对普通公务员的监督。层级监督是一种自上而下的权力运行过程，体现了权力对权力的制约，其监督主体主要是上级机关和行政首长，下级机关和普通公务员则属于被监督的对象。

（2）层级监督的主要内容是监督下级行政机关和工作人员实施的所有行政行为，包括行政立法行为、行政执法行为和行政司法行为。

（3）层级监督具有极大的权威性，是实现政府职能的重要方式。层级监督是上级行政机关或行政首长的监督，具有官方权威性，同时能够实现政府的监督职能，高效地实现对下级行政机关和普通公务员的监督。

2. 层级监督的分类

（1）根据监督层级的不同，层级监督可以分为中央政府的监督和地方政府的监督。中央政府的监督，即国务院的监督。根据我国宪法的规定，国务院的监督主要体现在有权改变或者撤销各部、各委员会发布的不适当的命令、指示和规章，改变或者撤销地方各级国家行政机关的不适当的决定和命令。根据我国组织法的规定，地方政府的监督主要体现在县级以上的地方各级人民政府有权改变或者撤销所属各工作部门的不适当命令、指示和下级人民政府的不适当的决定、命令。

（2）根据监督主体的不同，层级监督可以分为政府监督、部门监督和行政负责人的监督。政府监督主要体现为上级政府有权对本级政府所属的各部门和下级政府实施监督。部门监督主要体现为上级政府主管部门处于业务指导地位，也有权监督下级政府相关部门。行政负责人的监督主要体现在行政机关的负责人有权对本单位的行政执法人员进行考核与监督。

3. 层级监督的各项具体制度

（1）报告工作制度。听取和审查本级政府工作部门和下级政府的工作报告，是我国行政机关进行层级监督的基本形式。根据我国宪法的规定，地方各级政府对上一级国家行政机关负责并报告工作。通过审查下级行政机关提交的工作报告，上级行政机关能够了解其工作状况，对工作中出现的问题进行纠正。

（2）执法检查制度。执法检查制度是监督主体主动了解被监督机关及其工作人员的工作情况，并及时纠正违法不当情况的法律制度。由于执法检查的主动性，往往更能深入实际，发现问题，及时予以纠正。

（3）审查批准制度。审查批准制度是指对于重大的行政执法行为，被监督的对象必须依照法定程序提请监督主体审查，经监督主体审查批准后才能进行实施相应行政行为的制度。由于重大的行政执法行为可能对社会产生较大的影响，所以需要提请上级机关或负责人予以审批，防止重大违法行为的出现，起到事前监督的作用。

（4）行政复议制度。行政复议制度是指作出具体行政行为的同级政府或上级主管部门对行政相对人认为违法或不当的具体行政行为进行审查，并作出决定的制度。行政复议是重要的层级监督方式，能够及时地对引起行政争议的行政行为进行审查，对违法行政行为予以撤销，维护行政相对人的合法权益。

（5）备案检查制度。备案检查制度是指被监督机关制定的规章等规范性文件以及相关执法活动应当上报上级主管机关备案。监督主体如果在备案检查时发现有违法或违规的现象，可以及时予以制止和纠正。

（6）考核惩戒制度。考核惩戒制度是指监督主体在法定职权范围内依法对行政执法人员进行考核。在考核过程中，如果发现行政执法人员的违纪违法行为，监督主体可以根据其情节轻重予以惩处。

（二）专门监督

专门监督，即专门行政机关的监督，是指政府通过专门机构对国家行政机关及其工作人员所实施的行政行为进行的监察和督促活动。专门行政机关的监督主要包括行政监察和审计监督。

1. 行政监察

行政监察是指行政系统中专门负责监察职能的机关对行政机关及其工作人员，包括国家行政机关任命的其他人员执行法律、法规、政策和决定、命令的情况以及其违法、违纪行为所进行的监督检查活动。

作为专门行政机关的监督的重要方式，行政监察主要具有以下特征：（1）行政监察的主体是行政系统中专门具有行政监察职能的机构。由于这些专门机构是行政机关为履行行政监察职能而设置的，因而其从事的监督活动属于行政机关的内部监督。（2）行政监察的对象是行政机关及其工作人员，包括国家行政机关任命的其他人员，如企事业单位中由行政机关任命的领导干部。（3）行政监察的客体是行政机关的工作人员代表行政机关所实施的综合行政行为，包括其执行法律、法规、政策和决定、命令的情况以及其违法、违纪行为。（4）行政监察是一种长期的、直接的、统一的和全面的监督形式，由专门的行政监察机关对国家行政机关及其工作人员，包括国家行政机关任命的其他人员，进行监督、检查和惩戒。

监察机关在监察活动中可以向行政机关及其工作人员提出工作建议，促进行政管理的完善。同时，监察机关有权对有违法、违纪行为的行政机关及其工作人员依法进行处罚，从而有效保证国家及其工作人员廉洁高效地履行工作职责，保证政令畅通，维护行政纪律，促进廉政建设，改善行政管理，提高行政效能。

根据我国宪法的规定，由国务院领导和管理监察工作。在我国，行政监察机关是各级政府内专门设置的从事行政监察活动的职能机构，即监察部、监察厅、监察局等。其中，国务院的领导下的监察部是最高监察机关，主管全国监察工作。县以上地方政府的监察机关，与本级政府一起主管所在地区和部门的行政监察工作，并接受本地区、本部门行政首长和上一级监察机关的双重领导。

在我国，行政监察机关的权限主要包括：（1）检查权。对监察对象贯彻执行法律、法规和政策的情况，以及违反政纪的行为进行检查；（2）调查权。对监察对象违反国家法律、法规和政策的行为，以及违反政纪的行为进行调查；（3）建议权。监察机关可以就行政机关违反法律、法规和政策的行为，向有关机关提出处理建议；（4）行政处分权。

监察机关可以对违反国家法律、法规、政策和违反政纪的检察对象进行行政处分，如警告、记过、记大过、降级、撤职、开除等。

2. 审计监督

审计监督，是指享有经济监督权的审计监督机关，根据法律的规定通过对行政机关的会计资料的审查，对其财政财务收支活动和财政法纪的遵守情况进行评价，并出具审议报告的活动。

作为重要的行政机关的经济监督方式，审计监督具有如下主要特征：（1）审计监督的主体是国家审计机关及经政府授权的其他财务机构；（2）审计监督的客体是行政机关的财政财务收支等经济活动；（3）审计监督的本质是经济监督，主要依靠对会计凭证、账簿、报表的审查，对行政机关的经济活动进行监督。

在我国，审计机关由国家审计机关和地方审计机关构成。由国务院设立的审计署，是我国的最高审计机关，在国务院和国务院总理的领导下主管全国审计工作。县级以上地方政府设审计机构，在上一级审计机关和本地区行政首长的领导下，负责本行政区域管辖范围内的审计工作。

审计机关的主要职责是对本级政府各部门和下级政府的财政预算执行情况和预算外资金的管理和适用情况进行审计监督。同时，审计机关还对国有的金融机构、企业事业组织的财务收支状况，以及政府部门直接管理或委托其他社会团体管理的社会保障基金等社会公共资金、国外援助和贷款项目的财务收支状况进行审计监督。审计机关对行政机关的财政、财务收支进行审计，应当对其真实性、合法性及效益状况进行全面的监督，以保障国有资产的合法、合理使用，促进其保值增值。

三、对行政的外部监督

对行政的外部监督，是指行政机关以外的监督主体对行政机关及其工作人员所实施的行政行为所进行的监察和督促活动。对行政的外部监督是行政机关以外的监督主体对行政机关的监督方式，可以分为两大类：一类是国家机关监督，包括权力机关的监督、司法机关的监督；另一类是社会监督，包括政党监督、人民团体监督、群众组织监督以及社会舆论监督等。

（一）国家机关监督

1. 权力机关的监督

权力机关监督，又称立法监督，是指享有监督权的拥有一定的立法权和监督权的代议机构或人民代表机关对行政机关及其工作人员进行的监察和督促活动。在我国，权力机关的监督是指各级人民代表大会及其常委会作为我国的权力机关，对由它产生并向它负责的各级国家行政机关及其工作人员，按照法定的方式和程序进行的检查、督促、纠正和处理等活动。

在我国，人民代表大会的监督是人民当家做主、参与国家事务的体现，其主要具有以下特征：（1）民主性。人民代表大会的监督是我国权力机关代表人民的意志和利益对行政机关的监督，使行政权受到人民的监督，体现了人民当家做主。（2）权威性。权力机关监督是最高层次的监督，具有官方权威性。我国的权力机关在进行监督时，有权撤销行政机关制定的行政执法方面的决定、命令，也有权罢免政府的工作人员。（3）全局性。权力机关监督的对象通常是全局性的重大行政执法行为。作为权力机关，可以监督行政机关及其工作人员的所有具有全局性或者有重大影响的行政行为。无论是抽象行政行为，还是具体行政行为，都属于权力机关监督的范围。

根据我国宪法和组织法的规定，我国权力机关监督的内容主要体现在下述方面：（1）法律执行的监督。法律执行的监督是指权力机关对作为其执行机关的行政机关执行宪法、法律和法规的活动进行的监督。依照宪法和组织法的授权，权力机关有权在其法定职权范围内对行政机关及其工作人员在行政执法活动中的各项行为进行监督，保证其依法行政，并撤销有关违法的行政法规、规章、决定和命令。（2）重要人事任免的监督。根据我国宪法规定，各级行政机关由同级权力机关产生，行政机关的主要负责人也通过本级人大的选举或决定产生，并受到人大的监督。权力机关有权对各级行政机关及其工作人员进行监督，并对涉及违法的相关人员进行罢免。（3）国民经济与社会发展计划、财政预算的编制和执行的监督。国民经济和社会发展计划、财政预算属于涉及重大经济社会发展问题的行政执法纲要，对社会有着广泛而深远的影响。权力机关有权对行政机关国民经济和社会发展计划、财政预算的编制和执行情况实施监督。

在我国，权力机关作为行政机关各项执法活动的监督机关，主要通过以下方式实现其监督职能：（1）听取和审议政府工作报告。这是权力机关进行监督的基本方式。在我国，人民代表大会全体代表会议、人民代表大会常务委员会、人民代表大会各委员会有权听取和审议本级政府各项工作报告。（2）审查政府发布的规范性文件。我国权力机关在各自的职权范围内有权审查各级政府的行政立法行为，对其发布的行政法规、规章、决定和命令进行审查，并撤销违法或不恰当的规范性文件。（3）审查和批准国民经济和社会发展计划、财政预决算。这是我国各级人大的重要职权。（4）质询、视察和调查。质询是指权力机关依法对政府的行政管理活动进行质问，要求被质问的政府在法定期限内给予答复的活动；视察是指权力机关及人大代表有权到各地政府了解工作情况并听取群众意见的活动；调查是指权力机关就工作涉及的有关问题或特定问题，进行调查研究的活动。（5）人大代表提出建议，批评和意见。作为权力机关的组成人员，人大代表通过视察和检查，可以就其发现的行政机关工作中的问题提出建议、批评或意见，督促政府对有关问题进行纠正。（6）处理公民的申诉和控告。公民提出的对政府相关行政管理活动的申诉和控告，可以由权力机关受理，由其自行查处或责成有关部门处理。（7）对政府组成人员的罢免。对于构成违法犯罪或失职的政府负责人及其他工作人员，权力机关有权对其进行罢免。

2. 司法机关的监督

司法机关监督是指司法机关在法定职权范围内依据法定程序对行政机关及其工作人员进行的监督。国家司法机关监督的对象是行政机关的具体行政行为的违法问题。我国的司法机关的监督包括人民法院的审判监督和人民检察院的检察监督。

（1）人民法院的监督。

人民法院的监督，是指作为司法机关的人民法院在审理具体行政案件的过程中，依法就行政机关及其工作人员实施的具体行政行为进行合法性审查，对作为具体行政行为依据的抽象行政行为进行附带性审查，并依法撤销违法或显失公正的具体行政行为的活动。

在行政机关从事社会管理的活动中，合法权益遭到侵害的行政相对人可以针对行政机关及其工作人员作出的具体行政行为向人民法院提起行政诉讼。作为司法机关的人民法院，其对行政机关的监督职能主要通过对具体行政案件的审理加以实现。行政审判的直接审查对象是行政机关及其工作人员作出的具体行政行为的合法性，除行政处罚等具体行政行为外，一般不涉及行政行为的合理性审查。

另外，人民法院不受理行政相对人提起的对抽象行政行为的诉讼，即不受理涉及行政机关发布的规范性文件的诉讼。但是，法院在审理针对具体行政行为的案件时，可以对该具体行政行为依据的规范性文件进行附带性审查。只有经司法审查确认合法有效的抽象行政行为，才是人民法院选择适用的衡量具体行政行为合法性的依据。

人民法院对行政机关及其工作人员的监督是消极的、被动的监督，需要通过诉讼来发动，主要通过以下方式进行：（1）通过对具体行政案件的审理，依法撤销涉及违法或不合理的具体行政行为；（2）在案件中对具体行政行为所依据的抽象行政行为进行合法性审查，经审查被确认违法的抽象行政行为不能作为审判该具体行政行为的合法性依据；（3）将违纪的公务员的有关材料移送行政机关或监察监管等，建议做适当处理。对涉及犯罪的公务员的相关材料移送公安机关和检察机关依法处理。

（2）人民检察院的监督。

人民检察院的监督，是指作为司法机关的人民检察院在行使检察职权的过程中，依法对行政机关及其工作人员实施监督，并在其职权范围内依法对相关犯罪行为提起控诉的活动。

作为国家检察机关，人民检察院对行政机关对监督的重要途径是对相关犯罪行为的追究和控诉。人民检察院能够受理并提起公诉的涉及行政机关及其工作人员的犯罪行为包括：（1）贪污贿赂犯罪；（2）国家机关工作人员的渎职犯罪；（3）国家机关工作人员利用职权实施的非法拘禁、刑讯逼供、报复陷害、非法搜查等侵犯公民人身权利的犯罪；（4）国家机关工作人员利用职权实施的侵犯公民民主权利的犯罪。

作为国家法律监督机关，人民检察院监督行政机关严格执法是其重要的职责。检察机关对行政执法活动的监督不仅局限于对行政执法中已构成犯罪的行为的监督，还包括对一般行政违法行为的监督。检察机关接到行政相对人对具体行政行为的申诉，经过审查认为该具体行政行为违法时，在告知行政相对人可以申请行政复议或提起行政诉讼的同时，也有权向作出该具体行政行为的行政机关发出检察建议。

（二）社会监督

1. 政党监督

政党监督，是指政党组织行政机关及其工作人员的行政管理工作实施的监察和督促活动，具有鲜明的政治性。政党监督包括执政党监督、参政党监督和在野党监督。政党监督属于社会监督的一种，是作为社会组织的政党，在实现其政治活动的目标过程中，依法对行政机关实施的监督。

作为我国的执政党，共产党全面领导和监督行政机关各项工作，其对行政机关及其工作人员的监督是我国行政法制监督的重要方式之一，主要通过以下方式进行：①将党的政策予以明确化、制度化和法律化，使之转化为法律、法规、规章等规范性文件，实现对行政机关及其工作人员的监督；②通过党的章程、纪律、政策和制度对行政机关中的党员进行监督；③对于违反党规党纪的党员予以纪律处分等党内强制性制裁。

另外，在我国，作为参政党的各民主党派，在参政议政的过程中，有权对行政机关及其工作人员的行政管理活动实施监督，督促行政机关对违法行为进行纠正，并依法提出批评、建议和意见等，从而对保证行政机关及其工作人员依法行政起到重要作用。

2. 人民政协的监督

人民政协一方面可以通过自身的活动，采用政治协商、提案、视察等方式对政府的工作提出批评和建议；另一方面可以列席同级人大会议，参与政府工作报告的听取和讨论。

3. 人民团体监督

人民团体监督是指工会、共青团、妇联组织、工商联等人民团体对行政机关及其工作人员的工作进行的监督。人民团体可以通过多种方式，如选举、请愿、对话、示威、舆论等方式，对行政机关及其工作人员的工作进行监督。

4. 群众组织监督

群众组织监督是指居民委员会、村民委员会等群众组织对行政机关及其工作人员的工作进行的监督。作为我国基层群众的基本组织形式，居民委员会、村民委员会可以代表广大群众，对行政机关及其工作人员的执法活动进行广泛的监督，

5. 社会舆论监督

舆论监督是指运用报刊、广播、电视、网络等传播媒介，采取多种形式，表达和传导人民群众的意见和看法，以实现对行政机关及其工作人员的行政管理活动的监督。

第五节　行政违法及行政法律责任

一、行政违法的概念及构成要件

（一）行政违法的概念和特征

行政违法，是指由享有行政职权的行政主体所实施的，违反行政法律规范，侵害法律保护的行政关系，但未构成犯罪的，应当承担相关行政责任的行政行为。行政违法的概念有广义和狭义之分，广义的行政违法除了行政主体的违反行政法律规范的行为以外，还包括行政相对人的违反行政法律规范的行为。我们此处采取狭义的理解。

作为行政主体实施的违反行政法律规范的行为，行政违法主要具有以下特征：

（1）主体的特定性。行政违法行为由行政主体实施。享有国家行政职权的国家机关和经授权的社会组织是实施行政违法行为的主体。行政主体要对社会进行行政管理活动，是通过其工作人员具体实施的。在行使行政职权的过程中，行政主体的工作人员以行政主体的名义实施相关行政行为，如果触犯相关行政法律规范，就构成行政违法。

（2）违法行为的特定性。行政违法是指违反了行政法律规范，侵害了受行政法所保

护的行政关系的违法行为。行政主体所实施的违背其他法律规范的行为，如违反民事法律规范、刑事法律规范的行为，都不属于行政违法。行政违法仅指一般的违法行为，一旦行政主体的行为构成犯罪，则不再属于行政违法的范畴，而应当由刑事法律规范进行调整，构成刑事违法。

（3）违法行为责任的特定性。行政违法违反了行政法律规范，侵犯的是行政法所保护的行政关系，实施行政违法行为的行政主体应当依法承担行政责任。其他不属于行政违法的违法行为，如民事违法行为、刑事违法行为，分别侵犯的是民法和刑法保护的法律关系，主要承担的责任分别为民事责任和刑事责任。

（二）行政违法的构成要件

行政违法的构成要件是指要构成行政违法，必须同时符合以下构成要件：

1. 行政违法的主体是行政主体

能够构成行政违法的主体，只能是行政主体。除了行政主体以外的任何人、组织都不可能构成行政违法。由于行政违法涉及行政权的违法行使，只有掌握行政权的行政主体才可能实施行政违法行为。首先，除了行政主体以外的其他国家机关，由于其没有行政职权，所以不可能成为行政违法的主体。其次，行政相对人可能违反行政法律规范，但其是作为行政处罚和行政管理的对象，不享有行政权，所以不能成为行政违法的主体。再次，行政机关及授权组织的工作人员不能成为行政违法的主体。虽然他们在从事公务活动能够行使行政职权，但并不是以自己的名义，而是以所属的行政机关或组织的名义实施的。另外，公务人员以个人名义从事行使行政职权以外的民事活动等，不可能构成行政违法，也自然不会成为行政违法的主体。

2. 行政主体的主观上有过错

要构成行政违法，实施违法行为的行政主体主观上应当具有过错。行政主体的主观过错可分为故意和过失两种。故意是指行政主体明知相关行政行为违反行政法律规范的要求，仍然希望或放任违法行政行为实施心理状态；过失是指行政主体应当预见到相关行政行为违反行政法律规范的要求，但由于疏忽大意而没有发现或者轻信能够避免，导致行政违法行为予以实施的心理状态。行政主体在实施行政行为时没有过错，而是由于客观情况的不允许或者不可抗拒、不能预见的原因，导致违反了行政法律规范，不构成行政违法。

3. 行政主体客观实施了行政违法行为

行政违法要求客观存在违法事实，即要求行政主体实施了行政违法行为，并引起一定的违法后果。如果行政机关仅就相关行政违法行为进行内部讨论、研究，而未对外实施，则不构成行政违法。行政违法行为可能是作为，也可能是不作为。行政违法行为具有一定的违法后果，具有社会危害性，往往对行政相对人或社会造成直接的危害后果。

4. 行政违法侵害的客体是受法律保护的行政关系

行政主体实施的行政违法行为侵害的客体是受法律保护的行政关系。享有行政职能的行政机关及授权组织在从事行政管理的过程中，会与行政相对人发生一系列的行政关系。行政关系受到构成行政法的行政法律规范的调整和保护。行政违法行为违背了行政法律规范，其实质就是侵害了受到行政法保护的行政关系。

二、行政违法的分类

对于行政违法，从不同的角度根据不同的标准，存在着多种分类方式。概括起来，行政违法主要存在以下分类：

（1）根据违反法律内容的不同，行政违法可以分为实体行政违法和程序行政违法。

实体行政违法，是指行政行为不符合行政法律规范的实体要求而导致的违法。主要包括如下情形：作出行政行为的行政主体及工作人员不具有合法的资格或超越法定权限，行政行为的内容与行政法律规范规定相违背，行政行为的内容不合理导致行政相对人无法履行等。

程序行政违法，是指行政行为不符合行政法律规范的程序要求而导致的违法。主要包括如下情形：行政行为的作出不符合法律规定的步骤，行政行为的表现形式不符合法律规定的要求等。

实体行政违法和程序行政违法的法律效力和法律后果有所不同：①从法律效力来看，实体行政违法由于违背了实质性的法律要求，违法程度较高，一般属于无效行为，即从该违法行为作出之时即没有产生法律效力；程序行政违法由于违背的是形式上的法律要求，违法程度较低，一般属于可撤销行为，可以通过有效补救的措施转化为有效行为。②从法律后果来看，实体行政违法由于是对实质性法律要求的违背，社会危害性较高，其引起的法律后果往往带有惩罚性，违法主体主要承担行政处罚、行政处分等惩罚性行政责任；而形式违法由于违背的是形式上的法律要求，社会危害性较低，其所引起的法律后果主要是承担撤销违法行为、重新作出行政行为等补救性行政责任。

（2）根据违法行政行为的范围及与相对人的关系，行政违法可以分为内部行政违法与外部行政违法。

内部行政违法，是指行政主体的内部行政行为违反了行政法律规范的要求而导致的违法。内部行政违法发生在行政主体的内部，行政主体与行政相对人存在领导与被领导的隶属关系或者监督与被监督的监督关系。如上级行政机关对下级行政机关的越级指挥，政府领导对下属的越权干涉等。

外部行政违法，是指行政主体的外部行政行为违反了行政法律规范的要求而导致的违法。外部行政违法发生在行政主体范围以外，行政主体与行政相对人不存在隶属关系和监督关系，仅是管理与被管理的关系。如公安机关非法拘留公民，工商机关无故吊销企业经营执照等。

内部行政违法和外部行政违法的救济手段有所不同：内部行政违法属于行政机关的内部事务，由行政机关自身解决，只能进行行政复议以外的行政救济。由于法院不熟悉行政机关内部事务，并缺乏具体的争议处理手段，为避免干扰行政机关正常工作，行政相对人不能通过司法途径进行救济；外部行政违法由于针对的是行政机关以外的事务，行政相对人往往是普通公民和组织，难以对抗掌握公权力的行政机关。为了使行政相对人遭到侵害合法权益及时获得救济，当事人不仅可以要求行政救济，还可以向法院起诉，从而获得司法救济。

（3）根据违法行为的方式，行政违法可以分为作为行政违法与不作为行政违法。

作为行政违法，是指积极地作出行政法律规范所禁止的行为而导致的行政违法。作为行政违法表现为行政主体的积极实施的违法行为，如税务机关违法征收税款，交通部门违法扣押公民车辆等。

不作为行政违法，是指负有特定行政职责的行政主体，在无正当理由的情况下拒不履行法定义务的行政违法。不作为行政违法表现为行政主体的消极不履行法定义务的状态，如工商机关对企业申请营业执照不予答复，公安机关接到公民报警后置之不理等。

作为违法与不作为违法均是违反行政法律规范的行为，行政相对人都有权向法院进行诉讼，要求行政机关承担相应的法律责任，并对自己的损失予以赔偿。

（4）根据违法行政主体的数量的不同，违法行政可以分为单一行政违法和共同行政违法。

单一行政违法，是指由一个行政主体所实施的行政行为违反行政法律规范而导致的行政违法。单一行政违法的行政主体只有单独的一个。

共同行政违法，是指由两个或两个以上的行政主体共同作出的行政行为违反行政法律规范而导致的行政违法。共同行政违法的行政主体存在两个或两个以上。

对于由于单一行政违法和共同行政违法而导致合法权益遭受侵害的行政相对人，有权向法院提起行政诉讼。在单一行政违法引起的行政诉讼中，被告是单一的行政主体，由其独立承担违法行为的法律责任。在共同行政违法中引起的行政诉讼中，被告是多个行政主体，由其共同承担违法行为的法律责任。

三、行政法律责任

（一）行政法律责任的概念和特征

行政法律责任是指行政主体及其工作人员因违反行政法律规范而依法必须承担的法律责任。行政法律责任是行政违法引起的法律后果，是实施相关违法行政行为的行政主体及其工作人员必须承担的法律责任。

作为行政违法引起的法律后果，行政责任主要具有如下特征：

（1）行政法律责任是行政主体的责任。行政法律责任的承担主体具有特定性，只能由行政主体及其工作人员进行承担。行政相对人不具有承担行政法律责任的主体资格。行政相对人违反行政法律规范也产生相应的责任，表现为行政主体对其违法行为实施行政处罚、行政强制等行政行为。

（2）行政法律责任是法律责任。行政法律责任具有法律性，是行政主体必须承担的行政法律规范所确定的责任。行政法律责任并非基于约定或道义而产生，而是由法律的具体规定而产生的责任。行政法律责任的内容、范围、承担方式均由行政法进行确定。没有行政法的明确规定，不可能产生行政法律责任。

（3）行政法律责任是行政违法的法律后果。行政违法是引起行政法律责任产生的法律事实，行政法律责任是行政违法导致的法律后果。有了法律明确规定的行政法律责任，还需要特定行政主体实施违法行政行为，才能导致行政法律责任的产生。

（4）行政法律责任是独立责任。行政法律责任具有独立性，是由于违反行政法律规范而由行政主体承担的法律责任。行政法律责任的内容和承担方式由行政法律规范进行设定。

（二）行政法律责任的构成要件

行政法律责任的构成要件是指要承担法律责任必须要同时具备的各种条件的总和。

1. 必须有合法资格的行政主体

法律责任的承担要求承担主体具有责任能力。要承担行政法律责任，就必须要求承担主体必须具有行政责任能力。只有具有合法资格的行政主体才拥有行政责任能力，其他不属于行政主体资格的组织、个人显然不具备承担行政法律责任的能力。

2. 行政主体的主观恶性程度

行政法律责任的承担要根据行政主体的主观恶性程度来进行确定。行政主体在实施违法行政行为时，其主观恶性程度，即行为的动机、目的、事后的态度，对其行政法律责任的轻重存在重要的影响，是行政法律责任的构成要件之一。

3. 要求存在行政违法

要构成行政法律责任，要求必须已经发生行政违法的法律事实。行政违法的后果是相应行政法律责任的产生。没有行政违法行为，就不可能产生行政法律责任的产生的问题。行政主体实施的行政行为存在明显不当，但没有违反行政法律规范，只能追究行政法律责任之外的其他责任。

4. 行政违法的情节和后果

行政法律责任的承担与行政违法的情节和后果密切联系。不同的行政违法，其情节各有不同，最后造成的社会危害性也存在轻重的差别。行政法律责任的承担要求与行政违法的情节和后果的程度相适应。行政违法的情节轻微、后果不太严重的，行为主体承担的行政责任就较轻。行政违法的情节恶劣、后果严重的，行为主体承担的行政责任就较重。

（三）行政法律责任的分类

按照不同的标准，行政法律责任可以做如下分类：

（1）根据责任承担主体的不同，可以分为行政主体的行政法律责任和公务员的行政法律责任。

行政主体的行政法律责任，是指享有行政职权的国家机关和授权组织由于行政违法而承担的行政法律责任。作为行政主体，享有行政职权的国家机关和授权组织在法律授权的范围内实施社会管理，如果其实施的行政行为违反了行政法律规范，造成了对行政相对人合法权益的侵害，就必须承担相应的行政法律责任。

公务员的行政法律责任，是指作为行政主体的工作人员，公务员由于实施了行政违法行为而可能要承担的行政法律责任。在公务员实施行政行为时，以行政主体的名义进行，因此其违法行为要由行政主体承担。同时，公务员可能就其实施的行政违法行为，与行政主体一起承担行政法律责任。

（2）根据责任所涉及的范围的不同，行政法律责任可以分为内部行政法律责任和外部行政法律责任。

内部行政法律责任，是指基于内部行政关系而产生的，行政主体作为内部行政法律关系的主体由于违反行政法律规范而应当承担的行政法律责任。在内部行政法律责任，导致行政法律责任产生的违法行为的行政相对人局限于行政主体内部，可能是违法行为主体的下级机关，也可能是受其管理的公务员，而不涉及普通公民和社会组织。

外部行政法律责任，是指基本外部行政关系产生的，行政主体作为外部行政法律关系的主体由于违反行政法律规范而应当承担的行政法律责任。在外部行政法律责任，导致行政法律责任产生的违法行为的行政相对人应当在行政主体的外部，即普通的公民和社会组织等。

（3）根据责任的承担方式的不同，行政法律责任可以分为补救性行政法律责任和惩罚性行政法律责任。

补救性行政法律责任，是指行政主体对由于其违法行为而受到损害的行政相对人进行补偿，使其受损的合法权益恢复原状的责任方式。在补救性行政法律责任中，只要求行政主体对其行政违法行为造成的损害作出合理补偿即可，如包括赔礼道歉、恢复名誉、返还权益、履行职责、撤销违法决定、行政赔偿等。

惩罚性行政法律责任，是指行政主体对由于其违法行为而受到惩罚的责任方式。在惩罚性行政法律责任中，不仅要求行政违法主体必须对造成的损害进行合理补偿，还要对其进行带有强制性的惩罚，包括精神上的惩戒或实体权利的剥夺，如通报批评，没收、追缴或责令退赔违法所得，行政处分等。

（4）根据责任的具体内容的不同，行政法律责任可以分为精神罚、财产罚和身份罚。

精神罚，是指对实施违法行政行为的行政主体进行的精神上的惩戒，从而起到警示作用，防止再犯，如警告、通报批评等。

财产罚，是指对行政主体就其违法行为造成的损害进行金钱或财产上的处罚。财产罚是一种经济制裁，有利于遭受侵害的行政相对人获得补偿。

身份罚，是指对实施违法行政行为的行政主体及公务员的身份权利的限制和剥夺，如撤销行政职权、撤职、开除等。

（四）行政法律责任的承担方式

行政法律责任的承担方式，是指实施行政违法行为的行政主体及其工作人员承担由行政违法行为引起的法律后果的形式。行政法律责任必须由有关国家机关依照行政法律规范，按照法定条件和程序予以追究。由于行政责任承担者的不同，其承担的行政法律责任的方式也有所不同。

1. 行政主体承担行政法律责任的方式

（1）通报批评，是指由相关机关通过文件、报刊、会议等方式对行政主体实施的行政违法行为的相关情况及处理结果进行公布的责任方式。这是行政主体承担的惩罚性行政责任，也是一种精神罚。

（2）赔礼道歉，承认错误，是指由实施行政违法行为的行政主体就其行为向行政相对人表达歉意，承认错误的责任承担方式。这是一种较为轻微的补救性行政责任，一般适用于危害性较小的行政违法。

(3) 恢复名誉，消除影响，是指由行政主体就自己的行政违法行为造成的行政相对人名誉的损害予以补救，并消除其负面影响的责任承担方式。这是一种精神补救性行政责任，适用于行政违法行为造成行政相对人名誉的损害，导致不良影响的情形。

(4) 返还权益、恢复原状，是指行政主体返还由于行政违法行为而剥夺的行政相对人的合法权益，并使其受损权益恢复至原状态的责任承担方式。这是一种财产上的补救性行政责任，主要适用于由于行政违法行为而使行政相对人的财产和合法权益被剥夺的情况，从而予以补救。

(5) 停止违法行为，是指责令行政主体立即停止其仍在持续进行的违法行为的责任承担方式。这是一种惩戒性行政责任形式，主要适用于具有连续性的行政违法行为。

(6) 履行职务，是指行政主体履行其一直不履行或怠于履行的行政职能的责任承担方式。这是一种补救性行政责任形式，主要适用于不作为行政违法。

(7) 撤销违法的行政行为，是指行政主体的行政行为违反了法律的规定，经特定有权机关确认予以否定和撤销的责任承担方式。被撤销的行政行为可能是具体行政行为，也可能是抽象行政行为，即行政主体发布的规范性文件。

(8) 纠正不适当的行政行为，是指行政主体对其作出的不恰当的行政行为予以纠正的责任承担方式。这是一种补救性行政责任形式，适用于行政不当的情形。

(9) 行政赔偿，是指行政主体对因自己的行政违法行为而遭受损害的行政相对人的损失予以赔偿的责任承担方式。这是一种财产上的补救性行政责任形式，适用于行政相对人的合法权益遭受损失的情形。

2. 行政主体的工作人员承担行政法律责任的方式

行政主体要实现其行政职能，必须通过其工作人员以行政主体的名义具体实施相应的行政行为。行政主体的工作人员在从事公务活动中，由于故意或过失实施了行政违法行为，应当由所在的行政主体予以承担。同时，由于工作人员主观具有过错，应当和行政主体共同承担相应的行政法律责任。行政主体的工作人员承担行政法律责任的方式主要有通报批评、承担赔偿损失的责任、接受行政处分、开除等。

本章练习

一、判断题

1. 行政权是区别于立法权的一种国家权力，由国家行政机关和司法机关行使。( )

2. 与宪法、民法、刑法不同，行政法广泛地散见于各种法律规范文件之中，而没有统一的法典。( )

3. 原则上讲，派出机构作为地方政府工作部门的分支，具有独立职权，具备行政主体资格。( )

4. 行政复议所处理的争议是行政主体与行政相对人之间的行政争议，以具体行政行为为审查对象，并附带审查部分抽象行政行为。( )

5. 人民法院可以受理行政相对人提起的对抽象行政行为的诉讼，即受理涉及行政机关发布的规范性文件的诉讼。( )

6. 行政违法的主体包括行政主体和行政相对人。( )

7. 行政主体在实施行政行为时没有过错，而是由于客观情况的不允许或者不可抗拒、不能预见的原因，导致违反了行政法律规范，不构成行政违法。（　）

8. 内部行政违法属于行政机关的内部事务，由行政机关自身解决，只能进行行政复议以外的行政救济。（　）

9. 行政法律责任的承担主体具有特定性，只能由行政主体及其工作人员进行承担，行政相对人不具有承担行政法律责任的主体资格。（　）

10. 被撤销的违法行政行为只能是具体行政行为，抽象行政行为即行政主体发布的规范性文件不可撤销。（　）

二、单项选择题

1. 关于行政法律关系，下列说法错误的是(　　)。

A. 行政法律关系必须有一方是行政主体

B. 凡是行政机关参与的法律关系，都属于行政法律关系

C. 行政法律关系的当事人的地位而言，双方并不对等

D. 对于引发的行政争议，行政主体往往有先置处理权。

2. 下列选项中属于授权性行政主体的是(　　)。

A. 省政府　　B. 市政府　　C. 县政府　　D. 村民委员会

3. 下列选项中属于抽象行政行为的是(　　)。

A. 交警部门对闯红灯的司机张某进行处罚

B. 省政府对市政府作出的某行政行为进行行政复议

C. 某市政府发布《暂住人口管理办法》

D. 某市工商局应当事人申请为其颁发营业执照

4. 关于行政仲裁，下列说法错误的是(　　)。

A. 行政仲裁以行政仲裁机构作为居中裁判机构

B. 行政仲裁是一种居间行政裁判活动

C. 行政仲裁的范围主要包括劳动合同争议和农村承包合同纠纷

D. 所有行政仲裁都具有终局性，不得再向法院起诉

5. 下列选项中不属于行政违法的是(　　)。

A. 某交警在处罚违章驾驶的公民时拒绝听其辩解，并没有开具罚单

B. 某警察在审讯过程中将犯罪嫌疑人打成重伤

C. 某工商机关对企业申请营业执照的申请不予处理

D. 某政府领导对下属的执法行为进行越权干涉

三、多项选择题

1. 关于下列各行政行为的说法，正确的是(　　)。

A. 行政许可属于依申请的行政行为　　B. 行政处罚属于依职权的行政行为

C. 行政调解达成的协议具有强制力　　D. 行政合同必须有行政主体作为当事人一方

2. 下列选项中，属于行政司法行为的有(　　)。

A. 行政复议行为　B. 行政裁决行为　C. 行政调解行为　D. 行政仲裁

3. 关于司法机关的监督，下列说法正确的有(　　)。

A. 我国的司法机关的监督包括人民法院的审判监督和人民检察院的检察监督

B. 法院可以对作为具体行政行为依据的抽象行政行为进行附带性审查

C. 人民法院可以受理行政相对人提起的对抽象行政行为的诉讼

D. 检察机关接到行政相对人对具体行政行为的申诉，有权发出检察建议

4. 关于实体行政违法和程序行政违法，下列说法正确的有(　　)。

A. 两者都属于行政违法

B. 实体行政违法一般属于无效行为

C. 程序行政违法一般属于可撤销行为

D. 一般而言，实体行政违法和程序行政违法都属于无效行为

5. 下列选项中属于补救性行政法律责任的有(　　)。

A. 赔礼道歉　　B. 返还权益　　C. 行政赔偿　　D. 没收违法所得

四、问答题

1. 行政法的基本原则有哪些?

2. 行政执法行为的概念是什么？其包括哪些行政行为?

3. 行政违法的概念及其构成要件是什么?

五、案例分析题

某省某自治州东海县李家营镇铁杉屯村地处山区，交通十分不便。该村部分村民便利用该村地理位置偏僻、工商等执法部门不便进行监管，生产、加工掺杂麦麸、变质植物油、霉变花生米和核桃仁的伪劣辣椒面，并使用工业染料“酸性大红”“碱性荧光黄 GR”对产品染色。由于东海县红松食品有限公司生产的红松牌辣椒面在当地十分的畅销，而且销售价格相对较高。该村生产的伪劣辣椒面的包装全部假冒红松牌商标。工商机关会同公安部门多次进行检查、打击、取缔。但是往往是执法部门前脚一走，制假生产又死灰复燃，屡禁不绝。经初步检查，2003 年 9 月到 2004 年 5 月不到一年的时间，该村制假作坊共加工假冒辣椒面 500 多吨，获违法所得 10 万多元。经检测，含有“酸性大红”“碱性荧光黄 GR ”的辣椒面对人体有致癌畸变作用，不能食用。该种伪劣辣椒面由于售价比较低，经不同的渠道大批量地流入市区，给广大老百姓的生命健康造成了极大的威胁，也给东海县红松食品有限公司造成了巨大的经济损失。东海县红松食品有限公司为了避免进一步的损失，派驻 4 名职工常驻铁杉屯村执行打假任务，一经发现制假企业和作坊生产假冒辣椒面就立即报告工商等执法部门。但由于地处偏远、交通不便，执法部门仍然不能有效及时地对违法生产进行打击。为了更加方便、经常地打击不法生产，东海县工商行政管理局遂与东海县红松食品有限公司签署了行政委托协议，委托该公司行使打假的行政职能。2004 年 5 月，东海县红松食品有限公司的打假人员发现铁杉屯村村民王某某在山上隐蔽处生产假冒的红松牌辣椒面，当场查获已经加工好、未来得及外运的假冒成品 1 吨多。打假人员遂依据《中华人民共和国产品质量法》第 49 条、第 50 条和第 60 条的规定，以东海县工商局的名义对当事人王某某给予责令终止违法活动，没收产品、原料和生产工具，没收违法所得并罚款 2000 元的行政处罚。王某某对此行政处罚不服，向东海县人民法院提出了行政诉讼。

单项选择题

1. 在本案中，某县红松食品有限公司作为(　　)行使打假行政职能。

A. 被授权组织　B. 被委托组织　C. 行政相对人　D. 行政主体

2. 在本案中，王某某向东海县人民法院提起行政诉讼，应当以(　　)为被告。

A. 红松食品有限公司　　B. 县政府

C. 县工商局　　D. 县公安局

3. 在本案中，王某某对该行政处罚不服，除了向法院提起诉讼以外，还可以(　　)。

A. 申请行政调解　B. 申请行政复议　C. 申请行政仲裁　D. 申请行政裁决

4. 经过对本案的具体审理，如果法院认为对王某的行政处罚行为违法，应当由(　　)承担行政法律责任。

A. 红松食品有限公司　　B. 县政府

C. 县工商局　　D. 县公安局

第四章

刑　法

学习目标

刑法是国家法律体系中的基本部门法，应全面系统地理解刑法的基本概念、基本理论。通过学习刑法学，对刑法、刑法的基本原则、犯罪、刑事责任和刑罚有全面的了解，能够运用刑法的理论知识刑法法规的规定对案例进行法律分析，能对刑法的基本问题做出正确处理，并在此基础上确立法律意识和法律观念，解决生活中的一般刑法问题。

案例引导

2010年8月，张某和季某去邻县收购山货。下午6点许，已临近傍晚，张某和季某途经某山村时被沈某和赵某拦住去路，并说“我们手里有刀，是要钱还是要命自己看着办”威胁索要钱财。张某向其求情，要求让路。沈某见张某和季某不给钱，就对张某拳打脚踢，致其鼻子流血，张某在与沈某扭打中顺手掏出钥匙上的水果刀，在沈某身上连刺数刀。接着，张某见赵某与季某正在厮打，就上前相助，在赵某身上连刺数刀，沈某和赵某均当场死亡。经法医鉴定，沈某系被他人用刀刺破肺脏及股动、静脉致大量失血死亡，赵某系被他人刺破肝脏致大量失血死亡。

【分析】此案中张某在遭受不法侵害的情况下，有权实施防卫行为，但是防卫行为超过了必要限度，造成了不应有的损害后果，属于防卫过当。

第一节　刑法概述

一、刑法的概念及其法律特征

（一）刑法的概念

刑法是规定犯罪、刑事责任和刑罚的法律。我国刑法是当代中国法律体系中一个重要的法律部门，它反映了社会主义国家广大人民的意志，规定了哪些行为是犯罪，应该负什么样的刑事责任以及犯罪人应受到何种刑罚处罚。新中国成立以后，我国先后制定了一些单行的刑事立法。新中国第一部刑法在 1979 年 7 月 1 日第五届全国人民代表大会第二次会议通过，1980 年 1 月 1 日起实施。1997 年 3 月 14 日，第八届全国人民代表大会第五次会议对《中华人民共和国刑法》进行了修订。修订后的《刑法》由 1979 年的 192 条增加到 452 条。

刑法有广义和狭义之分。广义的刑法是指一切规定犯罪、刑事责任和刑罚的法律规范的总称。其中不仅包括刑法典，还包括单行刑事法规和其他非刑事法规中有关犯罪、刑事责任或刑罚的规定（即附属刑法）。狭义的刑法指的是系统规定犯罪、刑事责任和刑罚的刑法典。

如果按刑法的适用对象和时间上来划分，刑法还可以划分为普通刑法和特别刑法。普通刑法是指在一国领域内适用于所有人的刑法规范，它可以是刑法典、单行法规和附属刑法。而特别刑法则是指在特定的时间和空间内，适用于特定的人或事的刑法规范，如专门适用于军人的军事刑法等。特别刑法在适用上优于普通刑法。

（二）刑法的法律特征

刑法作为法律体系的重要组成部分，它和其他法律部门相比，具有如下两个显著特点：

（1）刑法所保护的社会关系的范围更广泛。其他法律部门所保护和调整的只是某种特定的社会关系，比如民法只调整一定范围内的财产关系和人身关系；经济法只调整一定的经济关系；婚姻法只调整婚姻家庭关系。而且所有这些部门法所保护和调整的社会关系，也都要借助于刑法的保护和调整。即其他部门法只适用于一般性的违法，并由相应的部门进行处理，但如果情节严重，数额较大就会构成刑法中的犯罪，应由司法机关根据刑法的有关规定论处。因此，刑法所保护和调整的社会关系是多方面的，它既调整财产关系和人身关系，也调整经济关系；既维护国家安全，也维护公共安全。在此意义上讲，刑法是其他部门的保护法。

（2）刑法强制程度的严厉性。任何法律都具有强制力，任何侵犯法律所保护的社会关系的人，必将受到法律的制裁，如违反民事法律规范的，要承担相应的民事责任；违反治安管理处罚条例的，要受到治安管理处罚等。但是，其他法律部门的强制都没有刑法对犯罪分子适用的刑罚严厉。当行为构成犯罪时，刑罚种类中既有限制和剥夺其人身自由的，也有剥夺政治权利的，严重的甚至可以剥夺生命。可见，刑法处罚的严厉性是其他任何法律不可比拟的。

二、刑法的目的和任务

（一）刑法的目的

刑法的目的，是指立法机关制定、颁布刑法所希望达到的效果，或者说是刑法实现的价值。我国《刑法》第 1 条明确指出，制定刑法是“为了惩罚犯罪，保护人民”。惩罚犯罪和保护人民是一个问题的两个方面，二者联系密切，刑法通过惩罚犯罪来达到保护人民的目的，惩罚只是一种手段。刑法是规定犯罪和刑罚的法律，而所有的犯罪都会危害人民利益，只要严惩犯罪就可以保护人民。如果没有刑法，各种危害公共安全、侵犯人身权、财产权等犯罪行为直接侵犯人民利益，而有些犯罪，如危害国家安全、渎职、贪污等，则间接地侵犯了人民利益。因此，对各种犯罪行为处以刑罚，既可以教育犯罪分子，又能更有效地保护人民利益。因此惩罚犯罪和保护人民是相辅相成的，保护人民是我国刑法的根本目的。

（二）刑法的任务

刑法的任务，指的是刑法在各法律部门中所担负的责任。我国《刑法》第2条规定："中华人民共和国刑法的任务，就是用刑罚同一切犯罪行为作斗争，以保卫国家安全，保卫人民民主专政的政权和社会主义制度，保护国有财产和劳动群众集体所有的财产，保护公民私人所有的财产，保护公民的人身权利、民主权利和其他权利，维护社会秩序、经济秩序，保证社会主义建设事业的顺利进行。"根据这一规定，我国刑法有四项具体任务：

1. 保卫国家安全，保卫人民民主专政的政权和社会主义制度

国家安全，是国家赖以生存和发展的政治基础和物质基础的安全。人民民主专政的政权和社会主义制度，是我国人民在中国共产党的领导下经过长期艰苦卓绝的斗争才取得的革命胜利成果，是人民根本利益的集中体现。牢固的人民民主专政的政权和社会主义制度，是中华民族振兴的保障。危害国家安全罪的目的就是要推翻人民民主专政的政权和社会主义制度，危害性极其严重。因此刑法打击的就是危害国家安全罪的一切犯罪分子。

2. 保护社会主义的经济基础

经济基础决定上层建筑，上层建筑为经济基础服务。刑法属于上层建筑的一部分，这一点决定了它要担负保护社会主义经济基础的任务。各种经济犯罪破坏了社会主义经济秩序，侵犯了国有、集体和公民私人所有的合法财产，阻碍了经济发展，影响了我国政权的巩固以及社会生活的正常和繁荣。因此，同各种经济犯罪行为作斗争，保护社会主义经济基础，是我国刑法的重要任务。

3. 保护公民的人身权利、民主权利和其他权利

保护人民的人身权利、民主权利和其他权利，是由我国的人民民主性质决定的。侵犯公民权利的犯罪，在刑事犯罪中的数量比较大。侵犯人身权利的，如生命权、健康权、人身自由权等；侵犯民主权利的，如选举权、被选举权等。侵犯其他权利是指除人身权、民主权之外的权利，如婚姻自主权、通信自由权等。保护公民的人身权利、民主权利和其他权利不受非法侵犯，是社会主义国家的根本任务，也是我国刑法任务的重要内容。

4. 维护社会秩序、经济秩序

国家的中心任务是进行社会主义现代化建设，稳定是关键。邓小平同志强调指出："中国的问题，压倒一切的是需要稳定。没有稳定的环境，什么都搞不成，已经取得的成果也会失掉。"良好的社会秩序、经济秩序是社会主义建设事业顺利进行的保障，也是人民安居乐业的前提。因此，刑法规定了一些相关罪名，就是为了同严重危害社会治安、严重破坏社会经济的犯罪作斗争，这是刑法的另一个重要任务。

三、刑法的基本原则

刑法的基本原则问题，是刑法所特有的带有根本性的问题，贯穿于刑法始终，对刑事立法和刑事司法具有指导和制约意义，是刑法内在精神的集中体现。

（一）罪刑法定原则

罪刑法定原则最早是由清末法学家沈家本引入我国的，他在《大清新刑律》第十条规定："法无正条者，种行为，不为罪。"民国时期的《刑法》也有类似规定。1997年《刑法》修改后的第3条明确规定了罪刑法定原则："法律明文规定为犯罪行为的，依照法律定罪处刑；法律没有明文规定为犯罪行为的，不得定罪处刑。"罪刑法定原则就是为了保障法治立场的贯彻而制定的，主要表现在罪之法定和刑之法定两个方面。其含义是：什么是犯罪，有哪些犯罪，各种罪的构成条件是什么，有哪些刑种，各个刑种怎么适用，各种犯罪具体的量刑幅度都有刑法明确规定。概括起来就是"法无明文规定不为罪，法无明文规定不处罚"。我国刑法对罪之法定体现在对行为人的定罪是依据犯罪概念、犯罪构成和对具体犯罪的规定为标准；而刑之法定体现在对行为人的量刑依据总则中刑罚种类的规定、量刑原则的规定和分则中各种具体犯罪的刑种和幅度为标准。刑法分则中没有明文规定是犯罪的行为不得定罪处罚。罪刑法定原则的意义不仅有利于维护社会秩序，也有利于保障人权。由立法者确定哪些行为应该受到惩处并规定相应的刑罚，刑罚就具有了威慑力。公民也可以知道哪些行为法律禁止，实施后会受到什么处罚。

（二）适用刑法人人平等原则

我国《宪法》第33条第2款规定："中华人民共和国公民在法律面前一律平等。"《刑法》第4条规定："对任何人犯罪，在适用法律上一律平等。不允许任何人有超越法律的特权。"这是宪法原则在刑法中的具体体现。适用刑法人人平等原则的基本含义就是：对任何人犯罪，不论犯罪人的性别、职业、家庭出身、宗教信仰、教育程度、财产状况、职位高低等都应追究刑事责任，平等地适用刑法，要做到依法定罪、依法量刑和依法行刑，不允许任何人有超越法律的特权。

适用刑法平等原则具体体现在定罪、量刑和行刑三个方面：

1. 定罪上一律平等

刑法的目的是为了惩罚犯罪，保护人民。任何人只要实施了犯罪行为，无论其身份、地位如何，一律平等对待，适用相同的定罪标准。不能因为被告人地位特殊、功劳大而使其享有特权逍遥法外、不予定罪；也不能因为被告人是普通公民而任意追究、侵害其合法权益。

2. 量刑上一律平等

量刑上平等是指犯相同的罪而且犯罪情节相同的，应同罪同罚。虽然触犯相同的罪名，但犯罪情节不同，犯罪时间、地点不同，社会危害性大小就会不同，量刑幅度也会不同，这是正常的，不违背量刑平等原则。

3. 行刑上一律平等

在执行刑罚过程中，对所有的受刑人应平等对待，不能因为考虑某些人的身份、地位而给其特殊对待，对普通公民则加以歧视。在刑罚执行过程中，缓刑、减刑、假释的条件要均衡、统一地把握。由于犯罪类型、刑期不同，监狱管理部门应进行不同种类的改造和管教，这些体现了不同情况区别对待即刑罚个别化原则，此做法恰恰是行刑平等的实质体现。

（三）罪刑相适应原则

罪刑相适应原则源于原始社会的同态复仇。古罗马哲学家西塞罗在《法律篇》中指出："对于违反任何法律的惩罚应与犯罪行为相符合。"刑事古典学派强调，刑罚必须和犯罪的客观危害相当。刑事实证学派指出，刑罚必须根据个人的人身危险性或者再犯可能性来确定。当今的罪刑相适应原则是吸纳了二者的思想，反映了罪刑相适应的思想。我国修订后的《刑法》第5条规定，"刑罚的轻重，应当与犯罪分子所犯罪行和承担的刑事责任相适应"。此规定即为罪责刑相适应原则。

罪刑相适应原则，是指犯多大的罪，就应当承担多大的刑事责任，法院也应据此判处相应轻重的刑罚，做到重罪重罚，轻罪轻罚，罪刑相称。其关键内容就是重罪重刑要重罚；有罪必罚，无罪不罚；一罪一罚，数罪并罚；同罪同罚，罪罚适应。

《刑法》第5条中的"刑事责任"是联结犯罪和刑罚的纽带，在调节罚和刑的关系上作用重大。罪行的大小，要考虑犯罪的社会危害性和行为人的人身危险性。据此，我国刑法对不同的犯罪形态规定了轻重有别的处罚原则，如对于预备犯和未遂犯是比照既遂犯分别处罚；对于中止犯视有无造成损害，分别免除处罚或减轻处罚；在共同犯罪中，根据分工对首要分子、主犯、从犯和胁从犯分别处罚等等。在刑法分则中对同一犯罪根据不同的犯罪情节，规定了可以分割、幅度较大的法定刑，以此充分体现罪刑相适应的立法原则。如《刑法》第264条的盗窃罪根据数额大小和情节轻重规定了4个量刑幅度。

四、刑法的适用范围

刑法的适用范围，即刑法的效力范围，是指刑法在什么地方、对什么人和在什么时间内具有效力。包括刑法的空间效力和刑法的时间效力。

（一）刑法的空间效力

刑法的空间效力，是指刑法对地和对人的效力，也就是要解决一个国家的刑事管辖权的范围问题。刑事管辖权属于国家主权的组成部分，任何一个独立自主的国家都会对本国的刑事管辖权的范围问题作出规定。对于刑法的空间效力，各国刑法规定不同，大致有四种原则：属地原则，即以地域为标准，凡是在本国领域内犯罪，不管是哪国人，都适用本国刑法；属人原则，即凡属于本国公民，不论其在本国领域内或者领域外犯罪，均适用本国刑法；保护原则，即以保护本国利益为标准，凡侵害本国国家或公民利益的，不论犯罪人是本国人还是外国人，也不论犯罪地在本国领域内还是领域外，都适用本国刑法；普遍原则，即以保护国际社会的共同利益为标准，只要侵害了国际公约、条约所保护的国际社会共同利益的，不论犯罪人的国籍、犯罪地在哪个国家，都适用本国刑法。由于单一使用任何一原则都有其局限性，现代世界大多数国家的刑法都采用以属地原则为基础，兼采其他原则。

1. 我国刑法的属地管辖权

我国《刑法》第6条第1款规定："凡在中华人民共和国领域内犯罪的，除法律有特别规定的以外，都适用本法。"这里所指的"领域内"，是指我国境内的全部区域，包括领陆、领水和领空；所指"法律有特别规定"主要指：

(1)《刑法》第11条关于"享有外交特权和豁免权的外国人的刑事责任，通过外交途径解决"的规定。

(2)《刑法》第90条关于民族自治地方的特别规定。

(3) 修订的刑法实施后，新制定的刑事法规的特别规定。

(4) 我国香港特别行政区和澳门特别行政区基本法作出的例外规定。

我国《刑法》第6条第2款规定："凡在中华人民共和国船舶或者航空器内犯罪的，也适用本法。"这里的"船舶或者航空器"可以是军用的，也可以是民用的，可以是航行途中的，也可以是停泊状态的，只要是属于我们国家的，不管在任何地点，我国均有刑事管辖权。

我国《刑法》第6款第3条还对于"在中华人民共和国领域内犯罪"的犯罪地标准有明确规定，即犯罪行为或犯罪结果有一项发生在中国领域内，就认为在中国领域内犯罪。通常行为和结果是在一处的，但有时会发生彼此脱离现象。

2. 我国刑法的属人管辖权

我国《刑法》第7条第1款规定："中华人民共和国公民在中华人民共和国领域外犯本法规定之罪的，适用本法。但是按本法规定最高刑为三年以下有期徒刑的，可以不予追究。"这表明我国公民在我国领域外犯罪，无论当地法律是否认为犯罪，罪轻或罪重，也不论所犯罪行侵犯哪一国或公民利益，原则上适用我国刑法。只是我国《刑法》规定法定刑是3年以下的可以不予追究，"可以不予追究"并不是绝对不追究，而是保留追究的可能性。

我国《刑法》第7条第2款规定："中华人民共和国国家工作人员和军人在中华人民共和国领域外犯本法规定之罪的，适用本法。"此条款针对国家工作人员和军人两种特殊身份的人员在域外犯罪，不论法定最高刑是否为3年以下有期徒刑，都要追究刑事责任，管辖应从严要求。

3. 我国刑法的保护管辖权

我国《刑法》第8条规定："外国人在中华人民共和国领域外对中华人民共和国国家或者人民犯罪，而按本法规定的最低刑为3年以上有期徒刑的，可以适用本法，但是按照犯罪地的法律不受处罚的除外。"此规定表明，外国人在我国领域外对我国国家或者公民犯罪，我国刑法有管辖权，但是管辖权有限制：

(1) 此种犯罪依据我国刑法规定必须是3年以上有期徒刑；

(2) 按照犯罪地法律也应该受到刑罚处罚。一些较严重的刑事犯罪，如故意杀人罪、抢劫罪等都符合第8条的规定。

保护管辖权的实际履行存在着一定困难，因为犯罪地在国外，犯罪人又是外国人，如果该罪犯没有在国内被抓获，或者没有被引渡，我们就无法对其进行刑事追究。但是，我国刑法如果不规定第8条，就等于自己放弃了管辖权，外国人就可以在我国领域外肆意侵害中国国家或者中国公民的利益。作此规定对保护国家利益、侨民利益和各种出国人员利益是完全必要的。

4. 我国刑法的普遍管辖权

《刑法》第9条规定："对于中华人民共和国缔结或者参加的国际条约所规定的罪行，中华人民共和国在所承担条约义务的范围内行使刑事管辖权的，适用本法。"据此规定，凡是我国缔结或参加的国际条约中所规定的犯罪，在我国承担条约规定义务的范围内行使普遍刑事管辖权。无论犯罪人是我国人还是外国人，无论犯罪行为发生在我国领域内还是我国领域外，也无论罪行侵犯了哪个国家的利益，只要犯罪人出现在我国领域内，都适用我国刑法。

（二）刑法的时间效力

1. 刑法的生效时间

刑法的生效时间，一般是指刑法开始施行的时间。有两种生效方式：一种是从公布之日起生效，这是一般单行刑事法律的做法；另一种是公布之后经过一段时间再施行。例如我国《刑法》1979年7月1日通过，7月6日公布，1980年1月1日生效；1997年3月14日修订通过并公布后，10月1日起生效。之所以公布之后经过一段时间再生效，就是考虑刑法的重要性，要给执法部门和人民群众有一个熟悉、掌握的过程。

2. 刑法的失效时间

刑法的失效时间，指的是刑法的失效。主要包括两种方式：一是由立法机关明确宣布某法律失效，一般是新法公布的同时，规定某项旧法效力终止；二是自然失效，即新法施行后代替了同类内容的旧法，或者由于原来特殊的立法条件已经消失，旧法自行废止。

3. 刑法的溯及力

刑法的溯及力，是指刑法生效后，对于其生效以前未经审判或者判决尚未确定的行为是否适用的问题。如果适用，就是有溯及力；如果不适用，就是没有溯及力。关于溯及力，世界各国立法例大致有四种原则：①从旧原则。即按照行为时的旧法处理，新法没有溯及力；②从新原则。即按照新法处理，新法有溯及力；③从新兼从轻原则。即原则上新法有溯及力，但旧法不认为是犯罪或者处刑较轻的，按旧法处理；④从旧兼从轻原则。即原则上新法没有溯及力，但新法不认为是犯罪或者处刑较轻的，按新法处理。

目前绝大多数国家采用的是从旧兼从轻原则，此原则符合罪刑法定原则的要求，有利于维护法的安定性，我国刑法关于溯及力问题也是采用的这一原则。我国《刑法》第12条第2款规定："中华人民共和国成立以后本法施行以前的行为，如果当时的法律不认为是犯罪的，适用当时的法律；如果当时的法律认为是犯罪的，依照本法总则第四章第八节的规定应当追诉的，按照当时的法律追究刑事责任，但是如果本法不认为是犯罪或者处刑较轻的，适用本法。"第12条第2款规定："本法施行以前，依照当时的法律已经做出的生效判决，继续有效。"根据这一规定，对于1949年10月1日中华人民共和国成立至

1997年10月1日新法施行前这段时间内发生的行为，应按以下情况分别处理：（1）当时的法律不认为是犯罪，而新刑法认为是犯罪的，适用当时的法律，新刑法没有溯及力。（2）当时的法律认为是犯罪，而新刑法不认为是犯罪的，只要这种行为未经审判或者判决尚未确定，就应当适用新刑法，即新刑法有溯及力。（3）当时的法律和新刑法都认为是犯罪，并且按照新刑法总则第四章第八节的规定应当追诉的，原则上按当时的法律追究刑事责任，即新刑法不具有溯及力。但是，如果新刑法比当时的法律处刑较轻的，则适用新刑法，即新法具有溯及力。（4）依据当时的法律已经作出的生效判决，继续有效。只要犯罪已经被判决，即使按新刑法规定其行为不构成犯罪或处刑较当时的法律要轻，也不能适用新刑法，目的是要维护人民法院生效判决的严肃性和稳定性。

第二节　犯罪总论

一、犯罪的概念和基本特征

（一）犯罪的概念

犯罪问题，是刑法理论的核心问题，刑法中的很多问题都和犯罪概念有着密切联系。犯罪概念是要解决“什么是犯罪”的问题，指的是犯罪的一般概念。我国修订后的《刑法》第13条规定：“一切危害国家主权、领土完整和安全，分裂国家、颠覆人民民主专政的政权和推翻社会主义制度，破坏社会秩序和经济秩序，侵犯国有财产或者劳动群众集体所有的财产，侵犯公民私人所有的财产，侵犯公民的人身权利、民主权利和其他权利，以及其他危害社会的行为，依照法律应当受到刑罚处罚的，都是犯罪，但是情节显著轻微危害不大的，不认为是犯罪。”这是刑法对犯罪所下的定义，是认定犯罪、划分罪与非罪界限的基本依据。

（二）犯罪的基本特征

根据《刑法》第13条的规定，一般认为犯罪具有三个基本特征：

1. 犯罪具有社会危害性

行为具有一定的社会危害性，这是犯罪最基本的特征，也是不道德行为、一般违法行为和犯罪行为所共有的特征。犯罪行为是最严重的行为，具有社会危害性，是指行为对刑法所保护的社会关系造成或可能造成这样或那样的损害。如果某种行为根本不可能给社会带来危害，法律就没必要把它规定为犯罪，也没必要惩罚它。而有些行为虽然也有社会危害性，但是情节轻微危害不大，也不认为是犯罪。因此，社会危害性的有无、社会危害性的大小，是认定犯罪与区分罪与非罪界限的根本依据。

2. 犯罪是触犯刑律的行为

犯罪是触犯刑律的行为，即具有刑事违法性。违法行为有各种各样：违反民事法律规范的叫民事违法行为；违反行政法律规范的叫行政违法行为。但是并非违法都构成犯罪，只有触犯刑法的行为才构成犯罪。因此只有行为不仅具有社会危害性，而且违反了刑法，具有刑事违法性，才可以被认定为犯罪。

3. 犯罪是应受刑罚处罚的行为

任何违法行为都要承担相应的法律后果，民事违法行为要承担民事责任，行政违法行为要受到行政处罚。而违反刑法的犯罪行为，就要承担刑罚处罚的法律后果。犯罪是适用刑罚的前提，刑罚是犯罪的法律后果。不应受惩罚和不需要惩罚是两个意思。不应受惩罚，是指行为根本不构成犯罪，也不存在应受惩罚的问题；而不需要惩罚，是指行为已经构成犯罪，但考虑行为人犯罪情节轻微或有自首、立功表现，而对其免予刑事惩罚。

二、犯罪构成及其要件

（一）犯罪构成

犯罪构成的概念和犯罪的概念既有联系又有区别。犯罪概念是犯罪构成的基础，犯罪构成是犯罪概念的具体化。犯罪概念是指什么是犯罪，犯罪的基本属性是什么，而犯罪构成则进一步回答：犯罪是怎样成立的，它的成立需要具备哪些法定条件，主要是解决成立犯罪的具体标准和规格问题。犯罪概念是从总体上划清罪与非罪的界限，而犯罪构成则是分清罪与非罪、此罪与彼罪的具体标准。犯罪构成就是依照我国《刑法》的规定，确定某种行为构成犯罪所必须具备的主观要件和客观要件的总和。根据我国《刑法》规定，任何一种犯罪的成立都必须具备四个方面的构成要件，即犯罪客体、犯罪客观方面、犯罪主体、犯罪主观方面的构成要件。

（二）犯罪构成要件

1. 犯罪客体

犯罪客体，是指刑法所保护的而为犯罪所侵害的社会主义社会关系。犯罪客体是构成犯罪的必备要件之一。此定义特别强调行为之所以构成犯罪，就在于它侵犯了一定的社会关系，而且侵犯的社会关系越重要，对社会的危害性就越大。社会关系包括人身关系、财产所有关系、婚姻家庭关系等，涉及了社会生活的方方面面，各个领域。而为犯罪所侵害的、受我国刑法所保护的社会关系仅仅是其中最重要的一部分，这部分社会关系包括国家安全、公共安全、社会主义经济基础、公民的人身权利、民主权利和其他权利、社会主义社会秩序、国防利益、军事利益等。这些社会关系根据其重要性程度，分别运用不同的刑罚规范予以保护。

刑法理论按照犯罪行为所侵犯的社会关系范围的不同，把犯罪客体分为一般客体、同类客体和直接客体。一般客体是指一切犯罪所共同具有的客体，它反映了一切犯罪客体的共性，是刑法所保护客体的最高层次。同类客体是指某一类犯罪行为所共同侵害的我国刑法所保护的社会关系的某一部分或某一方面。同类客体的社会关系一般具有相同或相近的性质，比如同属于人身权利的范畴或同属于财产权利的范畴等，只要这些权利受到犯罪侵害，某种权利就成了这些犯罪的同类客体。我国刑法根据同类客体的原理，把犯罪分成了十大类。直接客体是指某一种犯罪行为所直接侵害的我国刑法所保护的社会关系，比如故意伤害罪直接侵害了他人的健康权利，这就是故意伤害罪的直接客体。某种行为之所以被认定为此罪或彼罪，是由犯罪的直接客体决定的。某一种犯罪直接侵害一种具体社会关系的叫简单客体，一种犯罪行为同时侵害的客体有两种以上具体社会关系的叫复杂客体。

犯罪客体和犯罪对象是有区别的。犯罪对象是指刑法分则条文规定的犯罪行为所作用的客观存在的具体人或者具体物。犯罪行为对犯罪对象的影响，都直接或间接地作用于一定的人和物，使刑法所保护的社会关系受到侵害。如杀人罪中剥夺被害人的生命，盗窃罪中改变盗窃物的归属等。因此二者的联系是犯罪对象是犯罪客体的载体，犯罪客体是依附于犯罪对象的社会关系。二者的区别有三点：犯罪对象是具体的人或物，能被人感知；有的犯罪也许没有犯罪对象，但任何犯罪都有犯罪客体；犯罪对象在某些犯罪中可能不会受到伤害，但在任何犯罪中犯罪客体肯定会受到伤害。

2. 犯罪客观方面

犯罪客观方面，是指刑法所规定的、说明行为对刑法所保护的社会关系造成侵害的客观外在事实特征。犯罪客观方面是犯罪构成的基本要件之一，没有客观方面的事实存在，就意味着刑法所保护的社会关系没有受到实际侵害，犯罪就不可能存在。犯罪客观方面的要件具体表现为危害行为、危害结果，以及行为的时间、地点、方法（手段）、对象。其中，危害行为是一切犯罪成立所必须的条件，即所有犯罪构成的共同要件；危害结果是大多数犯罪成立在客观方面必须具备的要件；而特定的行为时间、地点、方法以及对象，是某些犯罪成立在犯罪客观方面必须具备的要件。研究犯罪客观方面，有助于区分罪与非罪的界限，有助于区分此罪与彼罪的界限，有助于区分犯罪完成与未完成形态的界限，有助于量刑。

（1）危害行为，是指在人的意志或者意识支配下的身体动静。在客观上危害行为是人的身体动静，包括动和静两个方面："动"是指身体的活动，如举手投足，目光示意，语言伤人等；"静"指身体的相对静止，没积极的动作，在特定情况下仍然属于行为的形式。各国刑法只以行为作为惩罚对象，普遍反对"思想犯罪"；在主观上危害行为是行为人的意志或者意识支配下的身体动静。人的无意识和无意志的身体动静，客观上造成损害的，不是危害行为，不能认定是犯罪，也不追究刑事责任；危害行为在法律上是对社会有危害的身体动静，人各种各样的行为都会影响社会，从性质上可以区分为有害于社会的行为和无害于社会的行为，只有有害于社会的行为才能成为刑法所惩罚的对象。危害社会的行为有两种形式，即作为和不作为。作为是指行为人以身体活动实施的违反禁止性规范的危害行为，我国《刑法》中的多数犯罪都是由作为实施的，而且很多只能以作为方式实施。作为违反的是禁止性规范，即法律不允许做而去做；不作为是指行为人负有实施某种行为的特定法律义务，能够履行而不履行的危害行为。

（2）危害结果。我国刑法理论中，危害结果有广义和狭义之分。广义的危害结果，是指行为人的危害行为所引起的一切对社会的损害事实，包括直接危害结果和间接危害结果。狭义的危害结果，是指作为犯罪构成要件的结果，即对直接客体所造成的损害事实。狭义的危害结果是定罪的主要根据之一。通常情况下，犯罪结果是否发生，是划分犯罪既遂和未遂的标准，是区分罪与非罪的标志，它影响量刑的轻重。危害结果是犯罪构成客观要件中的一个选择性条件。

（3）刑法上的因果关系，是指人危害社会的行为与危害结果之间存在的引起与被引起的关系。罪责自负是刑法的基本原则之一，当危害结果发生时，要使行为人对该结果负责，必须查明该结果是由该人的行为造成的，要确定危害行为与危害结果之间存在刑法所要求的因果关系。

（4）行为的时间、地点和方法属于犯罪客观方面的选择性要件。如果法律把特定的时间、地点和方法明文规定为某些犯罪构成的必备要件时，那么这些因素对某些行为是否构成某种犯罪具有决定性作用。如《刑法》第 257 条规定的暴力干涉婚姻自由罪，只有采用暴力方法干涉他人婚姻自由，才构成暴力干涉婚姻自由罪。《刑法》第 341 条规定的非法狩猎罪，对时间、地点和方法就有特别要求，在"禁猎期""禁猎区""禁用的工具、方法"等是构成犯罪必备的条件，行为当中是否具备这些因素，就成为了区分罪和非罪的重要条件。

3. 犯罪主体

犯罪主体，是指实施危害社会的行为、依法应当负刑事责任的自然人和单位。自然人和单位都可以成为犯罪主体，自然人主体是我国刑法中最基本的犯罪主体，单位主体具有特殊性。自然人犯罪主体是指达到法定刑事责任年龄、具有刑事责任能力并实施了危害社会行为的自然人。

（1）刑事责任能力，是指行为人辨认和控制自己行为的能力。刑事责任能力包括辨认能力和控制能力个。辨认能力是指行为人具备对自己的行为在刑法上的意义、性质、后果的分辨认识能力。控制能力是指行为人具备决定自己是否以行为触犯刑法的能力。和刑事责任能力有关的因素有三个：

① 刑事责任年龄。是指刑法规定的对自己实施的危害社会的行为负刑事责任的年龄。我国《刑法》第 17 条把刑事责任年龄分成了三个年龄阶段：完全不负刑事责任年龄阶段，指的是不满 14 周岁的人；相对负刑事责任年龄阶段，指的是已满 14 周岁不满 16 周岁的人，法律要求他们对自己实施的严重危害社会的行为负刑事责任；完全负刑事责任年龄阶段是指已满 16 周岁的人，原则上可以构成刑法中所有的犯罪，要求他们对自己实施的违反刑律的一切行为承担刑事责任。

② 精神障碍。自然人即使达到负刑事责任年龄，如果精神存在障碍，也会影响责任能力。我国《刑法》把精神病人也分成了完全无刑事责任的精神病人、完全负刑事责任的精神病人和限制刑事责任的精神病人。

③ 生理功能丧失。主要指又聋又哑的人或者盲人犯罪，可以从轻、减轻或者免除处罚。这些人实施刑法禁止的危害行为，构成犯罪，应当负刑事责任，受刑罚处罚，但可以从轻、减轻或者免除处罚。

（2）犯罪主体的特殊身份，刑法中的某些犯罪要求犯罪主体必须具备一定的身份，如特定的资格、地位或者状态。国家机关工作人员、军人、司法工作人员、辩护人、诉讼代理人、证人、依法被关押的罪犯等，都属于特殊身份。如《刑法》第 109 条叛逃罪的主体必须是国家机关工作人员，如行为人不是国家机关工作人员就不可能成立叛逃罪。

（3）单位犯罪，是相对于自然人犯罪而言的，1997 年修订后的新刑法典确立了单位犯罪及其刑事责任。《刑法》第 30 条规定："公司、企业、事业单位、机关、团体实施的危害社会的行为，法律规定为单位犯罪的，应当负刑事责任。"此规定是指单位在多大范围内可以成为犯罪主体，单位犯罪主体包括公司、企业、事业单位、机关、团体。而且只有法律明文规定单位可以成为犯罪主体的犯罪，才存在单位犯罪以及承担刑事责任的问题。对单位犯罪，一般采取双罚制的原则，即对单位判处罚金，同时对单位直接负责的主管人员和其他直接责任人员判处刑罚。

4. 犯罪主观方面

犯罪主观方面，是指犯罪主体对自己行为及其危害社会的结果所抱的心理态度。包括罪过（指犯罪的故意或者过失）、犯罪目的、动机。其中罪过是一切犯罪构成都必须具备的主观要件；目的是某些犯罪构成必备的主观要件或选择性要件；犯罪动机不是犯罪构成的必备要件。

我国《刑法》第 14 条规定："明知自己的行为会发生危害社会的结果，并且希望或者放任这种结果发生，因而构成犯罪的，是故意犯罪。"根据规定，犯罪的故意有两个因素：一是行为人明知自己的行为会发生危害社会的结果，"明知"是心理学上的意识因素；二是行为人希望或者放任这种危害结果发生，"希望"、"放任"是心理学上的意志因素。行为人主观上要同时具备这两个因素才可以认定是故意犯罪。

犯罪故意有两种类型，一种是直接故意，另一种是间接故意。直接故意是指行为人明知自己的行为必然或者可能发生危害社会的结果，并且希望这种结果发生的心理态度。比如，甲想杀死乙，就用铁棍猛敲乙的脑袋，他追求乙死亡结果的发生，必然发生+希望发生或可能发生+希望发生即直接故意。间接故意是指行为人明知自己的行为可能发生危害社会的结果，并且放任这种结果发生的心理态度。这种"放任"不是希望，不是积极的追求，而是行为人为了达到自己的既定目的，听任危害结果的发生。两种故意犯罪，行为人都是明知自己的行为会发生危害社会的结果，而直接故意是希望结果发生，间接故意是放任结果发生。两者主观心理不同，危害程度也不同，直接故意的犯罪比间接故意的犯罪危害性大。

犯罪过失，是过失犯罪的主观心理态度，是指行为人应当预见自己的行为可能发生危害社会的结果，因为疏忽大意而没有预见，或者已经预见而轻信能够避免的心理态度。犯罪的过失分为疏忽大意的过失和过于自信的过失两种类型。

疏忽大意的过失，是指行为人应当预见自己的行为可能发生危害社会的结果，但由于疏忽大意而没有预见的心理态度。成立疏忽大意的过失需要具备四个条件：行为人应当预见自己的行为可能发生危害社会的结果，行为人没有预见，没有预见的原因是行为人疏忽大意，实际发生了危害结果。

过于自信的过失，是指行为人已经预见到自己的行为可能发生危害社会的结果，但轻信能够避免而实际上又没有避免的心理态度。构成过于自信的过失需要具备三个条件：行为人已经预见到自己的行为发生危害结果的可能性，行为人轻信危害结果能够避免，危害结果没有避免。

在认识因素上，对危害结果的可能发生，过于自信的过失已经有所预见，而疏忽大意的过失则根本没有预见；在意志因素上，对危害结果的可能发生，二者虽然都持排斥态度，但过于自信的过失是轻信能够避免，而疏忽大意的过失则是疏忽。

犯罪主观方面还有犯罪目的和犯罪动机。犯罪目的，是指犯罪人希望通过实施犯罪行为达到某种危害社会结果的心理态度。例如，杀人罪的目的，就是希望通过实施杀人行为造成他人死亡的结果；盗窃罪的目的，就是通过实施盗窃行为去非法占有公私财物。犯罪动机，是指刺激犯罪人实施犯罪行为以达到犯罪目的的内心冲动或者内心起因。例如，故意杀人罪目的是非法剥夺他人的生命，促使其确定这一目的的内心起因就是犯罪动机，可能是报复，也可能是贪财或嫉妒等。因此，搞清楚犯罪动机，才可以真正了解犯罪人为什么要追求某种犯罪目的。犯罪目的和犯罪动机都是犯罪人实施犯罪行为过程中存在的主观心理活动，犯罪目的来源于犯罪动机，犯罪动机促使犯罪目的的形成。犯罪动机比较抽象，犯罪目的比较具体。

三、正当防卫和紧急避险

正当防卫和紧急避险都属于我国刑法规定的正当行为。正当行为，是指客观上造成一定的损害结果，形式上符合某些犯罪的客观要件，但实质上既不具备社会危害性，也不具备形式违法性的行为。关于正当行为，还包括依法执行职务、正当冒险行为等，现代世界各国刑法基本上都规定不负刑事责任。我国刑法认为正当防卫和紧急避险不具备社会危害性和刑事违法性，属于正当行为。

（一）正当防卫

《刑法》第20条规定，正当防卫是指为了使国家、公共利益、本人或者他人的人身、财产和其他权利免受正在进行的不法侵害，而对不法侵害者实施的制止其不法侵害且未明显超过必要限度的行为。

正当防卫是法律赋予公民的一项权利，任何公民在面对各种权利遭到正在进行的不法侵害时，都有权对不法侵害者采取必要行动。正当防卫是正当、合法的行为，是对社会有益的行为。除了在特定条件下可以对不法侵害人造成伤亡不属于超过必要限度外，一般都不能明显超过必要限度，必须符合法定条件使用，不允许滥用防卫权利。法律规定了正当防卫的合法条件，只有合法的防卫行为，才属于正当行为，可以不负刑事责任。

1. 必须有正当的防卫意图

《刑法》第20条把“为了使国家、公共利益、本人或者他人的人身、财产和其他权利免受正在进行的不法侵害”，作为实行正当防卫的首要条件，即公民在主观上必须有正当的防卫意图。包括防卫认识和防卫目的，防卫认识就是防卫人对正在进行的不法侵害的认识，认识到有不法侵害存在，认识到不法侵害正在进行中，认识到谁是不法侵害者且能够以防卫手段制止；防卫目的即防卫人以防卫手段制止不法侵害，以保护合法权益的心理愿望。但有些情况形式上看似符合正当防卫，主观上不具备正当的防卫意图，如防卫挑拨、相互殴斗或者为保护非法利益而实施防卫。

2. 必须是不法侵害行为正在进行中

正在进行，指的是不法侵害处于已经开始并且尚未结束的进行阶段。不法侵害已经开始就是侵害人已经着手实施侵害行为。例如，杀人犯正举着枪瞄准受害人，打人者正对受害者拳打脚踢等。不法侵害尚未结束，是指不法侵害行为或者由其导致的危害状态仍在继续中。例如，入室抢劫者把受害者打伤，抢走财物后仍未离开。

3. 必须是对不法侵害人才能实行防卫

正当防卫只能针对不法侵害人，这是正当防卫的对象。只有针对不法侵害者本人实行正当防卫，才能制止不法侵害，对于没有实施不法侵害的第三人不能实行防卫。如针对第三者实施防卫，应按假想防卫处理，如为避开不法侵害而损坏了第三者的合法权益，应按紧急避险处理。

4. 正当防卫不能明显超过必要限度造成重大损害

这是正当防卫的限度条件，超过法定的限度条件的防卫行为不是合法行为。所谓的“重大损害”，是指造成不法侵害人死亡或者重伤。防卫是否超过必要限度并造成重大损害，是区别防卫的合法与非法、正当与过当的标志。防卫行为只要为制止不法侵害所必需的，且防卫行为的手段、性质、强度及造成的损害又没有明显超过不法侵害，没有实际造成重大损害，都在正当防卫的范围。

我国《刑法》第 20 条第 3 款规定了特殊防卫：对于正在进行的行凶、杀人、抢劫、强奸、绑架以及其他严重危及人身安全的暴力犯罪，采取防卫行为，造成不法侵害人伤亡的，不属于防卫过当，不负刑事责任。意即针对正在进行的严重危及人身安全的暴力犯罪实施正当防卫，不存在过当的情形。

（二）防卫过当及其刑事责任

防卫过当，是指防卫明显超过必要限度造成重大损害应当负刑事责任的行为。防卫过当在客观上有危害性，在主观上有罪过性，是一种非法侵害行为，因此刑法规定防卫过当要负刑事责任。但是，防卫过当又具有行为的防卫性，只是在实施防卫行为时明显超过必要限度造成了重大损害，才使防卫由正当变为过当，合法变成了非法。

对于防卫过当，在追究罪过形式时排除直接故意，因为主观上防卫目的和犯罪目的不可能同时存在，只能是疏忽大意的过失、过于自信的过失和间接故意；关于防卫过当的定罪，我国《刑法》没有具体规定。司法实践中往往是在司法文书中给案件确定为故意杀人罪、过失致人重伤罪等的同时，引用刑法总则关于防卫过当的规定进行说明；关于防卫过当的量刑，由于防卫过当的社会危害性通常比较小，我国《刑法》规定“应当减轻或者免除处罚”。

（三）紧急避险

紧急避险，是指为了使国家、公共利益、本人或者他人的人身、财产和其他权利免受正在发生的危害，不得已而采取的损害另一较小合法权益的行为。其本质在于，当两个合法权益相冲突，又只能保全其中之一的紧急情况下，法律允许为了保全大权益而牺牲小权益。但紧急避险是以损害一个合法权益而保护另一种合法权益的，为了避免滥用，法律规定了紧急避险的合法条件：

1. 要有正当的避险意图

避险人能够认识到正在发生的危险存在，明白如何排除危险，能认识到损害较小的合法权益可以达到避险目的；在避险目的上只能是出于避免国家、公共利益、本人或者他人的人身、财产或其他权利遭受正在发生的危险这一正当的目的。

2. 存在威胁合法权益的危险

可能损害合法权益的危险来源：自然灾害；动物的侵袭；犯罪行为；人的生理、病理现象，如疾病、饥饿等。

3. 危险正在发生

这是指危险已经出现，而且尚未结束。这是紧急避险的时间要求，就是危险已经发生而且迫在眉睫。可能立即或正在对合法权益造成损害，紧急避险只能在这一时间段才能进行。

4. 紧急避险的避险限制

紧急避险只能在不得已的情况下才可以实施。因为紧急避险是给无辜的第三者的合法权益造成损害，因此《刑法》规定，行为人只有在没有其他任何方式排除危险时，迫不得已的情况下才可以实施紧急避险。

5. 避险不能超过必要限度

紧急避险不能超过必要限度而造成不应有的损害，这是紧急避险的限度条件。从性质上来讲，紧急避险是以损害小的合法权益的方法来保护较大的合法权益，那么紧急避险造成的损害必须小于所避免的损害。

避险过当，是指避险行为超过必要限度造成不应有的损害的行为。避险过当具备避险性与过当性的两重性。构成避险过当要具备主客观两个方面的要件：其一就是主观上对避险过当行为有罪过性，一般是疏忽大意的过失，个别情况下可能是间接故意或过于自信的过失；其二是行为人在客观上实施了超过必要限度的避险行为，造成了合法权益不应有的损害，属于行为过当。根据《刑法》第 21 条第 2 款的规定，对于避险过当行为，量刑时应当减轻或者免除处罚。

正当防卫和紧急避险都是我国刑法规定的正当行为，二者都是为了保护国家、公共利益、本人或者他人的人身、财产和其他权利，而给其他人的权利或利益造成了某种损害。但前者是合法权益与不法侵害之间的矛盾，后者是“两害相权取其轻”的问题，即两个合法权益之间的冲突。

四、故意犯罪形态

故意犯罪过程中的犯罪形态，是指故意犯罪在其产生、发展和完成犯罪的过程及不同阶段所发生的各种犯罪状态。

故意犯罪过程中的犯罪形态表现为两种类型：一是犯罪的完成形态，即犯罪既遂；二是犯罪的未完成形态，包括犯罪预备、犯罪未遂和犯罪中止。故意犯罪的预备、未遂、中止和既遂形态都是犯罪的停止状态，是相对静止的，彼此独立存在不能相互转化。

（一）犯罪既遂

犯罪既遂，是指实施终了的犯罪行为，已经具备了构成犯罪的法定构成要件。犯罪既遂是犯罪的完成形态，行为人在主观上预期的犯罪目的完全实现，在客观上作为犯罪构成客观要件的犯罪结果已经发生。

犯罪既遂有以下四种类型：

(1) 结果犯，是以法定的犯罪结果的发生与否作为犯罪既遂与未遂区别标志的犯罪。必须发生法定的犯罪结果才构成既遂，此类犯罪在我国刑法中数量大，属于常见罪、多发罪，例如，故意杀人罪的犯罪结果就是被害人死亡，发生被害人死亡结果即为既遂，如因行为人意志以外的原因未发生死亡结果的即为未遂。

(2) 行为犯，是指以法定的犯罪行为的完成作为既遂标志的犯罪。只要行为人实施了法律规定的行为，就构成了犯罪的既遂，不需要给犯罪客体造成物质性的和有形的犯罪结果。例如脱逃罪、强奸罪等。

(3) 危险犯，是指行为人实施了刑法分则规定的足以发生危险结果的危险状态的犯罪。即使危害后果没有发生，也构成了犯罪既遂。危害公共安全罪里很多属于危险犯，例如，放火罪、爆炸罪、投毒罪、破坏交通工具罪等。

(4) 举动犯，是指行为人一着手犯罪实行行为即告犯罪完成和完全符合法定构成要件，因而构成既遂的犯罪。此类行为所涉及的犯罪性质严重，一旦进一步着手实行行为危害会更大。例如参加恐怖活动组织罪等。

(二) 犯罪预备

为了犯罪，准备工具、制造条件的，是犯罪预备。犯罪预备形态是故意犯罪过程中未完成犯罪的停止形态。根据这个概念，犯罪预备有以下四个特征：

(1) 行为人主观上有犯罪的目的。行为人准备工具、制造条件目的就是为了犯罪。

(2) 客观上实施了犯罪预备行为。即准备犯罪工具、制造犯罪条件的行为。例如，为了杀人准备匕首、配制毒药和调查被害人行踪等行为。

(3) 尚未着手犯罪的实行行为。实行行为是指刑法分则中具体犯罪构成客观方面的行为，即犯罪活动在具体犯罪实行行为着手以前停止下来，固定在预备阶段上而没有着手实行。

(4) 实行行为未着手是由于行为人意志以外的原因。即行为人在着手犯罪实行行为前停止犯罪，是处于被迫而不是自愿，从而表明了预备犯的主观恶性。

我国《刑法》把犯罪预备行为分成了两类：一类是为实施犯罪准备工具，包括刀、枪、毒药、绳索、爆炸物和各种交通工具等；另一类是为实施犯罪创造条件，包括事先调查犯罪场所、被害人行踪，排除犯罪障碍等。

预备犯的处罚原则。根据我国《刑法》第 22 条第 2 款规定，对于预备犯，可以比照既遂犯从轻、减轻处罚或者免除处罚。之所以这样规定，主要因为从主客观统一来看，预备犯的危害性轻于既遂犯和未遂犯。

(三) 犯罪未遂

我国《刑法》第 23 条第 1 款规定：“已经着手实行犯罪，由于犯罪分子意志以外的原因而未得逞的，是犯罪未遂。”犯罪未遂具有以下三个特征：

(1) 行为人已经着手实行犯罪。如抢劫罪中行为人正实行侵犯人身的行为和抢劫财产的行为，故意杀人罪中正在进行的杀害行为等。这是犯罪未遂区别于犯罪预备的标志。

(2) 犯罪未得逞。所谓的“未得逞”即犯罪没有达到既遂形态而停止下来，这是犯罪未遂区别于犯罪既遂的重要标志。如故意杀人罪未遂中没有发生被害人死亡结果，只造成重伤等。

（3）犯罪未得逞是由于犯罪分子意志以外的原因。犯罪行为在着手实行以后之所以停止在未完成形态，是由于犯罪分子意志以外的原因导致的。这也是犯罪未遂和犯罪中止区别的关键。犯罪分子“意志以外的原因”主要是指物质障碍、环境时机、自身的能力、身体状况等。

未遂犯的处罚原则。《刑法》规定可以比照既遂犯从轻或者减轻处罚。犯罪未遂是已经着手实行犯罪，危害性明显大于犯罪预备，所以法律没有规定免除处罚，但是未遂犯的危害比既遂犯要小，处罚上也是比照既遂犯从轻或者减轻。

（四）犯罪中止

犯罪中止，是指在犯罪过程中，行为人自动放弃犯罪或者自动有效地防止犯罪结果发生的犯罪形态。犯罪中止具有以下三个方面的特征：

（1）犯罪中止必须发生在犯罪过程中。犯罪中止在时间上只能发生在犯罪过程中，即从实施预备行为开始至行为人所希望的犯罪结果发生为结束的全部过程，但是犯罪结果发生就进入了犯罪完成阶段，则构成了既遂。因此，犯罪中止是未完成犯罪的一种犯罪停止形态。

（2）犯罪中止具有自动性。中止的自动性是指行为人在主观上自动放弃了犯罪意图，客观上自动停止了犯罪的继续实施和完成，即行为人必须自动停止犯罪，“自动”放弃犯罪行为和“自动”有效地防止犯罪结果发生。这是犯罪中止形态与犯罪的未遂形态和预备形态的根本区别。

（3）犯罪中止的有效性。中止的有效性是指犯罪中止必须有效地防止犯罪结果的发生。采取措施有效防止危害结果发生是在行为实行终了危害结果未发生情况下进行的。

根据中止的时间不同，可以把犯罪中止分成三类：一类为预备中止，即发生在预备阶段的中止；实行未终了的中止，即发生在犯罪实行行为尚未终了时的中止；实行终了的中止，即发生在犯罪实行行为实施终了后的犯罪中止。以上三类中止，预备中止的社会危害性程度最小，实行终了的中止最大。根据其成立是否要求行为人作出一定的举动分为消极中止，即犯罪人只要自动停止犯罪行为的继续实施即可的中止；积极中止，即犯罪人不但需要自动停止犯罪的继续实施，而且需要以积极的作为防止既遂结果发生才能成立的犯罪中止。

对于中止犯的处罚，我国《刑法》分两种情况，如果没有造成损害的，应当免除处罚；造成损害的，应当减轻处罚。

五、共同犯罪和单位犯罪

（一）共同犯罪

犯罪属于一种非常复杂的社会现象，从实施犯罪的人数上来看，一人单独实施的犯罪称为单独犯罪，二人以上共同实施的犯罪称为共同犯罪。《刑法》第25条规定：“共同犯罪是指二人以上共同故意犯罪。二人以上共同过失犯罪，不以共同犯罪论处；应当负刑事责任的，按照他们所犯的罪分别处罚。”

1. 共同犯罪的成立条件

（1）行为人必须是二人以上。“二人以上”是共同犯罪区别于单独犯罪最主要的特征。首先，共同犯罪必须是二人以上共同实施犯罪，一人单独犯罪不会发生共同犯罪的问题。其次，这二人还必须是达到刑事责任年龄、具有责任能力的人。如一个有刑事责任能力的人教唆未成年人或者精神病人犯罪，就不构成共同犯罪。

（2）必须有共同的犯罪行为。从犯罪的客观方面分析，构成共同犯罪必须二人以上具有共同的犯罪行为，即各共同犯罪人相互支持、相互配合实施了同一种犯罪行为。每个人的行为必须都是犯罪行为，不可抗力、正当防卫、紧急避险所造成损害的行为都不成立共同犯罪。

（3）必须具有共同的犯罪故意。从主观方面分析，构成共同犯罪必须有共同的犯罪故意，即二人以上有共同的犯罪认识，都明白自己和他人共同实施的行为会发生什么样的危害结果，对共同犯罪行为的共同性有共同的认识；共同犯罪人都希望或放任共同犯罪结果的发生。

2. 共同犯罪的形式

（1）一般的共同故意犯罪，是指二人以上实施犯罪而事前或临时结合的没有特殊组织形式的共同犯罪。主要针对二人以上、暂时性的、共犯之间没有特殊组织形式的共同犯罪。

（2）聚众性共同故意犯罪，是指向着同一目标的多数人的共同行为为犯罪构成要件的犯罪。这种共同犯罪一般人数较多，参与者的行为方向相同，有的参与组织、指挥或策划，有的只参与实施犯罪活动。

（3）集团性共同故意犯罪，是指以组织、指挥或者参加某种犯罪集团为犯罪构成要件的犯罪，简称犯罪集团。犯罪集团是一种特殊的共同犯罪形态，犯罪主体是三人以上，长时间多次、较固定的共同实施犯罪。

3. 共同犯罪人的分类及刑事责任

我国刑法以共同犯罪人在共同犯罪活动中所起的作用为标准，把共同犯罪人分为两类：一类为主犯、从犯、胁从犯，另一类为教唆犯。

主犯分为两种：一种是组织、领导犯罪集团进行犯罪活动的犯罪分子，即首要分子；另一种是在共同犯罪中起主要作用的犯罪分子，相对于犯罪集团的首要分子，又称为首要分子以外的主犯。首要分子的刑事责任按照集团所犯的全部罪行处罚，对首要分子以外的主犯应当按照其所参与的或者组织、指挥的全部犯罪处罚。

从犯也分两种：一种是在共同犯罪中起次要作用的犯罪分子；另一种是在共同犯罪中起辅助作用的犯罪分子。《刑法》规定，对于从犯，应当从轻、减轻或者免除处罚。

胁从犯是被胁迫参加犯罪的，处刑时应当按照他的犯罪情节减轻处罚或者免除处罚。

教唆犯是故意唆使他人实行犯罪的人，客观上必须有教唆他人犯罪的行为，教唆的内容必须是犯罪行为。主观上必须有教唆他人犯罪的故意。教唆犯的刑事责任分三种：教唆他人犯罪的按照其在共同犯罪中所起的作用处罚；教唆不满 18 周岁的人犯罪的，应当从重处罚；如果被教唆的人没有犯被教唆的罪，对于教唆犯，可以从轻或者减轻处罚。

（二）单位犯罪

单位犯罪是由单位为主体实施的犯罪，是相对于自然人犯罪而言的，也称为法人犯罪。1997 年修订后的新刑法典确立了单位犯罪，根据《刑法》第 30 条规定，单位犯罪有两个基本特征：第一，单位犯罪的主体包括公司、企业、事业单位、机关、团体。个人为进行违法犯罪活动而设立以上主体实施犯罪的，或者以上主体设立后，以实施犯罪为主要活动的，不以单位犯罪论处。盗用单位名义实施犯罪，违法所得个人私分的，依刑法有关自然人犯罪的规定定罪处罚。第二，只有法律明文规定单位可以成为犯罪主体的犯罪，才存在单位犯罪及单位承担刑事责任的问题，并不是一切犯罪都可以由单位构成。

单位犯罪的处罚原则。根据我国《刑法》第 31 条规定，对单位犯罪一般采取双罚原则，即单位犯罪的，对单位判处罚金，同时对单位直接负责的主管人员和其他直接责任人员判处罚款。

第三节　刑罚总论

一、刑罚概述

（一）刑罚的概念和功能

刑罚，是刑法规定的由国家审判机关依法对犯罪人适用的限制或剥夺其某种权益的强制性制裁方法。刑罚作为国家强制方法的一种，和其他国家强制方法相比较有着重大的区别：

（1）刑罚是专门用来惩罚犯罪行为人的强制方法。犯罪是适用刑罚的前提，刑罚是犯罪的法律后果。因此受刑罚处罚的只能是实施犯罪行为的人。

（2）刑罚是只能由人民法院依照刑法和刑事诉讼法适用的强制方法，其他任何机关都无权适用刑罚。刑法未规定的其他强制方法，人民法院也无权适用。

（3）刑罚从整体上讲是一种最严厉的强制方法。它不仅可以剥夺犯罪人财产、政治权利，而且可以剥夺人身自由甚至剥夺生命。

刑罚的功能是指国家创制、适用和执行刑罚所产生的积极的社会效应。刑罚的功能可以概括为三个方面：首先，刑罚对犯罪人功能主要是剥夺功能、惩罚功能和教育改造功能；其次，刑罚对被害人及其亲友也起到了安抚的功能；再次，刑罚对社会主要是威慑功能和教育鼓励功能。

（二）刑罚的目的

刑罚的目的是指国家通过制定、运用、执行刑罚所期望达到的目的。刑罚的目的是整个刑罚理论体系的基础，是刑罚制度的精髓。刑罚的目的就是预防犯罪，由于预防的对象不同，因此可以把刑罚的目的划分为特殊预防和一般预防两个方面。

（1）特殊预防是通过对犯罪分子适用刑罚，惩罚改造犯罪分子，预防他们重新犯罪。在对犯罪分子适用刑罚时，对极少数罪行极其严重的适用死刑，对其他犯罪分子主要是利用刑罚的剥夺、惩罚和教育改造功能，限制其再犯罪能力，让其认罪伏法，改过自新。

（2）一般预防是指通过对犯罪分子适用刑罚，威慑、儆戒潜在的犯罪者，防止他们走上犯罪道路。一般预防的对象仅限于潜在的犯罪人，这些人具有犯罪的思想基础，容易产生犯罪意念，如果机会合适，意念会外化为犯罪行为。

二、刑罚的体系和种类

（一）刑罚体系

刑罚体系，是刑事立法者根据刑罚的功能和目的而选择的各种惩罚犯罪的方法，在刑法典中按照一定次序排列所形成的刑罚系统。刑罚的体系取决于国家的性质。我国的刑罚体系具有以下三个特点：

（1）体系完整，结构严谨。我国刑罚的刑种种类齐全，分四个种类：生命刑、财产刑、自由刑和资格刑。既有主刑，又有附加刑，并且按照由轻到重的次序排列。

（2）宽严相济，目标统一。我国刑罚中的主刑，有限制自由，也有剥夺自由，甚至剥夺生命，期限从短到长，有轻有重，宽严结合。刑罚中规定的各种附加刑，在期限和数量上也轻重结合。

（3）内容合理，方法人道。我国的刑罚体系内容上具有合理性：符合我国国情，较好地体现了惩罚与教育相结合的思想；充分体现了人道主义精神，没有残酷、恐怖或侮辱人格的刑罚；执行有期徒刑和无期徒刑时用劳动改造方法，禁止体罚和辱骂犯罪人等。

（二）刑罚的种类

我国的刑罚分为两类：主刑和附加刑。主刑有五种，包括管制、拘役、有期徒刑、无期徒刑和死刑；附加刑有四种，包括罚金、剥夺政治权利、没收财产和驱逐出境。

1. 主刑

主刑，是对犯罪分子适用的主要刑罚。一个罪只能适用一种主刑。

（1）管制是对犯罪分子不予关押，但限制其一定自由，由公安机关和民众监督执行的一种刑罚方法。管制适用于罪行较轻，不需要关押的犯罪分子，这也是我国独创的一种刑罚方法。

管制有四个特点：①对犯罪分子不予关押，不是羁押在特定的场所剥夺其人身自由；②管制不剥夺犯罪分子的自由，但对其自由进行限制；③对犯罪分子自由的限制有一定的期限，管制的期限为 3 个月以上 2 年以下，数罪并罚时，管制的期限不得超过 3 年。管制的刑期从判决执行之日起计算，判决执行以前先行羁押的，羁押 1 日折抵刑期 2 日。管制期满，执行机关应即向本人和其所在单位或者居住地的群众宣布解除管制，并发给本人解除管制通知书。附加剥夺政治权利的，同时宣布恢复政治权利；④由公安机关执行和群众监督改造。

（2）拘役是短期剥夺犯罪分子的自由，就近执行并实行劳动改造的刑罚方法。拘役属于短期自由刑，是介于管制和有期徒刑之间的一种轻刑。

拘役有四个特点：①剥夺犯罪分子的自由，将其关押于特定场所进行改造；②剥夺自由的期限较短，拘役的期限是1个月以上6个月以下。数罪并罚时，拘役的刑期最长不能超过1年。拘役的刑期从判决执行之日起计算，判决执行以前先行羁押的，羁押1日折抵刑期1日；③由公安机关就近执行；④被判处拘役的犯罪分子享受一定的待遇，即每月可以回家一天到两天，如果参加劳动，还酌量发给劳动报酬。

(3) 有期徒刑是剥夺犯罪分子一定期限的人身自由，强迫其劳动并接受教育和改造的刑罚方法。这是一种有期限地剥夺犯罪分子自由的刑罚方法。

有期徒刑有四个特点：①把犯罪分子关押在一定的改造场所，剥夺其人身自由；②剥夺自由有一定期限，有期徒刑的刑期为6个月以上15年以下，数罪并罚时，有期徒刑最高不能超过20年，有期徒刑的刑期，从判决执行之日起计算，判决执行以前先行羁押的，羁押1日折抵刑期1日；③在监狱或者其他执行场所执行，监狱是执行被判处死刑缓期二年执行、无期徒刑和有期徒刑的场所，少年犯管教所是关押14周岁以上不满18周岁的犯罪分子；④被判有期徒刑的犯罪分子凡有劳动能力的，都应当参加劳动，接受教育和改造。

(4) 无期徒刑是剥夺犯罪分子的终身自由，强制其参加劳动并接受教育和改造的刑罚方法。无期徒刑是剥夺自由刑中最严厉的一种刑罚方法，适用于罪行严重又不必判处死刑而又需要与社会永久隔离的犯罪分子。

无期徒刑有三个特点：①剥夺犯罪分子的自由；剥夺自由是没有期限的，即剥夺终身自由；②强迫参加劳动，接受教育改造；③羁押的时间不能折抵刑期，因为无期徒刑本身就无期限可言。

(5) 死刑是剥夺犯罪分子生命的刑罚方法，包括两种情况：死刑立即执行和死刑缓期两年执行。死刑是所有刑罚中最严厉的刑罚，也称为极刑。

适用死刑有三种限制性规定：①对死刑适用机关的限制。根据我国《刑法》和《刑事诉讼法》的规定，死刑只能由中级以上人民法院判决，其他任何机关，包括基层人民法院都无权适用死刑。②对死刑适用条件的限制。《刑法》第48条规定："死刑只适用于罪行极其严重的犯罪分子。""极其严重"包括犯罪性质极其严重、犯罪情节极其严重、犯罪分子的人身危险性极其严重的统一。③对死刑适用对象的限制。《刑法》第49条规定："犯罪的时候不满18周岁的人和审判时怀孕的妇女，不适用死刑。"此处所说的"不适用死刑"，是指既不适用死刑立即执行，也不适用死刑缓期二年执行。"审判的时候怀孕"既包括人民法院审理案件的时候被告人正在怀孕，也包括案件起诉到法院之前被告人怀孕但做了人工流产的情形。④死刑执行制度的限制，《刑法》第48条规定，对于应当判处死刑的犯罪分子，如果不是必须立即执行的，可以判处死刑同时宣告缓期两年执行，即死缓。

2. 附加刑

附加刑是补充主刑适用的刑罚方法，其特点是既可以附加主刑适用，也可以独立适用。附加刑包括罚金、剥夺政治权利、没收财产和驱逐出境四种。

(1) 罚金是人民法院判处犯罪分子向国家缴纳一定数额金钱的刑罚方法。罚金主要适用于贪财图利或者与财产有关的犯罪，也可以适用于某些妨害社会管理秩序的犯罪。罚金的适用方式：①单处罚金，即只能单独适用而不能附加适用，此种只对犯罪的单位适用。②选处罚金，即罚金作为一种供选择的法定刑，可适用也可不适用，如适用只能单独适用而不能附加适用。③并处或者单处罚金，即罚金必须附加适用，而不能单独适用。④并处或者单处罚金，即罚金既可以附加适用，也可以单独适用。

（2）剥夺政治权利，是指剥夺犯罪分子参加国家管理和政治活动权利的刑罚方法。剥夺政治权利的内容：选举权和被选举权；言论、出版、集会、结社、游行、示威自由的权利；担任国家机关职务的权利；担任国有公司、企业、事业单位和人民团体领导职务的权利。

剥夺政治权利的适用方式上既可以附加适用，也可以单独适用。

剥夺政治权利的期限分为四种情况：①被判处死刑、无期徒刑的犯罪分子，应当剥夺政治权利终身。②在死刑缓期执行减为有期徒刑或者无期徒刑减为有期徒刑的时候，应当附加剥夺政治权利的期限改为 3 年以上 10 年以下。③独立适用或者判处有期徒刑、拘役附加剥夺政治权利的期限为 1 年以上 5 年以下。④判处管制附加剥夺政治权利的期限与管制的期限相同。

剥夺政治权利期限的起算与执行：判处有期徒刑、拘役附加剥夺政治权利的刑期，从有期徒刑、拘役执行完毕之日或者从假释之日起计算；剥夺政治权利的效力适用于主刑执行期间。

（3）没收财产，是把犯罪分子个人所有财产的一部分或者全部无偿地收归国有的刑罚方法。没收财产和罚金一样属于财产刑，对某些严重犯罪视犯罪性质和具体情节，既可以附加适用，也可以独立适用。

没收财产的适用方式有三种：①与罚金选择并处，即没收财产与罚金作为选择性的两种附加刑供附加主刑适用，由审判人员两者选其一。②并处，即没收财产必须附加主刑适用，审判人员没有取舍余地。③可以并处，即没收财产可以附加主刑适用，也可以不附加主刑适用，由审判人员酌情决定。

（4）驱逐出境，是强迫犯罪的外国人离开中国国（边）境的刑罚方法。其主要特点是，只对犯罪的外国人适用，而不能对中国公民适用。驱逐出境是一种特殊的附加刑，既可以独立适用，也可以附加适用。

三、量刑

量刑，是指人民法院对犯罪分子依照刑法的规定裁量决定刑罚的一种审判活动。

1. 量刑的意义

在刑事案件的审判活动中，量刑有着极为重要的意义。通过正确量刑，才能推进刑罚特殊预防和一般预防目的的实现；才能使罪行法定、罪刑相适应、适用刑法一律平等等刑法基本原则能够得以实现；才能充分发挥刑罚惩罚犯罪，保护人民，保障社会主义建设事业顺利进行的作用。

2. 量刑的一般原则

《刑法》第 61 条规定：“对于犯罪分子决定刑罚的时候，应当根据犯罪事实、犯罪的性质、情节和对社会的危害程度，依照本法的有关规定判处。”根据此规定量刑有两个一般原则：

（1）量刑必须以犯罪事实为根据的原则。犯罪事实是量刑的客观依据，没有犯罪事实，量刑就失去了存在的基础。这里的“犯罪事实”包括犯罪事实、犯罪性质、犯罪情节和犯罪对于社会的危害程度四个方面。

（2）量刑必须以刑事法律为准绳的原则。我国社会主义法制原则对量刑的具体要求是严格依照《刑法》的规定，确定罪行相适应的刑罚。同时还要遵守刑事法律中有关规定。

3. 量刑情节

量刑情节是指人民法院在量刑时应当考虑的决定处刑轻重或者免除处罚的各种情况。量刑情节的主要特性是反映犯罪行为的社会危害性和犯罪人的人身危险性的主客观情况。犯罪情节是犯罪过程中的一些主、客观情况，即从犯罪预备到行为结果发生过程中的各种事实。量刑情节的基本功能是影响量刑，犯罪情节的基本功能是影响定罪。但有时二者又是交叉重合的，既可能影响定罪，也可能影响量刑。根据量刑情节有无法律明文规定，可以把量刑情节分为两类：

（1）法定情节，是指刑法明文规定应当或者可以从重、从轻、减轻或者免除处罚的情节。对于刑法明文规定的情节，审判人员在决定对犯罪人量刑时，必须严格依照法律规定。从重处罚是指在法定处罚种类和幅度内对行为人适用较重种类或较高幅度的处罚。从轻处罚是指在法定刑限度内，适用较轻的刑罚，即刑种较轻或者刑期较短。减轻处罚是指判处低于法定刑的刑罚，即可以是低于法定刑的刑期或者是低于法定刑的刑种。免除处罚是指对于犯罪分子宣布有罪但免除其刑罚。

（2）酌定情节，是指法定量刑情节以外的，由审判人员灵活掌握的，影响对犯罪人处刑的情节，此为法定情节的补充。酌定情节不是由刑法明文规定的，而是由审判人员从审判实践中总结认定的。常见的酌定情节有：犯罪的动机，犯罪的手段，犯罪的时间、地点，犯罪造成的损害结果，犯罪侵害的对象，犯罪分子的一贯表现，犯罪后的态度等。人民法院以此为根据酌定量刑，不得超越法定刑的限度。

第四节 罪行各论

《刑法》分则以犯罪所侵害的同类客体性质为标准，把犯罪分成了十大类：（1）危害国家安全罪；（2）危害公共安全罪；（3）破坏社会主义市场经济秩序罪；（4）侵犯公民人身权利、民主权利罪；（5）侵犯财产罪；（6）妨害社会管理秩序罪；（8）贪污贿赂罪；（9）渎职罪；（10）军人违反职责罪。每一类犯罪又包含了若干种具体的犯罪，每一种具体犯罪又规定了罪状和法定刑。

一、危害国家安全罪

危害国家安全罪，是指故意危害中华人民共和国国家安全的行为。《刑法》分则之所以把它列为分则第一大类犯罪，就是因为它所侵害的社会主义社会关系是最重要的。这一类犯罪侵犯了社会主义国体、政体和国家安全，因此，危害行为最严重。

（一）危害国家安全罪的构成要件

（1）侵犯的客体是中华人民共和国的国家安全。国家安全指的是国家主权的独立、国家的统一、国家的领土完整和安全、国体和政体的稳固等。国家安全关系到国家兴衰存亡，所以是最严重的刑事犯罪。

（2）在客观方面，有危害中华人民共和国国家安全的行为。此类行为表现为危害国家主权、领土完整和安全、分裂国家、颠覆国家政权或侵害国家其他利益的作为或不作为。有无危害国家安全的行为，是区分罪与非罪、此罪与彼罪的重要根据。

（3）危害国家安全罪的主体通常是一般主体，即普通公民都可以构成此罪，少数情况是特殊主体。例如《刑法》第109条的叛逃罪，只能由国家机关工作人员构成。

（4）主观方面，只能由故意构成。只要行为人故意实施危害国家安全的行为的，不论其犯罪动机如何，都不影响犯罪的成立。

（二）危害国家安全罪的种类可以分为3类

（1）危害国家、颠覆政权的犯罪。包括背叛国家罪，分裂国家罪，煽动分裂国家罪等。

（2）叛变、叛逃的犯罪。包括投敌叛乱罪，叛逃罪。

（3）间谍、资敌的犯罪。包括间谍罪，为境外窃取、刺探、非法提供国家秘密、情报罪，资敌罪。

二、危害公共安全罪

危害公共安全罪，是指故意或过失地危害不特定多人的生命、健康和公私财产安全的行为。这一类犯罪严重破坏社会治安秩序，危害和威胁着公民的生命、健康和公私财产安全，社会危害性和危险性都比较大。

（一）危害公共安全罪的构成要件

（1）此类犯罪的客体，是社会的公共安全，即不特定或多数人的生命、健康和重大公私财产的安全。而“不特定”是相对于其他危害的“特定”而言的，“多数”是相对于其他危害的少数而言的。之所以危害公共安全罪的社会危害性和危险性较大，就是因为侵害的对象不特定或虽然特定但实际被害的为多数人或者重大财物。

（2）此类犯罪的客观方面，表现为实施危及公共安全，已经造成严重后果，或者足以造成严重后果的行为。危害公共安全罪中很多行为本身危险性巨大，以作为或不作为的方式实施都可以构成此罪。危害公共安全的行为，包括已经造成实际损害结果的行为，也包括虽未造成损害结果，但行为足以造成严重后果的危险状态，危害不特定多数人的生命、健康和重大公私财产安全的行为。

（3）此类犯罪的主体，既有一般主体，又有特殊主体。多数犯罪由一般主体构成，即年满14周岁具有刑事责任能力的自然人。也可以是特殊主体，即有些罪只能说是具有某种特定身份的人员才能构成。

(4) 此罪在主观方面，既有故意，也有过失。只能由故意构成的犯罪，如放火罪，组织、领导、参加恐怖活动组织罪等；只能由过失构成的犯罪，如重大责任事故罪、交通肇事罪等。

(二) 危害公共安全罪的种类

(1) 用危险方法危害公共安全的犯罪。包括放火罪、决水罪、爆炸罪、失火罪、过失爆炸罪等。

(2) 破坏公共设备、设施危害公共安全的犯罪。包括破坏交通工具罪，破坏交通设施罪，破坏电力设备罪，过失损害交通工具罪等。

(3) 实施恐怖活动危害公共安全的行为。包括组织、领导、参加恐怖活动组织罪，资助恐怖活动组织罪，劫持航空器罪等。

(4) 违反枪支、弹药、爆炸物管理的犯罪。包括非法制造、买卖、运输、邮寄、储存枪支、弹药、爆炸物罪，非法制造、买卖、运输、储存危险物质罪等。

(5) 重大责任事故罪。包括重大飞行事故罪，铁路运营安全事故罪，交通肇事罪，重大责任事故罪等。

三、破坏社会主义市场经济秩序罪

破坏社会主义市场经济秩序罪，是指违反国家经济管理规定，在市场经济运行或经济管理活动中进行非法经济活动，严重破坏社会主义市场经济秩序的行为。

(一) 破坏社会主义市场经济秩序罪的构成要件

(1) 此类犯罪的客体，是我国社会主义市场经济秩序。市场经济秩序是社会主义市场经济制度的重要组成部分。刑法规定此类犯罪，目的在于惩罚破坏社会主义市场经济秩序的行为，保护社会主义市场经济的正常发展。

(2) 此类犯罪的客观方面，表现为违反国家经济管理法规，在市场经济运行或经济管理活动中进行非法经济活动，严重破坏社会主义市场经济秩序的行为。此类犯罪的行为方式和损害结果情节严重，才追究其刑事责任。如果属于一般违反有关市场经济管理法律、法规的行为，不构成犯罪的，则由有关行政管理部门予以行政处罚。

(3) 此类罪的犯罪主体，可以分为自然人与单位两大类。自然人主体只要是达到刑事责任年龄、具备刑事责任能力即可构成，但有些属于具有特殊身份才能构成；根据法律规定，在本类犯罪中，有些罪单位也可以构成。

(4) 在主观方面，此类犯罪绝大多数表现为故意犯罪，并且具有牟取非法利益的犯罪目的，但少数犯罪只能由过失构成。

(二) 破坏社会主义市场经济秩序罪的种类

(1) 生产、销售伪劣商品罪。如销售假药罪。

(2) 走私罪。如走私武器、弹药罪，走私文物罪等。

(3) 妨害对公司、企业的管理秩序罪。如虚报注册资本罪，欺诈发行股票、债券罪等。

（4）破坏金融管理秩序罪。如伪造货币罪等。
（5）金融诈骗罪。如集资诈骗罪等。
（6）危害税收征管罪。如偷税罪、抗税罪等。
（7）侵犯知识产权罪。如假冒注册商标罪、假冒专利罪。
（8）扰乱市场秩序罪。如损害商业信誉、商品声誉罪，合同诈骗罪等。

四、侵犯公民人身权利、民主权利罪

侵犯公民人身权利、民主权利罪，是指故意或过失地侵犯公民的人身权利、民主权利以及与人身有直接关系的其他权利的行为。

（一）侵犯公民人身权利，民主权利罪的构成要件

（1）此类犯罪的客体，是公民的人身权利、民主权利以及与人身直接有关的其他权利。人身权利主要指人的生命、健康、人格、名誉和自由的权利。民主权利是指宪法、法律规定公民依法享有的选举权和被选举权，批评建议权和检举控告权。与人身有关的其他权利，是指人身权利、民主权利之外的与人身直接有关的婚姻家庭、宗教信仰自由、通信自由等权利。

（2）此类犯罪的客观方面，表现为以各种方法侵犯公民的人身权利、民主权利以及其他与人身直接有关的权利的行为。绝大多数犯罪只能以作为的方式实施，少数犯罪既可以表现为作为，也可以表现为不作为。有的罪有犯罪结果才构成既遂，有的只要行为实施达到一定程度，即构成既遂。

（3）此类犯罪的主体，多数为一般主体，达到法定刑事责任年龄，具有刑事责任能力的自然人均可构成。少数为特殊主体，如遗弃罪的主体只能是家庭成员，刑讯逼供罪的主体只能是司法工作人员。

（4）此类罪的主观方面，除过失致人死亡、过失重伤外，其他罪均由故意构成。

（二）侵犯公民人身权利、民主权利罪的种类

此类犯罪包括37个具体罪名。具体有如下几类：侵犯公民生命权利的犯罪，侵犯公民身体健康权利的犯罪，侵犯公民性自由权利或性健康权利的犯罪，侵犯公民人身自由权利的犯罪，侵犯公民其他自由权利的犯罪，侵犯公民人格权、名誉权的犯罪，司法工作人员侵犯公民权利的犯罪，侵犯宗教信仰、少数民族有关权利的犯罪，侵犯公民民主权利的犯罪。

五、侵犯财产罪

侵犯财产罪，是指以非法占有为目的，攫取公私财物或者故意毁坏、挪用公私财物或者破坏生产经营的行为。

（一）侵犯财产罪的构成要件

（1）侵犯财产罪侵犯的主要客体是公私财产所有权。财产所有权是指所有人依法对

自己的财产享有占有、使用、收益和处分的权利，核心权力是处分权。侵犯财产罪的对象是公共财产和公民私人所有的财产。侵犯财产罪对公私财产所有权的侵犯，并非都表现为被害人对合法财产所有权的丧失。

（2）侵犯财产罪的客观方面，表现为攫取或者毁坏公私财物的行为，具体可以暴力或者非暴力、公开或者秘密的方法，攫取公私财物，挪用或者毁坏公私财物以及破坏生产经营的行为。

（3）侵犯财产罪的主体，大多数犯罪为一般主体，少数犯罪是特殊主体，如职务侵占罪的主体，限于公司、企业或者其他单位的人员。

（4）侵犯财产罪的主观方面是故意，过失不能构成。多数犯罪是以非法占有公私财物为目的，即行为达到非法占有财物的程度就构成侵犯财产罪。

（二）侵犯财产罪的种类

侵犯财产罪依故意内容的不同，可以分为以下三个类型：

（1）占有型。包括抢劫罪、抢夺罪、盗窃罪、侵占罪等。

（2）挪用型。包括挪用资金罪，挪用特定款物罪。

（3）毁损型。包括故意毁坏财物罪、破坏生产经营罪。

六、妨害社会管理秩序罪

妨害社会管理秩序罪，是指妨害国家社会管理活动，破坏社会正常秩序，依法应当受到刑罚处罚的行为。

（一）妨害社会管理秩序罪的构成要件

（1）此类犯罪的客体，是国家对社会的管理活动和社会管理秩序。

（2）此类犯罪的客观方面，表现为行为人实施了妨害国家管理社会的活动、破坏社会管理秩序的行为，主要包括扰乱公共秩序，妨害司法，危害公共卫生等。

（3）此类犯罪的主体，多数是一般主体，少数犯罪的主体既可以是自然人，也可以是单位，个别罪只能由单位实施。

（4）此类犯罪的主观方面，绝大多数表现为故意，少数表现为过失。

（二）妨害社会管理秩序罪的种类

妨害社会管理秩序罪包括：扰乱公共秩序罪、妨害司法罪、妨害国（边）境管理罪、妨害文物管理罪、危害公共卫生罪、破坏环境资源保护罪、走私、贩卖、运输、制造毒品罪、组织、强迫、引诱、容留、介绍卖淫罪、制作、贩卖、传播淫秽物品罪。

七、危害国防利益罪

危害国防利益罪，是指违反国防法律、法规，拒绝或者逃避履行国防义务，依法应受刑罚处罚的行为。

危害国防利益罪的构成要件：

（1）危害国防利益罪侵害的客体是国防利益。国防利益，是指捍卫国家主权、领土完整和安全，防备和抵御侵略，制止武装颠覆，维护部队声誉所进行的军事活动以及与军事有关的活动。

（2）危害国防利益罪客观方面表现为违反国防法律、法规，拒绝或者逃避履行国防义务，危害作战和军事行动，危害国防秩序的行为。

（3）危害国防利益罪的主体多为一般主体，即年满16周岁的自然人，一般都是非军人，但少数只能由特殊主体构成。

（4）危害国防利益罪主观方面多数为故意，有的犯罪具有盈利的目的。少数由过失构成。

《刑法》分则第七章共分14条规定了危害国防利益的各种犯罪。

八、贪污贿赂罪

贪污贿赂罪，是指国家工作人员利用职务上的便利，非法占有、使用公共财物、收受贿赂或者取得其他非法利益的行为。此罪主要是国家工作人员实施的，严重侵害公共财产所有权，败坏了工作人员声誉，严重危害廉政建设制度。

（一）贪污贿赂罪的构成要件

（1）贪污贿赂罪侵犯的客体是国家廉政建设制度，即以廉洁奉公、恪尽职守、反对腐败为主要内容的。

（2）贪污贿赂罪客观方面表现为侵害国家廉政建设制度情节严重的行为，多数是国家工作人员利用职务上的便利贪污、受贿、侵吞或以其他方法非法占有公共财物的行为。

（3）贪污贿赂罪的主体是特殊主体，分两类：一类是国家工作人员。另一类是受国家机关、国有公司、企业、事业单位、人民团体委托管理、经营国有财产的人员。

（4）贪污贿赂罪的主观方面均为故意，并具有非法占有公共财物的目的，过失不构成此罪。

（二）贪污贿赂罪的种类

在《刑法》分则第八章，贪污贿赂罪可分为两类，其一为贪污犯罪，如：贪污罪、挪用公款罪、巨额财产来源不明罪等；其二为贿赂犯罪，如：受贿罪、行贿罪、单位受贿罪、介绍贿赂罪等。

九、渎职罪

渎职罪，是指国家机关工作人员在公务活动中滥用职权、玩忽职守、徇私舞弊，妨害国家管理活动，致使国家和人民利益遭受重大损失的行为。渎职罪是一种典型的职务犯罪。

（一）渎职罪的构成要件

（1）本罪的客体是国家机关的正常管理活动。即各级国家立法机关、行政机关、司法机关、军事机关等依法行使国家管理职权的正常活动。

（2）本罪在客观方面表现为实施了滥用职权、玩忽职守、徇私舞弊的行为。以上行为都是与国家机关工作人员的职务活动有直接关系的行为。如果因为渎职行为而导致公共财产或者国家和人民利益遭受重大损失的行为才构成犯罪。

（3）本罪的主体为特殊主体，即国家机关工作人员和代表国家机关从事公务的人员才能成为本罪的主体。

（4）本罪的主观方面，多数为故意构成，少数犯罪过失可以构成。

（二）渎职罪的种类

根据渎职罪的犯罪主体，本类犯罪大体可分为以下三类：

（1）一般国家机关工作人员的渎职罪。

（2）司法机关工作人员的渎职罪。

（3）其他特定国家机关工作人员的渎职罪。

十、军人违反职责罪

军人违反职责罪，是指军人违反职责，危害国家军事利益，依照法律应当受到刑罚处罚的行为。

（一）军人违反职责罪的构成要件

（1）本类犯罪的客体，是国家的军事利益。即国家在国防建设、作战行动、军队物资保障、军事科研等方面的利益。

（2）本类犯罪的客观方面表现为行为人具有违反军人职责，危害国家军事利益的行为。犯罪的时间、地点对此罪的量刑，具有极其重要的意义。是否“战时”“在战场上”“军事行动地区”等，是此类犯罪的构成要件。

（3）本类犯罪的主体为特殊主体，具体可分成两类：现役军人，即中国人民解放军和中国人民武装警察部队的现役官兵；执行军事任务的预备役人员和其他人员。

（4）本类犯罪的主观方面多数是故意，少数是过失。

（二）军人违反职责罪的种类

军人违反职责罪有两种分类方法：

（1）根据各个军人违反职责罪所侵犯的客体进行归类，包括违反部队管理制度的犯罪、危害作战利益的犯罪等。

（2）按照犯罪发生的时间、地点分类，包括战时犯罪、平时犯罪、军事行动地区才能构成的犯罪等。

技能训练

本部分是刑法技能训练的重要内容，刑法基础知识技能训练是对本章内容的延续和深化，旨在让学生综合运用所学理论知识解决实际问题。

(1) 使学生能够正确理解刑法、刑法的任务。

(2) 犯罪的概念，犯罪的基本特征。

(3) 犯罪构成是犯罪概念的具体化，犯罪的成立，犯罪的法定条件。

(4) 熟悉正当防卫和紧急避险以及两种正当行为的适用条件。

(5) 了解我国的刑罚制度以及刑罚的体系和种类。

通过以上技能训练，让学生懂法、守法，能有效地预防犯罪，加强学生的法制观念。

实践活动

以“普及法律知识，树立法治观念，预防大学生违法犯罪”为主题，通过学习刑法，让学生明白什么是违法，什么是犯罪。树立大学生的法治观念，这也是大学生必备的法律素养；刑法是我国法律体系中重要的一个部门法，和每一个人的利益息息相关，生活中哪些行为能做，哪些行为是法律禁止的，通过刑法可以规范我们的言行。

本章练习

一、判断题

1. 刑法的任务就是用刑罚同一切违法行为作斗争。 (　　)
2. 我国刑法关于溯及力的规定采取的是从旧兼从轻的原则。 (　　)
3. 犯罪主体是达到刑事责任年龄的人。 (　　)
4. 犯罪客体是我国刑法所保护的而为犯罪行为所侵犯的人和物。 (　　)
5. 14 周岁以下的人实施任何刑法禁止的行为，都不负刑事责任。 (　　)
6. 正当防卫中的“必要限度”，意思是不能给不法侵害人造成伤亡。 (　　)
7. 在犯罪过程中，自动放弃犯罪，没有造成损害的，应当从轻或者减轻处罚。 (　　)
8. 两人以上共同过失犯罪，不以共同犯罪论处。 (　　)
9. 判决执行以前先行羁押的，羁押 1 日折抵刑期 2 日的刑种是有期徒刑。 (　　)
10. 钱某 17 岁时犯故意杀人罪，19 岁时被抓获并人民法院审理，判处死刑。 (　　)

二、单项选择题

1. 药店营业员李某与王某有仇。某日王某之妻到药店买药为王某治病，李某将一包砒霜混在药中交给王妻。后李某后悔，于第二天到王家欲取回砒霜，而王某谎称已服完。李某见王某没有什么异常，就没有将真相告诉王某。几天后，王某因服用李某提供的砒霜而死亡。李某的行为属于：

A. 犯罪中止　　B. 犯罪既遂　　C. 犯罪未遂　　D. 犯罪预备

2. 下列案例中哪一项成立犯罪未遂？

A. 甲对胡某实施诈骗行为，被胡某识破骗局。但胡某觉得甲穷困潦倒，实在可怜，就给其 3000 元钱，甲得款后离开现场

B. 乙为了杀死刘某，持枪尾随刘某，行至偏僻处时，乙向刘某开了一枪，没有打中；在还可以继续开枪的情况下，乙害怕受刑罚处罚，没有继续开枪

C. 丙绑架赵某，并要求其亲属交付100万元。在提出勒索要求后，丙害怕受刑罚处罚，将赵某释放

D. 丁抓住妇女李某的手腕，欲绑架李某然后出卖。李为脱身，便假装说："我有性病，不会有人要。"丁信以为真，于是垂头丧气地离开现场

3. 养花专业户李某为防止偷花，在花房周围私拉电网。一日晚，白某偷花不慎触电，经送医院抢救，不治身亡。李某对这种结果的主观心理态度是什么？

A. 直接故意　　B. 间接故意

C. 过于自信的过失　　D. 疏忽大意的过失

4. 关于中止犯的说法错误的是(　　)。

A. "欲达目的而不能"时是中止　　B. 中止必须具有自动性

C. 没有造成损害的应当免除处罚　　D. 造成损害的应当减轻处罚

5. 教唆不满18周岁的人犯罪的，(　　)。

A. 可以从重处罚　B. 应当从重处罚　C. 可以加重处罚　D. 应当加重处罚

三、多项选择题

1. 某晚，甲潜入乙家中行窃，被发现后携所窃赃物（价值900余元）逃跑，乙紧追不舍。甲见杂货店旁有一辆未熄火摩托车，车主丙正站在车旁吸烟，便骑上摩托车继续逃跑。次日，丙在街上发现自己的摩托车和甲，欲将甲扭送公安局，甲一拳将丙打伤，后经法医鉴定为轻伤。本案应当以下列哪些罪名追究甲的刑事责任？

A. 抢劫罪　B. 抢夺罪　C. 盗窃罪　D. 故意伤害罪

2. 对下列哪些情形应当追究刑事责任？

A. 15周岁的甲在聚众斗殴中致人死亡

B. 15周岁的乙非法拘禁他人使用暴力致人伤残

C. 15周岁的丙贩卖海洛因8000克

D. 15周岁的丁使用暴力奸淫幼女

3. 甲以出卖为目的，将乙女拐骗至外地后关押于一地下室，并曾强奸乙女。甲在寻找买主的过程中因形迹可疑被他人告发。国家机关工作人员前往解救时，甲的朋友丙却聚众阻碍国家机关工作人员的解救行为。对本案应如何处理？

A. 对甲的行为以拐卖妇女罪论处

B. 由于甲尚未出卖乙女；对拐卖妇女罪应认定为犯罪未遂

C. 对丙应以聚众阻碍解救被收买的妇女罪论处

D. 对丙应以拐卖妇女罪的共犯论处

4. 对于下列防卫行为造成不法侵害人伤亡的，不负刑事责任的有(　　)。

A. 行凶　B. 杀人　C. 抢劫　D. 强奸

5. 关于犯罪未遂说法正确的是(　　)。

A. 犯罪未得逞是犯罪分子意志以外的原因

B. 犯罪未遂应当负刑事责任

C. 已经着手实行犯罪

D. 对于未遂犯，可以从轻或者减轻

四、问答题

1. 我国刑法的任务是什么？

2. 简述犯罪的概念及特征。

3. 正当防卫的合法性条件是什么？

4. 什么是犯罪构成？犯罪构成与犯罪概念的关系怎样？

5. 我国《刑法》对刑事责任年龄是如何规定的？

五、案例分析题

赵某拖欠张某和郭某6000多元的打工报酬一直不付。张某与郭某商定后，将赵某15岁的女儿甲骗到外地扣留，以迫使赵某支付报酬。在此期间（共21天），张、郭多次打电话让赵某支付报酬，但赵某仍以种种理由拒不支付。张、郭遂决定将甲卖给他人。在张某外出寻找买主期间，郭某奸淫了甲。张某找到了买主陈某后，张、郭二人以6000元将甲卖给了陈某。陈某欲与甲结为夫妇，遭到甲的拒绝。陈某为防甲逃走，便将甲反锁在房间里一月余。陈某后来觉得甲年纪小、太可怜，便放甲返回家乡。陈某找到张某要求退回6000元钱。张某拒绝退还，陈某便于深夜将张某的一辆价值4000元的摩托车骑走。

问题：请根据案情，分析张某、郭某、陈某的刑事责任。

1. 张、郭二人将妇女甲（15岁）出卖，构成(　　)。

A. 限制人身自由罪　　B. 拐卖儿童罪

C. 拐卖妇女罪的共犯　　D. 强奸罪

2. 陈某收买被拐卖的妇女的行为，构成(　　)。

A. 收买被拐卖的妇女罪　　B. 拐卖儿童罪

C. 拐卖妇女罪　　D. 非法拘禁罪

3. 张某和郭某为索取打工报酬剥夺甲的人身自由，构成(　　)。

A. 非法限制人身自由罪　　B. 绑架罪

C. 非法拘禁罪　　D. 勒索罪

4. 陈某深夜将张某的一辆价值4000元的摩托车骑走的行为构成(　　)。

A. 盗窃罪　　B. 抢劫罪　　C. 抢夺罪　　D. 诈骗罪

第五章

民　　法

学习目标

以民法方法论学习为中心，以民法规则为对象，以民法思维为主导，全面系统地理解民法的基本概念、基本理论，了解民法原理的基本内容，明确民法的调整对象，在民事活动中应该遵循的基本原则，认识民法的性质。能够运用民法的理论知识和民法的规定分析民事案件，在此基础上确立法律意识和法律观念，能够正确应对一般民事纠纷。

案例引导

某甲和某工厂订立一份买卖汽车的合同，约定由工厂在6月底将一部行使3万公里的卡车交付给甲，价款3万元，甲交付定金5000元，交车后15日内余款付清。合同还约定，工厂晚交车一天，扣除车款50元，甲晚交款一天，应多交车款50元；一方有其他违约情形，应向对方支付违约金6000元。合同订立后，该卡车因外出运货耽误，未能在6月底以前返回。7月1日，卡车在途经山路时，因遇雨，被一块落下的石头砸中，车头受损，工厂对卡车进行了修理，于7月10日交付给甲。10天后，甲在运货中发现卡车发动机有毛病，经检查，该发动机经过大修理，遂请求退还卡车，并要求工厂双倍返还定金，支付6000元违约金，赔偿因其不能履行对第三人的运输合同而造成的经营收入损失3000元。另有人向甲提出，甲可以按照《消费者权益保护法》请求双倍赔偿。工厂意识到对自己不利，即提出汽车没有办理过户手续，合同无效，双方只需返还财产。

请回答下列问题：

1. 汽车买卖合同是否有效？

答：有效。本题考查标的物所有权需登记的买卖合同的效力。《合同法》第44条规定："（第1款）依法成立的合同，自成立时生效。（第2款）法律、行政法规规定应当办理批准、登记等手续生效的，依照其规定。"汽车所有权的移转需要登记。但《合同法解释》第9条第1款规定："依照《合同法》第44条第2款的规定，法律、行政法规规定合同应当办理批准手续，或者办理批准、登记等手续才生效，在一审法庭辩论终结前当事人仍未办理批准手续的，或者仍未办理批准、登记等手续的，人民法院应当认定该合同未生效；法律、行政法规规定合同应当办理登记手续，但未规定登记后生效的，当事人未办理登记手续不影响合同的效力，合同标的物所有权及其他物权不能转移。”

2. 甲能否要求退车？

答：可以。本题考查买受人权利的救济。《合同法》第 111 条规定：“质量不符合约定的，应当按照当事人的约定承担违约责任。对违约责任没有约定或者约定不明确，依照本法第 61 条的规定仍不能确定的，受损害方根据标的的性质以及损失的大小，可以合理选择要求对方承担修理、更换、重作、退货、减少价款或者报酬等违约责任。”

3. 甲能否请求工厂支付违约金并双倍返还定金？

答：不能。本题考查定金条款与违约金条款并存时的适用。《合同法》第 116 条规定：“当事人既约定违约金，又约定定金的，一方违约时，对方可以选择适用违约金或者定金条款。”

4. 甲能否请求工厂赔偿经济损失？

答：可以。本题考查违约责任的范围。《合同法》第 113 条第 1 款规定：“当事人一方不履行合同义务或者履行合同义务不符合约定，给对方造成损失的，损失赔偿额应当相当于因违约所造成的损失，包括合同履行后可以获得的利益，但不得超过违反合同一方订立合同时预见到或者应当预见到的因违反合同可能造成的损失。”

第一节　民法概述

一、民法的概念

民法是调整平等主体之间财产关系和人身关系的法律，在各国法律体系中都有着非常重要的地位。我国自古诸法合一，民刑不分，“民法”一词并非我国固有的，是日本学者把欧洲市民法翻译成“民法”而产生。清末，以沈家本为代表的修订法律大臣，于 1911 年完成《大清民律草案》。1929 年 5 月，南京国民政府公布了《民法典》。

民法的概念应当从实质意义与形式意义两个方面来理解：形式意义上的民法指的是民法典，即按照一定的体例编纂，并以法典方式命名的民法典。实质意义上的民法是指所有调整民事关系的法律规范的总称，包括民法典和其他的法律法规。

我国《民法通则》第 2 条从民法的调整对象和任务的角度给民法下了一个定义，民法是调整平等主体的公民之间、法人之间、公民和法人之间的财产关系和人身关系的法律规范的总和。民法的调整对象也称为民法的调整范围，这条规定有三个含义：其一，民法的调整对象包括财产关系和人身关系，其他的社会关系不属于民法调整；其二，民法调整的只是平等民事主体之间的财产关系和人身关系，而非全部的财产关系和人身关系。非平等主体之间的财产关系和人身关系不由民法调整，公民和法人之间是平等的民事主体关系；其三，这种财产关系和人身关系可以发生在公民之间、法人之间，还可以发生在公民和法人之间。

民法调整的财产关系是指人们在商品生产、分配、交换和消费过程中形成的具有经济内容的社会关系。财产关系分为横向财产关系和纵向财产关系，平等民事主体之间只存在横向的财产关系，包括财产所有关系和财产流转关系。民法调整的财产关系有三个特征：其一，当事人在民事活动中的地位平等；其二，当事人意思表示自愿；其三，等价有偿。

民法调整的人身关系是指与人身不可分而无直接财产内容的社会关系，包括人格关系和身份关系。人格关系是因公民的生命、健康、姓名、名誉、肖像和法人的名称、名誉等与公民或法人作为民事主体资格密切联系的社会关系。在民法中人格关系表现为人格权，具体包括人的生命权、健康权、姓名权、肖像权、名誉权、荣誉权以及法人的名称权、名誉权等；在民法中身份关系表现为身份权，是指因为婚姻、血缘等身份而发生的抚养、扶养、赡养、法定监护、法定继承等社会关系，主要包括监护权、配偶权、亲属权等。人身关系的基本特征有两个：其一，人身权与特定的人格或身份不可分离；其二，人身权没有直接的财产内容。

二、民法的基本原则

民法的基本原则，是贯穿于整个民事立法，对各项民事法律制度和民法规范起指导作用的基本原则，是民事法律规范的灵魂。根据《民法通则》第3-7条的规定，民法有以下五个基本原则：

（一）平等原则

按照《民法通则》第3条的规定：“当事人在民事活动中的地位平等。”即在民事活动中，一切当事人的法律地位平等，任何一方不得把自己的意志强加给对方。平等原则是由民法调整的社会关系的性质决定的，民法调整的是平等主体之间的财产关系和人身关系，也是民事法律区别于其他部门法的标志。

平等原则的基本含义具体体现在三个方面：

（1）民事主体在民事法律关系中法律地位完全平等。参加民事活动的当事人，无论是自然人还是法人或者国家，其法律地位一律平等，任何一方不得把自己的意志强加给对方。平等原则强调的平等不是经济地位的平等或经济实力的平等，而是“法律地位”的平等。

（2）民事主体的民事权利能力平等。在民事活动中，民事主体平等地享有民事权利和承担民事义务。自然人和法人之间的民事权利能力也是平等的，具有平等享有民事权利和承担民事义务的资格。

（3）法律为民事主体提供平等的法律保护。民事主体法律地位的平等，任何主体的合法权益受到非法侵害时，可以请求予以法律救济。法律平等地保护民事主体的合法权益，对侵害其他民事主体合法权益的行为，也要平等地受到民事制裁或者承担相应的民事责任。

（二）自愿原则

自愿原则又称意思自治原则，是指民事主体在民事活动中可以自主地、不受他人意思支配而进行民事活动。自愿原则以平等原则为前提，每个当事人的意思独立，任何一方不能支配他人的意思，也不受他人意思的支配。

民事主体有权在民事活动中真实地表示自己的意思，有权自由决定从事某种民事活动，选择民事活动的相对人，选择民事行为的方式，选择民事活动的内容。每个民事主体要对基于自己意思的民事行为后果负责。

（三）公平原则

公平原则，是指民事主体在民事活动中应公正、平等地对待与之交易的相对人，一切民事主体在民事活动中有受到公平对待的权利。公平原则，要求当事人在民事活动中应当公平交换，利益均衡，当事人的权利义务应合理负担，不得显失公平。

（四）诚实信用原则

诚实信用原则，是指民事主体在从事民事活动中，应讲诚实、守信用，以善意的方式行使其权利，履行其义务，行为合法，不规避法律。该原则主要表现为：民事主体在民事活动中要诚实，恪守信用，不弄虚作假，以诚信的方式行使权力，依诚信的方式履行义务。

（五）公序良俗原则

公序良俗，是指“公共秩序”和“善良风俗”。公序良俗原则是指民事主体在民事活动过程中，应当遵守公共秩序，善良风俗，不得违反社会公德，不得损害社会利益和国家利益。

三、民事法律关系

民事法律关系是由民法在调整平等主体之间的社会关系过程中所形成的一种法律关系。民事法律关系是由民法规范调整的社会关系，是一种法律上的权利义务关系。

民事法律关系不同于其他法律关系的特点：

（1）民事法律关系是平等主体之间的社会关系。因为民法的调整对象是平等主体之间的财产关系和人身关系，这些社会关系具有平等性，决定了民事法律关系的平等性。

（2）民事法律关系的产生，多数取决于民事主体的自由意志。民法规范由国家制定，体现了国家意志，因此才能获得国家强制力的保护。但民法属于私法的范畴，必须贯彻自愿原则。多数民事法律关系的产生、变更和终止都由当事人自己决定，不允许任何组织或者个人强制与干涉，因此民事法律关系具有任意性。

（3）民事法律关系既体现财产关系又体现人身关系。民法调整的是平等主体之间的关系，这个关系既包括财产关系，也包括人身关系，人身关系是基础，损害人身关系会导致财产损害赔偿责任的发生。

第二节　民事主体

一、民事主体的概念和特征

民事主体又称民事法律关系主体，是指参加民事法律关系，享有民事权利和承担民事义务的人。民法当中的“人”和现实生活中的人有着不完全相同的含义，民法中的

“人”，意义广泛，既包括自然人也包括法人和合伙组织。民事主体的特征有以下几方面：

（一）民事主体的法律地位平等

参与民事法律关系的民事主体，必须遵守民法规范，与其他民事主体处于平等地位，任何人在民事活动中，都不得凌驾于法律之上，或违背法律强迫他人服从于不平等条件。

（二）民事主体的意思表示是真实的、自愿的

自愿原则也称意思自治原则。民事主体最基本的能力就是意思自治，这也是判断民事法律关系是否有效的标准。民事主体在设立、变更和终止民事法律关系时，各方当事人都有在法定的范围内自行选择行为内容和行为方式的自由，其进行的意思表示都应当是自愿的、真实的。

（三）民事主体的权利义务一致

我国法律的基本原则就是权利义务相一致。民事主体享有广泛的民事权利，同时也要承担相应的民事义务，民事主体既是权利主体，也是义务主体。作为民事主体的公民和法人必须在法律所规定的范围内从事民事活动，任何民事主体都不能只享有权利而不承担义务，或只承担义务而不享有权利。

二、自然人

（一）自然人的概念

自然人是指基于出生而取得民事主体资格的人，是与“法人”相对立的民事主体。“自然人”与生命相联系。凡是公民均为自然人，但自然人不一定是一国的公民。

（二）自然人的民事权利能力

权利能力是指权利人享受权利的资格。自然人作为民事法律关系的主体，首先必须具有权利能力，这是独立人格性的体现。民事权利能力是指民事主体依法享有民事权利和承担民事义务的资格。它是自然人参加民事法律关系、取得民事权利、承担民事义务的法律依据，也是自然人享有民事主体资格的标志。

我国《民法通则》第9条规定：“公民从出生时起到死亡时止，具有民事权利能力，依法享有民事权利，承担民事义务。”自然人的民事权利能力开始于自然人出生，因此出生是公民成为民事权利主体的法律事实。胎儿尚未出生，依法没有民事权利能力，不具备民事主体资格，但我国在遗产继承方面保护胎儿的利益。我国《继承法》规定：遗产分割时，应当保留胎儿的继承份额；胎儿是死体的，保留的份额按照法定继承办理。公民的民事权利能力终于死亡。公民死亡后不能继续成为民事主体，不再享有民事权利能力。公民的死亡可分为自然死亡和宣告死亡。自然死亡是指自然人生命的终结，自然人死亡其民事主体的资格丧失，不再作为民事主体享受权利并承担义务。宣告死亡是指通过法定程序

确定失踪人死亡。宣告死亡的时间以人民法院宣告死亡的日期为准。公民被宣告死亡后其民事权利能力消灭，如果被宣告死亡人实际还活着，其权利能力应视为仍然存在。

（三）自然人的民事行为能力

自然人的民事行为能力，是指自然人能以自己的行为取得民事权利，承担民事义务的资格。自然人的民事行为能力是自然人可以独立进行民事活动的能力或资格。自然人具有民事行为能力，可以独立地进行民事活动，自主地与他人确立、变更、终止民事法律关系并承担相应的法律责任。

我国《民法通则》规定，公民取得民事行为能力的条件有两个：一是达到法定的年龄；二是具有正常的智力，精神健康。因此根据这两个条件，公民的民事行为能力分为以下三种：

（1）完全民事行为能力。我国民法通则规定，18 周岁以上的公民是成年人，具有完全民事行为能力，可以独立进行民事活动。

（2）限制民事行为能力。10 岁以上 18 岁以下的人，只能从事某些民事行为而取得民事权利、设定民事义务，即只能进行和他的年龄、智力相适应的民事活动。

（3）无民事行为能力。不满 10 周岁的未成年人和不能辨认自己行为的精神病人，不能独立进行民事活动，应由其法定代理人代理民事活动，其自己实施的民事行为无效。

（四）宣告失踪与宣告死亡

宣告失踪，是指自然人离开自己的住所下落不明达到法定的期限，经利害关系人申请，人民法院宣告其为失踪人的一项制度。该制度的目的是通过人民法院确认自然人失踪的事实，结束失踪人财产无人管理及其应履行的义务不能得到及时履行的非正常状态，以保护失踪人和其家人利益。我国《民法通则》第 20 条规定："公民下落不明满两年的，利害关系人可以向人民法院申请宣告他为失踪人。战争期间下落不明的，下落不明的时间从战争结束之日起计算。"所谓的"下落不明"，一般情况下是指自然人离开最后居所或住所后没有音信的状况，这种状况须是持续、不间断的存在，时间持续、不间断地经过两年。

宣告失踪的条件：有自然人失踪的事实，主要是自然人下落不明和状态持续时间满两年；有利害关系人的申请，指的是下落不明人的近亲属或是负有监护责任的人，此人应具有完全民事行为能力。法律规定利害关系人包括被宣告人的配偶、成年子女、父母、祖父母、外祖父母、成年孙子女、成年外孙子女、兄弟姐妹以及其他与之有民事权利义务关系的人；受理与宣告失踪只能由人民法院作出判决，其他任何机关和个人均无权作出决定。

宣告失踪之后，其民事主体资格仍然存在，因此不产生婚姻关系解除和继承开始的后果。宣告失踪的效力表现为：为失踪人的财产设定代管人；清偿失踪人的债务，并追索其债权。

被宣告失踪的人重新出现，经本人或者利害关系人申请，人民法院应撤销对他的失踪宣告。

宣告死亡，是指自然人下落不明达到法定期限，经利害关系人申请，人民法院宣告其死亡的法律制度。目的在于破除自然人长期下落不明所造成的财产关系和人身关系的极不稳定状态，维护正常的社会秩序。宣告死亡是人民法院依照法定程序对失踪人死亡的一种法律推定。

宣告死亡的条件：宣告死亡应具备的条件，是公民下落不明超过了一定期限，该期限有三种：一般情况下，从公民音信消失的次日起，下落不明满四年；因意外事故下落不明，从事故发生之日起满两年；战争期间下落不明的，从战争结束之日起满四年。

宣告死亡需经利害关系人申请，申请宣告死亡的利害关系人的顺序为：配偶；父母、子女；兄弟姐妹、祖父母、外祖父母、孙子女、外孙子女；其他有民事权利义务关系的人。但注意，申请撤销死亡宣告时不受上列顺序的限制。

公民被宣告死亡后，会发生与自然死亡同样的法律后果：被宣告死亡的公民丧失民事主体资格。其民事权利能力和民事行为能力终止；其原先参加的民事法律关系归于消灭或变更；其婚姻关系自然解除；其个人合法财产作为遗产按继承处理。

公民被宣告死亡是以人民法院判决宣告之日为死亡之日。而当被宣告死亡的人出现或者确知其没有死亡的，经本人或者利害关系人申请，人民法院应当撤销对他的死亡宣告。公民被撤销死亡宣告后婚姻关系：如配偶尚未再婚的，夫妻关系自人民法院撤销死亡宣告之日起自行恢复；如果其配偶再婚后又离婚者或配偶又死亡的，则不得认定夫妻关系自行恢复。

（五）监护

监护，是指对未成年人和精神病人的人身、财产及其他合法权益进行监督和保护的一项民事法律制度。履行监督、保护义务的人，称为监护人，而被监督、保护的人，称为被监护人。

未成年人的监护人首先是其父母，父母作为未成年人的法定监护人，以子女出生的法律事实而发生，一直到子女年满18周岁。父母是子女的第一顺序监护人，除因死亡或按法定程序被剥夺外，任何人不得加以剥夺或限制。未成年人父母双亡或丧失监护能力或被取消监护资格的，民法通则规定，由下列人员中有监护能力的人担任监护人：祖父母、外祖父母；兄、姐；关系密切的其他亲属、朋友愿意承担监护责任，经未成年人的父母所在单位或者未成年人住所地的居民委员会、村民委员会同意的。未成年人的近亲属对担任监护人有争议时，由未成年人父母所在单位或未成年人住所地的居民委员会或村民委员会在他的近亲属中指定；对指定不服而提起诉讼的，由人民法院裁决。没有上述各种能够担任监护人的人时，应由未成年人的父母所在单位或未成年人住所地的居民委员会或村民委员会或民政部门担任监护人。

无民事行为能力或者限制民事行为能力的精神病人，由下列人员担任监护人：配偶；父母；成年子女；其他近亲属；关系密切的其他亲属、朋友愿意承担监护责任，经精神病人的所在单位或者住所地的居民委员会同意的人员。如上述人员对担任监护人有争议的，应由精神病人的所在单位或者住所地的居民委员会、村民委员会在近亲属中指定；对指定不服提起诉讼的，由人民法院裁决。

监护人依法履行其监护职责，受法律的保护，任何单位和个人都不得非法干涉。监护人应认真履行职责，保护被监护人的人身、财产及其他合法权益。除为了被监护人的利益外，不得处理被监护人的财产。如若不履行监护职责或侵害被监护人的合法权益，则应依法承担责任，人民法院也可以撤销其监护人资格，另行指定他人。

三、法人

（一）法人的概念和特征

法人是相对于自然人而言的另一类民事权利主体。法人是自然人组成的团体，具有民事权利能力和民事行为能力，依法独立享有民事权利和承担民事义务的组织。自然人被赋予独立人格，法人也是具有独立人格的组织。

法人具有如下特征：

（1）法人是一种组织。有自己的名称、组织机构和场所，以自己的名义参加各种社会活动。

（2）法人拥有独立的财产。法人作为民事主体，从事民事活动，必须具有自己的财产。

（3）法人以自己的名义参加民事活动。法人具有自己的名称，并且以该名称从事民事活动，享有权利和承担义务。法人的名称是法人区别于其他民事主体的标志。

（4）法人独立承担民事责任。法人独立承担民事责任，意味着法人是以自己的财产对外承担民事责任，这也是法人具有独立财产和独立人格的体现。

（二）法人的民事能力

法人的民事能力包括民事权利能力、民事行为能力和民事责任能力，这是法人作为民事主体所应有的资格。法人的民事行为能力都是完全的，没有无民事行为能力和限制民事行为能力的问题，因为法人不存在年龄和精神状态问题。

法人的民事权利能力和民事行为能力开始于法人成立。需要登记的法人，自依法登记之日成立。不需要登记的法人，依法批准或者宣告之日为法人成立日期，如政府机关的成立。

法人的民事权利能力和民事行为能力到终止时消灭，即法人丧失民事主体资格。依法登记设立的法人，自办理注销登记之日终止，或者自被吊销执照之日起终止。依批准而成立的法人，自批准撤销或宣布撤销之日起终止。

法人的分类包括：公法人和私法人，社团法人和财团法人，营利法人和非营利法人，企业法人与非企业法人。在我国《民法通则》中，法人被分为企业法人、机关法人、事业单位法人和社会团体法人。企业法人是指以营利为目的，独立从事商品生产和经营活动的法人。企业法人成立除了要具备一般法人的四个条件外，还要有自己的组织章程，国家规定的资金数额，须经主管机关核准登记。而机关法人只要具备上述四个条件，从成立之日起，即具备法人资格。事业单位和社会团体不是以营利为目的，一般不参与商品生产和经营活动，如要取得法人资格，成立也分需要登记和不要登记两种。法律规定法人从事民事活动的范围，凡超越自己的职能或活动范围而从事的民事活动，可认定为无效的民事行为，因此致他人损害的，应承担赔偿责任。

第三节　民事法律行为和代理

一、民事法律行为

（一）民事法律行为

民事法律行为，是一种重要的法律事实。按照《民法通则》第 54 条的规定，民事法律行为是指公民或者法人设立、变更、终止民事权利和民事义务的合法行为。

根据《民法通则》的规定，民事法律行为具有以下特征：

（1）民事法律行为是民事主体实施的行为。民事法律行为是独立的、平等的民事主体根据自己的意志所实施的能够产生民事权利和民事义务的合法行为。

（2）民事法律行为是设立、变更和终止民事权利和民事义务的行为。权利义务的设立是新的民事法律关系的形成，如订立合同；权利义务的变更是原有的民事法律关系发生了变化，如变更合同；权利义务的终止是指权利义务的消灭，如合同的解除。民事法律行为是人们有目的、有意志的行为，意思表示是民事行为的核心。

（3）民事法律行为是合法行为。行为的合法性是指行为的内容、方式、动机等方面都为法律所承认。只有合法的民事行为才能得到法律的承认和保护。

（二）民事法律行为的种类

民事法律行为从不同的角度可以有不同的分类，以下为主要的分类：

（1）单方法律行为、双方法律行为和共同法律行为。单方法律行为是指根据一方的意思表示就能够成立的行为，如立遗嘱和放弃继承等。双方法律行为是指双方当事人的意思表示一致才能成立的法律行为。其典型形式是合同，合同的成立必须要有两个以上的当事人，各方当事人须互相作出意思表示。如婚姻的成立、合同的缔结等。共同法律行为是基于两个或两个以上共同的意思表示一致而成立的法律行为，如合伙合同。

（2）诺成性法律行为与实践性法律行为。诺成性法律行为是指无须交付标的物，仅以当事人意思表示一致即可成立的民事法律行为。其特点在于，当事人双方意思表示一致法律行为即告成立，如买卖、租赁等。大多数双方行为都属于诺成性法律行为。实践性法律行为是指除当事人意思表示一致外，还须交付标的物才能成立的民事法律行为，如借用合同、保管合同等。

（3）要式法律行为与不要式法律行为。要式法律行为是指根据法律规定或当事人约定的方式而实施的法律行为。对于重要的交易，法律通常要求当事人采取特定的方式实施，如不动产买卖行为。不要式法律行为是指法律不要求，当事人也没有约定，而由当事人自由选择一种形式即能成立的行为。当事人可以采取口头形式、书面形式或其他形式。

（4）有偿法律行为与无偿法律行为。有偿法律行为是指一方当事人从对方当事人取得某种利益必须支付相应对价的民事法律行为，如买卖行为、租赁行为是典型的有偿民事法律行为。无偿法律行为是指一方当事人从对方当事人取得某种利益而无须支付相应对价的民事法律行为，如赠与合同、无偿保管合同等。

（三）民事法律行为的要件

民事法律行为的成立要件包括三个：当事人、意思表示、标的。任何民事法律行为都必须有当事人，没当事人就无法作出意思表示，就不可能成立民事法律行为。意思表示是行为人把内心想法表示于外部的过程，是民事法律行为成立的核心要件。标的，即民事法律行为的内容。

民事法律行为的生效，是指已经成立的民事法律行为因符合法定有效要件而取得法律认可的效力。我国《民法通则》第55条规定，民事法律行为的有效成立，应具备以下要件：（1）行为人具有相应的民事行为能力；（2）意思表示真实；（3）不违反法律或社会公共利益。民事法律行为的形式就是意思表示于外部的形式，可以采用书面形式、口头形式或者其他形式。民事法律行为的形式一般由行为人选择，但是法律规定采用特定形式的，必须遵守法律的规定，否则民事法律行为不成立。

一般来说，民事法律行为符合法定的生效要件，就发生法律效力。民事法律行为缺少生效要件时，该民事法律行为有可能构成无效民事法律行为、可变更可撤销民事法律行为。我国《民法通则》第58条规定，下列民事行为无效：（1）无行为能力人实施的行为；（2）限制行为能力人依法不能独立实施的行为；（3）一方以欺诈、胁迫手段或乘人之危，使对方在违背真实意思的情况下所为的行为；（4）恶意串通，损害国家、集体或第三人利益的行为；（5）违反法律或社会公共利益的行为；（6）经济合同违反国家指令性计划的；（7）以合法形式掩盖非法目的的。无效的民事法律行为，因不具备生效要件，自始不曾发生法律效力。《民法通则》第59条规定，行为人对行为内容有重大误解以及显失公平的民事行为，一方有权请求人民法院或者仲裁机关变更或者撤销。对于可变更、可撤销的民事行为，在变更或撤销之前，应认定为有效；如当事人仅要求变更，也不导致行为无效；如当事人主张撤销，经法院或仲裁机构撤销后，该行为自始无效。

法律行为以意思表示为核心，基于当事人的意思而对法律行为的效力作出的意思表示，包括附条件和附期限两种。附条件的民事法律行为，是指在民事法律行为中规定一定的条件，符合所附条件时生效。附条件法律行为中的条件是：（1）必须是将来发生的事实；（2）必须是不确定的事实；（3）所附条件是由当事人约定的，而不是法定的；（4）所附条件应是合法的事实；（5）所附条件不得与法律行为的主要内容相矛盾。

附期限的民事法律行为，是指在民事法律行为中约定一定的期限，期限到来作为民事权利和民事义务发生、变更和消灭的前提。附有延缓期限的，法律行为于期限到来时生效；附有解除期限的，法律行为的效力于期限到来时终止。

二、代理

（一）代理的概念

代理是代理人以被代理人名义实施的、其法律效果直接归属于被代理人的行为。代理制度可以弥补被代理人精力、知识的不足，降低交易成本，更好地实现自己的权利。

代理的特征：（1）代理人以被代理人的名义实施代理行为。因此，代理人是直接为被代理人设定权利义务，使被代理人与相对人之间设立、变更或终止民事权利义务关系，这个民事法律关系的权利主体和义务主体是被代理人和相对人。（2）代理人在代理权限内进行代理活动。代理权来自法律规定或被代理人的授权，代理人只能在代理权限范围内实施代理行为。超越代理权的行为不对被代理人产生法律效力。（3）代理人的活动是代替被代理人独立、直接地实施和接受意思表示。代理人独立为代理行为，因此，代理人应为完全民事行为能力人。代理人在代理活动中，向相对人为意思表示或者接受相对人的意思表示，是独立积极和直接地进行的。（4）代理人实施代理的法律后果直接由被代理人承受。设定代理是为了被代理人的利益，代理人在代理权限内所为的行为，视为被代理人的行为，其行为后果应由被代理人承担。

代理的适用范围十分广泛，主要适用于民事法律行为和民事诉讼行为以及其他具有民事意义的行为。但是，根据《民法通则》第 63 条的规定，以下几种情况不适用代理：（1）法律规定不能通过代理人进行的行为。这种行为主要指与人身有密切关系或者能够产生人身关系的法律行为。如遗嘱行为、婚姻登记和收养子女等民事法律行为，必须由本人亲自实施。（2）当事人约定不得代理的行为。如演出合同约定不得请人代理演出的，或者撰稿、绘画和承揽合同都不能借助代理。（3）违法行为、侵权行为不能适用代理。代理行为仅适用法律允许的范围，对于非“民事法律行为”即不合法的行为当然不能代理。

（二）代理的种类

根据《民法通则》第 64 条的规定，代理包括委托代理、法定代理和指定代理。

1. 委托代理

委托代理，也称为授权代理，是指基于被代理人的委托授权而产生代理权的代理。委托授权行为是基于被代理人的意志而进行的，本人的意思表示是发生委托代理的前提条件。委托授权的形式灵活，有书面形式、口头形式两种，法律规定必须采用书面形式的，应当用书面形式。委托授权的内容上，包括授权代理的事项、时限、条件等，以确立授权人和受托人之间的代理关系。委托代理人与被代理人之间一般以信任为基础，因此除法律另有规定外，不得自行转委托。委托代理是代理中适用最广泛、最普遍的一种形式。

2. 法定代理

法定代理，是指根据法律的规定而进行的代理。法定代理主要适用于被代理人为无行为能力人或限制行为能力人。法定代理人依照法律规定行使代理权，被代理人与代理人之间存在血缘、婚姻、职务等人身或身份性质的法律关系。法定代理人的范围与监护人的范围相同，设定法定代理是为了有效地保护无民事行为能力人、限制民事行为能力人的合法权益。

3. 指定代理

指定代理，是指由人民法院或者其他指定单位的裁定或者决定而确定的代理。指定代理是法定代理的补充形式，通常是指无民事行为能力人或限制民事行为能力人的法定代理人相互推诿不愿代理或者没有法定代理人的情况下，由人民法院或其他机关指定代理人。

（三）代理权的终止

代理权的终止，又称为代理权的消灭，就是代理关系的终止。具体是指因法定的事实出现，使代理人与被代理人的代理关系终止，代理人不再享有代理权。

1. 委托代理的终止

按照《民法通则》第 69 条的规定，有下列情形之一的，委托代理终止：（1）代理期间届满或者代理事务完成；（2）被代理人取消委托或者代理人辞去委托；（3）代理人死亡；（4）代理人丧失民事行为能力；（5）作为被代理人或者代理人的法人终止。

2. 法定代理和指定代理的终止

按照《民法通则》第 70 条规定，有下列情形之一的，法定代理或者指定代理终止：（1）被代理人取得或者恢复民事行为能力；（2）被代理人或者代理人死亡；（3）代理人丧失民事行为能力；（4）指定代理的人民法院或者指定单位取消指定；（5）由其他原因引起的被代理人和代理人之间的监护关系消灭。

在代理关系中，因代理人的原因而给被代理人造成损害的，应承担民事责任。代理人和第三人串通损害被代理人利益的，由代理人和第三人负连带责任。第三人知道行为人没有代理权、超越代理权或代理权已经终止仍与行为人为民事行为以致他人损害的，由第三人和行为人负连带责任。

第四节 物 权

一、物权的概念和特征

物权，是民法上的一个重要概念，与债权共同构成民法财产权的体系。我国在 2007 年通过了《物权法》。物权，是指权利人依法对特定的物享有直接支配和排他的权利，包括所有权、用益物权和担保物权。

物权的特征：（1）物权是一种支配权。物权的内容为物权人直接支配标的物，并享受其利益的权利，不需要其他任何人的行为。（2）物权是一种绝对权。物权的权利主体是特定的权利人，义务主体是权利人以外的一切不特定人。除权利人外，其他任何人都负有不得侵害他人物权的义务，他们都是物权的义务主体，承担不侵害他人物权的不作为义务。（3）物权的效力具有排他性。物权为直接支配标的物的权利，具有排除他人干涉而由权利人独占地享有其利益的性质与效力。同一物上不能同时设立两个内容相互冲突的物权。但所有权的排他性并不妨碍数人对同一物共同享有所有权，也不妨碍同一物上存在几个内容互不冲突的物权。

物权与债权是相对应的民事权利，物权是直接支配物并享受其利益的权利，物权人无需借助他人行为就能够行使其权利，债权是有权请求他人为一定行为或不为一定行为的权利，债权人只能通过债务人的行为才能享受其债权利益。总之，物权为标的物的支配权，债权为特定人的请求权。

物权法是大陆法系国家民法典的重要组成部分，英美法系有关物权的内容被称为财产法。财产法内容的范围比物权法更广，基本包括了大陆法系物权法的内容和合同法中的部分内容。我国《物权法》第 2 条第 1 款规定，物权法是调整民事主体对物的归属与利用关系而产生的法律关系的法律规范的总称。物权法可作狭义和广义的理解。狭义的物权法仅指形式意义的物权法，即一国的物权法或民法典的物权编。广义的物权法是实质意义的物权法，它还包括其他法律文件中有关物权的规定。

二、物权的种类

大陆法系各国基于物权法定主义原则都对物权种类和内容作出明确的规定，各国物权种类参差不齐，从物权的立法上归纳为四类：

（1）所有权，是指所有人依法对其财产享有占有、使用、收益和处分的权利。所有权是最完整、最充分的物权。为充分发挥物的效用，可以在所有权上设定各种其他物权。

（2）用益物权，是指对他人所有的物在一定范围内使用、收益的权利，用益物权包括土地承包经营权、建设用地使用权、地役权、宅基地使用权。

（3）担保物权，是指为了担保债的履行，在债务人或第三人的特定财产上设定的物权、担保物权人有权就该特定物优先受偿。包括抵押权、质权、留置权。

（4）占有，是指对物的控制、占领，是一种准物权。

三、物权的效力

物权的效力，是指物权产生之后，为实现其内容，法律上所赋予的效果与权能。物权的效力界定了法律保障物权人对标的物进行支配并排除他人干涉的程度和范围。

（一）物权的排他效力

物权的排他效力是指同一标的物上不得成立两个以上所有权或两个以上不相容的物权。物权的排他效力是由物权的支配性所决定的。

（二）物权的优先

物权的优先效力仅指同一标的物上物权与债权并存时，物权优先于债权。法律赋予物权以优先效力，有利于维护既存的财产占有关系。

（三）物权的追及效力

物权的追及效力指物权成立后，其标的物无论辗转何人之手，物权的权利人均有权追及物之所在地，而直接支配物的效力。物权人原则上可以向物的占有人索取，请求返还原物。但如果该物为他人善意占有，则无权无偿请求返还。

四、物权的变动

物权的变动是指物权的产生、变更和消灭。从权利人的角度来看，物权的变动即物权的取得、变更和丧失。

（一）物权的取得

（1）原始取得，即直接依据法律的规定而取得的物权，而不是以原物权人转让其物权为基础而取得。引发原始取得的法律事实属于事实行为，此种取得方式因不涉及他人既存的权利，所以物权客体上原有的一切负担均因原始取得而消灭。此时，原权利人不得就该物主张任何权利，物权人也无权要求原权利人承担瑕疵担保责任。

（2）继受取得，又称“传来取得”，是指基于他人对其物权的让与而取得该项物权。引发继受取得的法律事实属于法律行为，如买卖、赠与、互易等。因此，原权利人不得将大于自己权利范围的权利让与他人，受让人须继续承受标的物上既有的一切负担。

（二）物权的变更

物权的变更，即物权内容的变更。物权内容的变更，是指在不影响物权属性的情况下物权的客体、效力范围、方式所发生的改变。如抵押权人与抵押人可以协议变更抵押权顺位以及被担保的债权数额等内容，但抵押权的变更未经其他抵押权人书面同意，不得对其他抵押权人产生不利影响。

（三）物权的消灭

物权的消灭，是指特定主体的物权不复存在，物权的消灭有广义和狭义之分，广义的物权消灭包括物权的绝对消灭与物权的相对消灭，前者是指物权从此不再存在，后者是指物权的主体发生了改变，就原权利人而言，是物权的相对消灭。因此，一般而言，物权的消灭应仅指物权的绝对消灭。

五、物权的保护

我国《物权法》第1条将“保护权利人的物权”作为立法目的之一。物权的保护是依据法律规定对物权予以保护的各种机制的总和。

（一）物权请求权

物权请求权也称“物上请求权”，它是基于物权而产生的，旨在排除对物权现实的或潜在的妨害，从而恢复物权圆满支配状态的请求权。由于物权请求权是特定人之间请求为一种行为的权利，它与债权有很大相似性，但却并不等同于债权。请求权可以由债权债务关系、物权关系、亲属关系或者继承关系而产生，此外，债权是独立的请求权，而物权请求权是非独立的请求权，物权请求权的产生、移转、消灭都附随于物权的产生、移转、消灭，因此物权请求权并非债权。物权请求权有三种：所有物返还请求权、排除妨害请求权、预防妨害请求权。

（二）确认物权的请求权

《物权法》第 33 条规定，物权请求权是因物权的归属、内容发生争议的，利害关系人可以请求确认权利。确认物权请求权的主体是利害关系人，利害关系人是指与物权的归属或内容存在法律上的利害关系的人。确认物权请求权的内容是物权的归属和物权的内容。利害关系人可以请求行政主管机关，也可以请求法院、仲裁委员会等确认物权的归属和内容。

（三）恢复原状的请求权

《物权法》第 36 条规定，恢复原状的请求权是指造成不动产或者动产毁损的，权利人可以请求修理、重作、更换或者恢复原状。其特征为：请求权为权利人，即所有权人或者他物权人；该请求权适用于不动产或者动产被毁损的场合；该请求权指向的义务承担的责任包括修理、重作、更换或者恢复原状。

第五节 债 权

一、债的概念和种类

（一）债的概念和特征

我国《民法通则》第 84 条规定，债是按照合同的约定或者依照法律的规定，在当事人之间产生的特定的权利义务关系。享有权利的人是债权人，负有义务的人是债务人。债权人有权请求债务人按照合同的约定或者法律的规定履行其义务；债务人有义务按照合同的约定或者法律的规定为特定行为以满足债权人的请求。

债是民法调整财产关系所形成的一种法律关系，与其他财产法律关系相比较，债有以下特征：

1. 债是特定当事人之间的民事法律关系

债是发生在特定当事人之间的法律关系，即债权人和债务人都是特定的，因此，债为相对的法律关系。债权人只能向特定的债务人主张权利，而物权关系、知识产权关系、人身关系等只有权利主体是特定的，义务主体则为不特定的人，即权利主体可以向不特定的一切人主张权利。

2. 债是请求为特定行为的法律关系

债的内容表现为债权人有权请求债务人为一定行为或不为一定行为。只有通过债务人的给付才能达到，没有债务人应为的特定行为就不能实行债权人的权利。这种特定行为是能够给当事人带来财产利益的行为，也称为给付行为。法律上的债不仅仅是给付金钱，还包括提供劳务、交付货物、移转权利等的法律关系的债。

3. 债是依据合同或者法律规定而发生的法律关系

法律上的债既可以因合同发生，也可因法律规定而发生，如通过合同而产生的债。债可以因合同行为发生，也可因不法行为而发生，如基于侵权行为、无因管理、不当得利等产生的债。

4. 债属于财产法律关系

民事法律关系有财产法律关系和人身法律关系，债是债权人和债务人之间建立的一种财产利益关系，属于财产法律关系的范畴。

（二）债的要素

债的要素是指构成债的要件，包括主体、内容和客体三要素：

1. 债的主体

债的主体包括债权人和债务人，两者相互对立、相互依存。

2. 债的内容

债的内容是债权和债务，即债权人享有的权利和债务人负担的义务。债权为债权人享有的请求债务人为特定行为的权利，债权是请求权。债权和债务互相对应，互相依存；债权人的权利即债务人的义务，没有债权就没有债务。

3. 债的客体

债的客体是指债权债务共同指向的对象，是债务人应为的特定行为，即给付，如交付货物、支付金钱、提供劳务等。

（三）债的种类

依照不同的划分标准，可对债作不同的分类：

1. 约定之债与法定之债

这是根据债的发生原因对债的分类。约定之债是基于债权人与债务人的合意而发生的债，如合同之债。法定之债是基于法律的规定而发生的债，如侵权行为之债、不当得利之债、无因管理之债。法定之债的产生不以当事人的意志为转移。

2. 特定物之债与种类物之债

这是根据债的标的物属性不同对债进行的划分。以特定物为标的物的债称为特定物之债，如租赁合同。以种类物为标的物的债称为种类物之债，如借款合同。

3. 单一之债与多数人之债

这是根据债的主体上的特征，债可以分为单一之债和多数人之债。单一之债，是指债权主体一方和债务主体一方都仅为一人的债；多数人之债，是指债权主体和债务主体至少有一方为两人以上的债，如按份之债、连带之债等。

4. 主债与从债

根据债之间的关系可以将债分为主债与从债。主债，是指不以他债的存在为前提，能够独立存在的债。不能独立存在，必须以他债为存在前提的债，称为从债。如某一借款合同设有保证，则存在两个债，主债为借款合同之债，从债为保证合同之债。

二、债的履行

（一）债的履行的概念与原则

债的履行是指债务人按照合同的约定或者法律的规定履行其义务。债的履行是债的最主要的效力，债务人全面正确地履行了义务，债权也就得到了全面实现，债权人的利益才能得到满足，因此，债的履行从债权人方面说是债权的实现。债的履行原则主要有两点：其一是按约、全面履行。即债的履行主体、履行标的、履行期限、地点、方式都要符合约定；其二是诚信履行。即履行中要完成相关附随义务。

（二）债的适当履行

债的适当履行就是要求债的履行主体、履行标的、履行期限、履行地点和履行方式都必须是适当的。债的履行主体包括履行债务的主体和接受债务的主体，是指履行债务和接受债务履行的人，一般情况下，由债务人履行债务，由债权人接受债务的履行。履行标的即给付标的，即债务人应给付债权人的对象。债务人应当按照债的标的履行，不得随意以其他标的代替，除非经过债权人同意。债的履行期限，是债务人履行债务和债权人接受履行的时间。债的当事人应在合同约定或者法律规定的期限内履行。期限没有约定或约定不明的可以由当事人协议补充或根据合同的其他条款或交易习惯推定。履行地点是债务人履行债务和债权人接受履行的地点。履行地点关系到履行费用的负担，当事人应按照约定或者规定的地点履行。履行地点无约定或约定不明的，可以由当事人协议补充或根据合同的其他条款或交易习惯推定；履行方式是指债务人履行义务的方法、方式是由法律规定或者合同约定的，或者是由债的关系的性质决定的。

（三）债的不适当履行

债的不适当履行，是指当事人虽有履行行为，但其履行不符合约定或者法律规定。常见的有迟延履行、加害履行、受领迟延。履行迟延，是指在债务履行期限届满后，债务人能履行债务而未履行债务。这是一种在期限上履行不适当的情形，包括提前履行与迟延履行。加害履行，是指因债务人的履行有瑕疵且因致债权人受履行利益以外的损害的情形。这种也属于瑕疵履行的一种，瑕疵履行表现有多种，如交付的标的物的数量不足或品质不合要求，或者履行的时间、地点或方式不合要求等。受领迟延，是指债权人未及时接受债务人的适当给付。债权人的受领是权利，而不是一种义务，但债务的履行须有赖于债权人的受领才能实现，债权人应当协助债务人履行，及时接受债务人的给付。受领迟延，从债务履行的结果上说，债务仍未得到履行，只不过债务未能履行的原因不是债务人没有履行而是由于债权人受领迟延。

（四）债的不履行

债的不履行，是指债的履行主体没有实施债中所规定的作为或不作为。债务人根本就没有履行债务，包括履行不能与拒绝履行两种情形。履行不能，是指债务人不能履行其义务，根据情况可分为自始履行不能和嗣后履行不能。自始履行不能构成缔约责任，不构成违约责任。自始法律不能，属于无效民事行为。自始事实不能，民事行为不成立。因此，履行不能仅指嗣后不能。嗣后不能也分为法律不能和事实不能。拒绝履行，是指能够履行而不履行，是故意毁约的行为。拒绝履行是一种能履行债务而不履行的违法行为。债务人于债务履行期届至而表示不履行的，债权人有权请求法院强制债务人履行，并请求赔偿损失。债务人于债务履行期未届至前而表示拒绝履行的，债权人有权解除合同，并请求债务人承担不履行的赔偿责任。

三、债的担保

（一）债的担保的概念和特征

债的担保，是指为确保特定债权人的实现，以第三人的信用或者以特定的财产保障债务人履行义务的法律制度。债的担保有以下三个特征：

1. 特定性

特定性主要指债权人是特定的，债的担保是特殊担保，其目的就是使特定的债权人能够从第三人处受偿或者就特定财产优先于其他债权人受偿；债的担保是以特定第三人的信用或特定的财产作为债权实现的保障。其标的只能是特定第三人的信用，或者是第三人或债务人的特定财产，而不能是债务人的一般财产。

2. 补充性

债的担保是对债的效力的一种补充和加强，扩张了债权的效力范围。在债的关系中，债务人须以其全部财产承担债务履行责任。债的担保使特定的债权人可以从特定第三人的责任财产中受偿，或从债务人抑或第三人的特定财产上优先于其他债权受偿，增强债权的效力。

3. 从属性

从属性是指债的担保依附于被担保的债，二者形成主从关系。债的担保从属于所担保的债，被担保的债为主债，主债不能成立或者无效，债的担保也就不能发生效力；主债消灭，债的担保也随之消灭。

（二）债的担保的种类

1. 根据担保产生的依据分为约定担保和法定担保

约定担保是由当事人自行设定的担保。约定担保具有自愿性，当事人按照自己的意愿，决定是否担保、担保的方式、担保的债务范围，任何人不能强迫他人作担保。如定金、保证、质押等是最主要的约定担保。法定担保是指基于法律的规定而产生的担保，法定担保具有法定性，具备了法定的条件即可产生，如优先权、留置权。

2. 根据担保的方式可以分为人的担保和物的担保

人的担保，是指以人的信用来担保债的履行的担保方式，其典型形式是保证，保证是一种债的关系，在债务人不能履行债务时债权人有权请求保证人履行。物的担保，是指以特定的财产作为债权担保的担保方式，其中提供担保财产的人可以是债务人，也可以是债务人以外的第三人，在债务人不能履行时债权人有权从担保财产的价值中优先受偿。物的担保的典型形式包括抵押权、质权、优先权等。

3. 反担保

反担保，是指债务人或第三人向为主债务人履行主债务提供担保的担保人所提供的，保障担保人对主债务人的追偿权实现而设定的担保。反担保的担保对象是担保人对主债务人的追偿权。

（三）保证

保证，是指保证人和债权人约定，当债务人不履行债务时，保证人按照约定履行债务或者承担责任的行为。这是一种由债权人与保证人双方实施的民事行为，须由保证人与债权人双方意思表示的一致才能成立；保证是保证人以自己的信用担保债务人履行债务的，因而保证人只能是债务人以外的第三人，不能是债务人本身。保证债务是债务人不履行债务时才生效的，当债务人履行债务时，保证债务不能生效。

保证的方式分为一般保证与连带保证两种。一般保证保证人的责任较轻，而在连带保证中保证人的责任较重。我国《担保法》第19条规定，对于担保方式未约定时按连带责任保证。

保证的效力范围，即保证人承担保证责任的范围。保证的效力范围因当事人之间有无约定而不同。我国《担保法》第21条规定："当事人对保证担保的范围没有约定或者约定不明确的，保证人应当对全部债务承担责任。"全部债务包括主债务的全部、利息、违约金、损害赔偿金、实现债权的费用等。保证在保证人与主债务人之间的效力主要体现为保证人的追偿权。

保证债务的消灭一般原因有：主债务因利息、抵销、混同、免除等原因而消灭时，保证债务随之消灭；保证合同解除或终止时，保证人的保证债务消灭；主债务转让给第三人而未经保证人书面同意的，保证人的保证债务消灭。

（四）定金

定金由当事人双方约定，为确保债的履行，在法律规定的范围内，一方向另一方预先支付的一定款项。我国《民法通则》第89条第3项规定："当事人一方在法律规定的范围内可以向对方给付定金。债务人履行债务后，定金应当抵作价款或者收回。给付定金的一方不履行债务的，无权要求返还定金；接受定金的一方不履行债务的，应当双倍返还定金。"

定金由双方当事人约定，此协议为定金合同。定金一般具有三个方面的效力，交付和收受定金的事实，是当事人之间合同关系存在的有力证据；定金于合同履行后，应当返还或者抵作价款，因此，定金具有预先给付和抵销的效力；定金的担保效力表现在交付定金的一方不履行合同时，丧失定金；收受定金的一方不履行合同时，应当双倍返还定金。

四、合同之债

（一）合同的概念和特征

我国《合同法》规定，合同为平等主体的自然人、法人、其他组织之间设立、变更、终止民事权利义务关系的协议。《合同法》所说的合同，是民事合同中的债权合同，有关身份关系的合同，不适用合同法的规定。

合同具有以下法律特征：

（1）合同是当事人双方意思表示一致的法律行为。民事法律行为有单方、双方之分，合同成立的标志就是双方的合意。一个意思表示为要约，一个意思表示为承诺。仅一方做出意思表示，或双方意思表示不一致，合同不能成立。

（2）合同是一种民事法律行为。民事法律行为以意思表示为要素。合同也要有当事人的意思表示，没有当事人的意思表示，就没有合同。

（3）合同是以发生民事法律后果为目的的协议。当事人订立合同的目的，就是要设立、变更、终止债权债务关系。债权合同是民事合同的一种，当事人订立合同实际上是为了设立债权债务关系，或者是为了终止已有的债权债务关系。

（二）合同的订立

《合同法》第 13 条规定："当事人订立合同，采取要约、承诺的方式。"因此，订立合同一般要经过两个步骤：其一为要约；其二为承诺。

要约，又称发盘、发价。根据《合同法》第 14 条规定，要约是希望和他人订立合同的意思表示。要约是特定当事人以缔结合同为目的意思表示，发出要约的主体为特定的当事人，要约必须是向相对人作出意思表示。要约以追求合同的成立为直接目的，要约是为了唤起承诺，并接受承诺的约束。要约的内容应当确定具体，能够在当事人之间建立起债权债务关系。按照《合同法》规定，要约到达受要约人时生效。对要约人的效力是其受该要约的约束，不得撤回要约，不得对要约内容限制、变更或者扩张，不得擅自撤销；对受要约人的效力，即要约人于要约发生效力时有权作出承诺以成立合同，受要约人的承诺应当在要约确定的承诺期限内作出，受要约人的承诺不得对要约内容作出实质性变更。否则，不能发生承诺的法律后果，即合同不成立。在要约未生效时要约可以撤回，但撤回要约的通知应当在要约到达受要约人之前或与要约同时到达受要约人。要约还可以撤销，而撤销发生在要约已经到达并生效，但受要约人尚未作出承诺的期限内。

根据《合同法》第 21 条规定，承诺是指受要约人同意要约的意思表示。即受要约人同意接受要约的条件以订立合同的意思表示，是对要约的接受，承诺与要约结合才能构成合同。承诺必须由受要约人向要约人作出，承诺应当是在要约确定的期限内到达要约人，承诺的内容与要约内容要一致。承诺的效果就是使合同成立，即一旦承诺生效，合同便宣告成立。承诺生效时间以到达要约人的时间为准。承诺迟延或承诺撤回，一般不发生承诺生效的效果。承诺迟延，是指受要约人未在承诺期限内作出承诺，该期限通常由要约规定，如未规定时间，则受要约人应在合理期限内作出承诺。所谓的承诺撤回，是指受要约人在发出承诺通知以后，在承诺正式生效之前撤回其承诺。撤回的通知必须在承诺生效之前到达要约人，或与承诺通知同时到达要约人，撤回才能生效。若承诺通知已经生效，合同已经成立，则受要约人当然不能再撤回承诺。

合同的形式，是当事人合意的表现形式。根据《合同法》的规定，除法律、法规规定和当事人约定合同必须采用书面形式订立以外，订立合同还可以采取口头形式和推定形式。

（三）合同的效力

合同成立，是指当事人就合同的必要内容达成合意的法律事实。依法成立的合同，受法律保护。合同生效，是指已经成立的合同生效，因此，合同成立是合同生效的前提。一般情况下，合同成立立即生效。按照《民法通则》第55条的规定，合同有效要件有三项：行为人具有相应的行为能力、意思表示真实、不违反法律和社会公共利益。

无效合同，是指虽经当事人协商成立，但因不符合法律要求而不予承认和保护的合同。无效合同自始无效，在法律上不能产生当事人预期追求的效果。合同部分无效，不影响其他部分效力的，其他部分仍然有效。以下五种情形导致合同无效：（1）一方以欺诈、胁迫的手段订立合同，损害国家利益；（2）恶意串通，损害国家、集体或者第三人利益；（3）以合法形式掩盖非法目的；（4）损害社会公共利益；（5）违反法律、行政法规的强制性规定。效力未定合同是指合同订立后尚未生效，须权利人追认才能生效的合同。

我国《合同法》规定效力未定合同主要有以下情形：（1）限制民事行为能力人订立的与其年龄、智力、精神状况不相适应的合同；（2）无权代理订立的合同；（3）无处分权人处分他人财产订立的合同；（4）自己代理和双方代理订立的合同。

可撤销的合同，是指虽经当事人协商成立，但由于当事人的意思表示并非真意，经向法院或仲裁机关请求可以消灭其效力的合同。合同被撤销后自始没有法律约束力。按照《合同法》规定可撤销的合同共有五类：（1）重大误解订立的合同；（2）显失公平订立的合同；（3）欺诈订立的合同；（4）胁迫订立的合同；（5）乘人之危订立的合同。

对可撤销的合同，当事人可以向人民法院或仲裁机关请求变更或撤销，任何一方当事人认为合同是因重大误解订立的或者是显失公平的，都可以向法院提出变更或撤销的请求。而以欺诈、胁迫手段或者乘人之危订立的合同，请求变更、撤销权专属于受损害方。

（四）合同的履行

合同的履行，是指债务人依据法律和合同的约定全面的、正确的作出给付的行为。合同的履行是债权得以实现的前提，也是建立信用的基础。《合同法》第60条第1款规定："当事人应当按照约定全面履行自己的义务。"当事人应当遵循诚实信用原则，根据合同的性质、目的和交易习惯，履行通知、协助、保密等义务。在履行合同过程中，如果法律或合同对合同义务作出了明确规定，当事人应当首先根据法律和合同全面履行义务，不需要按照诚信原则履行。

双务合同履行的抗辩权是在符合法定条件时，当事人一方对抗对方当事人的履行请求权，暂时拒绝履行其债务的权利。包括同时履行抗辩权、先履行抗辩权和不安抗辩权。同时履行抗辩权是指双务合同的当事人在无先后履行顺序时，一方在对方未为对待给付以前，可拒绝履行自己的债务之权。同时抗辩权的构成要件：（1）须有同一双务合同互负债务；（2）须没有一方负先行给付的义务；（3）须对方未履行债务或未提出履行债务；（4）须对方的对待给付是可能履行的。先行抗辩权，是指当事人互负债务，有先后履行顺序的，后履行一方在先履行一方未履行之前或履行债务不符合时，有权拒绝其履行请求。先履行抗辩权的成立要件为：(1) 要求双方当事人互负债务；(2) 要求两个债务有先后履行顺序；(3) 要求先履行一方未履行或其履行不符合约定。不安抗辩权，是指先给付义务的人在有证据证明后给付义务人有经营状况严重恶化的情况，或者转移财产、抽逃资金以逃避债务的行为，以及其他丧失或者可能丧失履行债务能力的情况时，可中止自己的履行；后给付义务人接收到中止履行的通知后，在合理的期限内未恢复履行能力或者未提供适当担保的，先给付义务人可以解除合同。不安抗辩权构成的条件有三个：(1) 双方当事人因同一双务合同而互负债务；(2) 后给付义务人的履行能力明显降低或出现其他情况，有不能为对待给付的现实危险；(3) 履行能力明显降低，有不能为对待给付的现实危险，须发生在合同成立以后。行使不安抗辩权后将产生先履行义务人中止履行的法律效力。

(五) 合同的变更和解除

合同的变更，是指合同内容的某些变化，是在主体不变、标的不变、法律性质不变的条件下，在合同没有履行或没有完全履行之前，由于一定的原因，由当事人对合同约定的权利义务进行局部调整。法律、法规规定变更合同应经批准或登记的，应依其规定。

当事人协商一致，可以变更合同，合同变更包括以下情形：(1) 标的物种类的变换、数量的增减、品质的改变、规格的更改等；(2) 履行期限、履行地点、履行方式、结算方式等履行条件的变更；(3) 合同性质的变更，如因合同债务的违反而产生了损害赔偿债务；(4) 合同的担保方式的变更；(5) 合同的附款的变更；(6) 其他内容的变更。

合同变更后，当事人应受变更后的合同的约束，以变更后的合同作为履行的根据。当事人对和变更的内容约定不明确的，推定为未变更。

合同的解除，是指合同成立后，因当事人一方的意思表示或者双方的协议，使基于合同而发生的债权债务关系归于消灭的行为。合同的解除分为约定解除和法定解除两种，约定解除是当事人通过行使约定的解除权或者双方协商决定而进行的合同解除。在约定解除时，当事人须协商一致和不因解除而损害国家利益和社会公共利益。法定解除是指出现法定规定的解除事由而享有解除权的一方当事人解除合同。法定解除时是因不可抗力导致不能实现合同目的，双方都可以解除，或者合同履行期限届满前，一方明确表示或以行为表明不履行主要债务的，对方当事人可以解除合同，或一方延迟履行主要债务，经合理期限催告后仍未履行的，对方可解除合同。

第六节　人　身　权

一、人身权的概念和特征

人身权，是指民事主体依法享有的，与其自身不可分离且没有直接财产内容的民事权利。人身权是民事主体享有的最基本的民事权利。人身权具有法定性、平等性，任何民事主体生存、活动都不可缺少的民事权利。自然法学派提出的“天赋人权”，主要指的就是人身权，人身权依附于特定的主体，不能转让，不能抛弃。根据人身权依存的社会关系，可以把人身权分为人格权和身份权。

人身权具有以下法律特征：

（1）人身权与民事主体的自身不可分离。人身权是民事主体的固有权利，公民从出生时起到死亡时止，依法享有人身权。法人或者其他组织从成立到消灭，也享有相应的人身权。民事主体是人身权的载体，民事主体不存在，则人身权就丧失。任何民事主体的人身权都平等地受到法律的保护。

（2）人身权是没有直接财产内容的民事权利。人身权的客体是人身，即人身所体现的利益，财产权的客体是财产。因此，人身权为非财产权，不具有直接的财产内容，不能用货币衡量。但是人身权与财产权有密切的联系。虽然隐私权、名誉权、公民的姓名权多数表现为精神利益，但名称权、肖像权等人身权蕴含了巨大的商业价值，易形成财产内容。由此可见，对人身权的侵犯，会直接损害权利人的经济利益，导致财产损害赔偿责任发生。

（3）人身权具有绝对性和支配性。人身权的权利人是特定的，而义务人不特定。任何不特定的人都有不侵犯他人人身权的义务。人身权具有支配性，民事主体可以直接支配人身权的权利客体，排除他人对自己人身利益的干涉和妨害。如自然人对自己姓名的决定、使用和变更。

二、人格权

人格权是指民事主体享有的，由法律确认的，以人格利益为客体，为维护民事主体具有独立人格所必备的固有权利。其他任何权利都是人通过一定的行为和事件所取得的，只有人格权是人与生俱来的固有权。人格权与民事主体的存在共始终，除非民事主体死亡或者终止，否则人格权不能消灭。无论个人是否意识到这些权利的存在，无论民事主体存在何种差异，也不论民事主体是否参与各种法律关系，人格权都是客观、平等地存在的。除公民享有人格权外，作为民事主体的法人也享有人格权，但法人不能享有生命权、健康权、肖像权等。

人格权主要包括：

（一）生命权

生命权是自然人以性命维持和安全利益为内容的人格权。法律学上的生命，并不是泛指一切生物的生命，而仅指自然人的生命。生命始于出生，终于死亡。生命权一旦被剥夺，其他权利就无从谈起，因此生命权是公民最基本的人身权。生命权是绝对权，法律规定任何人或者单位都不得非法剥夺他人的生命，不得侵害或者妨碍权利人行使生命权。保护公民的生命权也是我国法律的首要任务。

（二）健康权

健康权是公民享有的以其身体的生理机能的完整性和保持持续、稳定、良好的心理状态为内容的权利。心理健康和身体健康是健康权的保护客体。身体健康是公民参加社会活动和从事民事活动的保证。对自然人健康的侵害，不仅指肉体上健康的侵害，使自然人神经系统的机能受损的，也可以视为对其健康的侵害。

（三）身体权

身体权是公民的一项独立的民事权利。身体，即自然人的躯体，包括人的五官、躯干、肢体、毛发、指甲等，以及假肢、假牙、人工心脏瓣膜等已与躯体不可分离的部分。身体是公民享受法律人格的物质基础，没有身体，公民无权利可言，生命不存在，健康权也不存在。

（四）姓名权和名称权

姓名权是指公民决定、使用和依照法律规定改变自己姓名的一项人格权。自然人可以重名，只要当事人没有不正当的目的，一般不认为侵害姓名权。法律规定禁止他人干涉、盗用、假冒公民的姓名。名称权，即特定团体依法享有的决定、使用、变更及依照法律规定转让自己的名称，并得排除他人非法干涉及不当使用的权利。法律对团体命名有较为严格的限制性规定，如在同一地区不允许有从事相同性质活动的社会组织以同样名称存在。法人、个体工商户、个人合伙的名称权受法律保护，盗用、假冒他人名称造成损害的应认定为侵犯名称权的行为。

（五）肖像权

肖像权是公民以在自己的肖像上所体现的利益为内容的具体人格权。肖像权所保护的客体是人的肖像所包含的人格利益和财产利益。如肖像权人利用自己的肖像来制作挂历、电视广告等均可获得财产利益。公民享有肖像权，未经本人同意，不得以营利为目的使用公民的肖像。

（六）名誉权

名誉权，是指民事主体就其自身属性和价值所获得的社会评价所享有的保持和维护的人格权。判断名誉是否受损，不以被评价人主观感受为依据，而是以社会普通人的态度为依据。自然人享有名誉权，侵害公民名誉权的行为在不同程度上又侵害了公民的人格尊严。法人也享有名誉权，即商誉，是指有关法人商业或职业道德、资信、商品质量或服务质量方面的社会评价。对于用侮辱、诽谤等方式损害公民、法人名誉权的，应追究民事责任乃至刑事责任。

（七）婚姻自主权

婚姻自主权，是指公民按照自己的意思决定婚姻关系，不受对方或者他人干涉的一种人格权。婚姻自主权包括结婚自主权和离婚自主权。法律规定公民享有婚姻自主权，禁止买卖、包办婚姻和其他干涉婚姻自由的行为。

三、身份权

身份权是指民事主体因特定身份关系而产生的民事权利。身份权是人身权的重要组成部分，是保护民事主体人身利益的不可或缺的基本权利。

身份权具有以下法律特征：

（1）身份权的主体既包括自然人，也包括法人。自然人因亲属等社会关系可以享有身份权利，法人参与社会活动要明确社会地位，其民事行为可以形成一定的身份利益。

（2）身份权存在的前提不限于亲属关系。身份利益的表现很复杂，既有亲属领域的身份利益，也有非亲属领域的身份利益，如对自己的作品发表、修改以及署名的权益，就需要相应的身份权利进行保护。

（3）身份权不是民事主体的固有权利。身份权不是与生俱来的，也不是民事主体的必备权利，要依赖一定的行为或者事实而产生或者消灭。如进行结婚登记男女才可以形成夫妻关系，从而形成夫妻之间的身份权利。

身份权主要包括：

（一）配偶权

配偶权，是指夫妻依法所享有的配偶利益的身份权利。只有存在合法夫妻关系才能产生配偶权，其内容涉及住所决定、就业选择、相互扶养等。法律规定侵害配偶权的行为主要有：重婚、有配偶者与他人有婚外性行为、不履行扶养义务、遗弃配偶、虐待配偶等。

（二）亲权

亲权，是指父母对未成年子女的抚养、监管保护以及财产管理的权利。其作用在于保护未成年子女的利益，以利于其成长，亲权专属于父母。其内容包括：对未成年子女的人身照护权和财产照护权两方面。

（三）亲属权

亲属权，是指特定亲属之间的身份权利。实际是指父母与成年子女之间、夫妻之间之外的亲属间的身份权利。亲属权是与亲权、配偶权相并列、独立的身份权。其内容包括：抚养权、扶养权、赡养权和代理权。

第七节　民 事 责 任

一、民事责任的概念和归责原则

（一）民事责任的概念和特征

民事责任，是指当事人不履行民事义务所应承担的民法上的后果。在民事法律关系中，权利义务相互依存。民事权利的实现有赖于民事义务的履行，民事义务不履行会导致民事权利不能实现或不能完全实现。公民、法人违反其民事义务，就会侵害他人的合法权益，应承担不利后果，这一法律后果就是民事责任。

民事责任具有如下法律特征：

（1）民事责任是以国家强制力为保障的强制措施。民事责任的强制性表现为人民法院可以强制行为人承担责任，同时，这种强制性又有特殊性，即义务人可以主动承担民事责任，如果他不愿承担民事责任时，才通过人民法院予以追究。

（2）民事责任是民事主体违反民事义务而承担的不利后果。先有民事义务，才能产生民事责任。法律上的义务必须履行不能放弃，否则会产生不利的法律后果，即民事责任。

（3）民事责任主要是财产责任。民事责任的方式有 10 种，最主要的是财产性质的责任。民法的调整对象是财产关系和人身关系，损害他人财产利益的就应当承担财产上的责任，如支付违约金、损害赔偿等责任方式，基本都可以以财产、货币来计算。

（4）民事责任可以由当事人协商决定。民事责任有法律直接规定的，也有当事人约定的，合同关系中当事人可以约定违约金、定金、担保方式及其责任形式。侵权行为发生时，也允许协商解决纠纷以及所应承担的民事责任。

（二）民事责任的归责原则

归责，是指责任的归属，即责任由谁承担。民事责任的归责原则，是指确定由谁承担民事责任的一般规则，是据以确定行为人承担民事责任的理由、标准或者决定性的要素。民事责任的归责原则因违约责任和侵权责任而不同。

1. 违约责任的归责原则

合同依法成立受法律保护，合同生效后任何一方违约，均应依法承担违约责任。违约即违反合同、违反约定。区别于缔约过失责任，违约必须以存在有效的合同关系为前提。违约责任的归责原则是无过错责任原则，即只要合同的一方当事人违反合同义务，无论违约者主观上是否有过错，都要承担违约的民事责任。

2. 侵权责任的归责原则

侵权责任，是指行为人因其过错侵害他人财产、人身而依法应当承担的责任，以及没有过错，在造成损害以后，依法应当承担的责任。侵权责任是侵权行为法所设定的任何人不得侵害他人财产和人身的义务所产生的责任。侵权人是债务人，受害人是债权人，受害人有权请求加害人赔偿损失。我国民法对一般侵权行为采用过错责任原则，行为人主观上有故意和过失。法律上，把过错与责任联系起来，有过错则有责任，无过错则无责任，过错大小与责任范围相一致。

二、民事责任的构成要件

民事责任的构成要件，是指行为人承担民事责任必须具备的要件，包括过错责任的构成要件和无过错责任的构成要件。确定行为人的具体行为是否构成责任行为，需要利用构成要件的理念，分析加害人的行为是否具有违法性，是否对受害人造成损害，加害行为与损害之间是否存在因果关系，以及加害人主观上是否有过错。

（一）过错责任的构成要件

1. 违法行为

违法行为，是指行为人违反民事法律规范的行为，这是承担民事责任的首要条件。通常情况下，行为人只对其违反法律的行为承担责任，而对于合法行为，即便造成了损害，也不承担法律责任。只要行为违反法律规范的要求，即是违法行为，违法行为包括作为和不作为两种。作为的违法行为，是指违反禁止性规范，即法律禁止做而去做。当法律规定不得为某种行为时，当事人负有不为的义务；否则，就构成作为的违法。不作为的违法行为，是指法律规定行为人负有实施某种行为的法律义务，能够履行而不履行的危害行为，则构成不作为的违法行为。

2. 损害事实

损害事实，是指行为人因其行为而给他人的财产或精神带来的损害结果。客观存在的损害事实是构成损害赔偿民事责任的直接条件。如果只存在违法行为，但并未造成损害结果，则不发生赔偿损害的民事责任。损害，是指行为人不履行民事法定义务，侵犯他人财产权和人身权的行为后果，这里的损害包括人身损害和精神损害，即非财产损害。民事违法行为只有引起了损害后果的情况下，行为人才负民事责任。在确定损害赔偿时，因损害很难用金钱衡量，应根据加害行为的方式、经济状况、恶意程度等因素来确定。

3. 违法行为与损害事实之间存在因果关系

因果关系，是指自然界和社会生活中，客观现象之间存在的一种内在的联系。确定行为人对损害结果是否承担民事责任，则必须确定该损害结果与该行为人的违法行为之间是否有因果关系。在确定因果关系时，应当通过对于损害事实相联系现象的分析，找出原因，或者在多因一果的情况下，区分直接原因和间接原因。

4. 违法行为人主观上有过错

民法上的过错，是指违法行为人对自己的行为及其损害结果的发生所持的一种心理状态，包括故意和过失两种形式。民法中确定行为人的民事责任，主要是以所造成损害范围的大小确定。但下列情况下，行为人的过错大小，又是确定民事责任的重要依据：

（1）混合过错，是指行为人和受害人双方对损害的发生或扩大都有过错的情况。不履行合同或民事损害是由当事人双方过错所引起的，应当分别承担各自应负的民事责任或可以减轻侵害人的民事责任。

（2）共同过错，是指两人或两人以上共同故意或过失实施违法行为造成他人损害的情况。两人以上共同实施违法行为，并且都有过错的，应该承担连带责任。

（3）受害人本人有故意或者重大过失的。损害结果的发生主要是由于受害人的故意或重大过失造成的，行为人没有过错或者有轻微过错，加害人的民事责任则可以减轻或者免除。

（二）无过错责任的构成要件

1. 损害事实的存在

损害事实的存在与过错责任中的损害事实相同，在此不再赘述。

2. 要有损害的来源

无过错责任的情形下，损害行为不一定违法，损害的来源仅限于法律的明文规定。民法上的高度危险、环境污染、产品缺陷等都是损害的来源，它不要求主观上的故意和过失。

3. 损害来源与损害事实之间有因果关系

只要发生了法律规定的行为或损害，则推定侵害方有过错。为了限制无过错责任的运用，显示公平原则，法律规定，如能证明损害是由受害方的故意或者第三人的过错以及不可抗力造成的，不承担民事责任。

4. 主观上无论是否有过错

损害来源造成损害结果或者不能预见或者不可避免，可能有过错，也可能无过错，只要给受害方造成了损失，并且不能证明被害方有故意或第三方有过错以及不可抗力造成的，就要承担责任。

三、侵权民事责任的抗辩事由

根据违反义务的不同，民事责任主要分为侵权责任和违约责任。侵权责任是指违反法定义务、侵害债权之外的民事权利而应承担的民事责任。

侵权民事责任的抗辩事由，是指侵害人针对受害人的诉讼请求提出证明受害人诉讼请求不成立或不完全成立的事实。有效的抗辩事由可能导致侵权民事责任的减免，因此抗辩事由又称免责事由。

（一）侵权责任的抗辩事由具有以下特征

（1）客观性。侵权民事责任的抗辩事由，须是客观存在的、已经发生的事实，主观臆断或尚未发生的情况不构成抗辩事由。仅仅表明损害后果或单纯否认对方请求权不存在，不能成为抗辩事由。

（2）对抗性。侵权责任的抗辩事由是对抗对方当事人行使请求权的客观事实，可以导致受害人的诉讼请求不成立或不完全成立，从而免除或减轻侵害人的民事责任。

（3）适应性。在侵权法中的抗辩事由是根据不同的归责原则而确定的。通常法律规定的抗辩事由均可适用于过错责任侵权案件，而对于无过错侵权案件的抗辩事由则必须由法律特别规定。

（二）抗辩事由的分类

侵权民事责任常见的抗辩事由包括以下三类：

1. 正当理由抗辩

（1）依法执行职务。依法执行职务作为一种正当理由抗辩必须具备以下条件：执行职务的人必须在法定权限内行使职权，且在法律规定的范围内履行职责；必须依法定程序和方式执行职务；执行职务不可避免地要造成损害，不产生损害就无法执行职务。

（2）正当防卫。正当防卫，是指当公共利益、他人或本人的人身或其他利益遭受到不法侵害时，行为人所采取的一种防卫措施。正当防卫作为抗辩事由，必须具备以下条件：防卫必须以侵害行为的现实存在为前提；防卫必须是针对不法侵害人本人实施；防卫的目的是为了保护本人、他人或社会公共利益免受正在实施的不法行为的侵害；防卫不得超过必要限度。

（3）紧急避险。紧急避险，是指为了使公共利益、本人或他人的合法权益免受现实和紧急的损害危险，不得已而采取的致他人或本人损害的行为。紧急避险作为抗辩事由，必须具备以下条件：必须是公共利益或者他人、本人的合法利益面临遭受损害的现实危险；必须是在不得已的情况下采取避险措施；紧急避险的行为是正当的。

（4）受害人同意。受害人同意，是指受害人事先明确表示自愿承担某种损害结果。行为人在受害人同意的范围内实施侵害行为不承担民事责任。只有在不违背法律、社会道德及善良风俗的情况下，受害人同意才能作为抗辩事由。

2. 不可抗力

不可抗力，是指不能预见、不能避免并不能克服的客观情况，不可抗力包括地震、台风、洪水等自然灾害和战争等社会现象。《民法通则》第 107 条规定："因不可抗力不能履行合同或者造成他人损害的，不承担民事责任，法律另有规定的除外。"

3. 受害人或第三人的过错

受害人的过错，又称混合过错，是指受害人对过错的发生也有过错。《民法通则》第 131 条规定："受害人对于损害的发生也有过错的，可以减轻侵害人的民事责任。"侵害人以受害人有过错作为抗辩事由的，侵害人负有举证责任。

第三人的过错是指除原告和被告之外的第三人，对原告损害的发生具有过错。第三人的过错可以作为减轻或免除被告责任的根据。

四、承担民事责任的方式

承担民事责任的方式，即当事人以何种方式承担民事责任的问题。民事责任的方式可以分为两类：一类是补偿性质的，另一类是非补偿性质的，根据《民法通则》第 134 条规定，承担民事责任的方式有以下 10 种：

（1）停止侵害。侵害他人财产和人身的行为仍在继续中，受害人可以依法请求法院责令侵害人停止侵害行为。这种责任形式可适用于各种侵权行为，实际上是要求侵害人不实施某种侵害行为。

（2）排除妨碍。不法行为人的侵害行为使受害人无法行使或不能正常行使自己的财产权利、人身权利，受害人有权请求排除妨碍。该制度所要保护的是当事人对自己的民事权利的自由行使。

（3）消除危险。行为人的行为对他人人身和财产安全造成威胁，或存在着侵害他人人身或财产的可能，他人有权要求行为人采取有效措施消除危险。适用这种形式必须是损害尚未实际发生，但其行为确有可能造成损害后果。

（4）返还财产。在各种返还财产的请求中，该责任都是因不法行为人非法占有财产而产生的，有权请求返还原物的人，一般是财产的所有人、合法占有人和使用人，权利人只能向非法占有人提出返还原物。若对善意、有偿取得的第三人，则无权要求返还。该种形式普遍适用于侵权责任、违约责任和返还不当得利责任中。

（5）恢复原状。行为人侵害他人财产，致他人财产损坏，财产所有人有权要求行为人对财产修复，恢复原状。该责任形式适用于侵权责任，是正常财产被损坏后将其修复使其恢复到原来的状态。

（6）修理、重作、更换。如产品不符合质量要求的，卖方应当负责修理或者更换合格的产品，加工承揽方加工制作的产品不合格的，应当负责修理或者重作。该责任形式仅适用于违反合同的民事责任。

（7）赔偿损失。这是一种适用最广泛的责任形式，可以适用于违约责任、侵权责任、财产损害、精神损害。

（8）支付违约金。仅适用于违约责任，并且以合同约定有违约金或者法律明确规定有违约金为限。

（9）消除影响、恢复名誉。消除影响适用于对知识产权或人格权等的侵权责任，行为人在影响范围内消除不良后果；恢复名誉适用于对公民或法人名誉权的侵权责任，由行为人在影响范围内给受害人的名誉恢复至未受侵害时的状态。

（10）赔礼道歉。该责任形式仅适用于侵权责任，由违法人向受害人公开认错、表示歉意。该方式可以是口头的，也可以是书面的。如在诉讼中以该方式承担了民事责任的，应当在判决书中写明。

第八节　诉讼时效

一、诉讼时效的概念

时效，指的是时间的法律效力，是指一定的事实状态经过一定的时间产生某种权利变动的效果。生活中，有些人长期占有别人的财物不予偿还，有些人享有权利却不行使权利，这些都会使民事法律关系长期处于不确定状态，既不利于交易安全，也不利于民事纠纷的解决。正是如此，民法才创设了时效制度。其后果是：使本不享有权利的人获得权利，让原来享有权利的人丧失权利。时效制度的目的在于督促权利人行使权利，稳定法律秩序。诉讼时效的特点：

（1）法定性。诉讼时效是权利人请求人民法院保护其民事权利的法定期限。超过该期限后，当事人的民事权利的效力就会发生减损的效果。诉讼时效期间不是当事人约定的，而是由法律明确规定的期限。法定的期限经过，将产生时效届满的后果。

（2）强行性。时效规范属于强行法，不允许当事人通过协议延长或缩短时效期间。

（3）诉讼时效期限届满体现了对义务人时效利益的保护。时效利益，是指诉讼时效期间届满以后，权利人丧失了请求法院依诉讼程序强制义务人履行义务的权利，义务人因此可以不履行义务，获得了本不应该获得的利益。时效期间届满后，义务人所享有的时效利益，仍然是受到法律保护的利益。

民事主体实体意义上的诉权是胜诉权，程序意义上的诉权是起诉权。诉讼时效期间届满后，权利人丧失的是胜诉权，不是起诉权。当事人在任何时候，无论其时效期间是否届满，都可以向人民法院起诉，人民法院应当依法受理。

二、诉讼时效期间的分类

诉讼时效期间通常可以将其分为普通诉讼时效期间、特殊诉讼时效期间两种。

(一) 普通诉讼时效期间

普通诉讼时效期间，是指由民事基本法规定的普遍适用于应当适用时效的各种法律关系的时效期间。一般认为我国的普通诉讼时效期间为2年。

(二) 特殊诉讼时效期间

特殊诉讼时效期间仅适用于特定民事法律关系的诉讼时效。根据《民法通则》第136条规定，下列的诉讼时效期间为1年：(1) 身体受到伤害要求赔偿的；(2) 出售质量不合格的商品未声明的；(3) 延付或者拒付租金的；(4) 寄存财物被丢失或者损毁的。

三、诉讼时效期间的起算、中止、中断和延长

(一) 诉讼时效期间的起算

《民法通则》第137条规定，诉讼时效期间从知道或者应当知道权利被侵害时起计算。包括客观上权利受到侵害，主观上权利人知道权利受到侵害，如不能确定权利人是否知道，则按照客观事实推定权利人是否知道，而不是按权利人的主观感受来确定。

(二) 诉讼时效的中止

诉讼时效的中止，是指在诉讼时效进行期间，由于发生了使权利人无法行使请求权的障碍，诉讼时效停止计算，待这种障碍消除后再继续计算。诉讼时效中止的条件有两个：(1) 须有法定事由出现。该法定事由包括不可抗力和其他障碍；(2) 该法定事由须发生在诉讼时效期间的最后6个月内。

诉讼时效中止的原因是客观发生的，导致中止原因存续的期间扣除，已经进行的诉讼时效期间仍然有效。另外，中止只存在于诉讼时效期间的最后6个月。

(三) 诉讼时效的中断

诉讼时效的中断，是指在诉讼时效进行当中，由于法定事由发生致使此前已经过的诉讼时效期间归于无效，重新计算。出现下列情况之一的，诉讼时效中断：

(1) 权利人提起诉讼。即权利人以诉讼的方式行使请求权，包括起诉、反诉、刑事附带民事诉讼等。

(2) 权利人向义务人提出履行义务的要求。权利人对其主张的事实负有举证责任。

(3) 义务人同意履行义务。包括义务人认可、承认义务存在的各种行为，如口头同意、书面认可、部分履行义务、提出延期履行等。

诉讼时效的中断的原因完全是当事人的意志决定的，中断导致已经进行的期间全部不算，诉讼时效期间重新开始计算，诉讼时效中断可以存在于诉讼时效期间的整个过程。

(四) 延长诉讼时效期间

这是指不适用诉讼时效中止、中断规定的时效期间。《民法通则》第137条规定：

"诉讼时效期间从知道或者应当知道权利被侵害时起计算。但是，从权利被侵害之日起超过20年的，人民法院不予保护。有特殊情况的，人民法院可以延长诉讼时效期间。"权利人由于客观障碍在法定诉讼时效期间不能行使请求权的，人民法院可以延长诉讼时效期间。该制度已充分考虑了影响权利人行使权利的各种因素，一般情况下不得延长。

技能训练

通过学习民法的知识，旨在让学生综合运用所学理论知识解决实际问题。

（1）使学生能够正确理解民事交易应遵循的基本原则；

（2）让学生掌握民事主体包括哪些，公民的民事权利能力和民事行为能力的开始与终止；

（3）熟悉民事法律行为的有效要件，导致民事行为无效和可撤销的原因；

（4）使学生了解自然人和法人的几项基本的民事权利；

（5）了解民事责任，即违反合同或民事侵权行为所产生的法律后果。

以上学习是为了更好地保证公民、法人合法的民事权益，尤其生活中遇到类似问题有解决实际问题的能力。

本章练习

一、判断题

1. 民法调整平等主体的公民之间、法人之间的财产关系和人身关系。（　　）

2. 公民、法人所有的民事权益受法律保护，任何组织和个人不得干涉。（　　）

3. 公民从出生时起到死亡时止，具有民事权利能力，依法享有民事权利，承担民事义务。（　　）

4. 监护是指对未成年人的人身、财产及其他合法权益进行监督和保护的一项民事法律制度。（　　）

5. 定金的担保效力表现在交付定金的一方不履行合同时丧失定金；收受定金的一方不履行合同时，应当双倍返还定金。（　　）

6. 法定代理制度是为完全民事行为能力人而设立的。（　　）

7. 死亡宣告一经成立，被宣告人的财产即发生继承关系；同时，被宣告人与尚存配偶之间的婚姻关系即行解除。（　　）

8. 导致民事行为无效的原因之一是限制民事行为能力人实施的民事行为。（　　）

9. 身体受到伤害要求赔偿的诉讼时效期间为2年。（　　）

10. 身份权是民事主体基于特定的婚姻关系、血缘关系而发生的，包括监护权、配偶权等。（　　）

二、单项选择题

1. 甲有天然奇石一块，不慎丢失。乙误以为无主物捡回家，配以基座，陈列于客厅。乙的朋友丙十分喜欢，乙遂以之相赠。后甲发现，向丙追索。下列选项哪一个是正确的？（　　）

A. 奇石属遗失物，乙应返还给甲　　B. 奇石属无主物，乙取得其所有权

C. 乙因加工行为取得奇石的所有权　　D. 丙可以取得奇石的所有权

2. 甲向乙订购15万元货物，双方约定："乙收到甲的5万元定金后，即应交付全部货物。"合同订立后，乙在约定时间内只收到甲的2万元定金。下列说法哪一个是正确的？(　　)

A. 实际交付的定金少于约定数额的，视为定金合同不成立

B. 实际交付的定金少于约定数额的，视为定金合同不生效

C. 实际交付的定金少于约定数额的，视为定金合同的变更

D. 当事人约定的定金数额超过合同标的额20%，定金合同无效

3. 王先生驾车前往某酒店就餐，将轿车停在酒店停车场内。饭后驾车离去时，停车场工作人员称："已经给你洗了车，请付洗车费5元。"王先生表示"我并未让你们帮我洗车"，双方发生争执。本案应如何处理？(　　)

A. 基于不当得利，王先生须返还5元

B. 基于无因管理，王先生须支付5元

C. 基于合同关系，王先生须支付5元

4. 赵某在公共汽车上因不慎踩到售票员而与之发生口角，售票员在赵某下车之后指着他大喊："打小偷!"赵某因此被数名行人扑倒在地致伤。对此应由谁承担责任？(　　)

A. 售票员　　B. 公交公司

C. 售票员和动手的行人　　D. 公交公司和动手的行人

5. 下列属于限制行为能力人的(　　)。

A. 9岁的神童　　B. 16岁的个体小老板

C. 19岁的在校高中生　　D. 17岁的大学生

三、多项选择题

1. 2002年5月8日，王某骑车回家经过一工地时，掉入没有设置明显标志和采取安全措施的坑中，造成骨折。王某于同年6月10日找到建设项目的发包人和承包人要求赔偿，两单位相互推诿。同年6月13日，王某前往法院起诉，突遭台风袭击，中途返回。下列说法哪些是正确的？(　　)

A. 本案诉讼时效期间于2003年6月10日届满

B. 王某6月13日的行为引起诉讼时效中断

C. 发包人应承担民事责任　　D. 承包人应承担民事责任

2. 民法的基本原则包括(　　)。

A. 诚实、信用原则　　B. 平等、自愿原则

C. 禁止权利滥用原则　　D. 公平原则

3. 民事法律行为应当具备的要件有(　　)。

A. 意思表示正确　　B. 意思表示真实

C. 行为人具有相应的民事行为能力　　D. 行为人具有相应的民事权利能力

4. 法定代理制度是为哪些人而设立的？(　　)

A. 完全民事行为能力人　　B. 限制民事行为能力人

C. 无行为能力人　　D. 19 岁父母双亡的甲

5. 小偷甲在商场窃得乙的钱包后逃跑，乙发现后急追。撞上借用商场厕所的丙，因商场地板湿滑，丙摔成重伤。下列哪些说法是错误的？(　　)

A. 小偷应当赔偿丙的损失　　B. 商场须对丙的损失程度补偿赔偿责任

C. 乙应适当补偿丙的损失　　D. 甲和商场对丙的损失程度连带责任

四、问答题

1. 民法的基本原则是什么？

2. 简述导致民事法律行为无效的原因。

3. 简述人身权的概念和种类。

4. 哪几种情况可以导致诉讼时效的中断？

五、案例分析题

A 市的许某于 2003 年外出打工，自 2004 年起，其妻张某与许某失去联系，2009 年，张某向 A 市人民法院申请宣告许某死亡。法院经审理，判决宣告许某死亡。2010 年 B 市的唐某来到 A 市与张某结婚，婚后唐某经常打骂张某，后来张某生下一子，唐某不幸因病身亡。2012 年，许某突然回乡，法院随即撤销了对许某的死亡宣告。许某要求与张某自动恢复婚姻关系，张某不肯。

1. 张某再婚后与唐某感情不和，张某在怀孕期间，唐某曾向人民法院提起离婚诉讼，法院不予受理，以下哪个表述正确？(　　)

A. 因为张某与唐某夫妻感情不和，唐某提出离婚，法院应准予离婚

B. 女方在怀孕期间，男方可以提出离婚

C. 若是张某主动提出离婚诉讼，法院应该受理

D. 在女方分娩后 1 年内，男方可以提出离婚

2. 许某的妻子张某从 2004 年起与其失去联系，2009 年向人民法院申请宣告许某死亡，张某申请宣告死亡的时间表述哪一项是正确的？(　　)

A. 张某应该从许某音信消失之次日起满 2 年向法院申请许某死亡

B. 张某应该从许某音信消失之次日起满 4 年向法院申请许某死亡

C. 张某应该从许某音信消失之次日起满 3 年向法院申请许某死亡

D. 张某应该从许某音信消失之次日起满 6 年向法院申请许某死亡

3. 张某与唐某婚姻关系存续期间共同财产共计 10 万元，唐某去世前未留遗嘱，现唐某的哥哥和母亲来要求继承这 10 万元。关于 10 万元的分配哪项表述正确？(　　)

A. 共同财产 10 万元应该张某 5 万元，唐某母亲 5 万元

B. 共同财产 10 万元应该由张某、唐某的母亲、哥哥、张某和唐某共同的儿子 4 人平均分配

C. 共同财产 10 万元应该由张某、唐某的母亲、张某和唐某的儿子 3 人共同平均分配

D. 共同财产 10 万元应该由张某、张某和唐某的儿子两人平均分配

4. 许某回到家乡后，与张某的婚姻关系哪项表述不正确？(　　)

A. 许某被宣告死亡后，其婚姻关系并没有解除

B. 许某被宣告死亡后，其妻不能再婚
C. 许某被宣告死亡后，如果张某一直未再婚的，婚姻关系从撤销死亡宣告之日起自行恢复
D. 本案中张某与唐某再婚后唐某又死亡，则许某与张某的婚姻关系可以自行恢复

第六章

知识产权法

学习目标

通过学习知识产权法的课程，对知识产权法的发展概况有全面的了解，并明确知识产权法的研究对象、研究方法及其理论体系，掌握知识产权法的基本概念、基本理论和基本知识，理解著作权、专利权和商标权的权利内容和权利保护途径。掌握我国知识产权法的基本理论及其相关的法律法规，了解著作权、专利权和商标权的概念特征及相互之间的区别，培养学生运用知识产权法的理论，根据法律规定分析和解决实际问题。

案例引导

背景音乐不是“免费的午餐”

现在商家都知道播放音乐来吸引顾客，但按照法律规定和国际惯例，使用这种背景音乐是需要付费的。杭州“九佰碗”餐厅曾播放一首《憨哥哥的歌》为背景音乐长达1年之久。而《憨哥哥的歌》是著名音乐人樊孝斌和朱德荣创作，两作者把歌曲的公开表演权、广播权和录制发行授权给中国音乐著作权协会（简称“音著协”）由其进行维权。音著协发现“九佰碗”公开播放这首歌却从未得到授权，也没支付过使用费，多次交涉无果，只好以侵犯著作权把“九佰碗”告上法院，要求“九佰碗”停止公开播放这首歌，并赔偿经济损失。

【分析】这是浙江省第一起涉及餐厅背景音乐的侵权案件，受到多方关注。根据法律规定，“九佰碗”播放这首歌必须经过音著协授权，签订使用权协议，支付相关费用。虽然庭上“九佰碗”极力辩称自己没有侵权，但在音著协方的证据面前却显得苍白无力。最终，法院认定“九佰碗”构成侵权，赔偿音著协经济损失5500元。这个案例表明，饭店使用音乐作品不是“免费的午餐”。

现实中像这样的情况有很多，是不是只要是播放别人的歌曲都要付费呢？我们自己在家听歌需要付费吗？这种无形财产保护的范围是怎样的呢？而且知识产权除了著作权，还包括哪些权利？这些问题我们在此章将一一解决。

第一节　知识产权法概述

一、知识产权

知识产权，是指自然人或法人对自然人通过智力劳动所创造的智力成果，依法确认并享有的权利。世界知识产权组织（WIPO）的定义包括科学发现权，WTO 的定义强调与贸易有关的知识产权。

知识产权分为狭义与广义。狭义的知识产权，是指工业产权和版权。工业产权包括创造性成果权（发明、集成电路布图设计、植物新品种、商业秘密、版权、计算机软件权）、识别性标记权（商标、商号、其他识别性标记权）、制止不正当竞争权。版权包括作品创作者权（著作权：精神权利——人身权、经济权利——财产权）、作品传播者权（版权的邻接权——表演者权、录制者权、广播组织权、出版者权等）。广义的知识产权，是指工业产权、版权、科学发现权、对“边缘保护对象”（外观设计、计算机软件、集成电路布图设计、印刷字体、卫星传播节目信号等）的保护权、商业秘密权等。

知识产权的基本性质是无形性、专有性、地域性、时间性、可复制性。无形性是指知识产权是一种无形财产权，知识产权人对知识产品不发生有形控制的占有；专有性是指知识产权具有独占性、排他性或垄断性，非经权利人同意或法律规定，在规定的时间内他人不得享有该项权利，使用该智力成果；地域性是指知识产权的空间效力受到地域的限制，其效力仅限于授权国境内。一国法律确认和保护的知识产权，如果要在其他国家取得法律保护，则必须获得该国法律的确认，或该国参加了知识产权的国际公约、地区性条约或双边互惠协定等；时间性是指知识产权的时间效力仅限于法定有效期限，超过该期限，专有权就会丧失，知识产品智力成果就会成为全社会的共同财富；可复制性是指知识产权保护的客体可以固定在有形物上，可以重复再现、重复利用。

知识产权的法律性质属于私权，主要是财产权，也涉及部分人身权。

二、知识产权法

知识产权法是调整人类在智力创造活动中因智力成果而产生的各种社会关系的法律规范的总称，是规范知识产权的产生、获得、使用和维护的法律，主要包括专利法、商标法、版权（著作权）法等。

知识产权法的特点包括：

（1）知识产权法既是国内法，又是涉外法。知识产权法属于国内法的民商法法律部门的一个法律制度，尽管基本原理有明显差异。

（2）知识产权国际条约属于国际公法范畴。

（3）所缔结的国际条约是一个国家国内法的重要组成部分。

三、知识产权保护的国际公约

（一）知识产权国际公约概况

国际公约对知识产权的保护具有重要意义，它不仅是知识产权国际保护的主要途径，而且包含了知识产权国际保护和涉外保护的重要标准。目前已经通过的世界性的知识产权公约有 30 多个，其中最重要、对各国影响最大的是 1883 年的《保护工业产权巴黎公约》（简称《巴黎公约》）、1886 年的《保护文学艺术作品伯尔尼公约》（简称《伯尔尼公约》）、1993 年的《与贸易有关的知识产权协议》（即 TRIPS）。

（二）重点国际公约简介

1.《巴黎公约》

保护工业产权的国际条约中最重要而且最早的是《保护工业产权巴黎公约》。1883 年由 11 个国家签订了该公约，并成立了保护工业产权巴黎联盟。从 1985 年 3 月 19 日起，中国成为《巴黎公约》成员国。《巴黎公约》适用于最广义的工业产权，工业产权的保护对象包括发明专利、实用新型、外观设计、商标、服务标记、厂商名称（商号）、货源标记或原产地名称以及不正当竞争的制止。

就保护工业产权而言，《巴黎公约》并不是统一的专利和商标法或专利和商标标准，而是规定了各缔约国都必须遵守的互惠原则，其基本原则包括：

（1）国民待遇原则。在工业产权方面，各公约成员国在法律上要让其他成员国的国民享有本国国民同样的待遇，各成员国的国内法也可以给予外国国民高于本国国民的待遇。《巴黎公约》要求各成员国在保护工业产权方面必须相互给予其他成员国的国民平等享受该国国民能够获得的保护和待遇。换言之，对《巴黎公约》的成员国而言，外国申请人申请和取得工业产权的权利与国内申请人完全相同，不受任何歧视。

（2）优先权原则。缔约国有义务给予其他缔约国的国民以优先权待遇。缔约国的国民在《巴黎公约》某一成员国内首次提出专利申请或商标注册申请后，在一定期限内就相同内容又向其他成员国提出相同申请的，可以要求以首次的申请日作为申请日，即所谓优先权。这样，申请人在首次提交正式申请后的规定期限内，可以根据情况从容地决定再向那个国家提出申请，不必担心因在此期间有人提出同样的申请而使自己的申请失效。对于发明和实用新型而言，该期限为 12 个月，对外观设计的商标而言，期限为 6 个月，从首次申请的申请日起算。优先权原则不适用商号、货源标记或产地名称等，对于服务标记则视情况而定。

（3）工业产权的独立性原则。公约的各成员国可以独立地按本国的工业产权法规定对某项工业产权授予或驳回、撤销或宣布无效。一个成员国的行为不对其他成员国发生影响。

（4）强制许可原则。在《巴黎公约》成员国取得专利权的人，必须于一定期限内在该国境内实施其专利发明，否则该成员国的专利主管机关有权根据请求，颁布实施该项专利的强制许可，或者依法撤销专利权。

（5）临时保护。临时保护原则，是指缔约国应当对在任何一个成员国内举办的、经官方承认的国际展览会上可以取得专利的发明、实用新型、外观设计和商标给予临时性保护，在临时保护期内，不允许展品所有人以外的任何第三人对该展品申请工业产权。

2.《保护文学艺术作品伯尔尼公约》

1886 年 9 月，10 个国家共同签署了《保护文学艺术作品伯尔尼公约》，我国从 1992 年 10 月 15 日起成为该公约的成员国。该公约规定了著作权国际保护制度的下列基本原则：

（1）国民待遇原则。国民待遇采双国籍标准，即作者国籍标准和作品国籍标准。缔约国作者的作品（无论是否发表），或在某缔约国内首次出版的作品，在其他的任何缔约国内，都享受国民待遇原则，即享有该缔约国法律给予本国作者作品的同等保护。非公约成员国国民，但在某一成员国内有惯常居所的，可享有国民待遇；对于电影作品，只要电影制片人的总部或惯常居所在公约成员国中，其作者也可以享有国民待遇；对于建筑作品或建筑物中的艺术作品的作者，只要有关建筑物位于公约成员国境内，其作者享有国民待遇。

（2）自动保护原则。自动保护原则是指享有国民待遇的作者在行使依国民待遇原则所提供的有关权利时，不需履行任何手续，换言之，公约成员国国民或在缔约国有惯常住所的人，在作品完成时，就享有版权；非成员国国民的作品首次在成员国出版时，即享有版权。

（3）版权独立性原则。享有国民待遇的作者，其作品在各成员国中只能依据该国的国内法和公约的最低要求取得版权保护。同一作品在不同成员国中所受的保护可能是不同的，只要不违反公约的基本原则和最低要求即可。

3.《与贸易有关的知识产权协议》（TRIPS）

《巴黎公约》的保护对象仅局限于工业产权领域，《伯尔尼公约》仅涉及版权的保护，而 TRIPS 几乎涉及知识产权的各个领域，既包括工业产权领域也包括版权领域，此外还涉及一些新的知识产权领域，主要包括著作权和邻接权、专利权、工业品外观设计权、商标权、地理标志权、集成电路布图设计、未经披露的信息（商业秘密）7 个方面。

TRIPS 提出和重申了保护知识产权的基本原则：

（1）国民待遇原则。国民待遇原则是所有知识产权国际公约都强调和肯定的原则，但是《巴黎公约》和《伯尔尼公约》的国民待遇都只能在独立的主权国家间实行，TRIPS 的国民待遇原则扩大到独立主权国家以外的独立关税区和国际实体组织。

（2）保护公共秩序、社会公德、公众健康原则。该原则是立法、执法的基本原则，TRIPS 第 8 条第 1 款、第 27 条第 2 款等条款都明确了这一原则，对于违背该原则的智力成果可以排除在知识产权保护之外。

（3）对权利合理限制原则。对知识产权的保护并非绝对，在保证第三方的合法利益、不影响合理利用及不损害权利人的合法利益的条件下，可以对知识产权予以限制。

（4）其他原则。TRIPS 还强调了区域独立性原则，专利、商标申请的优先权原则，版权自动保护原则等。

除了上述基本原则外，TRIPS 还提出最惠国待遇原则。TRIPS 中的最惠国待遇是指在知识产权保护方面，某一成员给予其他任何其他国家国民的任何利益、优惠、特权或豁免，均应立即无条件地适用于全体其他成员之国民。

第二节　著作权法

一、著作权概述

（一）著作权的概念

著作权，是指基于文学艺术和科学作品依法产生的权利。文学艺术和科学作品是著作权产生的前提和基础。作为一种民事法律关系，著作权不是抽象的，而是具体的，没有作品就没有著作权，脱离具体作品的著作权是不存在的。

（二）著作权的特征

1. 权利主体广泛

原则上，各类民事主体（公民、法人等）都可以成为知识产权的权利主体，但著作权权利主体的实际范围较之其他各类类型的知识产权更为广泛。如未成年人，一般难以成为专利权和商标权的权利主体，但却不妨成为著作权的主体。又如外国人如要取得专利权或商标权，须履行法定申请与审批手续，因种种条件限制，其申请未必得到批准，而其作品只要是在国内首次发表，即依法享有著作权，这就使其权利主体范围广于专利权和商标权。

2. 权利客体广泛

作为著作权的客体，作品同样是一种智力成果，但其表现形式繁多，范围极其广泛。无论从其思想内容（含文学、艺术、自然科学、社会科学等各方面）还是外观表现（口头、书面、摄影、绘画、雕刻、音像等）看，只要能被人感知，均能成为客体。

3. 权利内容丰富

著作权内容和其他知识产权一样，包括人身和财产权两方面权利。然而从立法上看，无论是人身权还是财产权，在著作权中都体现得更加充分、内容更加丰富。就人身权而言，工业产权中专利权、商标权基本上不涉及人身权，而著作权中的人身权则包括发表权、署名权、修改权和保护作品完整权。著作权的财产权也极为丰富，包括播放权、摄影权、演绎权、发行权等内容。

4. 权利可以分割

例如职务作品，可以由作者和所在单位分别享有著作权的有关具体权利；电影作品的著作权的归属也有此特点。

5. 权利限制较多

从法理上说，任何权利都不是绝对的，权利滥用更为法律所禁止，这一点在著作权中体现得尤为突出。由于作为著作权客体的作品既是个人（单位）财产，又是一种社会财富，为了国家、公众和社会利益，法律对著作权人对其作品的专有权利作了直接规定加以限制，如我国《著作权法》第22条所规定的“合理使用”情形，第32条第2款所作的“法定许可”规定，都是对著作权人专有权利的限制。

6. 权利时间较长

作者终身，加死后50年。

二、著作权的客体

（一）作品的界定

1. 作品的定义

《著作权法实施条例》第2条解释，作品是指文学、艺术和科学领域内，具有独创性并能以某种有形形式复制的智力创作成果。

2. 作品的要件

（1）属于文学、艺术和科学领域，体育中的技巧、动作、阵势排列等，不属于作品范畴。

（2）表现一定的思想或情感或传授知识，或阐述理论，或反映现实，或抒发情感。路标只具有指示作用，没有思想，不能成为作品。我国出现过单独为标点符号提起版权诉讼的案例。

（3）有一定的表达形式。作品的表达形式是指表达作者思想并能被人感知的外在形式。如对文字作品而言，表现为文字符号的组合、字词句的排列；对美术作品而言，表现为富有情感的线条、色彩、描绘手法等。

（4）具有独创性，也称原创性，是指作品由自己通过智力劳动创作完成，非抄袭之作。只要是自己完成的，作品可以与他人的雷同。

（5）具有相对完整性，即作品应当完成。作品的初稿也受版权法保护。只要表达了一定的思想内容，即使作品未全部完成，也开始受著作权法保护。

（二）作品的种类

《著作权法》第3条和实施条例第4条作了具体规定。

（1）文字作品，是指小说、诗词、散文、论文等以文字形式表现的作品。广告语在我国的判例中也被视为文字作品受到保护。如广告语“横跨春夏，直抵秋冬”案、“世界风采东方情”案，被告以广告商务语不属于著作权法保护的文字作品抗辩，未获得法院支持。

（2）口述作品，是指即兴的演说、授课、法庭辩论等以口头语言创作、未以任何物质载体固定的作品。

（3）音乐、戏剧、曲艺、舞蹈作品，这类作品统称文艺作品。

（4）美术、摄影作品。

（5）电影作品和以类似摄制电影的方法创作的作品。

（6）工程设计、产品设计图纸及其说明。

（7）地图、示意图等图形作品，修订草案改为“与地理、地形或者科学有关的图形和模型”。

(8) 计算机软件。

(9) 民间文学艺术作品。

三、著作权的内容

(一) 著作人身权

著作人身权指著作权人基于作品而享有的人身性质的权利。有学者将其称为作者的精神权利，其内容如下：

(1) 发表权，是依法决定作品是否公之于众以及如何公之于众的权利。发表权是一次性权利。而且发表权可以转让。如作品交出版社出版，实际上就是允许出版社行使作品的发表权。再如，画家出售美术作品原件的，其发表权随同作品的展览权转让给受让人，但其他著作权仍由画家享有。

(2) 署名权，即表明作者身份，在作品上署名的权利。严格地说，署名权和作者身份权略有不同，它只是后者的一部分，但是学术上倾向于对署名权作广义的理解，从而使它包含了作者身份权的全部如下内容：首先，作者有权要求确认其作者身份；其次，作者有权决定在作品上署名的方式，如署真名、假名，或者不署名等。在作者为多人的情况下，署名的方式应包含对署名的顺序的安排，不过判例不认为擅自调换署名顺序侵害了署名权；再次，作者有权禁止他人在自己的作品上署名；第四，作者有权禁止自己的名字被署到他人的作品上。即，有权禁止他人假冒自己的姓名的行为。

(3) 修改权与保护作品完整权，一般都认为两者实际上同属一种权利的正反面。其中修改权“即修改或者授权他人修改作品的权利”。作品是作者思想观点的反映，而随着时间的推移，作者的思想观点会发生一定的变化。赋予作者修改权，体现了对作者创作自由的尊重。保护作品完整性的权利，“即保护作品不受歪曲、篡改的权利”。作品的完整性不仅包括其表现形式的完整性，也包括其内容、情节和主题思想的完整性。

(二) 著作财产权

(1) 复制权，是以一定的方式将作品制作一份或多份的权利。一般说来，以复制以外的方式使用作品的，往往是在作品复制以后进行。因此，要保护著作权人的财产权利，首先必须保护复制权。从各国立法规定来看，复制权都是著作权人享有的最基本、最重要的财产权利。

(2) 表演权，指著作权人自己表演或授权他人表演作品的权利。表演，指演奏乐曲、上演剧本、朗诵诗词等直接或者借助技术设备以声音、表情、动作公开再现作品。表演是直接传播作品的方式。表演者上演剧本、曲艺或者演奏音乐，这些现场表演活动是表演，另外通过电视台、电台将表演活动直接或传播给公众也属于表演。

(3) 播放权，是著作权人有权许可或禁止通过电台、电视台传播其作品的权利。播放即通过无线电波、有线电视系统传播作品。在我国，著作权人主要通过允许电台、电视台播放其作品而实现其播放权。播放权适用于文字作品、戏剧、曲艺作品、音乐作品、电影、电视作品。电台、电视台使用他人未发表的作品制作广播电视节目，应征得著作权人的许可并支付报酬。

（4）展览权，是著作权人或美术作品原件合法所有人享有的公开陈列其作品的原件或复制品的权利。展览是指公开陈列美术作品、摄影作品的原件或复制件。展览权主要适用于美术作品、摄影作品。

（5）发行权，是通过出售、出租等方式向公众提供伤口复制件的权利。一般认为，作品复制出来后，如果不向社会发行，既限制了向社会传播作品，无法满足公众的合理需要，也无法实现作品复制所追求的经济利益。因此发行权是一项重要的财产权利，它往往与复制权结合在一起。出版就是以印刷、音像录制等方式复制作品，然后再予发行。但出版并不能等同于复制加发行，因为复制的方式多样，如以手抄、临摹等方式复制作品后出售、出租，就不能称为出版。

（6）摄制电影、电视、录像权，著作权人授权他人将自己的作品拍摄成电影电视、录像的权利。将作品摄制为影视片，录像片，是一般作家难以行使的，因而作者所行使的大多是许可权。那种将表演和景物机械地录制下来，不属于摄制电影、电视、录像作品。摄制电影权，包括摄制电视与摄制录像作品，其实是一种典型的“改编”形态，我国《著作权法》将它独立出来，作为一种单项权利加以规定。

（7）演绎权，指著作权人自己许可他人将其作品进行改编、翻译、注释、整理、编辑等二次使用作品的权利。行使演绎权产生的作品统称为演绎作品。演绎者对演绎作品享有著作权，因为改编、翻译等演绎活动是再创作，付出了智力劳动。但由于演绎作品是在原作基础上产生的，因此演绎活动应当征得原作者的许可，并且不得损害原作品的著作权。

四、著作权的限制

（一）合理使用

所谓合理使用，是指他人依照法律的规定，不经著作权人的同意而无偿使用其作品的行为。合理使用的核心是平衡著作权人和社会公共利益的关系，不片面保护著作权人对作品的垄断使用权。我国《著作权法》第 22 条规定了 12 种合理使用的情形：

（1）为个人学习、研究或者欣赏，使用他人已经发表的作品。

（2）为介绍、评论某一作品或者说明某一问题，在作品中适当引用已经发表的作品。

（3）为报道时事新闻，在报纸、期刊、广播电台、电视台等媒体中不可避免地再现或者引用已经发表的作品。

（4）报纸、期刊、广播电台、电视台等媒体刊登或者播放其他报纸、期刊、广播电台、电视台等媒体已经发表的关于政治、经济、宗教问题的时事性文章，但作者声明不许刊登、播放的除外。

（5）报纸、期刊、广播电台、电视台等媒体刊登或者播放在公众集会上发表的讲话，但作者声明不许刊登、播放的除外。

（6）为学校课堂教学或者科学研究，翻译或者少量复制已经发表的作品，供教学或者科研人员使用，但不得出版发行。

（7）国家机关为执行公务在合理范围内使用已经发表的作品。

（8）图书馆、档案馆、纪念馆、博物馆、美术馆等为陈列或者保存版本的需要，复制本馆收藏的作品。

（9）免费表演已经发表的作品，该表演未向观众收取费用，也未向表演者支付报酬。

（10）对设置或者陈列在室外社会公众活动处所的雕塑、绘画、书法等艺术作品进行临摹、绘画、摄影、录像。临摹、绘画、摄影、录像人，可以对其成果以合理的方式和范围再行使用，不构成侵权。

（11）将中国公民、法人或者已经发表的以汉语言文字创作的作品翻译成少数民族语言文字作品在国内出版发行。

（12）将已经发表的作品改成盲文出版。前述合理使用的情形，同样适用于对邻接权的限制。

（二）法定许可

法定许可使用，是指依据著作权法的直接规定，以一定方式使用他人已经发表的作品，可以不经著作权人的同意，但应按规定支付报酬并尊重著作权人的一项法律制度。

法定许可使用的范围在一定程度上体现了该国著作权的保护水平。由于各国政治经济、经济、文化、科技等方面发展水平的差异，就法定许可使用的范围而言，公有制国家的许可范围一定宽于资本主义国家，发达国家对许可范围的限定则严于发展中国家。较广泛的法定许可是我国著作权法的一个特点。这主要是由于我国地域辽阔，文化水平、社会管理能力较落后，因而在有关的作品被使用时难以逐一征得著作权人的同意。况且由于有关作品业已发表，因而进一步（以新的形式）来传播一般并不违背作者的意志，至于著作权人的经济利益则体现在使用费上。

根据我国《著作权法》和最高人民法院有关司法解释，法定使用许可包括如下情形：

（1）为实施九年制义务教育和国家教育规划而编写出版教科书，除作者事先声明不许使用外，可以不经著作权人许可，在教科书中汇编已经发表的作品片段或者短小的文字作品、音乐作品或者单幅的美术作品、摄影作品；

（2）作品被报社、期刊社刊登后，除著作权人声明不得转载、摘编的外，其他报刊可以转载或者作为文摘、资料刊登；

（3）已在报刊上刊登或者网络上传播的作品，除著作权人声明或者上载该作品的网络服务提供者受著作权人的委托声明不得转载、摘编的以外，网站可以转载、摘编；

（4）录音制作者使用他人已经合法录制为录音制品的音乐作品制作录音制品，著作权人声明不许使用的除外；

（5）广播电台、电视台播放他人已经发表的作品；

（6）广播电台、电视台播放已经出版的录音制品。

五、著作权的保护

（一）只承担民事责任的侵权行为

我国《著作权法》第46条规定的侵权行为包括：

（1）剽窃、抄袭他人作品的。

（2）未经著作权人许可，以营利为目的，复制发行其作品的。

（3）出版他人享有专有出版权的图书的。

（4）未经表演者许可，对其表演制作录音录像出版的。

（5）未经录音录像制作者许可，复制发行其制作的录音录像的。

（6）未经广播电台、电视台许可，复制发行其制作的广播、电视节目的。

（7）制作、出售假冒他人署名的美术作品的。

（二）承担综合法律责任的侵权行为

我国《著作权法》第47条规定，下列著作权侵权行为，除承担民事责任外，同时损害公共利益的，由行政管理机关给予行政处罚，如果同时还触犯刑法的，还需要追究其刑事责任：

（1）未经著作权人许可，复制、发行、表演、放映、广播、汇编、通过信息网络向公众传播其作品的，本法另有规定的除外。

（2）出版他人享有专有出版权的图书的。

（3）未经表演者许可，复制、发行录有其表演的录音录像制品或者通过信息网络向公众传播其表演的，本法另有规定的除外。

（4）未经录音录像制作者许可，复制、发行、通过信息网络向公众传播其制作的录音录像制品的，本法另有规定的除外。

（5）未经许可，播放或者复制广播、电视的，本法另有规定的除外。

（6）未经著作权人或者与著作权有关的权利人许可，故意避开或者破坏权利人为其作品、录音录像制品等采取的保护著作权或者与著作权有关的权利的技术措施的，法律、法规另有规定的除外。

（7）未经著作权人或者与著作权有关的权利人许可，故意删除或者改变作品、录音录像制品等的权利管理电子信息的，法律、法规另有规定的除外。

（8）制作、出售假冒他人署名的作品的。

根据《著作权法》的规定，行政处罚包括责令立即停止侵权行为，没收违法所得，没收、销毁侵权复制品和罚款。情节严重的，还可以没收主要用于制作侵权复制品的材料、工具、设备等。著作权侵权行为的受害人可据上述规定向著作权行政管理机关投诉，请求对侵权行为进行行政查处。

第三节 专 利 法

一、专利概述

（一）专利的含义

在现代，专利有三种含义：

（1）专利是指专利权的简称，如某某正在申请“专利”。

（2）专利是指获得专利权的发明创造，即专利技术，如某企业拥有多少项专利。

（3）专利是指专利文献，如查阅专利。

由于专利有多种含义，在判别它的具体含义时，应考虑其使用的具体场合。

（二）专利权

专利权，是指公民、法人或其他单位依法对发明创造在一定时间范围内所享有的独占使用权。与其他知识产权相比，专利权具有以下特征：

（1）专有性受到一定的限制。有强制许可、计划实施、国家征用等限制。

（2）时间性较为绝对。期限较短，并且不能续展。

（3）依法定程序获得。不同于版权和商业秘密权。

（4）技术内容公开。有别于版权和商业秘密权。

二、专利权的客体

（一）发明

发明，是指对产品、方法或者其改进所提出的新的技术方案。这一定义是我国《专利法实施细则》第2条的立法规定。各国专利法都无一例外地把发明作为专利保护的对象。有的还在专利法中明确规定发明的定义，如日本专利法规定，发明是指“利用自然规律所作出的高水平的技术创造”。各国专利法、专利学者对发明的定义的表述有很多种，但对发明的实质理解大同小异。

专利法上最为常见、也是最为基本的一种分类，是将发明分作产品发明和方法发明，因为产品和方法在授予专利权后，其权利效力范围有所不同。依照我国《专利法》，若专利权是就产品授予的，则专利权人有权禁止他人未经其许可为商业目的制造、使用、许诺销售、销售以及进口专利产品；若专利权是就方法授予的，则专利权人有权禁止他人未经许可为商业目的使用其专利方法以及使用、许诺销售、销售或进口用该专利方法直接获得的产品。

通常，专利法上的产品，可以是一个独立、完整的产品，也可以是一台设备或仪器中的零部件。主要包括：制造品，如机器、设备以及各种用品；材料，如化学物质、组合物等；具有新用途的产品。而专利法上的方法可以是由一系列步骤构成的一个完整过程，有时也可以是一个步骤。主要包括：制造方法，即制造特定产品的方法；以及其他方法，如测量方法、分析方法、通信方法等；产品的新用途等。

（二）实用新型

我国《专利法实施细则》第2条第2款给实用新型下的定义是：“专利法所称的实用新型是指对产品的形状、构造或者其结合所提出的适于实用的新的技术方案。”

实用新型的特征如下：

（1）是利用自然规律所提出的技术方案。

（2）是针对产品提出的技术方案。

（3）是针对产品的形状、构造或其组合提出的技术方案。

形状是指产品具有的、可以从外部观察到的确定的空间形状，如棱柱体的铅笔可以防滑。构造是指产品的各个组成部分的安排、组织和相互关系。零部件之间具有技术效果的位置安排和相互关系，如早期的电话听筒和话筒分开的，后来有人将两者新颖地结合在一起，甚至把拨号盘也组合在一起，形成了现在的电话，这就是产品构造上的发明创造，也构成了专利法上的实用新型。

形状和构造都只涉及立体产品，因而平面产品（如电路图）、无确定形状的产品（如气态、液态、粉末、颗粒状物质或材料等）不能申请实用新型专利。但是，不可移动的建筑物也不能申请实用新型专利。

（4）具有新颖性、创造性和实用性。

（三）外观设计

我国《专利法实施细则》第2条第3项规定："专利法所称的外观设计是指对产品的形状、图案、色彩或者其结合所作出的富有美感并适于工业上应用的新设计。"

外观设计在国外多称为工业品外观设计，我国台湾地区称为"新式样"。与发明、实用新型不同，外观设计涉及的是美学思想，通常与技术思想无关。发明与实用新型都是利用自然规律来达到技术的效果，而外观设计则是利用人们的审判心理来达到美感的效果，其作用是满足人们对产品在精神上的要求。

外观设计的特征如下：

（1）外观设计必须以产品为依托，离开了具体的工业产品也就无所谓外观设计了。对于那些游离于某一具体的产品之外的设计，充其量只能认为是一种纯美术作品，可以受著作权法的保护，不能作为外观设计受到专利法的保护。

（2）外观设计以产品的形状、图案和色彩等为构成要素，以视觉美感为目的，而不去追求实用功能。发明和实用新型都是一种技术方案，是具有一定实用功能，并能够解决一定技术问题的。这是外观设计与发明和实用新型的最大差异。外观设计与实用新型虽然构成要素中都有"形状"，但在专利保护上却有不同的意义。外观设计不考虑实用目的，它所解决的不是技术问题，而是美学或美感上的问题。

（3）外观设计必须适合于工业应用。这里的所谓工业应用，就是指该外观设计可以通过工业手段大量复制。

三、专利权的内容与限制

（一）专利权的内容

专利权人的权利大体上可以分作以下几项：实施其专利技术的独占性权利；禁止他人实施其专利技术的权利；处分其专利的权利；在产品或包装上注明专利标记的权利。

（二）专利权的效力

专利权的效力，可以概括为对“实施”行为的控制能力。专利法上的实施在内容上包括对专利产品的制造、使用、销售、许诺销售、进口等行为；对于专利方法，包括使用专利方法或者销售、许诺销售、使用、进口用专利方法获得的产品。

（三）专利权的限制

同其他知识产权一样，专利权在许多方面是受限制的。这其中包括专利的时间限制，以及专利权实施中的限制。专利权的时间限制在法律上表现为专利权保护期，而实施中的限制则有更多的表现方式。

1. 专利权的保护期

在国际上，发明专利权保护期通常为 15～20 年；实用新型、外观设计专利权保护期通常低于 10 年。我国现行专利法对于发明专利权的保护期规定为 20 年，自专利申请之日起计算。我国专利法的这一规定显然已经完全达到国际通行的水平。我国现行《专利法》规定的实用新型和外观设计专利权的保护期为自专利申请之日起算 10 年。在实用新型等专利的保护方面，我国《专利法》的保护水平也绝不比国际通行标准逊色。

2. 首次销售

首次销售，是指当专利权人自己制造或者许可他人制造的专利产品上市经过首次销售之后，专利权人对这些特定产品不再享有任何意义上的支配权，即购买者对这些产品的再转让或者使用都与专利权人无关。这种情况被称作首次销售。也有人称此为权利耗尽或权利用尽，因为专利权人的利益在首次销售中已经得以实现，故而称其为用尽或耗尽。我国《专利法》中也有明文规定：“专利权人制造或者经专利权人许可制造的专利产品售出后，使用或者销售该产品的行为不视为侵犯专利权。”

3. 善意侵权

善意侵权，是指在不知情的状态下销售或者使用了侵犯他人专利权的产品的行为，可不承担赔偿责任。这种情况被称为善意侵权。但是如果销售商在得到专利权人通知之后仍然销售其库存的侵权产品，则不能认为其不知情。

4. 先行实施

先行实施，是指在专利申请日前已经开始制造与专利产品相同的产品或者使用与专利技术相同的技术，或者已经作好制造、使用的准备的，依法可以在原有范围内继续制造、使用该项技术。实施者的这种权利被称作先行实施权或简称为先用权。在我国《专利法》中，先行实施或称先用权的范围仅限于在原有范围内制造或者使用，对于销售行为未予规定。

5. 临时过境

当交通工具临时通过一国领域时，为交通工具自身需要而在其设备或装置中使用有关专利技术的，不视为侵犯专利权。有关交通工具临时过境的规定源自《巴黎公约》。《巴黎公约》第五条之三对船舶、飞机以及陆上车辆等交通工具偶然性地进入一国领域时，该交通工具本身上所用的有关专利技术不被认为是侵权。如果各国专利法中没有这一规定，国际往来就非常困难。巴黎公约的成员国无不遵从这一规范。

6. 非营利实施

非营利性实施专利技术的行为一般不被视为侵犯专利权。

四、专利权的保护

（一）专利侵权行为的定义和构成要件

专利侵权行为，是指未经合法专利权人许可，以生产经营为目的，实施了受专利法保护的有效专利的违法行为。因此，专利侵权行为的构成必须具有以下条件：

（1）必须有被侵犯的有效的专利权存在。一项发明创造在其被授予专利权的有效期间内才受到法律保护，第三人实施该项发明创造才有可能构成侵权行为。对于授予专利权以前的发明创造，专利权被撤销或者被宣告无效的技术，专利权已经终止或者专利权期限届满的技术，第三人的实施行为不构成侵权。

（2）未经专利权人许可或没有合法依据实施了他人专利。只有未经专利权人许可的实施行为才有可能构成侵权。凡是经过专利权人同意的实施行为，例如，签订了专利实施许可合同，口头同意或者默许等，则不构成侵权。

（3）以生产经营为目的。只有以生产经营为目的，即以营利为目的的实施行为，才能构成侵权。利用他人的专利供自己个人需要不构成侵权行为。因此，在实践中要注意划分是否以生产经营为目的的界限。

（4）有法定的实施行为。

（5）行为人主观上有过错。专利侵权行为中的过错，有故意和过失两种状态。有的侵权行为只能由故意构成，如使用和销售专利产品的行为，必须是明知侵权产品而予以使用和销售才构成侵权，过失不构成侵权。而故意或过失制造、进口他人的专利产品，都会构成侵权行为。

（二）专利侵权行为的表现形式

根据专利法规定，专利侵权行为表现为以下六种：

（1）制造专利产品的行为。专利产品是指专利权人在发明或者实用新型的权利要求书中所描述的产品，或者在外观设计专利申请文件中写明的使用该外观设计的产品。不论制造者是否知道是专利产品，也不论是用什么方法制造的，均构成专利侵权。

（2）故意使用发明或者实用新型专利产品的行为。与制造行为相比较，使用人必须具备主观上故意才能构成专利侵权。在这里，故意的含义是指使用人知道该产品是未经专利权人许可制造的侵权产品，而坚持购买使用的行为。应当注意的是，在任何情况下使用外观设计专利产品的行为均不构成专利侵权，因为专利法第 11 条第 2 款只规定单位或者个人不得为生产经营目的制造或者销售外观设计专利产品。

（3）故意销售专利产品的行为。故意销售，是指行为人在主观上知道该产品属侵权产品仍销售的行为。这里所说的“销售”，除了出售行为之外，还包括对专利技术的许可、转让、租赁等行为。而且它不仅是指实际的销售行为，还应该包括销售的要约，例如，在商店橱窗上陈列或者在报纸上登载推销广告等行为。

（4）使用专利方法以及使用、销售依照专利方法直接获得的产品。使用专利方法是指采用权利要求书中所记载的方法并实现其目的、优点或者积极效果的行为。专利法还规定方法延及产品，即使用、销售依照该专利方法直接获得的产品构成侵权，但如果该产品是依照其他方法制造的，则不构成对该方法专利的侵权。

（5）进口专利产品或者进口依照专利方法直接获得的产品。它是指将专利产品或者依照专利方法直接获得的产品从国外进口到中国。

（6）假冒他人专利的行为。假冒他人专利，是指非专利权人未经专利权人许可，将非专利产品冒充专利产品或者将非专利方法冒充专利方法，如在非专利产品上标上“中国专利”、“专利产品”等字样。冒充专利的行为不属于侵权行为，而是损害消费者利益的违法行为。我国《专利法》对此行为规定了行政法律责任，没有民事责任的规定。

第四节　商　标　法

一、商标概述

（一）商标的概念

商标，是指生产经营者在其商品或服务上使用的，由文字、图形、字母、数字、三维标志和颜色组合，以及上述要素的组合构成的，具有显著特征、便于识别商品或服务来源的标记。

（二）商标的特征

（1）商标是商品或服务的标志，它依附于商品或服务而存在。

（2）商标是区别商品或服务来源的标记。只有附着在商品上用来表明商品来源并区别其他同类商品的标志才是商标。所以通用标志、通用商品名称等虽然也出现在商品或包装上，但不具有区别来源的功能，所以不成为商标。

（3）任何文字、图形、字母、数字、三维标志和颜色组合或上述要素的组合不与特定的商品或服务相联系，也就不成为商标。由于商标是用来区别商品或服务的来源的，所以要求它具有显著的特征，即不与他人的商标相混同，也只有将具有鲜明个性的标记用于特定的商品或服务，才能起到商标的作用。

二、商标权的概念与内容

（一）商标权的概念

商标权是商标所有人依法对其使用的商标所享有的权利，商标权是商标法的核心。在我国，商标权是商标注册人对其注册商标所享有的权利。但从严格意义上来讲，在注册制度下的商标权应当称作注册商标权。

（二）商标权的内容

1. 专有使用权

专有使用权，是指商标权人在核定使用的商品上专有使用核准的注册商标的权利。商标作为区别同类商品（或服务）的不同生产者、经营者的标志，只有商标所有人享有专有使用权，才能达到表彰自己区别他人的目的，才能很好地树立商标的信誉，也只有专有使用注册商标，才能更好地体现商标权的价值。

《商标法》第 51 条规定："注册商标的专用权，以核准注册的商标和核定使用的商品为限。"这一规定对专用权的权利范围做出了限定。注册商标所有人对其注册商标的使用权包含两方面的意义，一是权利人只能在这一法律规定的范围内有效，二是在该范围内商标权人对其注册商标的使用是专有使用，即独占使用。

2. 禁止权

商标所有人在享有专有使用其注册商标权利的同时，还享有禁止他人使用其注册商标的权利。在排他、独占性地使用上，商标权与所有权的性质是一致的。商标权人的这种禁止权的效力范围要大于自己专有使用权的效力范围。这对于有效地保证商标权人的权利不受侵犯，具有重要的作用。

3. 转让商标的权利

商标作为一种无体财产是可以转让的，转让商标是商标所有权人对自己财产的处分。尽管商标所有人注册商标的主要目的是为了专用商标，但另一方面，商标权作为一项财产，具有价值和使用价值，也可以成为转让的标的。转让商标一般是有偿的，但也有无偿转让的。无论是有偿转让，还是无偿转让，都需依法定程序进行。

4. 许可他人使用商标的权利

商标所有人不仅可以依据法律所授予的权利自己专有使用，也可以授权他人使用。许可他人使用不同于转让，它既不转让商标的所有权，也不完全转移使用权，即在许可他人使用时不会排斥商标所有人的使用。

三、商标注册及其审查

（一）商标注册的概念

商标注册是商标所有人为了取得商标专业权，将其使用的商标，依照法律规定的注册条件、原则和程序，向商标局提出注册申请，商标局经过审核，准予注册的法律制度。

（二）商标注册的条件

1. 商标注册的必备条件

（1）商标的显著性。注册商标要求商标应当具备法定的构成要素和能够区别其他经营者同类商品或服务的显著特征。

商标的显著特征，是指其独特性。商标是区别商品的标志，无论用文字商标、图形商标、组合商标，还是立体商标都必须具有显著特征，使之成为区别于他人同类商品的明显标志。商标的独特性和可识别性是相互联系的，商标的特征越明显越具有自己的特点，区别作用就越大，也就越便于人们识别。

商标的显著性，在于商标是不是新创的、是否具有个性。

（2）商标不得与他人的商标混同。

混同，是指商标与他人的商标相同或者近似。

商标相同，是指使用在同一种商品或者类似商品上的商标的文字、图形完全一样或商标名称读音完全相同。商标相同消费者就难以区别不同经营者的商品或服务。

商标近似，是指使用在同一种商品或者类似商品上的商标的文字、图形基本相同，虽然存在着差别，但差别并不明显，足以使消费者误认误购。

2. 商标注册的禁止条件

（1）维护我国国家尊严和尊重他国及国际组织的规定。使用商标，首先不得违反商标法的绝对禁止条件，即禁用条款。申请注册的商标，如果违反禁用条款，使用了法律规定不得作为商标使用的标志，就不能被核准注册。即使是未注册商标，也不得违反规定使用被绝对禁止的标志。如：①同中华人民共和国的国家名称、国旗、国徽、军旗、勋章相同或近似的，以及同中央国家机关所在地特定地点的名称或者标志性的建筑物的名称、图形相同的；②同外国的国家名称、国旗、国徽、军旗相同或近似的标志；③同政府间国际组织的名称、旗帜、徽记相同或近似的标志；④与表明实施控制、予以保证的官方标志、检验印记相同和近似的标志；⑤同“红十字”“红新月”的标志、名称相同或近似的文字、图形。

（2）禁止具有不良社会影响的标志作商标的规定，如：①带有民族歧视的文字、图形等标志；②夸大宣传并带有欺骗性的标志；③有害于社会主义道德风尚或其他不良影响的标志。

（3）关于地名作商标的禁止规定。县级以上行政区划的地名或者公众知晓的外国地名，不得作为商标，但是，地名具有其他含义的除外；已经注册的使用地名的商标继续有效，用地名作商标，缺乏显著特征，而且地名也不应为某一经营者独占。

（4）三维标志的禁用条件。《商标法》第 12 条规定，“以三维标志申请注册商标的，仅由商品自身的性质产生的形状、为获得技术效果而需有的商品形状或者是商品具有实质性价值的形状，不得注册”。

（5）禁止使用他人的驰名商标。《商标法》第 13 条明确规定禁止以复制、摹仿、翻译的方式使用他人的驰名商标。具体分为两种情况：①复制、摹仿、翻译他人未在中国注册的驰名商标，用于与该驰名商标相同或类似的商品上而容易导致混淆的，不仅申请商标注册的不予注册，使用也在禁止之列。②复制、摹仿、翻译他人已在中国注册的驰名商标，用于与该驰名商标不相同或不相类似的商品上，有误导公众，致使该驰名商标注册人的利益有受损害之虞的，不仅申请商标注册的不予注册，使用也在禁止之列。而用于与该驰名商标相同或类似的商品上则更在禁止之列。

（6）不得损害被代理（表）人的商标权益。代理人或者代表人未经授权以自己的名义将被代理人或者代表人的商标进行注册，损害了被代理人或者被代表人的利益，违反了民事代理的基本原则。《商标法》第 15 条规定："未经授权，代理人或者代表人以自己的名义将被代理人或者代表人的商标进行注册，被代理人或者被代表人提出异议的，不予注册并禁止使用"。

（7）禁止使用虚假地理标志。

由于地理标志具有标示决定商品特定品质、信誉等特征的自然因素或者人文因素来源于特定地区的功能，如果商标中有商品的地理标志，但其所表彰的商品却并非来源于该标志所表示的地区，往往会误导公众，而且对地理标志所表示地区的生产者也不公平。所以，非真实的地理标志，当禁止使用。《商标法》第 16 条规定："商标中有商品的地理标志，而该商品并非来源于该标志所表示的地区，误导公众的，不予注册并禁止使用；但是，已经善意取得注册的继续有效。"

（三）商标注册的审查

商标审查是商标主管机关对商标注册申请是否符合商标法的规定所进行的一系列活动。商标审查是决定授予商标专用权的关键。

1. 形式审查

形式审查是对申请商标注册的书件、手续是否符合法律规定的审查。主要就申请书的填写是否属实、准确、清晰和有关手续是否完备进行审查，决定商标注册申请能否受理。形式审查包括以下内容：（1）申请人资格审查；申请书填写是否符合规定；商标及商标图样的规格、数量是否符合要求；应交送的证明文件等是否完备，规费是否缴纳；审查一份申请是否只申报了一个商标；（2）审查商标的申请日期，编定申请号。商标法实施细则规定，商标注册的申请日期，以商标局收到的申请书件的日期为准；（3）通过审查认为申请手续齐备并按照规定填写申请书件的，编定申请号，发给受理通知书。申请手续不齐备或者未按规定填写申请书件的，予以退回，申请日期不予保留。申请手续基本齐备或者申请书件基本符合规定，但是需要补正的，通知申请人予以补正。申请人在规定期限内补正并交回商标局的，保留申请日。对于要求补正而未作补正或超过期限补正的，也同样予以退回，申请日不予保留。

2. 实质审查

实质审查是对商标是否具备注册条件的审查。申请注册的商标能否初步审定并予以公告取决于是否通过了实质审查。实质审查包括以下内容：商标是否违背商标法禁用条款的审查；商标是否具备法定的构成要素，是否具有显著特征；商标是否与他人在同一种或类似商品上注册的商标相混同，是否与申请在先的商标及已撤销、失效并不满一年的注册商标相混同。

《商标法》第 32 条规定，申请商标注册不得损害他人现有的在先权利，也不得以不正当手段抢先注册他人已经使用并有一定影响的商标。这一规定对于制止利用商标法先申请原则抢先注册他人创设的商标的不正当竞争行为，提供了明确的法律依据。对于建立符合诚实信用商业道德和行业惯例的市场竞争环境大有必要。

注册申请经过实质审查，商标局认为申请注册的商标不符合商标法及其实施条例的规定或与他人在先注册或先申请的商标相混同的，驳回申请，发给申请人驳回通知书，简单陈述驳回理由，并将申请书及有关书件一并退回申请人或其代理人。

商标局如果认为商标注册申请虽有不符合规定之处，但可以修正的则发给商标审查意见书，限定修正时间。申请人在规定时间内未作修正或修改后仍不符合商标法规定的，驳回申请，发给申请人驳回通知书。凡是经过实质审查，认为申请注册的商标符合商标法的有关规定并且有显著性的，予以初步审定，并予以公告。

四、商标权的保护

（一）商标权的保护范围

我国《商标法》对注册商标专用权的保护作了规定。未注册商标不享有专用权，因此，目前在我国对商标权的保护仅是对注册商标专用权的保护。《商标法》第 56 条规定："注册商标专用权，以核准注册的商标和核定使用的商品为限。"这就为注册商标的权利范围作了界定：以核准注册的商标为限；以核定使用的商品为限，即注册商标所有人实际使用注册商标的商品与核定使用的商品必须一致，否则，同样可能招致承担违法使用注册商标的后果。

（二）商标侵权行为的种类

（1）未经注册商标所有人的许可，在同一种商品或者类似商品上使用与注册商标相同或者近似的商标。

根据法律，使用他人的注册商标，必须要经商标注册人的许可，签订使用许可合同。未经商标注册人许可，不论是否出于故意，都构成对商标权的侵犯。这种行为往往造成商品出处的混淆，不仅损害商标权人的权益，而且也损害了消费者的利益。如果不仅主观上是故意的，而且在客观方面又表现为在与注册商标所核准的同一种商品上使用与其注册商标相同的商标，则构成了假冒注册商标。假冒注册商标是最严重的侵犯商标权行为，其侵权违法所得数额较大或有其他严重情节的，构成犯罪。如果侵权人仅仅是未经许可在类似商品上使用与注册商标相同或近似的商标或虽属同一种商品但使用的只是与注册商标近似的而非相同的商标，虽然应承担侵权的民事责任，但并不构成假冒注册商标。

（2）侵犯商标专用权的行为。

此类行为承担侵权责任的范围包括所有销售侵犯注册商标专用权商品的行为，而且不以"明知"作为条件。但实践中也确实存在销售者并不知道或无法知道所销售的是侵犯商标专用权商品的情况，因此《商标法》第 64 条第 2 款规定："销售不知道是侵犯注册商标专用权的商品的，能证明该商品是自己合法取得的并说明提供者的，不承担赔偿责任。"

（3）伪造、擅自制造他人注册商标标识或者销售这种标识的行为。

商标标识是指附有文字、图形或者组合等商标图样的物质实体，如商标纸、商标牌、商标织带、印有商标的包装等。国家工商局《商标印制管理办法》规定，印制商标的单位必须是持有工商机关核发的营业执照，并核定允许的承揽印刷制造商标的企业，严禁无照或超经营范围承揽商标印、制业务。企、事业单位或个体户印制商标标识，应当凭商标注册证到县市工商局开具注册商标印制证明，然后凭证明到商标印制单位印制。商标印制单位要严格核查证明才能承揽印制业务。

伪造，主要是指非注册商标所有人自己印制或委托他人印制注册商标标识的行为。其目的各有不同，有的是为了用于生产假冒商品，有的是为了销售标识谋取暴利。擅自制造则主要指非印制单位为他人印制标识或印制单位不按国家规定验收有关证明而印制非商标注册人委托的印制注册商标标识的行为。销售无论是伪造的或者是擅自制造的注册商标标识的行为，都构成侵犯商标权行为。这种侵犯商标权行为与前述假冒注册商标的行为往往是相互联系、配合的，甚至是合二为一的。

（4）未经商标注册人同意，更换其注册商标并将该更换商标的商品又投入市场的。

这是指行为人将在市场上通过合法交易取得的商品上的注册商标标识撤除、更换为自己的商标后再次投入市场的行为。对于这种行为是否构成对商标权的侵犯，学界存在着争论较为激烈的不同的观点。

（5）给他人的商标权造成其他损害的。

《商标法实施条例》第 76 条规定："在同一种商品或类似商品上将与他人注册商标相同或近似的标志作为商品名称或商品装潢使用，误导公众的，属于商标法第 57 条第 2 项规定的侵犯注册商标专用权的行为。"

本章练习

一、判断题

1. 知识产权的保护对象是无形智力成果。（　　）

2. 所有的信息都能成为知识产权保护的对象。（　　）

3. 由于商标专用权属于民事权利，因此，转让注册商标只要当事人双方签订协议即可。（　　）

4. 任何能够将自然人、法人或者其他组织的商品与他人的商品区别开的可视性标志，包括文字、图形、字母、数字、三维标志和颜色组合，以及上述要素的组合，均可作为商标申请注册。（　　）

5. 注册商标的有效期为 10 年，自该商标注册申请之日起计算。（　　）

6. 动植物新品种可授予专利。（　　）

7. 科学发现、疾病的诊断和治疗方法、智力活动的规则和方法等不授予专利。（　　）

8. 在我国，专利发明包括专利、实用新型和外观设计专利。（　　）

9. 在我国申请实用新型专利不需要进行实质审查。（　　）

10. 鲁班发现齿轮形状的薄片物具有切割作用，这种情况不能被授予专利权。（　　）

二、单项选择题

1. 不属于著作财产权的有（　　）。

A. 发表权　　B. 复制权　　C. 表演权　　D. 汇编权

2.（　　）是著作财产权的一项最基本的权利。

A. 复制权　　B. 发行权　　C. 汇编权　　D. 表演权

3. (　　)是第一个保护工业产权的国际公约。

A.《伯尔尼公约》　　B.《保护工业产权巴黎公约》

C.《世界版权公约》　　D.《罗马公约》

4. (　　)是授予专利的最基本的积极条件之一。

A. 创造性　　B. 实用性　　C. 新颖性　　D. 适用性

5. 我国(　　)为驰名商标的认定机构。

A. 国务院　　B. 地方人民政府

C. 国家工商行政管理局　　D. 国家税务机构

三、多项选择题

1. 我国商标法规定，不得作为商品注册的标志有(　　)。

A. 带有民族歧视性的

B. 仅仅直接表示商品的质量的

C. 与表示商品的主要原料、功能、用途无关的文字、图形

D. 缺乏显著特征的

2. 专利法规定不授予专利权的项目包括(　　)。

A. 植物新品种　　B. 教学方法　　C. 药品制造方法　　D. 疾病治疗方法

3. 北京大方公司申请取得了一个产品外观设计专利权，该公司有权(　　)。

A. 禁止他人未经许可制造其外观设计专利产品

B. 禁止他人未经许可销售其外观设计产品

C. 禁止他人未经许可进口其外观设计专利产品

D. 禁止他人未经许可使用其外观设计专利产品

4. 不适于著作权保护的对象包括(　　)。

A. 国家颁布的法律、法规　　B. 工程设计图纸

C. 口述作品　　D. 时事新闻

5. 我国著作权法规定的合理使用包括(　　)。

A. 个人学习使用　　B. 广播电视大学教学使用

C. 新闻报道使用　　D. 公务使用

四、问答题

1. 简述著作权的特征。

2. 简述著作权中的法定许可制度的概念及范围。

3. 简述专利权的限制。

4. 简述商标权的内容。

五、案例分析题

软件开发商甲开发了一种网络音乐共享软件，授权互联网服务商乙在网上开设了音乐共享平台，众多网民下载这款共享软件后即可分享各自计算机中存储的音乐作品。网民丙在市场上购买了一款正版音乐光盘《天籁之音》，将其存储到自己的计算机中，当丙看到乙的音乐共享平台后很希望有更多的人分享他收藏的这张光盘，于是下载了该共享软件，将《天籁之音》光盘中的全部音乐放在了共享文件夹中。网民丁是音乐爱好者，也是共

享平台的常客，通过这款共享软件搜索到了存于丙计算机共享文件夹中的《天籁之音》音乐，于是下载到自己的电脑中。某著作权集体管理组织在网上进行音乐著作权维权行动，发现了乙的音乐共享网站，查实到丙提供共享的《天籁之音》光盘中收录了其三位会员的作品。该著作权集体管理组织向乙送达了符合法定条件的删除通知，乙不予理会。在没有找到丁的情况下，该著作权集体管理组织向法院起诉甲、乙、丙三方侵犯了其会员的著作权。

问题：

1. 甲是否构成著作权侵权？

2. 乙是否构成著作权侵权？

3. 使用正版光盘的丙是否构成著作权侵权？

4. 未经录音录像制作者许可，通过信息网络向公众传播其制作的录音录像制品的，应承担何种责任？

第七章

婚姻法与继承法

学习目标

通过学习本章，全面系统地理解婚姻家庭继承法的基本概念、基本理论，对婚姻家庭继承法的发展概况有全面的了解，能够运用本学科的理论知识和有关法律法规的规定对生活中的婚姻继承案件进行法律分析，确立法律意识和法治观念，能够分析处理一般的婚姻和继承纠纷。

案例引导

甲、乙2009年结为夫妻，无父母子女。甲只有一兄丙，乙只有一妹丁。丙和丁均独自生活，且与甲、乙来往较少。2015年春节期间，甲、乙驾车旅游，不幸遭遇车祸，戊路过时发现甲已死亡，乙尚有一丝气息，乙在被送往医院途中死亡。经查甲、乙共有住房一套，2014年甲出版小说，获得20万元的收入，各方对这一套住房和20万元的继承发生了争议。

【分析】根据《婚姻法》规定，此案例中的住房和20万元的知识产权收益均属夫妻共有。根据《继承法》规定，本案例中，甲、乙之间因甲先死亡，故乙为甲的第一顺序继承人，住房和20万元转归乙所有。其后乙死亡，遗产由乙的继承人继承。因乙已无第一顺序继承人，故由其第二顺序继承人丁继承。

第一节　婚姻法概述

一、婚姻家庭与婚姻法

（一）婚姻家庭的概念

婚姻家庭法是调整婚姻家庭关系的法律，是专门研究有关婚姻家庭的法律制度、法律关系以及与此相关的法律现象的科学，是民法学中的一个分支学科。

作为法律调整对象的婚姻家庭关系，其法律概念可以如此表述：婚姻，是男女双方以永久共同生活为目的，以夫妻的权利义务为内容的合法结合。家庭，是共同生活的，其成员共享法定权利、互负法定义务的亲属团体。因此，婚姻家庭关系经过法律调整，相关主体便被法定的权利和义务联结在一起。婚姻家庭兼具自然属性和社会属性，自然属性为婚姻家庭的形成提供了不可缺少的条件，社会属性才是婚姻家庭的本质。

（二）婚姻法的概念

广义的婚姻法，是指既调整婚姻关系又调整基于婚姻关系而产生的家庭关系的法律。狭义的婚姻法，专指规定婚姻的成立、终止以及婚姻的效力的法律，即专门规定夫妻间权利义务的法律，其内容不涉及婚姻关系以外的其他家庭事项。婚姻关系和家庭关系是两种不同性质的社会关系。婚姻关系是以男女两性关系为特征的，家庭关系是以家庭成员之间的血缘关系为特征的。目前世界上很多国家采用广义的婚姻法的立法形式，我国的婚姻法就属于广义婚姻法，是指规定和调整婚姻家庭关系的法律规范的总和。这个概念包括四层含义：

（1）婚姻法是一种法律规范。婚姻法是由国家最高权力机关制定，并由国家强制力保障实施的一部实体法。婚姻法包含三种形式的法律规范：禁止性规范、权利和义务性规范、授权性规范。

（2）婚姻法以婚姻家庭关系作为调整对象。婚姻关系包括婚姻的成立、效力和终止；家庭关系包括夫妻关系、父母子女关系、（外）祖父母与（外）孙子女的关系、兄弟姐妹关系。

（3）婚姻法对婚姻家庭关系具有规定和调整作用。

（4）婚姻法是规定和调整婚姻家庭关系的法律规范的总和。

二、婚姻法的基本原则

婚姻法的基本原则，既是婚姻法的立法指导思想，又是婚姻法规范的基本精神，它贯穿婚姻法的始终。我国婚姻法的基本原则是解释和执行婚姻法的重要依据。

（一）婚姻自由原则

婚姻自由，是指婚姻当事人按照法律的规定，决定自己婚姻问题，不受任何人强制和干涉的自由。婚姻自由是我国婚姻法的一项重要原则，同时也是宪法赋予公民的基本权利。虽然婚姻自由是公民的一项基本权利，但这种权利不是绝对的，它要受到国家政策、法律的约束，同时还要符合社会主义道德的要求。结婚、离婚都须遵守法律规定的条件和程序，如违法，要受到法律的制裁。

婚姻自由包括结婚自由和离婚自由。结婚自由，是指建立婚姻关系的自由。跟谁结婚，什么时间结婚，由当事人自己做主，其他任何人都不能强制或者干涉。离婚自由，是指解除婚姻关系的自由。在夫妻感情完全破裂，关系无法维持下去的时候，完全有必要解除这种婚姻。

为了贯彻婚姻自由原则，必须做到《婚姻法》第 3 条第 1 款规定的两个禁止：

(1) 禁止包办买卖婚姻和其他干涉婚姻自由的行为。包办婚姻是指第三者（包括父母）违背婚姻自由原则，包办他人婚姻自由的行为。买卖婚姻是指第三者（包括父母），以大量索取财物为目的，包办强迫他人婚姻的行为。买卖婚姻肯定是包办婚姻，但包办婚姻不一定是买卖婚姻。包办婚姻是违背婚姻自由原则但不索取财物，索取大量财物又包办的是买卖婚姻。

(2) 禁止借婚姻索取财物。借婚姻索取财物是指除买卖婚姻以外的其他借婚姻索取财物的行为。这种婚姻男女双方基本自愿，但一方包括其父母向另一方索取财物，并以此作为结婚的条件，滥用结婚权利。

(二) 一夫一妻制原则

一夫一妻制，是指一男一女结为夫妻的婚姻制度。任何人，无论其地位高低、财产多少，都不能同时有两个以上的配偶；已婚的，在配偶死亡或者离婚之前，不得再行结婚；其他一切公开的、隐蔽的一夫多妻或者一妻多夫的两性关系都是非法的。

贯彻一夫一妻制原则，必须按照《婚姻法》第 3 条第 2 款的规定，做到两个禁止：

(1) 禁止重婚。重婚是指有配偶者再行结婚的行为。重婚有两种形式：第一种是前婚未解除，又与他人办理了结婚登记，此为法律上的重婚。第二种是前婚未解除，又与他人以夫妻名义共同生活，但未办理结婚登记手续，此为事实上的重婚。只要双方事实上以夫妻名义共同生活，就已经形成重婚。我国《刑法》第 258 条规定："有配偶而重婚的，或者明知他人有配偶而与之结婚的，处 2 年以下有期徒刑或者拘役。"《刑法》第 259 条第 1 款还规定："明知是现役军人的配偶而与之同居或者结婚的，处 3 年以下有期徒刑或者拘役。"

(2) 禁止有配偶者与他人同居。有配偶者与他人同居是指一方或双方已有配偶，而过着相对稳定的婚外同居生活的非法行为。通常情况下，姘居不构成犯罪（和现役军人的配偶姘居或长期通奸并造成严重后果的除外），而故意重婚则构成犯罪，即重婚罪。重婚和姘居是有联系的，姘居的男女如果对外以夫妻名义同居，就形成了事实上的重婚。在现实生活中，姘居和事实上的重婚不容易区别，一旦确定是重婚，则构成了犯罪。

从新中国成立到 20 世纪 70 年代末，姘居、通奸在我国是受到刑事制裁的，因此，当事人的行为都是非常隐蔽。到了 20 世纪 80 年代以后，刑法不再制裁姘居、通奸行为，因此而引起的离婚纠纷、刑事案件有所上升。2001 年《婚姻法修正案》明令禁止姘居，切实维护一夫一妻制度。

(三) 男女平等原则

我国《宪法》首先规定了男女平等原则，《婚姻法》也将男女平等作为一项重要原则确立下来。这些法律规定对促进男女平等和妇女的彻底解放具有重大意义。

男女平等，是指男女两性在婚姻家庭关系中，享有同等的权利，负担同等的义务。我国《宪法》第 48 条第 2 款规定："中华人民共和国妇女在政治的、经济的、文化的、社会的和家庭的生活等各方面享有同男子平等的权利。"这是对男女平等概念的高度概括。目前，我国已形成以《宪法》为基础，以《妇女权益保障法》为主体，包括一系列的有关男女平等和保护妇女权益的法律法规。

《婚姻法》规定的男女平等原则，主要包括两个方面的内容：

(1) 在婚姻方面权利平等。按照《婚姻法》的规定，男女双方在结婚、离婚问题上，权利和义务是完全平等的。男女享有同等的结婚自由和离婚自由；婚后，夫妻任何一方都可以成为对方的家庭成员；离婚时，男女双方都有分割共同财产的权利。

(2) 在家庭关系上地位平等。结婚后男女在家庭中地位平等，享有同等的权利，负担同等的义务。各自有独立的姓名权、人身自由权、住所权、遗产继承权等；同时还有实行计划生育的义务、互相抚养的义务。

(四) 保护妇女、儿童和老人的合法权益原则

保护妇女、儿童和老人的合法权益是《宪法》的原则，也是《婚姻法》的基本原则，它体现了我国关怀妇女、爱护儿童、尊敬老人的政策。

1. 保护妇女的合法权益

保护妇女合法权益原则是男女平等原则的必要补充。尽管新中国成立后我国妇女地位有了显著提高，但是男尊女卑、夫权至上等思想并没有完全消除，妇女的合法权益仍不同程度地受到侵害。我国《婚姻法》《劳动法》《刑法》《刑事诉讼法》中都提出了对妇女合法权益的保护。

《婚姻法》对妇女权益的保护体现在这些方面：在离婚程序上规定，女方在怀孕期间，分娩后 6 个月内男方不得提出离婚；在离婚分割财产方面规定，法院判决要照顾子女和女方权益；在离婚的经济帮助方面规定，离婚时任何一方（主要是女方）生活困难，另一方应从其住房等个人财产中给予适当帮助。

2. 保护儿童合法权益

儿童是国家的未来、民族的希望，保护儿童的合法权益，对国家、对婚姻家庭都是非常必要的。《宪法》《未成年人保护法》明确规定保护儿童的合法权益，是国家的任务，也是社会主义家庭的职能。

《婚姻法》全面地规定了对儿童的保护：未成年子女享有接受父母抚养教育的权利；不同类型的子女在法律上处于平等地位；父母对未成年子女有抚养、教育的权利和义务；禁止溺婴、弃婴和其他残害儿童的行为；子女有继承父母遗产的权利；父母对子女的义务不因父母的离婚而消除。

3. 保护老人的合法权益

尊敬、赡养老人是中华民族的传统美德，老人为社会和家庭贡献了毕生精力，有权获得来自社会和家庭的关爱。我国《宪法》《老年人权益保障法》均规定了对老年人权益的保护。

《婚姻法》规定了很多保护老人合法权益的条款，如：子女应当尊重父母的婚姻权利；子女对父母有赡养扶助义务；孙子女、外孙子女对于祖父母、外祖父母有附条件的赡养义务。

4. 保护妇女、儿童和老人合法权益原则的贯彻

《婚姻法》对保护妇女、儿童和老人的合法权益，也作了两个禁止性规定：

（1）禁止家庭暴力。家庭暴力，是指行为人以殴打、捆绑、残害、强行限制人身自由或者其他手段，给家庭成员的身体、精神等方面造成一定伤害后果的行为。家庭暴力发生在家庭成员之间，如果是持续性、经常性的家庭暴力，就构成了虐待。《婚姻法》明确规定禁止家庭暴力，同时还规定了对家庭暴力受害者的法律救助措施和施暴者的法律责任。

（2）禁止家庭成员间的虐待和遗弃。虐待，是指家庭成员的一方以作为或不作为的形式，对家庭成员歧视、折磨、摧残，使其在精神上、肉体上遭受损害的违法行为，如打骂、恐吓、冻、饿、患病不予治疗、居住条件上的歧视性待遇、限制人身自由等。遗弃，专门指家庭成员中负有赡养、抚养、扶养义务的一方，对需要赡养、抚养或扶养的另一方，不履行其应尽义务的违法行为。

（五）计划生育原则

1. 计划生育的概念和意义

计划生育，是指通过生育机制有计划地调节人口的增长速度，包括提高和降低人口增长率，其内容不以节制生育为限。鉴于我国的人口现状，《婚姻法》根据宪法的精神，将计划生育作为一项基本国策。实行计划生育，使人口发展同经济和社会发展相适应，同环境、资源的保护和改善相协调；可以控制人口数量，提高人口素质；有利于减轻家庭的负担，保护父母的健康。

2. 国家对计划生育的要求

夫妻是婚姻家庭中生育行为的共同主体，我国婚姻法规定夫妻双方都有实行计划生育的义务。国家对计划生育的要求是贯彻“晚生、少生、优生、优育”的方针。国家提倡一对夫妻只生一个孩子，具体内容为：推行和奖励一胎，即一般情况下，一个家庭只允许生育一个孩子，国家对独生子女家庭给予精神和物质奖励；严格控制二胎，即依法符合条件的，也可以生二胎；禁止三胎及三胎以上的多胎生育。1985 年个别省份开始实行“双独二胎”；2013 年十八届三中全会决定启动实施“单独二孩”；2015 年 10 月 29 日起全面实施一对夫妇可生育两个孩子。

第二节　结　　婚

一、结婚的概念和条件

（一）结婚的概念

结婚，也称为婚姻的成立，是指男女双方按照法律规定的条件和程序，确立夫妻关系的法律行为。结婚的概念有广义和狭义之分。狭义的结婚，仅指婚姻关系的确立；广义的结婚，既包括婚姻的成立也包括订立婚约。近代各国大多采用狭义说，我国《婚姻法》也是采用狭义说。

（二）结婚的条件

结婚的条件包括结婚的必备条件和结婚的禁止条件：

1. 结婚的必备条件

（1）必须男女双方完全自愿。这是婚姻自由原则在结婚制度中的体现，也体现了民法意思自治原则。结婚以双方完全自愿为条件，只要符合法定条件，当事人是否结婚、与谁结婚决定权属于当事人本人。结婚必须男女双方完全自愿，这是法律赋予当事人本人的权利。但法律并不排斥当事人的父母或第三人对当事人的婚姻提出建议。

（2）必须达到法定婚龄，法定婚龄是指法律规定男女结婚必须达到的最低年龄，要求结婚的当事人必须达到或者在此年龄以上才可以结婚。《婚姻法》规定，结婚年龄，男不得早于22周岁，女不得早于20周岁。因此，并非任何公民都能成为婚姻法律关系的主体，只有达到结婚年龄才可以。

（3）必须符合一夫一妻。《婚姻法》要求结婚的男女必须属于单身无配偶的身份。有配偶的只能在原婚姻关系终止后才能结婚，否则构成重婚。

2. 结婚的禁止条件

结婚的禁止条件又称结婚的消极条件，是指法律不允许当事人结婚的条件。

（1）禁止结婚的血亲关系，即禁止一定范围内的血亲结婚，主要根据遗传学和优生学原理以及伦理观念的要求规定的。《婚姻法》第7条第1项规定，“直系血亲和三代以内旁系血亲”禁止结婚。主要包括两类范围：其一是直系血亲，即父母和子女之间；祖父母、外祖父母和孙子女、外孙子女之间；曾祖父母、曾外祖父母和曾孙子女、曾外孙子女之间。其二是三代以内旁系血亲，即兄弟姐妹之间；堂兄弟姐妹和表兄弟姐妹之间；叔伯与侄女之间，姑姑与侄子之间，舅舅与外甥女之间，姨与外甥之间。

（2）禁止患一定疾病的人结婚，是为了防止疾病的传染和遗传，确保当事人的身体健康。《婚姻法》规定禁止结婚的疾病分两类：其一为严重的精神方面的疾病，如痴呆和精神病；其二为重大的不治的传染性疾病，患者婚后会危害配偶方和后代。

二、结婚登记

（一）我国的结婚登记制度

根据《婚姻登记条例》的规定，结婚登记的目的就是规范管理婚姻登记工作，保障我国婚姻制度的实施，保护当事人的合法权益；婚姻登记的机关是县级人民政府民政部门或者乡（镇）人民政府。婚姻登记机关管辖的范围，原则上与户籍管辖范围相适应。当事人常住户口在同一地区的，到共同户口所在地的婚姻登记机关办理结婚登记。因为结婚登记是建立当事人身份关系的行为，所以要求结婚的男女必须亲自到婚姻登记机关办理结婚登记。

（二）结婚登记的程序

结婚的程序，也称为结婚的形式要件，是指法律规定结婚必须采取的方式。符合结婚实质要件的男女，还必须履行法定的结婚程序，其婚姻关系才能被国家和社会认可。

1. 申请

要求结婚的当事人，必须亲自自愿到婚姻登记机关申请结婚登记。当事人必须双方亲自到一方户口所在地的婚姻登记机关申请结婚登记，不得由他人代理。需要携带的证件和证明材料：户口本；身份证；本人无配偶以及与对方当事人没有直系血亲和三代以内旁系血亲关系的声明。婚前医学检查证明由当事人自愿选择，不是必须提交的材料。

2. 审查

婚姻登记机关依法对当事人的结婚申请进行审核、查实。婚姻登记机关审查当事人双方是否符合法定的结婚条件，对结婚登记当事人出具的证件、证明材料进行审查并询问相关情况。

3. 登记

婚姻登记员对当事人提交的证件、证明、声明进行审查后，符合条件的，应当当场予以登记，发给结婚证。当事人从取得结婚证起，确立夫妻关系。

我国《婚姻法》第 8 条规定，取得结婚证，即确立夫妻关系。无论他们是否举行婚礼，也无论是否共同生活，他们都是合法的夫妻，权益受法律保护。

三、无效婚姻与可撤销婚姻

（一）无效婚姻和可撤销婚姻的概念及事由

无效婚姻，是指男女两性的结合因违反了法律规定的结婚要件而不具有法律效力的违法结合。各国立法一般把重婚、近亲结婚、未达到结婚年龄等作为婚姻无效的原因，且法律后果为自始无效。

婚姻无效的情形有：

（1）重婚的。重婚者，无论是法律上的重婚，还是事实上的重婚，后一婚姻关系均属无效。

（2）有禁止结婚的亲属关系的。主要指直系血亲和三代以内的旁系血亲。

（3）婚前患有医学上认为不应当结婚的疾病，婚后尚未治愈的。主要指精神方面的疾病和重大不治的传染性疾病或遗传性疾病。

（4）未到法定婚龄的。即未到《婚姻法》规定的，男 22 周岁、女 20 周岁的法定结婚年龄。

《婚姻法司法解释（一）》第 8 条："当事人依据婚姻法第十条规定向人民法院申请宣告婚姻无效的，申请时，法定的无效婚姻情形已消失的，人民法院不予支持。"即虽然男女结婚时是不符合结婚的条件的，但申请宣告婚姻无效时，无效的情形已经消失，因此不能支持婚姻无效的请求。

可撤销婚姻是指违背当事人真实意思而成立的婚姻，主要指当事人因受胁迫而结婚的，受胁迫的一方可以请求撤销该婚姻。"胁迫"要具备以下要件：须有胁迫的故意；须有胁迫的行为；胁迫须具有违法性，即非法的目的和非法的手段；须被胁迫人因恐惧心理而做出结婚的意思表示与胁迫行为有因果关系。可撤销的婚姻虽欠缺法定条件，在未提起诉讼经法院宣告撤销之前，婚姻仍具法律效力。

（二）无效婚姻和可撤销婚姻的请求权主体、宣告机关及其法律后果

（1）无效婚姻的请求权主体，包括当事人、近亲属及其基层组织。宣告婚姻无效的机关是婚姻登记机关和人民法院。可撤销婚姻的请求权主体是当事人。可撤销婚姻的宣告机关是婚姻登记机关或人民法院。

（2）无效婚姻与可撤销婚姻的法律后果：无效或被撤销的婚姻，自始无效、当事人不具有夫妻的权利和义务。同居期间所得的财产，由当事人协议处理；协议不成时，由人民法院根据照顾无过错方的原则判决。这里的“无过错方”，指本人非引起婚姻无效或撤销原因的善意方。对重婚导致的婚姻无效的财产处理，不得侵害合法婚姻当事人的财产权益。当事人所生子女（非婚生子女），适用《婚姻法》有关父母子女的规定。

第三节 离 婚

一、离婚的程序

离婚，是指夫妻双方在生存期间，按照法定的条件和程序解除婚姻关系的法律行为。离婚必须以合法的婚姻关系存在为前提，离婚双方的法律地位平等。离婚是终止婚姻关系的重要形式，也是重要的民事法律行为，婚姻关系自离婚发生法律效力之日起解除。离婚有两种方式，一种是登记离婚，另一种是诉讼离婚。

（一）登记离婚

登记离婚，又称协议离婚，是通过行政程序解除婚姻关系，也称行政离婚或非讼离婚。只要男女双方自愿离婚并就离婚的法律后果如离婚后子女的抚养、财产、债务等问题达成协议，经法定部门认可即可解除婚姻关系，即登记离婚的双方当事人须到婚姻登记机关进行离婚登记，经婚姻登记机关确认批准，发给离婚证，婚姻关系才可以合法有效地解除。

1. 登记离婚的条件

（1）双方自愿离婚。双方对离婚的意愿必须真实、一致，一方以欺骗、胁迫他方所达成的协议，不予办理离婚登记。

（2）双方具有合法夫妻身份。即双方必须办理过结婚登记，有结婚登记证明，非法同居者不予办理离婚登记。

（3）当事人具有民事行为能力。无民事行为能力或限制民事行为能力者不适用离婚的行政程序。

（4）双方对子女抚养和财产问题已达成协议。离婚协议要明确离婚后子女由谁抚养，抚养费的负担及其数额、期限和给付方法，不直接抚养子女的一方如何行使探望权，以及夫妻共同财产的分割、债务的清偿、家务劳动补偿、离婚损害赔偿等。

2. 登记离婚的程序

（1）申请。凡男女双方自愿离婚的，双方应当亲自共同到一方当事人常住户口所在地的婚姻登记机关申请登记离婚。携带户口本、身份证、本人的结婚证、离婚协议书。离婚协议书应当载明当事人是自愿离婚以及对子女抚养、财产及债务处理达成了一致意见。

（2）审查。婚姻登记员对当事人的离婚申请，必须进行严格审查。审查当事人是否提供了法律规定的各项证件和证明材料；告知登记离婚的条件，询问当事人的离婚意愿以及对离婚协议内容的意愿；对当事人提交的证件、申请离婚登记声明书、离婚协议书进行审查。

（3）批准。对于当事人确属自愿的离婚，并已对子女抚养、财产、债务等问题达成一致协议的，应当当场予以登记，发给离婚证，注销结婚证。

当事人自取得离婚证起，解除婚姻关系。离婚证和人民法院的离婚判决书、离婚调解书具有同等法律效力。

（二）诉讼离婚

诉讼离婚，是指经过人民法院审理判决的离婚制度。凡一方要求的离婚，或双方对子女抚养、财产分割即离婚救济有争议的离婚，均须经过人民法院审判裁决。

我国的诉讼离婚适用于下列几种情形：夫妻一方要求离婚，而另一方不同意离婚的；双方自愿离婚，但就子女抚养、财产的分割、债务的负担等问题无法达成一致意见的；双方都同意离婚，但另一方不在国内，或下落不明或宣告失踪，或被劳教、服刑等无法亲自办理登记离婚的；未办理结婚登记，而以夫妻名义同居且为法律所承认的事实婚姻。

一方要求离婚的程序可以分为两部分：诉讼前调解程序和离婚诉讼的具体程序。诉讼前调解程序也称行政调解程序，是指男女一方要求离婚的，可以先经有关部门进行调解的程序。“有关部门”主要包括当事人所在单位、群众团体、基层调解组织和行政主管部门。调解必须遵循自愿、合法原则，不得强迫调解。这种调解不具有法律强制性，不是离婚的必经程序。当事人要求离婚，可以先经过此程序，也可以不经过此程序，直接向人民法院提起离婚诉讼。

离婚诉讼的具体程序，是人民法院对当事人的离婚请求进行审理的法定程序。包括起诉与受理、调解和判决三个阶段。

（1）起诉与受理。离婚诉讼应由夫妻一方作为原告向人民法院提起，而不能由他人代替。离婚诉讼通常由被告住所地人民法院管辖，如被告住所地与经常居住地不一致时，由被告经常居住地人民法院管辖。

（2）调解。这是人民法院处理离婚案件的必经程序，也是人民法院行使审判职能的重要方面，在审理离婚案件过程中，一直要贯彻以调解为主的原则。人民法院在调解时必须坚持自愿、合法原则，在查清事实的基础上进行。诉讼内的调解有三种结果：调节后双方当事人和好，原告撤诉，诉讼活动结束；双方当事人达成离婚协议，人民法院制作调解书，调解书送达后发生法律效力，婚姻关系依法解除；调解无效的，应立即进入判决阶段。

（3）判决。这是指人民法院在调解无效的基础上，对有争议的诉讼标的所作的强制性决定。人民法院调解无效，应当作出判决。人民法院的离婚判决，包括判决准离和不准离两种情况，无论哪种，其标准都是夫妻感情是否确已破裂，破裂者，准予离婚；未破裂或未完全破裂者，不准离婚。判决生效后当事人必须执行。如对一审判决不服，可在一审判决后 15 日内向上一级人民法院提起上诉，二审判决为终审判决。

二、关于离婚问题的两项特殊规定

（一）对现役军人离婚的保护性规定

《婚姻法》第 33 条规定："现役军人的配偶要求离婚，须得军人同意，但军人一方有重大过错除外。"军人为祖国、为人民贡献出宝贵的青春年华甚至生命，因此，对现役军人的婚姻，法律有必要给予有限度的特殊保护。

（二）对女方在特殊情况下离婚的保护性规定

我国《婚姻法》第 34 条规定："女方在怀孕期间、分娩后一年内或中止妊娠后六个月内，男方不得提出离婚。女方提出离婚的，或人民法院认为确有必要受理男方离婚请求的，不在此限。"这个规定主要是保障妇女、儿童的利益。妇女在怀孕期间生理和精神上都有重大的负担，如果此时男方提出离婚，对女方的身心，对胎儿、婴儿的发育、成长也不利，因此有必要禁止男方提出离婚，并不是对婚姻自由的干涉。但在此期间女方提出离婚或人民法院认为确有必要受理男方离婚请求的，不在此限。

三、离婚后子女的抚养、财产处理和经济帮助

（一）离婚后的子女抚养问题

离婚后父母子女关系不因父母离婚而消除，但子女的抚养方式发生了变化，一方直接抚养子女，一方通过支付抚养费、行使探望权的方式间接抚养。负担费用的多少和期限的长短，由双方协议；协议不成时，由人民法院判决。行使探望权利的方式、时间由当事人协议；协议不成时，由人民法院判决。

（二）离婚后的财产处理问题

离婚时夫妻间的人身关系解除，共同财产要进行分割。离婚对财产分割的范围仅指夫妻共同财产，即夫妻的个人财产。子女的财产和其他家庭成员的财产以及不属于夫妻共同财产范围的其他财产，均不属于分割之列。离婚时，夫妻共同财产由双方协议处理；协议不成由人民法院按照照顾子女和女方权益原则判决。夫妻在婚姻关系存续期间约定财产归各自所有的，一方因抚育子女、照料老人、协助另一方工作付出较多义务的，离婚时有离婚家务劳动补偿权。

离婚时，夫妻共同所负的债务，应当共同偿还。共同财产不足清偿的，或财产归各自所有的，由双方协议清偿；协议不成的，由人民法院判决。

（三）离婚时的经济帮助

离婚时，符合一定条件的会产生一种经济帮助责任。如一方（主要指女方）生活困

难，另一方应从其住房等个人财产中给予适当帮助。具体办法由双方协议；协议不成时，由人民法院判决。

第四节　家庭关系

一、夫妻关系

夫妻关系，是指《婚姻法》所确定的夫妻间的权利义务关系。从性质上而言，夫妻关系可以分为夫妻人身关系和夫妻财产关系。人身关系，是指夫妻双方在家庭中的身份、人格以及地位的权利义务关系，如姓名权、住所权、生育权、人身自由权等。财产关系，是指夫妻双方在财产所有权、扶养及遗产继承等方面的权利义务关系，如夫妻共同财产制及有关夫妻间相互扶养、相互继承的规定。夫妻的人身关系是夫妻关系的主要方面。

（一）夫妻间的人身关系

1. 夫妻姓名权

姓名权是人格权的重要组成部分。《婚姻法》及先行法律明确规定，夫妻双方都有各用自己姓名的权利，子女可以随父姓，可以随母姓。子女的姓氏完全由父母双方协商，体现了夫妻法律地位的平等。

2. 夫妻人身自由权

人身自由权是公民人格权利的内容之一，公民出生即享有，不能因婚姻而受到限制，也是夫妻家庭地位平等的标志。如夫妻双方都有参加生产、工作、学习和社会活动的自由，一方不得对他方加以限制或干涉。

3. 夫妻的生育权

婚姻家庭存在再生产的职能，婚姻法也调整生育关系。根据《婚姻法》和有关法律的规定，生育权是公民的一项法定权利，任何人不得侵犯。但根据我国的人口状况，实行计划生育又是公民的法定义务，夫妻双方都有实行计划生育的义务。

4. 夫妻家事代理权

夫妻家事代理权，是指夫妻一方因日常家庭事务而与第三人为一定法律行为时的代理权，即夫妻于日常家务互为代理人。代理权行使时不必以被代理人的名义，其范围仅限于日常家事。

5. 夫妻忠实义务

夫妻忠实义务，是指配偶互负专一的性生活义务，不得为婚外性行为。广义上讲，还包括不得恶意遗弃配偶，不得为第三人的利益而损害配偶利益。

（二）夫妻间的财产关系

夫妻财产是夫妻共同生活不可缺少的物质基础与保障。夫妻财产兼具身份法与财产法双重性，调整好夫妻财产关系，对内关系到个人切身利益及家庭和睦，对外涉及第三人的财产利益及交易的安全。

夫妻间财产方面的权利义务包括三方面内容：

(1) 夫妻对共同所有的财产有平等的所有权和平等的处理权。按照《婚姻法》第 17 条的规定，属于共同所有的财产有：①工资、奖金；②生产、经营的收益；③知识产权的收益；④继承或赠与所得的财产，本法第 18 条第 3 项规定的除外；⑤其他应当归共同所有的财产。在婚姻关系存续期间双方都对夫妻共同财产拥有平等的所有权，其中处分权是所有权中最重要的权能。

按照《婚姻法》第 18 条的规定，为夫妻一方的财产有：①一方的婚前财产；②一方因身体受到伤害获得的医疗费、残疾人生活补助费等费用；③遗嘱或赠与合同中确定只归夫或妻一方的财产；④一方专用的生活用品；⑤其他应当归一方的财产。

《婚姻法》第 19 条规定了夫妻约定财产制，夫妻可以约定婚姻关系存续期间所得的财产以及婚前财产归各自所有、共同所有或部分各自所有、部分共同所有。约定应采用书面形式，对双方均有约束力。无约定或约定不明的适用第 17、18 条的规定。如约定财产归各自所有，一方对外所负的债务，第三人知道该约定的，以夫或妻一方所有的财产清偿。

(2) 夫妻有互相扶养的义务。夫妻间的扶养从合法婚姻成立之时起产生，至婚姻关系合法终止时消灭。扶养是在夫妻间相互存在的，既是权利，也是义务。夫妻间扶养的内容包括经济上的相互供养，即经济上的帮助，同时也包含日常生活上的照料，精神上的慰藉。这种扶养为法定义务，具有强制性。如一方不履行义务，需要扶养的一方，有要求对方给付扶养费的权利。

(3) 夫妻有互相继承遗产的权利。这是基于夫妻身份而依法享有的权利，无论经济收入状况如何，无论谁先死亡，生存一方享有对另一方遗产的继承权。

二、父母子女关系

父母子女关系是家庭关系的重要组成部分。父母子女关系也称亲子关系，他们是最近的直系血亲，相互间享有法律规定的权利和义务。父母子女关系，就是指父母子女之间的权利与义务关系。

(一) 父母子女关系的种类

1. 父母与婚生子女、非婚生子女

这种属于自然血亲的父母子女关系，是基于子女出生的自然事实而发生的关系。根据子女出生时父母是否具有合法婚姻关系而把亲子关系分为婚生的父母子女关系和非婚生的父母子女关系。非婚生子女享有与婚生子女同等的权利。自然血亲的父母子女关系，除因依法送养子女而解除，一般只能因死亡而解除。

2. 养子女与养父母

这种基于收养法律行为形成的关系，属于拟制血亲的父母子女关系。

养父母子女之间要成立收养关系，必须符合法定的实质要件与形式要件。实质要件包括要求收养人具备抚养未成年人的资格、能力。我国《收养法》规定，收养人须具有抚养被收养人的能力；无子女；收养人年满 30 周岁；只能收养 1 名子女；未患有在医学上认为不应当收养子女的疾病；夫妻双方同意。被收养人应具备的条件：被收养人应为不满14周岁的未成年人；丧失父母的孤儿；查找不到生父母的弃婴和儿童。形式要件包括订立收养协议、办理收养登记的机关、办理收养登记的程序、协议公证形式等。

自收养关系成立，收养人和被收养人之间发生和亲生父母子女关系完全相同的权利义务关系，与养父母的近亲属也产生相应的亲属关系；被收养人与生父母及其他近亲属间的权利义务关系消灭。其目的是为了稳定收养关系，减少纠纷发生。

收养这种拟制血亲是人为设置的，当收养关系无法继续维持时，可以人为地解除。收养关系解除的原因，收养人在被收养人成年以前，不得解除收养关系，但收养人和送养人双方协议解除的除外，如养子女年满10周岁以上的，应征得本人同意；收养人不履行抚养义务，有虐待、遗弃等侵害行为的，送养人有权要求解除收养关系；养父母与成年子女协议解除；因收养无效而解除。收养关系解除的形式有登记解除和诉讼解除两种。

收养关系一经解除，身份效力上，养子女与养父母及其近亲属间的权利义务关系即行消灭；养子女与生父母及其近亲属间的权利义务关系是否恢复，由双方协商。财产上的效力，收养关系解除后，养父母抚养成人的养子女，对缺乏劳动能力又缺乏生活来源的养父母，应当给付生活费；养子女成年后虐待、遗弃养父母致收养关系解除的，养父母可要求补偿收养期间支付的生活费和教育费；生父母要求解除收养关系的，养父母可以要求补偿收养期间的生活费与教育费。

3. 继父母与继子女

继父母，是指子女对母之后夫或父之后妻的称呼。继子女是指妻与前夫或夫与前妻所生的子女。这是一种姻亲关系，依我国法律继父母与继子女之间有事实上的抚养关系，才可以适用《婚姻法》中父母子女关系的规定。如二者长期共同生活，继父或继母负担了继子女抚养费的一部分或全部；抚养费由生父母提供，但日常生活由继父或继母照料；继子女在未成年时曾与继父或继母共同生活，成年以后独立生活。

继父母子女关系是因婚姻和尽了抚养义务而产生的，解除时应区分不同情况分别处理：

（1）没有形成继父母子女关系的，法律上不产生父母子女间的权利义务关系，一旦生父母与继父母婚姻关系解除，关系随之解除。

（2）形成抚养教育关系的继父母子女关系能否解除，视具体情况而定：生父母与继父母婚姻关系存续期间，如子女未成年，形成的关系一般不得解除；如婚姻关系因死亡而终止，另一方生父母要求领回抚养的或因离婚，未成年人由生父、生母带走的，关系自然解除；如受继父母抚养教育的继子女已长大成人，继子女应尽赡养义务，一般不得解除，但关系恶化，由继父母提出解除的，可以解除；婚姻关系因生父母死亡而终止，或生父母与继父母离婚的，受继父母抚养教育的继子女成人，双方权利不能自然解除。一方或双方提出解除继父母子女关系的，可以准许。但对年老疾病的继父母，继子女应承担赡养扶助义务。

（二）父母子女间的权利和义务

《婚姻法》第21~24条对于父母子女间的权利和义务作出了明确规定：

(1) 父母对子女的抚养、教育和保护义务。抚养义务是父母对子女所负的最主要的义务，目的是保障子女的生存，使子女健康成长。通常情况下，父母对子女的抚养义务到子女成年为止，如在特殊情况下，子女成年仍不能独立生活的，父母仍须承担抚养义务；父母应当以健康的思想、品行和适当的方法教育子女，有义务让未成年子女接受义务教育；父母应该保护未成年子女的人身安全和合法权益，同时，父母有义务防止未成年人损害他人和社会利益，否则，父母由承担民事责任的义务。

(2) 子女对父母的赡养、扶助义务。按照我国《宪法》规定，公民在年老、疾病或丧失劳动能力的情况下，有从国家和社会获得物质帮助的权利。《婚姻法》第 21 条也规定，子女对父母有赡养扶助的义务。赡养是指子女应在经济上为父母提供必要的生活条件。扶助是指子女在日常生活上关心和照顾父母，在精神上尊重父母。

三、其他家庭成员之间的关系

家庭成员中除了夫妻、父母子女外，还有兄弟姐妹及祖父母与孙子女、外祖父母与外孙子女，以及儿媳与公婆、女婿与岳父母的关系。

(一) 兄弟姐妹间的关系

兄弟姐妹之间是最近的旁系血亲，包括同父同母的兄弟姐妹、同父异母或同母异父的兄弟姐妹、养兄弟姐妹和有抚养关系的继兄弟姐妹。他们生活在同一个家庭中，相互之间的扶助完全是出于自愿。

(1) 兄、姐扶养弟、妹需具备的条件：兄姐有负担能力；弟、妹必须是未成年人；父母死亡或父母无力抚养。只有三个条件都具备，兄弟姐妹之间才能产生抚养义务。

(2) 弟、妹扶养兄、姐需要具备的条件：弟、妹有负担能力；弟、妹是由兄、姐抚养长大，这是弟、妹扶养兄、姐的一个条件；兄、姐必须是缺乏劳动能力和生活来源的人。以上三个条件必须同时具备，才能产生弟、妹对兄、姐的扶养义务。

(3) 兄弟姐妹之间的继承关系：按照《继承法》的规定，兄弟姐妹之间是第二顺序的法定继承人，这里的兄弟姐妹包括同父母的兄弟姐妹、同父异母或者同母异父的兄弟姐妹、养兄弟姐妹、有扶养关系的继兄弟姐妹。

(二) 祖孙之间的关系

祖父母、外祖父母与孙子女与外孙子女是隔代直系血亲，是除了亲子关系之外最近的直系血亲。祖孙关系，是指祖父母与孙子女、外祖父母与外孙子女间的权利义务关系。通常情况下，子女由父母抚养，父母由子女赡养，祖孙之间不发生权利义务关系。但是，在特定条件下，祖父母与孙子女、外祖父母与外孙子女之间也会产生抚养赡养等法定的权利义务关系：孙子女、外孙子女尚未成年或虽已成年，没有独立生活能力；孙子女、外孙子女的父母已经双亡或一方死亡另一方确无抚养能力；或者父母均丧失抚养能力；祖父母、外祖父母有负担能力。只有三个条件都具备，就能产生祖父母、外祖父母对孙子女、外孙子女的抚养义务。同样，在特定条件下，孙子女、外孙子女对祖父母、外祖父母也存在赡养义务：孙子女、外孙子女有负担能力；祖父母、外祖父母的子女已经死亡或子女确无赡养能力；祖父母、外祖父母必须是需要赡养的人。

第五节　继承法概述

一、继承法的概念

（一）继承法的概念和调整对象

继承法是调整因自然人死亡而发生的财产继承关系，确定遗产的权利主体归属的法律规范的总和。古代的继承法是广义的继承法，既调整身份继承，又调整财产继承，现代意义的继承法仅调整财产继承关系，即被继承人生前所有的财产在其死后如何转移给继承人。继承法既有身份属性，又有财产属性，在法律体系中是民法的重要组成部分。继承法调整财产继承关系，解决的是遗产归属问题，从实体意义上规定何人享有继承权及如何依法行使继承权，因此，继承法属于实体法规范。

继承法的调整对象是以转移死者遗产、确定遗产权利主体归属为主要内容的特定社会关系。继承关系与身份关系相联系，被继承人与法定继承人之间存在特定的身份联系，主要表现为婚姻、血缘、法律拟制和事实扶养而形成的继承关系，身份权与继承权并生共存。继承关系由财产所有关系或物权关系所派生，没有公民个人合法财产权的存在，就无从发生财产继承关系。严格意义上的继承关系，仅指法定继承关系和遗嘱继承关系，而扩大意义来讲，还包括遗赠、遗赠扶养协议等多种遗产移转方式。

（二）遗产的概念和范围

1. 遗产的概念

遗产是财产继承法律关系的客体，如果没有遗产就不存在继承。我国《继承法》第 3 条规定，遗产是公民死亡时遗留的个人合法财产。遗产既包括遗产的确认，也包括遗产的处理。遗产是一定的财产权利和财产义务的统一体。它必须是被继承人死亡时遗留的个人所拥有的合法财产，该遗产具有财产性权利和义务，还必须是按照继承法具有可转让性的。

2. 遗产的范围

《继承法》第 3 条规定："遗产是公民死亡时遗留的个人合法财产，包括：①公民的收入；②公民的房屋、储蓄和生活用品；③公民的林木、牲畜和家禽；④公民的文物、图书资料；⑤法律允许公民所有的生产资料；⑥公民的著作权、专利权中的财产权利；⑦公民的其他合法财产。"以上七项基本可分为三类：

（1）公民的个人财产所有权。公民的财产所有权是继承法律关系中最基本的客体。遗产中个人财产所有权，是指被继承人依法对自己的财产享有的占有、使用、收益和处分的权利。继承的本质属性之一就是财产所有权的转移，即被继承人的相对消灭。法律允许公民个人享有所有权的财产范围，这就决定了财产所有权的可继承范围，即继承权的财产范围。

（2）公民的知识产权中的财产权。这也称为智力成果权，是在科学技术和文学艺术领域里从事智力创造性活动所产生的民事权利，包括著作权、商标权、专利权等。知识产权具有双重性，既有人身权的性质，又有财产权的内容，公民和法人都可以作为它的权利主体。知识产权中的财产权可以作为继承权的客体，知识产权如归属于法人，就不能产生继承问题。因为知识产权具有时间性，其财产权利的继承受到一定程度的制约。

（3）公民其他的合法财产。这是指除个人财产所有权和知识产权中的财产权以外的公民的合法的财产权利，包括他物权、债权和债务。他物权包括用益物权和担保物权，属于用益物权的承包经营权和公共财产使用权依法不得转移，不能作为遗产继承，而典权和属于担保物权的抵押权和留置权则属于遗产的范围；凡可以与人身关系分离的债权和债务，都在遗产之列。继承遗产时，被继承人应缴纳的欠付税款和被继承人负担的债务都由继承人偿还，但缴纳税款和清偿债务以被继承人遗产的实际价值为限，超过部分，继承人可以偿还，也可以不偿还。

二、继承法的基本原则

继承法的基本原则，是指继承法的立法指导思想、继承法规范的基本精神和处理异常继承问题的基本准则。1985 年颁布的《继承法》体现了四个基本原则：

（一）保护公民私有财产继承权的原则

我国《宪法》第 13 条规定："公民的合法的私有财产不受侵犯。国家依照法律规定保护公民的私有财产权和继承权。"《民法通则》第 76 条规定："公民依法享有财产继承权。"《继承法》第 1 条也规定："根据《中华人民共和国宪法》规定，为保护公民的私有财产的继承权，制定本法。"以上法律规定都是以保护公民的私有财产继承权作为继承法的首要原则，由此可见继承法是专门为了保护公民的私有财产继承权而制定的。

（二）继承权男女平等原则

长期以来形成的重男轻女、男尊女卑的社会制度及文化观念根深蒂固，造成了男女两性在政治上、经济上、社会地位等方面的差异，女性的继承权在事实上遭到剥夺。我国《宪法》第 48 条规定了关于男女平等的总要求，《继承法》第 9 条也明确规定"继承权男女平等"。《妇女权益保障法》第 31 条也特别规定："妇女享有的与男子平等的财产继承权受法律保护，在同一顺序法定继承人中，不得歧视妇女。丧偶妇女有权处分继承的财产，任何人不得干涉。"这些都体现了继承权男女平等原则。

（三）权利义务一致原则

《继承法》中并没有直接显示权利义务相一致原则，但《婚姻法》和《宪法》规定了相关的内容。我国《宪法》第 33 条规定："任何公民享有宪法和法律规定的权利，同时必须履行宪法和法律规定的义务。"权利义务一致是社会主义制度下的法律原则，《继承法》也体现了这一原则。《继承法》中权利主体的范围与婚姻法中义务主体的范围大体一致，法定继承顺序的排列也与婚姻法中义务人履行义务的条件相符。在被继承人生前尽了较多扶养义务或者与被继承人共同生活的继承人，分配遗产时，可以多分。继承人接受遗产继承也应同时履行遗产中的义务。

（四）养老育幼、照顾“弱者”的原则

保护和照顾老、幼、病、残等社会“弱者”，在我国《宪法》《刑法》《民法通则》《婚姻法》等法律规范中都不同程度反映了这一原则，也是我国法律体系共同倡导和坚持的原则。继承法在遗产继承方面确认这一原则以确保家庭职能实现、发挥亲属间的关系。如此规定有利于对老年人的赡养和未成年人的抚养教育，对缺乏劳动能力又没有生活来源的继承人要给予特别照顾。

第六节　法 定 继 承

一、法定继承的概念

公民继承遗产有法定继承和遗嘱继承两种方式，两种方式相互依存，在各自的适用范围内发挥作用。法定继承又称无遗嘱继承，是指由法律以明确规范形式直接规定继承人的范围、继承的先后顺序和遗产分配原则或比例的一种继承方式。法定继承的内容主要涉及哪些人可以作为死者的法定继承人，各个继承人按照法律规定以什么样的顺序继承遗产，以及同一顺序中各个继承人分割遗产的根据。

法定继承的基本特征包括两个方面：

（1）法定继承是以一定的人身关系为基础的，确定法定继承人的范围、继承顺序和遗产份额的根据是继承人与被继承人之间存在血缘关系、婚姻关系和收养关系。如继承法确定配偶为法定继承人是因为继承人与被继承人之间有婚姻关系；而父母、子女、兄弟姐妹、祖父母、外祖父母为法定继承人是因为血缘关系；养父母子女、有抚养教育关系的继父母子女、对公婆尽了主要赡养义务的儿媳、对岳父母尽了主要赡养义务的女婿可以成为法定继承人，是根据他们在死者生前有扶养、赡养关系。

（2）法定继承人的范围、继承顺序、继承份额和遗产分配原则等都由继承法明确规定，属于强制性的法律规范，任何人无权改变。但是遗嘱继承遵循民法的自愿原则，在法律许可的范围内，被继承人自由处分自己的财产，任意性较大。

二、法定继承人的范围和顺序

（一）法定继承人的范围

法定继承人是法律直接规定的可以依法继承被继承人遗产的人。法定继承人的范围确定，通常是以法定的亲属范围为根据的。

法定继承人的范围，是指适用法定继承方式时，哪些人可以作为死者遗产的继承人。其范围是由法律规定，而不是被继承人生前指定的。按照《继承法》的规定，可以作为法定继承人的有：

（1）配偶。作为法定继承人的配偶，专指被继承人死亡时尚生存的夫或妻。夫妻双方互为配偶，双方必须是基于婚姻关系而组成的家庭。男女之间不存在合法有效的婚姻关系的，就不是法定配偶，不能享有互相继承遗产的权利。

（2）子女。子女是被继承人最近的直系晚辈亲属。父母子女之间有着极为密切的人身关系和财产关系。《继承法》第10条规定，子女包括婚生子女、非婚生子女、养子女和有抚养关系的继子女。不论性别，不论已婚、未婚，继承地位一律平等。根据婚姻法和继承法的规定，非婚生子女享有与婚生子女同等的权利，任何人不得加以危害和歧视；非婚生子女与婚生子女享有同等的继承权；养子女对养父母的财产有继承权，对亲生父母的遗产不再享有继承权如果收养关系解除则不再享有继承权；继父母同继子女间形成抚养教育关系时，继子女可以继承继父母的遗产，而且同时仍是其生父母的法定继承人，因此，继子女享有双重继承权。

（3）父母。父母是被继承人最近的直系长辈亲属。包括生父母、养父母和有抚养关系的继父母。继父母对有抚养关系的继子女享有遗产继承权利的同时，对其亲生子女同时享有继承权，因此，有抚养关系的继父母也享有双重继承权。

（4）兄弟姐妹。兄弟姐妹是被继承人最近的旁系血亲亲属。包括同父同母的兄弟姐妹或同父异母的兄弟姐妹、养兄弟姐妹、有抚养关系的继兄弟姐妹。兄弟姐妹之间互为法定继承人。

（5）祖父母、外祖父母。祖父母与孙子女、外祖父母与外孙子女，是仅次于父母子女的最近的直系亲属。祖父母、外祖父母是孙子女、外孙子女的法定继承人。

（6）丧偶儿媳和丧偶女婿。儿媳与公婆、女婿与岳父母之间属于姻亲关系，无血缘联系。但实际生活中，有些儿媳或者女婿不仅在丧偶之前与配偶共同赡养公、婆或者岳父母，而且在丧偶以后甚至再婚以后继续赡养老人。基于权利义务相一致原则，《继承法》规定，丧偶儿媳对公、婆，丧偶女婿对岳父、岳母，尽了主要赡养义务的，作为第一顺序继承人。

（二）法定继承人的继承顺序

继承顺序是法律规定的继承人继承遗产的先后次序。继承开始以后，上述的法定继承人按照先后顺序来继承遗产，而且前一顺序的继承人总是排斥后一顺序的继承人同时参加继承。

我国《继承法》第10条规定："遗产按照下列顺序继承：第一顺序：配偶、子女、父母。第二顺序：兄弟姐妹、祖父母、外祖父母。继承开始后，由第一顺序继承人继承，第二顺序继承人不继承。没有第一顺序继承人的，由第二顺序继承人继承。"如丧偶儿媳对公、婆，丧偶女婿对岳父、岳母，尽了主要赡养义务的，作为第一顺序继承人。在两个法定继承人顺序之间，第一顺序继承人有优先权。就是在被继承人死亡后，先有第一顺序继承人继承遗产。在没有第一顺序的继承人或第一顺序继承人全部放弃继承权或被剥夺继承权的情况下，才有第二顺序继承人继承遗产。同一顺序的法定继承人享有平等的继承权。

出于保护将要出生的胎儿的利益的考虑，我国《继承法》规定，遗产分割时保留胎儿的继承份额，但胎儿是死体的，保留的份额按照法定继承办理。

三、代位继承和转继承

（一）代位继承

代位继承又称间接继承，是指被继承人的子女先于被继承人死亡时，由被继承人子女的晚辈直系血亲代替先死亡的长辈直系血亲继承被继承人遗产的一项法定继承制度和法定继承方式。代位继承是一种间接继承，不是由继承人直接亲自继承。在继承定性的方式上属于法定继承。这种继承方式表现为孙子女、外孙子女代替其先死亡的父、母继承祖父母的遗产，其终局结果是使孙子女、外孙子女依法以替代方式成为祖父母、外祖父母的第一顺序继承人。代位继承是法定继承制度的必要补充形式。因此，代位继承人的范围、顺序和法定继承相同，也具有法定性和强制性。

我国《继承法》规定，发生代位继承，应由被继承人死亡和被代位继承人死亡两个法律事实同时构成，且必须是被代位继承人死亡在先，被继承人死亡在后；被代位继承人必须是被继承人的子女，即婚生子女、非婚生子女、养子女和有抚养关系的继子女；被继承人的孙子女、外孙子女、曾孙子女、曾外孙子女都可以代位继承；被代位继承人必须存在有效的法定继承权。符合以上条件可适用代位继承。

（二）转继承

转继承，是指继承人在继承开始后，遗产分割前死亡，其所应继承的遗产份额由其继承人承受的一种连续继承形式。转继承属于两个继承关系的正常连续运行，适用一般继承法律规则。最高人民法院《意见》第 52 条规定，继承开始后，继承人没有表示放弃继承，并与遗产分割前死亡的，其继承遗产的权利转移给他的合法继承人。转继承和代位继承一样，都存在两个死亡事实，都是被继承人的遗产由继承人的继承人取得。转继承发生在继承开始之后，遗产分割前继承人死亡的条件下。代位继承发生在继承人先于被继承人死亡的条件下，由代位继承人一次性地间接继承被继承人的遗产。转继承权人是前位继承人的所有继承人，转继承不仅适用法定继承，而且适用于遗嘱继承和遗赠。

四、法定继承人的遗产分配原则

根据《继承法》第 13、15 条的规定，法定继承人的遗产分配有三项原则：

（1）互谅互让、和睦团结原则。基于各个继承人之间本来就存在亲属关系。在分配遗产时对遗产分割时间、办法和份额要协商确定。协商不成的，可以由人民调解委员会或者向人民法院提起诉讼。

（2）相对均等份额原则。一般情况同一顺序的法定继承人应按照人数均等分配遗产。

（3）特殊情况下继承份额不均等原则。按照权利义务一致、保护和照顾老幼病残等弱者利益的原则，公正、公平地分配遗产。

第七节　遗嘱继承和遗赠

一、遗嘱继承

根据民法的自愿原则，在法律许可的范围内，被继承人可以在生前订立遗嘱，处分自己的财产。因此，在法定继承之外还有遗嘱继承的方式。在遗嘱继承之外，公民还可以通过遗赠、遗赠扶养协议等方式处分自己的财产。

订立遗嘱，是指自然人生前按照法律规定的方式，对其个人财产及财产相关的其他事务进行预先的处分，并于其死后发生法律效力的一种民事法律行为。订立遗嘱的公民称为遗嘱人，接受遗嘱指定继承遗产的人称为遗嘱继承人。遗嘱属于遗嘱人的单方法律行为，遗嘱人订立遗嘱前不必征求其他人的意见或征得其他人的同意，所订立遗嘱只要符合法律的要求即可发生效力。遗嘱只能在遗嘱人死亡时才发生执行效力。

（一）遗嘱继承的概念和特征

遗嘱继承，是指按照被继承人生前所立的合法有效的遗嘱来确定继承人并继承其遗产的一种继承方式。遗嘱继承中，遗产继承人的确定和遗产数额都在遗嘱中指定。

遗嘱继承是法定继承的对称，也称为“指定继承”。在同一继承关系中，法定继承是遗嘱继承的基础，而遗嘱继承的效力又优于法定继承；在遗嘱角度而言，遗嘱继承又是遗赠的对称，它也属于遗嘱处分的另一种方式；遗嘱继承既体现了国家意志，又体现了个人的意志自由。遗嘱继承具有以下四个法律特征：

（1）遗嘱继承以遗嘱的存在为前提。遗嘱是被继承人生前对自己的财产所做的一种安排，直接体现了被继承人的个人意愿，也是继承人取得遗产的依据。

（2）遗嘱继承以被继承人立有合法有效的遗嘱和其死亡为发生根据。这两个事实必须同时具备，缺一不可。

（3）遗嘱继承的继承人的范围、顺序、遗产份额，都可以由立遗嘱人在遗嘱中指定、不受继承法对法定继承所规定的范围、顺序和遗产分配原则的限制。

（4）遗嘱继承在效力上排斥或优于法定继承。遗嘱继承中被继承人可以凭个人生前的意愿，在法律允许的条件下，改变法定继承人的继承顺序，继承份额，甚至取消法定继承人的继承资格。因此，在同一遗产继承关系中，遗嘱继承的效力排斥或者优于法定继承。

（二）遗嘱的形式

遗嘱是要式法律行为，遗嘱人在订立遗嘱时应依照法律要求订立，才能发生法律效力。遗嘱的形式是遗嘱人处分自己的财产以及有关事务为内容的意思表示的方式。遗嘱的形式是遗嘱生效的形式要件，遗嘱的形式主要有以下五种：

（1）公证遗嘱，是指依公证程序和方式订立的遗嘱。这种方式是由国家公证机关对法律事实的真实性、合法性予以确认的行为。经过公证的遗嘱证明效力最强。

（2）自书遗嘱，是遗嘱人生前亲笔书写的遗嘱，不需要见证人在场见证。按照继承法规定，自书遗嘱必须由遗嘱人亲笔书写全文、签名，并注明日期。

（3）代书遗嘱，又称代笔遗嘱，是由遗嘱人口述内容，他人代为书写的遗嘱。继承法要求代书遗嘱时应当有两个以上的见证人在场见证。

（4）录音遗嘱，是指遗嘱人口述遗嘱内容，以录音带录制来表达遗嘱人意愿的遗嘱形式。应由遗嘱人亲自叙述遗嘱的内容，要有两个以上的见证人在场见证。

（5）口头遗嘱，是遗嘱人以口头形式设立的遗嘱，是遗嘱人在生命垂危或紧急情况下所采取的方式，最简便，但容易失实，也易被篡改。因此法律规定只有在生命垂危或紧急情况下，有两个以上见证人见证才有效。

见证人的证明直接关系到遗嘱的法律效力，法律对见证人的资格也有要求。我国《继承法》第18条规定，下列人员不能作为遗嘱见证人：①无民事行为能力人、限制民事行为能力人；②继承人、受遗赠人；③与遗嘱人、受遗赠人有利害关系的人，包括继承人、受遗赠人的子女、近亲属、债权人、债务人、共同经营的合伙人等。

二、遗赠

（一）遗赠的概念

遗赠是公民以遗嘱的方式将个人合法财产的一部分或全部赠送给国家、集体组织或法定继承人以外的其他公民，并于其死亡后发生执行效力的单方法律行为。设立遗嘱的人称为遗赠人，被遗嘱指定而接受遗赠利益的人，称为受遗赠人。这是一种和遗嘱继承并行的遗嘱类型。

（二）遗赠的法律特征

遗赠必须以遗嘱的方式进行，可以是遗嘱内容的一部分，也可以是遗嘱的全部。其法律特征主要有以下四个方面：

（1）遗赠是给他人以财产利益的无偿行为。遗赠是受益赠人与遗赠人之间没有法律上的血缘关系、婚姻关系、扶养关系等，属于无偿的转让，不以受遗赠人应尽法律上的义务为前提，这是和法定继承不同之处。在遗赠中，有时也附有某种义务，但义务不可能对等，受遗赠人所负的义务也不能超过其所享受的权利。

（2）受遗赠人是国家、集体组织或法定继承人以外的人。法定继承人不能作为受遗赠人，只能作为遗嘱继承人。法定继承人只能是自然人，而受遗赠人不仅可以是自然人，也可以是法人和集体组织。

（3）遗赠是遗赠人死亡后生效的法律行为。遗赠人的死亡是遗赠法律关系产生法律实效的条件，也是受遗赠人实际享有受遗赠权并行使其权利、取得财产的前提。

（4）遗赠是要式法律行为。遗赠作为遗嘱继承的一种特殊形式，必须以遗嘱的方式进行。遗赠人设立遗赠，撤销、变更以及修改遗赠的内容，必须遵循遗嘱的形式要件和实质要件。

三、遗赠扶养协议

遗赠扶养协议是继承法中具有中国特色的一项制度，它对于养老、扶老，减轻国家负担，稳定社会秩序具有重要意义。

（一）遗赠扶养协议的概念

遗赠扶养协议，是指遗赠人与抚养人之间所订立的以遗赠和抚养为内容的协议。我国《继承法》第31条规定："公民可以与扶养人签订遗赠扶养协议。按照协议，扶养人承担该公民的生养死葬义务，享有受遗赠的权利。公民可以与集体所有制组织签订遗赠扶养协议。按照协议，集体所有制组织承担该公民生养死葬的义务，享有受遗赠的权利。"协议中，遗赠人同时是被扶养人；扶养人同时是受遗赠人，扶养人既可以是自然人，也可以是集体所有制组织。

（二）遗赠扶养协议的法律特征

（1）遗赠扶养协议是一种双方有偿的合同行为。遗赠扶养协议与遗赠本质不同，遗赠是单方法律行为，而遗赠扶养协议属于一种合同，其成立必须双方当事人意思表示一致。协议一经订立，即具有法律效力，如需变更或解除，必须双方协商一致。扶养人对受扶养人负有生养死葬的义务，同时享有接受扶养人遗赠财产的权利，扶养人付出的代价不一定与取得的遗产价值相等。

（2）遗赠扶养协议是诺成性法律行为。遗赠扶养协议中的遗嘱在遗嘱人死亡之前，只具有成立效力，而无生效的法律效力。遗赠扶养协议是从协议成立开始生效的，扶养人承担扶养义务和遗赠人享有受扶养权利必须在遗赠人生前进行，而扶养人享受遗赠权利和遗赠人赠与利益的义务必须在遗赠人死亡后落实。

（3）遗赠扶养协议的主体具有特殊性。遗赠人必须是自然人，原则上是没有法定扶养人的人。扶养人是法定继承人以外的人，可以是自然人，也可以是集体所有制组织。双方之间以信任关系为基础，意思表示真实自愿。

（4）遗赠扶养协议在适用上具有优先性。按照我国《继承法》第5条的规定："继承开始后，按照法定继承办理；有遗赠扶养协议的，按照协议办理。"适用上分两种情况，即遗赠扶养协议与遗嘱没有抵触的，遗产分别按协议和遗嘱处理，如果有抵触，则应按协议处理，与协议抵触的遗嘱全部或部分无效。

（三）遗赠扶养协议的法律效力

遗赠扶养协议等同于合同的双方法律行为，其法律效力：

（1）协议一经订立，即开始生效。对双方产生法律约束力。除双方协商变更或解除外，任何一方不得擅自变更或解除。

（2）协议订立后，双方应严格履行。扶养人应按协议履行对方的生养死葬义务，如不履行义务，遗赠人可以请求解除协议；如扶养人不尽扶养义务或者以非法手段谋得遗赠人财产的扶养人，即使遗赠人生前未提出解除，经遗赠人的亲属或有关单位请求，人民法院也可以剥夺其受遗赠权，或根据具体情况限制其受遗赠份额；遗赠人按照协议享有被扶养的权利，同时应履行将其财产遗赠给扶养人的义务。

（3）遗赠扶养协议的效力优先于遗嘱继承和遗赠。按照《继承法》的规定，同一被继承人同时存在多个遗产归属关系时，遗赠扶养协议具有最优先的法律效力。

第八节　遗产的处理

遗产的处理，关系到被继承人遗留的个人合法财产中的权利则如何确认、义务如何履行以及实现遗产承受人的继承权、受遗赠权等关键问题。

一、继承的开始

（一）继承开始的时间

继承开始的时间，即引起继承法律关系的法律事实产生的时间。正确认定继承开始的时间，有助于确定继承人和遗产的范围，界定继承顺序和份额以及判断遗嘱是否生效等。我国《继承法》第 2 条规定："继承从被继承人死亡时开始。"因此，被继承人的死亡时间，就是继承开始的时间。继承开始的时间分三种情况：

1. 自然死亡的时间认定

自然死亡即生理死亡，按照民法的规定，自然死亡的时间有几种情形把握：医院死亡证书记载的时间；公民户籍登记中记载的时间；死亡证书与户籍登记不一致，以死亡证书为准。

2. 宣告死亡的时间认定

按照最高人民法院《关于贯彻执行〈民法通则〉若干问题的意见（试行）》第 36 条规定："被宣告死亡的人，判决宣告之日为其死亡的日期。"因此，被宣告死亡的人，宣告死亡的日期即死亡日期。

3. 继承人在同一事故死亡的时间认定

两个以上互有继承权的人同一事故中死亡，死亡时间根据《最高人民法院关于〈继承法〉的意见》第 2 条规定，"相互有继承关系的几个人在同一事件中死亡，如不能确定死亡先后时间的，推定没有继承人的人先死亡。死亡人各自都有继承人的，如几个死亡人辈分不同，推定长辈先死亡；几个死亡人辈分相同，推定同时死亡，彼此不发生继承，由他们各自的继承人分别继承"。

（二）继承开始的地点

《继承法》对继承开始的地点未作规定，依据《民事诉讼法》第 34 条第（3）项关于继承案件管辖的要求，我国继承开始的地点应是被继承人死亡时的住所地（或称生前最后住所地）或者主要遗产所在地。

二、继承的接受与放弃

继承人接受或放弃继承，既是继承人享有和行使继承权的一种方式，也是继承人处置继承权的单方法律行为。继承人接受或放弃继承是以法定方式表达的，具有相应的法律后果，只要继承人单方意思表示即可。但这种意思表示不能代理，因为接受、放弃继承关系着继承人的切身利益，这种意思表示只能由继承人本人作出，继承人以外的人仅能代为转达。如继承人是无行为能力或限制行为能力人，其法定代理人只能接受而不能放弃继承权。接受或放弃是对继承权主总体而言的，继承权的接受是继承人对自己的继承权主体资格的确认，而继承的放弃则是继承人对自己的继承权主体资格的否认或抛弃，不再参加到继承法律关系中，也不享有权利和承担义务。因此，接受、放弃的意思表示一般不得为部分接受或部分放弃。

接受或放弃的表示必须在继承开始后，遗产分割前作出，不得附加条件、期限，也不得影响法定义务的履行。接受或放弃继承只要是继承人的真实自愿的意思表示，符合法律行为的有效要件，就可以产生法律约束力，原则上不得撤回。但继承开始后，继承人没有表示放弃继承，并于遗产分割前死亡的，其继承遗产的权利转移给他的合法继承人。

三、无人继承遗产的处理

有些国家的法律规定国家和法人可以作为继承人，因此，死者遗产不会有无人继承的现象，我国法律规定自然人才是唯一的继承关系的权利主体，但是，特殊情况下，有可能出现无人继承的问题。

（一）无人继承遗产的概念及形成

无人继承遗产，是指没有继承人和受遗赠人承受的公民死亡时遗留的财产。就是被继承人死亡时，承受遗产的继承人、受遗赠人或其他权利主体在事实上或法律上发生空缺，导致遗产无人继承。它不同于无主财产，无主财产发生在民事活动中，属于不知所有人的财产。无人继承遗产主要有四种情况：公民死亡时，既无法定继承人，也没有受遗赠人；公民死亡时，虽有法定继承人，或者遗嘱继承人，或受遗赠人，但他们全部放弃继承或是拒绝接受遗赠；公民死亡时，虽有法定继承人或是遗嘱继承人，但全部丧失了继承权，同时没有受遗赠人或受遗赠人放弃受遗赠；没有法定继承人的公民，生前虽在遗嘱中指定了受遗赠人，但并未处分其全部遗产，在其死后，未处分部分就变成了无人继承遗产。

（二）无人继承遗产的处理

按照我国《继承法》第 32 条的规定："无人继承又无受遗赠的遗产，归国家所有；死者生前是集体所有制组织成员的，归所在集体所有制组织所有。"因此，无人继承遗产的处理有两种方法：一种是死者生前不属于集体所有制组织成员，而是属于国家机关公务员，或者是社会团体、国有企事业单位或者私营企业的职工，或者个体劳动者、无业城镇居民等，其遗产归国家所有；另一种是死者生前属于集体所有制组织成员的，遗产归所在集体所有制组织所有。

技能训练

使学生具备基本的婚姻法和继承法的技能训练知识是很重要的内容，对以后的学习和实践都非常重要，内容虽然不是很多，旨在让学生综合运用所学理论知识解决实际问题。

（1）使学生能够正确理解结婚的条件、婚姻登记程序

（2）了解哪种情形可以导致婚姻无效和可撤销

（3）懂得离婚的两种方式、条件，离婚后财产如何处理

（4）熟悉法定继承人的范围、顺序、遗产分配原则

（5）了解遗嘱继承、遗赠以及遗产的处理

通过以上学习让学生明白婚姻与继承法主要调整婚姻家庭关系和财产继承关系，婚姻与继承法在现实生活中的重要性。

实践活动

以“普及法律知识，树立法治观念”为主题，通过学习婚姻法和继承法，掌握结婚的实质要件和程序，离婚的条件和程序；熟知法定继承和遗嘱继承，生活中处理这些问题要更加理性，懂得互谅互让，对学过的知识要具有实用性。

本章练习

一、判断题

1. 甲、乙已举行婚礼，但尚未结婚登记。某日，甲不幸遇车祸身亡，乙可作为甲的配偶继承甲的遗产。（　　）

2. 三代以内直系血亲和旁系血亲在我国禁止结婚。（　　）

3. 我国《婚姻法》规定，女方在怀孕期间或中止妊娠后一年内，男方不得提出离婚，但法院认为有必要受理的除外。（　　）

4. 根据《婚姻法》规定，结婚年龄男不得早于22周岁，女不得早于21周岁。（　　）

5. 对于父母已经死亡或父母无力抚养的未成年人，其兄姐应对其尽抚养的义务。

（　　）

6. 甲的儿子乙1988年死亡，遗有一子丙（3岁）。1992年甲死亡，留下一份遗产，但无遗嘱。丙可继承甲的遗产。（　　）

7. 刘、李是夫妻，现李继承了其母的遗产20000元。该项财产应为夫妻共同财产。

（　　）

8. 继父母和继子女同样有相互继承遗产的权利。（　　）

9. 兄弟姐妹之间是直系血亲关系（　　）

10. 遗产是指公民死亡后遗留的个人全部财产。（　　）

二、单项选择题

1. 实行计划生育是(　　)。

A. 夫妻双方共同的义务　　B. 家庭的共同义务

C. 妻子单方的义务　　D. 丈夫单方的义务

2. 甲妻子的姐夫是甲的(　　)。

A. 血亲的配偶　　　　B. 配偶的血亲

C. 血亲的配偶的血亲　　　　D. 配偶的血亲的配偶

3. 我国《婚姻法》规定导致婚姻无效的情形有(　　)。

A. 欺诈　　　　B. 胁迫

C. 未达到法定婚龄　　　　D. 误解

4. 婚姻法规定，有负担能力的兄、姐，对于(　　)的弟、妹，有抚养义务。

A. 父母已经离婚或父母无力抚养

B. 未成年的或没有独立生活

C. 父母已经死亡或不能独立生活

D. 父母已经死亡或父母无力抚养的未成年

5. 王家有三兄弟甲、乙、丙，丙幼年时送给胡某作养子，丙结婚时，胡某为其盖了新房，后因失火致使该房屋被烧毁。丙的生母就将自己的住房腾出 1 间来，让丙夫妇及胡某居住，不久丙的生母病故。甲与乙要收回房子，丙认为自己有权继承母亲遗产，拒不搬出，依照法律规定，死者的遗产由谁继承？(　　)

A. 甲和乙　　　　B. 甲、乙和丙

C. 甲、乙、丙和胡某　　　　D. 甲、乙丙及胡某

三、多项选择题

1. 甲早年留学美国，后在美国开了一家公司，1982 年回国定居，并将其在美国的大部分资产转移到中国。甲有妻子，儿女 9 个，且有许多曾帮助过他的挚友，因此为了对其死后财产有个妥善处理，先后立有数份遗嘱，1994 年 12 月 6 日，甲因心脏病突发死亡，对其遗产应按下述哪些原则处理？

A. 如果其数份遗嘱内容相冲突，应以其最后所立遗嘱为准

B. 如果其数份遗嘱中有一份是经过公证的，则以公证的遗嘱为准

C. 即使有数份遗嘱，也应按法定继承处理

D. 对于其遗嘱中没涉及的财产，应按法定继承处理

2. 朱某生前曾与他的邻居签订了遗赠抚养协议，他的邻居尽了抚养义务，朱某还在他去世前 10 天留下一份遗嘱。朱某去世后，他的女儿从远方赶回来，要求继承遗产。下列有关朱某遗产继承说法不正确的有哪些？

A. 应当由当事人协商解决，如果协商不成，由人民法院判决

B. 应由按遗嘱，遗赠抚养协议，法定继承的顺序进行继承

C. 遗赠抚养协议有效，应先按遗赠抚养协议进行，接下来按遗嘱和法定继承进行

D. 应先由朱某的女儿继承，然后按遗嘱抚养协议和遗赠继承。

3. 依照《婚姻登记管理条例》的规定，下列哪些证件和证明，是当事人在申请离婚登记时所必须出具的？(　　)

A. 户口证明　　B. 居民身份证　　C. 离婚协议书　　D. 结婚证

4. 在我国自然血亲的父母子女是指(　　)。

A. 生父母与非婚生子女　　　　B. 继父母与继子女

C. 生父母与婚生子女　　D. 养父母与养子女

5. 王某在一次车祸中死亡，下列哪些人员对其享有法定的继承权？(　　)

A. 养子女　　B. 继子女

C. 其小女儿的丈夫　　D. 兄弟姐妹

四、问答题

1. 什么是一夫一妻制？

2. 结婚的必备条件和禁止性条件有哪些？

3. 我国行政离婚的条件和程序是什么？

五、案例分析题

2000 年甲与乙（甲，男，22 周岁，乙，女，19 周岁）隐瞒真实年龄办理了结婚登记。2007 年甲以个人名义向其弟借款 10 万元购买商品房一套，夫妻共同居住。2009 年乙继承了其母亲的一处房产。2010 年后，因双方经常吵架，乙以办理结婚登记时未到法定婚龄为由向法院起诉，请求宣告婚姻无效。

问题：

1. 甲向其弟所借的 10 万元买房的钱，离婚时应如何处理？(　　)

A. 由甲偿还　　B. 由乙偿还

C. 以夫妻共同财产偿还　　D. 主要由甲偿还

2. 乙以结婚登记时未到法定婚龄为由，请求法院宣告婚姻无效，法院应如何处理？(　　)

A. 以办理结婚登记时未达到法定婚龄为由宣告婚姻无效

B. 对乙的请求不予支持

C. 宣告婚姻无效，确认为非法同居关系，并予以解除

D. 认定为可撤销婚姻，乙可以行使撤销权

3. 对于乙继承其母亲的一处房产，下列哪个表述正确？(　　)

A. 乙继承的房产归夫妻共有　　B. 乙继承的房产归甲个人所有

C. 乙继承的房产归乙个人所有　　D. 乙继承的房产归甲的弟弟所有

4. 下列哪种情形，属于夫妻一方的财产？(　　)

A. 甲、乙夫妻关系存续期间的工资、奖金

B. 知识产权的收益（如甲出版小说获得 10 元稿费）

C. 乙继承其母亲的一处房产，遗嘱中指定只归乙所有

D. 甲婚后开超市营利 20 万元

第八章

经 济 法

学习目标

学习经济法应当注重知识性和应用性的统一，在掌握基本理论的基础上，要通过每一章的学习做到能够分析和解决经济法某一具体领域的法律问题。在经济法的概述部分，要理解经济法的概念、特征、体系和调整对象等基本理论知识。在企业法律制度、宏观调控法律制度和市场管理法律制度部分，要了解各个具体法律分支的内容体系，所调整的主要法律关系，注重结合重点法条和典型案例，去学习分析经济法法律问题的方法。

思考导引

经济法是一个独立的法律部门吗?

有关经济法理论方面的争议，最大的莫过于经济法是不是一个独立的法律部门。一些民商法和行政法学家认为经济法不是一个独立的法律部门，经济法调整的内容要么可以划归商法调整，要么属于经济行政法的范畴。

那么，经济法是一个独立的法律部门吗？回答这个问题时要看经济法是否具有自己所调整的特定社会关系和独特的调整方法。在市场经济体制下，市场发挥基本的调节作用，但是市场又不可避免地出现失灵的情况，这个时候就需要政府运用国家公权力对市场经济进行干预和调整。国家的干预是为了维护公共利益的必然，在干预的过程中，会形成自己特定的调整对象，主要包括企业的组织管理关系、市场管理关系、宏观调控关系和涉外经济管理关系。此外，经济法的调整方法也不同于民商法和行政法，经济法是通过社会协调的方式解决社会经济运行中出现的各种市场无法有效解决的问题和矛盾。

第一节 经济法概述

一、经济法的概念与调整对象

（一）经济法的概念

“经济法”是舶来品，是随着我国经济建设的发展和经济体制改革的进行而产生的调整国家干预和管理经济的法律规范。

一般认为，经济法是国家从整体利益出发，对本国经济运行中发生的经济关系进行干预、协调和管理的法律规范的总称，所以经济法也被称为经济管理法。

市场是调整经济的基本手段，国家不能任意干预市场经济的发展，不能完全以国家计划取代市场调节。国家进行经济管理的出发点和落脚点在于预防和弥补市场失灵给经济造成的矛盾和问题，营造有序的市场环境，保护市场中弱势群体的利益。国家从整体利益出发，对经济的干预方式就是国家公权力的运用，进行协调和管理，如国家为照顾贫穷边远地区的发展，对向该地区投资的企业予以各种优惠的行为，就是国家公权力的一种运用。

（二）经济法的地位

我们认为经济法是一个独立的法律部门，经济法具有特有的调整对象、功能及其承担的任务。同时，经济法所调整的经济关系，也存在同宪法、民商法、行政法等交叉的现象。

经济法与民商法的区别在于二者的立法目的和调整机制不同。经济法是从保护社会公共利益的目的出发，政府运用国家公权力对市场主体的行为进行干预、协调和管理，以实现有序的市场秩序；民商法还是私法范畴，通过意思自治的方式调整主体间的民商事关系，保护当事人的合法利益。

（三）经济法的调整对象

经济法调整的对象是经济关系。经济法调整的经济关系主要包括企业组织管理关系、市场管理关系和宏观调控关系。

1. 企业组织管理关系

市场经济中的主要参与主体便是企业。国家管理经济首先要设立组织体方面的法律，用以调整企业的设立、变更、终止过程中发生的经济关系以及企业内部管理过程中发生的经济关系。如《保险法》第70条规定，申请设立保险公司，必须经金融监督管理部门批准。第69条第1款规定，设立保险公司，其注册资本的最低限额为人民币2亿元。应当向国务院保险监督管理机构提出书面申请。

2. 市场管理关系

不受约束的市场自由竞争会导致垄断和不正当竞争行为，最终会损害市场合理配置资源功能的发挥，因此，市场的健康有序发展离不开政府一定程度的干预。国家管理市场的法律制度，如《反不正当竞争法》通过禁止性规定的方式规定了市场主体不得采取的11种不正当竞争行为；《反垄断法》规定了企业不得利用垄断地位谋求限制竞争等。

3. 宏观调控管理关系

由于仅靠市场机制无法实现宏观经济整体的和谐发展，因而常常出现区域发展、行业发展、产业发展、企业发展等之间的失衡。这就需要国家从全局和社会整体利益出发，进行宏观调控。一般来说，宏观经济调控，是指为经济总量的基本平衡，促进经济结构的优化，引导国民经济持续、健康和协调地发展，而对国民经济总体活动进行的调节和控制。

宏观调控制度的特点是，它们不是直接针对企业的市场行为做出规定，而是通过某些经济杠杆来影响企业的市场行为。如国家通过税收、金融的调控手段，鼓励企业向某个领域或者某个地区投资，鼓励企业进行创新研发活动，等等。

二、经济法的特征

通过经济法概念的学习，我们得知经济法有其特有的存在价值和调整机制，这也反映了经济法所具有的特殊性。经济法的具体特征可以概括为以下四个方面：

（一）社会公共性

经济法不是从某个个体的利益出发，而是从社会的整体利益出发，维护市场秩序，提高社会福利。反垄断法属于经济法的一个分支，该法的适用并不是为了惩罚大企业或者是保护中小企业，而是考虑到经济的发展要注重实质上的公平，就要防止占市场垄断地位的企业，压制竞争，损害社会公共利益。

（二）综合性

经济法调整的经济关系既包括国家宏观调控领域的关系，也包括微观经济领域的管理和协作关系，涵盖的范围包括工业、农业、商贸、财政、税收、金融、统计、审计、会计、海关、物价、环保、土地等领域。

在规范构成上，经济法既包括基本性法律，也包括由法令、条例、细则和办法等许多规范形式构成的具体经济法律规范；既包括实体法规范，又包括程序法规范；既包括强制性规范和任意性规范，又包括指导性规范和倡议性规范等。

（三）政府主导性

国家通过经济法，把协调和管理经济的职能授权给政府部门，因此，在经济法中政府一般占主导地位，具有政府主导性。作为国家特殊意志在法律上的反映，经济法更浓重地体现了法的强制性、授权性、指导性的色彩，并多以限制或禁止性规定来规范主体作为或不作为。

（四）经济政策性

经济法是国家自觉参与和调控经济的重要手段。因此，其重要任务之一是实现一定经济体制和经济政策的要求，这就使得经济法具有显著的政策性特征。这主要表现在经济法会根据国家意志的需要赋予政策以法的效力，并根据政策的变化而变化。

三、经济法律关系

特定的经济关系为经济法所调整后，就形成了经济法律关系。经济法律关系是法律关系的一种，指在国家干预社会经济生活的过程中，由经济法律规范确认的，在经济法主体之间形成的以权利（权力）与义务（职责）为内容的社会关系。经济法律关系由主体、客体和内容三要素构成。

经济法律关系的主体，是指经济法律关系的参加者，即在市场管理、宏观调控、企业组织运行等法律关系中依法享有一定权利（力）、承担一定义务的当事人。包括两类：经济管理主体，主要是指依据宪法和行政法设立的国家机关，也包括根据经济法成立，或经依法授权承担一定管理职能的特殊企业或公司等组织；经济活动主体，主要是指依民法、经济法、行政法设立，直接从事生产、流通、服务和经济协作等活动的组织和个人。

经济法律关系的客体，是指经济法律关系主体的权利（力）、义务所指的对象，具体包括行为、物、智力成果、人格和身份四类。

经济法律关系的内容是指经济法律关系主体所享有的权利（力）和承担的义务和职责。

案例引入

甲企业冒用乙企业的商标进行商品的生产和销售，后经乙举报，A 市工商行政管理局对甲企业进行了罚款的处罚。问：在该案例中所形成的法律关系是否属于经济法律关系？形成的经济法律关系的构成要素分别是什么？

【分析】 经济法律关系是指属于经济法部门的法律关系，即由经济法部门所规定和保障的权利（力）、义务关系。甲企业冒用乙企业商标所形成的法律关系属于竞争法律关系，为经济法律关系的一种。A 市工商局作为市场秩序的管理机关，有权力对不正当竞争行为进行干预，所以 A 市工商局与甲企业形成了经济管理法律关系。所形成的经济法律关系的主体在本案中是明确的，包括两类：作为经济法的干预主体的行政机关；作为经济法的干预受体的企业。经济法律关系的内容是主体间的权利（力）和义务。乙企业享有商标权，其他企业负有尊重和不侵犯的义务；工商机关对于违反商标法的行为有权进行追究相关主体的法律责任。在甲乙企业的第一性的法律关系中，双方关系的客体是乙企业所享有的商标权。

再进一步思考，甲企业的违法行为所引起的第二性的法律关系是什么？即，以企业收到权利的侵犯后享有救济权，甲企业要承担违法行为的不利法律后果，如赔偿和接受罚款等。权利（力）、义务所指向的对象在该案中是甲企业的冒用商标的不法行为，构成经济法律关系的客体。

第二节　企业法律制度

经济法中的企业法律制度主要是调整国家对企业组织的管理关系，涉及法律对企业设立所做的强制性规定、企业组织形式、治理结构、财务会计、清算终止、企业对社会的义务、职工代表在企业中参与决定的权利、有关国有企业的规定等内容。本节主要从企业类别的角度，重点介绍企业法有关国有企业、公司和外商投资企业的法律制度。

一、公司法

企业可以有许多分类，习惯上人们按照投资者的出资方式和责任形式，将企业主要分类为独资企业、合伙企业和公司企业。

公司法是为了规范公司的组织和行为，保护公司、股东和债权人的合法权益，维护社会经济秩序，促进社会主义市场经济的发展而制定的。我国《公司法》中所指的公司是指依照本法在中国境内设立的有限责任公司和股份有限公司。

（一）公司设立的立法原则

公司设立的立法原则主要包括许可主义、准则主义、特许主义和自由主义。其中，许可主义是指公司企业，除了需要符合法律规定的条件外，还需要个别地报请主管的行政机关审核批准，方能申请登记成立。特许主义，是指根据特别法、专门法规或行政命令设立企业。准则主义，是指设立企业不需要报有关主管机关批准，只要符合法律规定的成立条件，即可向企业登记机关申请登记，登记机关经审查合格后，授予其合法主体资格。

（二）公司设立登记的效力

我国对公司法人的成立采取登记生效主义态度。未经登记，法人不成立。公司设立一经登记，公司便告合法成立，公司登记是公司成立的要件。出资不实并不会影响公司经登记后成立的效力。

（三）公司的机构

依据我国《公司法》的规定，一般而言，公司应有三个机构，即股东大会、董事会和监事会。股东人数较少或者公司规模较小的有限责任公司可以不设董事会、监事会而只设 1 名执行董事或 1~2 名监事。公司的内部运行，主要由上述机构分工进行。

公司的股东大会由全体股东组成，是公司的最高管理机构。根据公司法，股东会行使下列职权：决定公司的经营方针和投资计划；选举和更换非由职工代表担任的董事、监事，决定有关董事、监事的报酬事项；审议批准董事会的报告；审议批准监事会或者监事的报告；审议批准公司的年度财务预算方案、决算方案；审议批准公司的利润分配方案和弥补亏损方案；对公司增加或者减少注册资本作出决议；对发行公司债券作出决议；对公司合并、分立、解散、清算或者变更公司形式作出决议；修改公司章程；公司章程规定的其他职权。

原则上，董事由股东会或股东大会选举产生，并代表股东利益。如果董事会中要求要有职工代表，则其由公司职工通过职工代表大会、职工大会或者其他形式民主选举产生。我国的董事会在性质上既是一个执行机构，同时又是股东大会以外的第二个决策机构，董事会既要接受股东会的委托执行公司的业务，同时也享有一定的决策权和人事任免权。

监事会应当包括股东代表和适当比例的公司职工代表。监事或监事会的职权包括财务检查权、对董事等高级管理人员的罢免建议权、临时股东大会召集权和提案权、诉讼代表权等。

此外，按我国《公司法》的规定，公司职工依照《工会法》组织工会，开展工会活动，维护职工合法权益。公司应当为本公司工会提供必要的活动条件。公司工会代表职工就职工的劳动报酬、工作时间、福利、保险和劳动安全卫生等事项依法与公司签订集体合同。公司依照宪法和有关法律的规定，通过职工代表大会或者其他形式，实行民主管理。公司研究决定改制以及经营方面的重大问题、制定重要的规章制度时，应当听取公司工会的意见，并通过职工代表大会或者其他形式听取职工的意见和建议。

（四）公司债权人的保护

根据《公司法》的规定，一般原则是，公司是企业法人，有独立的法人财产，享有法人财产权。公司以其全部财产对公司的债务承担责任。有限责任公司的股东以其认缴的出资额为限对公司承担责任；股份有限公司的股东以其认购的股份为限对公司承担责任。公司股东的有限责任制度使得股东仅以其在公司中出资的限度为限承担责任，而无需对公司的债务承担无限连带责任，从而保障了股东公司外财产的独立性，有利于鼓励企业的设立和经营。

揭开公司面纱制度，是指当公司的独立人格和股东有限责任被公司背后的股东滥用时，就具体法律关系中的特定事实，否定公司的独立法人机能，将公司与其背后的股东视为一体并追究其共同的连带法律责任，保护公司债权人或其他相关利害关系群体及社会共同利益。我国《公司法》第 20 条规定，公司股东应当遵守法律、行政法规和公司章程，依法行使股东权利，不得滥用股东权利损害公司或者其他股东的利益；不得滥用公司法人独立地位和股东有限责任损害公司债权人的利益。公司股东滥用股东权利给公司或其他股东造成损失的，应当依法承担赔偿责任。公司股东滥用公司法人独立地位和股东有限责任，逃避债务，严重损害公司债权人利益的，应当对公司债务承担连带责任。

二、国有企业法

（一）国有企业与国有企业法

国有企业，是指企业的资本全部或部分归国家所有，国家或政府可以根据资本联系，对其实施控制或者控制性影响的各种企业、公司。所以，国有企业是说明企业产权归属和所有性质的一个概念，而非指一种企业组织形式。

国家出资企业，是指国家出资的国有独资企业、国有独资公司，以及国有资本控股公司、国有资本参股公司。在这些企业中，包含国家资本，但国家并不一定对企业的经营具有决定性的控制权，如国有资本参股公司，国家资本可能仅占公司股份的一小部分。

可见，国有企业的概念侧重国家获政府对企业的生产经营所具有的控制权；国家出资企业这一概念则重在强调企业中的资产是否为国家所有。国家出资企业在范围上包括了国有企业，因为国有企业仅指国家资本在企业中占控制比例的国家出资企业。

国有企业法是调整国有企业在生产经营管理活动中发生的各种经济关系的法律规范的总称。国有企业也是市场经济中的一员，其企业的活动一般由民商法调整，因此，国有企业法中具有经济法性质的规则包括：国有企业内外部组织关系的规则；国有企业及其运行与国有资产管理制度密切相关，因此，国有资产管理法就构成国有企业法的另一重要内容。

（二）国有企业的设立

国有独资企业，企业的财产属于全民所有，国家依照所有权和经营权分离的原则授予企业经营管理。根据《全民所有制企业法》的规定，设立国有独资企业，必须依照法律和国务院规定，报请政府或者政府主管部门审核批准。经工商行政管理部门核准登记、发给营业执照，企业取得法人资格。

为适应建立现代企业制度的需要，深化国有企业改革，结合我国的实际情况，《公司法》规定了一种新型的国有公司——国有独资公司。国有独资公司是指按照《公司法》规定，由国家授权的投资机构或者国家授权的部门单独投资设立的国有独资的有限责任公司。设立国有独资公司，根据国家工商局的规定，申请人应向公司登记机关提交国务院或者人民政府授权投资的机构或者部门的证明。省级以下人民政府授权投资的机构或部门应按国务院规定执行。

根据《公司法》的规定，公司法实施前已设立的国有企业，符合公司法规定设立有限责任公司条件，单一投资主体的，可以依照公司法改组为国有独资的有限责任公司。

除了上述国家享有全部出资的国有企业外，还有国有资本控股公司和国有资本参股公司。我国国有控股公司不是完全按照公司运作的，其法律地位也不完全等同于一般的公司，因而也是一种特殊法人。其设立要依照特别法而非公司法设立，经特别批准设立。因此，我国国有控股公司可定位在既适用《公司法》，又适用于特别规定上。

国有参股公司严格来说应该称之为“国家参股公司”或“政府参股公司”，不是国有企业，政府只是普通参股者，其设立受到《公司法》规范。

（三）企业国有资产的监督管理

企业国有资产，是指国家对企业各种形式的出资所形成的权益。这一部分的权益不仅关系到出资人的财产权益，还关系到国有经济的发展和壮大，国有资产的增值和保值。因此，有必要通过制定企业中国有资产的监督管理方面的法律法规，加强对国有资产的保护和监督管理，发挥国有经济在国民经济中的主导作用。

2008 年 10 月 28 日第十一届全国人民代表大会常务委员会第五次会议通过了《中华人民共和国企业国有资产法》，从履行出资人职责的机构、国家出资企业管理者的选择与考核、国有资产评估、国有资产转让、国有资产监督等方面规定了对企业国有资产的管理。

1. 国有资产监督管理的主体

国有资产属于国家所有即全民所有。由国务院代表国家行使国有资产所有权。《企业国有资产法》第 11 条规定：“国务院国有资产监督管理机构和地方人民政府按照国务院的规定设立的国有资产监督管理机构，根据本级人民政府的授权，代表本级人民政府对国家出资企业履行出资人职责。”履行出资人职责的机构代表本级人民政府对国家出资企业依法享有资产收益、参与重大决策和选择管理者等出资人权利。各级人民代表大会常务委员会通过听取和审议本级人民政府履行出资人职责的情况和国有资产监督管理情况的专项工作报告，组织对本法实施情况的执法检查等，依法行使监督职权。

2. 企业国有资产的评估

明确企业国有资产的价值，是企业国有资产流动的前提，也有利于保护国有资产免于流失。国有独资企业、国有独资公司和国有资本控股公司合并、分立、改制，转让重大财产，以非货币财产对外投资，清算或者有法律、行政法规以及企业章程规定应当进行资产评估的其他情形的，应当按照规定对有关资产进行评估。

进行财产评估的主体应当是依法设立的符合条件的资产评估机构。资产评估机构及其工作人员受托评估有关资产，应当遵守法律、行政法规以及评估执业准则，独立、客观、公正地对受托评估的资产进行评估。资产评估机构应当对其出具的评估报告负责。

3. 企业国有资产的转让

国有资产转让，是指依法将国家对企业的出资所形成的权益转移给其他单位或者个人的行为。

国有资产转让的原则：国有资产转让应当遵循等价有偿和公开、公平、公正的原则。

国有资产转让的决定机构：国有资产转让由履行出资人职责的机构决定。履行出资人职责的机构决定转让全部国有资产的，或者转让部分国有资产致使国家对该企业不再具有控股地位的，应当报请本级人民政府批准。

国有资产转让的方式：国有资产转让一般应当在依法设立的产权交易场所公开进行。转让方应当如实披露有关信息，征集受让方；征集产生的受让方为两个以上的，转让应当采用公开竞价的交易方式。

三、外商投资企业法

（一）外商投资企业法概述

外商投资企业，是指依照我国法律的规定，在中国境内设立的，由中国投资者和外国投资者共同投资或者仅由外国投资者投资的企业。包括外商独资经营企业、中外合作经营企业和中外合资经营企业。

外商投资企业法是调整国家协调经济运行过程中发生的关于外商投资企业的经济关系的法律规范的总称。与外商投资企业的三个种类相对应，外商投资企业法分为三部：《中华人民共和国外资企业法》《中华人民共和国中外合作经营企业法》《中华人民共和国中外合资经营企业法》。

（二）“三资”企业的区别

中国境内设立的中外合资经营企业、中外合作经营企业、外资企业三类外商投资企业统称为三资企业（表 8-1）。

中外合资企业，又叫中外合资经营企业，是指外国公司、企业和其他经济组织或个人，按照平等互利的原则，经中国政府批准，在中华人民共和国境内，同中国的公司、企业或其他经济组织共同投资、共同经营、共担风险、共负盈亏而从事某种经营活动的企业。

中外合作经营企业，是指为了扩大对外经济合作和技术交流，外国公司、企业和其他经济组织或个人按照平等互利的原则，同中华人民共和国境内的企业或其他经济组织共同

表 8-1

	中外合资企业	中外合作企业	外资企业
组织形式	有限责任公司	合伙企业，组织形式不明确	多为有限责任公司，也可以其他形式
投资方式	合营各方必须都投资，确定各自的股份	可以采用合资经营的出资方式，也可以采用合营各方提供的合作条件	外商独自提供
分配方式	按合营各方股权比例进行	按合同规定分配	利润自享
经营方式与管理方式	董事会领导下的总经理负责制	中外合营企业的管理方式比较灵活	经营管理方式更加灵活

举办的，按合同规定的各方投资条件，收益分配、风险责任和经营方式等进行经营的非股权式的经济组织。合营方式可以是法人企业，也可以是为实施某一项目或共同进行某一经济活动而形成的非法人式的组织。中外合营企业一般是由中国合作者提供土地（使用权）、自然资源、劳动力或现有厂房、设备和相应的水电设施等；外国合作才提供资金，先进设备和技术、材料。

外资企业，又叫外商独资企业，是指在中国境内设立的，全部资本由外国企业和其他经济组织或个人投资的企业（不包括外国的企业和其他经济组织在中国境内设立的分支机构）。

第三节　宏观调控法律制度

宏观调控，是指政府为了实现社会总需求与社会总供给之间的平衡，保证国民经济持续、稳定、协调增长，运用经济的、法律的和行政的手段对社会经济进行的调节与控制。

宏观调控法，是指调整在宏观调控过程中发生的经济关系的法律规范的总称。宏观调控手段具有综合性，主要有税收、金融、价格、计划和外贸管制等。与手段相对应，宏观调控法的体系大概包括计划、产业法；投资、金融、财政、价格法；自然资源管理法和对外贸易法等。本节主要介绍价格法、金融法和税法。

一、价格法

（一）价格和价格法概述

1. 价格

价格是价值的货币表现。我国《价格法》上的价格包括商品价格和服务价格。商品价格是指各类有形产品和无形资产的价格，服务价格是指各类有偿服务的收费。

我国的价格形式有三种，即市场调节价，政府指导价和政府定价。市场调节价是指由经营者自主制定，通过市场竞争形成的价格。政府指导价是指由政府价格主管部门或者其他有关部门，按照定价权限和范围规定基准价及其浮动幅度指导经营者制定的价格。政府定价由政府价格主管部门或其他有关部门，按照定价权限和范围制定的价格。

我国大多数商品和服务价格实行市场调节价，极少数商品和服务价格实行政府指导价或政府定价。《价格法》第 18 条规定，下列商品和服务价格，政府在必要时可以实行政府指导价或者政府定价：与国民经济发展和人民生活关系重大的极少数商品价格、资源稀缺的少数商品价格、自然垄断经营的商品价格、重要的公用事业价格、重要的公益性服务价格。

2. 价格法

市场配置资源的作用主要是通过反映市场供求状况和资源稀缺程度的价格信号引导实现的。形成合理价格的基本条件是公平竞争的市场环境，而公平竞争的市场环境又必须通过法律进行规范。

价格法是调整与价格的制定、运行和调控、监督、检查有关的各种价格关系的法律规范的总称。1997 年 12 月 29 日通过的《价格法》是我国价格法律制度中最基本的法律。

《价格法》的适用对象是价格行为。政府、经营者和消费者等各类市场主体的价格行为均适用《价格法》。这里的价格行为既包括经营者的定价、调价、标价以及价格评估、价格鉴证等价格行为，又包括政府的价格管理、价格调控、价格监督检查等价格行为，还包括消费者参与定价和监督价格等行为。

（二）经营者的价格权利和价格义务

经营者在价格活动中享有《价格法》赋予的基本权利，包括：第一，制定属于市场调节的价格。经营者应当遵循公平、合法和诚实信用原则，根据生产经营成本和市场供求状况来自主制定商品和服务价格。第二，在政府指导价规定的幅度内制定价格。经营者有权按照中央和地方定价目录，根据有关商品或服务的社会平均成本的变化和市场供求情况，灵活地确定商品或服务价格。第三，制定属于政府指导价、政府定价产品范围内的新产品的试销价格。第四，检举、控告侵犯其自主定价权利的行为。第五，对政府指导价、政府定价提出调整建议。

义务与权利是同时存在的，经营者在价格活动中承担的义务包括：第一，遵守法律、法规，执行依法制定的政府指导价、政府定价。第二，明码标价。第三，执行法定的价格干预措施、紧急措施。第四，不得从事不正当的价格行为。第五，向价格主管部门提供价格管理和监督检查所必需的资料。

（三）消费者的价格权益

价格法律制度领域，不论是经营者的定价行为还是政府定价，都直接涉及保护消费者的价格权益问题，因此，保护消费者的价格权益，就成为价格法的主要立法宗旨之一。我国《价格法》在对价格领域的基本制度作出规定的同时，也采取了一系列的措施来保护消费者的价格权益。第一，严格禁止价格欺诈、价格歧视、价格垄断以及变相涨价、乱涨价等损害消费者利益的各种不正当价格行为，并明确规定经营者因价格违法行为给消费者造成损害的，应当依法承担赔偿责任。第二，赋予消费者参与政府定价的权利，要求政府在制定关系人民群众切身利益的公用事业价格、公益性服务价格以及自然垄断经营的商品价格时，不但要听取经营者的意见，更要通过听证会制度听取消费者的意见。政府指导价和政府定价制定后，应当向消费者公布，消费者可以对政府指导价、政府定价提出调整建议。第三，明确规定消费者有权对各种价格活动进行监督，有权对价格违法行为进行举报，并受价格部门的保护。

二、金融法

（一）金融法概述

1. 金融法的概念和调整对象

金融法，是指调整货币流通和社会信用活动中所发生的金融关系和政府对金融机构、金融行为进行组织、监管与调控所产生的金融管理关系的法律规范的总称。

可见，金融法的调整的对象有两个：金融关系和金融管理关系。前者为银行或其他非银行金融机构在从事金融业务活动过程中，与其他经济组织和个人之间发生的各种经济关系。后者为政府对金融机构、金融行为进行组织、监管与调控等管理活动过程中发生的各种管理关系。

2. 金融法的体系

根据金融法所调整的关系的类别，大体上可以将金融法分为以下金融法律部门：

（1）金融机构组织法。金融机构是金融活动的主体，是金融法律关系的参加者。金融机构组织法作为金融法律体系中的组成部分，就是规范上述金融机构本身的组织体系关系的法律规范系统。

（2）金融调控法。金融调控法是调整中央银行在控制与调节货币供给量、利率、贷款量等金融宏观调控关系的法律规范系统。金融调控法律规范集中表现在一国的中央银行法中。

（3）金融监管法。金融监管法是调整金融业监督管理关系的法律规范系统。如2004年2月1日起施行的《银行业监督管理法》。

（4）金融经营法。金融经营法就是调整各种金融活动的法律规范体系，包括：商业银行法、政策性银行法、证券交易法、保险法、信托法、外汇交易法、票据交易法、证券投资基金法、金融衍生品法等。

（二）中国人民银行法

为了确立中国人民银行的地位，明确其职责，保证国家货币政策的正确制定和执行，建立和完善中央银行宏观调控体系，维护金融稳定，我国制定了《中华人民共和国人民银行法》（以下简称《中国人民银行法》）。

1. 中国人民银行的法律地位和职责范围

中国人民银行是中华人民共和国的中央银行，是代表国家进行金融管理和金融调控的特殊金融机构，是我国金融活动的中心，处于金融组织体系的最高地位。其最高地位表现在它是国家发行银行、国家银行、储备银行、银行的银行。

中国人民银行在国务院领导下依法独立执行货币政策，履行职责，开展业务，不受地方政府、各级政府部门、社会团体和个人的干涉。中央银行的金融业务活动与商业银行相比特点在于：不以营利为目的，而是以执行货币政策、保证货币政策目标实现为原则，服务于政府和金融机构。

根据《中国人民银行法》第 4 条的规定，中国人民银行履行下列职责：（1）发布与履行其职责有关的命令和规章；（2）依法制定和执行货币政策；（3）发行人民币，管理人民币流通；（4）监督管理银行间同业拆借市场和银行间债券市场；（5）实施外汇管理，监督管理银行间外汇市场；（6）监督管理黄金市场；（7）持有、管理、经营国家外汇储备、黄金储备；（8）经理国库；（9）维护支付、清算系统的正常运行；（10）指导、部署金融业反洗钱工作，负责反洗钱的资金监测；（11）负责金融业的统计、调查、分析和预测；（12）作为国家的中央银行，从事有关的国际金融活动；（13）国务院规定的其他职责。

2. 人民币的发行和管理

人民币是我国的法定货币。以人民币支付我国境内的一切公共的和私人的债务，任何单位和个人不得拒收。

人民币的法定发行机关是中国人民银行。禁止伪造、变造人民币。对于残缺、污损的人民币，按照中国人民银行的规定兑换，并由中国人民银行负责收回、销毁。

中国人民银行统一印制、发行人民币。中国人民银行设立人民币发行库，在其分支机构设立分支库。分支库调拨人民币发行基金，应当按照上级库的调拨命令办理。任何单位和个人不得违反规定，动用发行基金。

3. 中国人民银行可以运用的货币政策

中国人民银行为执行货币政策，可以运用下列货币政策工具：要求银行业金融机构按照规定的比例交存存款准备金；确定中央银行基准利率；为在中国人民银行开立账户的银行业金融机构办理再贴现；向商业银行提供贷款；在公开市场上买卖国债、其他政府债券和金融债券及外汇；国务院确定的其他货币政策工具。

其中，存款准备金制度，是指中央银行依据法律所赋予的权力，要求商业银行和其他金融机构按规定的比率在其吸收的存款总额中提取一定的金额缴存中央银行，并借以间接地对社会货币供应量进行控制的制度。提取款准备金制度的作用在于保证商业银行存款支付和资金清偿能力，调节和控制信贷规模，影响货币供应量和增强中央银行信贷资金宏观调控能力。

基准利率政策是中央银行的另一项重要货币政策工具。中国人民银行对商业银行及其他金融机构的存、贷款利率，即基准利率。当中央银行提高基准利率时，商业银行等金融机构筹措资金的成本增加，对中央银行的贷款需求降低，商业银行等就会到资金市场去寻求贷款，货币供应量减少；相反，当中央银行降低基准利率时，商业银行等的贷款利率也会随之降低，贷款数额加大，货币供应量会相应增加。由于商业银行通过提高或降低基准利率中的贷款利率，可起到限制或扩张社会信贷规模的作用。

（三）商业银行法

1. 商业银行法概述

商业银行是依法成立，以盈利为目的的法人组织，是经营货币金融业的特殊企业，是实行自主经营、自担风险、自负盈亏、自我约束的经营金融业务机构，依法独立开展业务。在中央银行宏观调控体系中，商业银行在保证货币政策实现方面可以发挥重要作用，它是中央银行宏观调控关系中的相对主体。

商业银行法则是调整商业银行组织关系和经营业务关系的法律规范的总称。《中华人民共和国商业银行法》（以下简称《商业银行法》）是商业银行的基本法。该法明确规定了商业银行的设立条件、组织机构、对存款人的保护、贷款和其他业务的基本规则、财务会计、监督管理、接管与终止等内容，是我国商业银行健康发展的重要法律保证。

2. 商业银行的设立

我国对于商业银行的设立采取许可主义的立法原则，设立商业银行，应当经国务院银行业监督管理机构审查批准。未经国务院银行业监督管理机构批准，任何单位和个人不得从事吸收公众存款等商业银行业务，任何单位不得在名称中使用“银行”字样。

设立商业银行应当具备的条件包括：有符合《商业银行法》和《中华人民共和国公司法》规定的章程；有符合本法规定的注册资本最低限额；有具备任职专业知识和业务工作经验的董事、高级管理人员；有健全的组织机构和管理制度；有符合要求的营业场所、安全防范措施和与业务有关的其他设施。

设立全国性商业银行的注册资本最低限额为十亿元人民币。设立城市商业银行的注册资本最低限额为一亿元人民币，设立农村商业银行的注册资本最低限额为五千万元人民币。且注册资本应当是实缴资本。

商业银行的组织形式适用《公司法》的规定，因此，商业银行只能采取公司的组织形式，可以是有限责任公司，也可以是股份有限公司。

3. 商业银行的业务管理规定

商业银行的业务有三种：存款业务、贷款业务和中间业务。通过吸收存款业务，实现将货币借出的贷款业务，是商业银行的主要业务活动。中间业务是指商业银行不需运用自有资金，只代替客户承办交付、收取和其他委托事项而收取手续费的业务，如办理国内外结算、发行金融债券、提供信用证服务及担保、代理收付款项及代理保险业务、提供保险箱服务等。

商业银行不得向关系人发放信用贷款，向关系人发放担保贷款的条件不得优于其他借款人同类贷款的条件。这里所称关系人，是指商业银行的董事、监事、管理人员、信贷业务人员及其近亲属；前项所列人员投资或者担任高级管理职务的公司、企业和其他经济组织。

商业银行贷款，还应当遵守资产负债比例管理的规定。《商业银行法》第39条规定：“商业银行贷款，应当遵守下列资产负债比例管理的规定：（1）资本充足率不得低于百分之八；（2）贷款余额与存款余额的比例不得超过百分之七十五；（3）流动性资产余额与流动性负债余额的比例不得低于百分之二十五；（4）对同一借款人的贷款余额与商业银行资本余额的比例不得超过百分之十；（5）国务院银行业监督管理机构对资产负债比例管理的其他规定。”

（四）银行业监管法

1. 银行业监管法概述

银行业监管是银行业监督管理的简称，是指对银行等金融机构的设立、业务经营及其金融活动所进行的监督、管理。银行业监管法就是调整银行业监管法律关系的法律规范。《中华人民共和国银行业监督管理法》（以下简称《银行业监督管理法》）是我国银行业监管领域的基本法律。该法的立法宗旨在于加强对银行业的监督管理，规范监督管理行为，防范和化解银行业风险，保护存款人和其他客户的合法权益，促进银行业健康发展。《银行业监督管理法》主要从监督管理机构、监督管理职责和监督管理措施等方面规定了对商业银行的监督管理。

2. 银行业监督管理机构

国务院银行业监督管理机构负责对全国银行业金融机构及其业务活动监督管理的工作。国务院银行业监督管理机构的职责具体由中国银行业监督管理委员会（银监会）来实施。

银行业监督管理机构对银行业实施监督管理，应当遵循依法、公开、公正和效率的原则。银行业监督管理机构及其从事监督管理工作的人员依法履行监督管理职责，受法律保护。地方政府、各级政府部门、社会团体和个人不得干涉。

3. 我国的银行监管体制

上文有关中国人民银行部分涉及中国人民银行的地位，中国人民银行是银行的银行，有权对银行进行监督和检查。银监会的成立在很大程度上剥离了中国人民银行原有对于银行业的监管职能，形成了中国人民银行与银行业监督管理委员会二者分工、合作监管银行业的新局面。

行业监督管理机构是监督银行业务的主要机构。其监管职责包括：制定和发布相应的行政规章和命令；对银行业金融机构进行市场准入管理；对银行业金融机构经营业务进行监督；对银行业金融机构的宏观管管理。

而中国人民银行有权对金融机构以及其他单位和个人进行检查监督的范围依法仅局限于以下九种行为：（1）执行有关存款准备金管理规定的行为；（2）与中国人民银行特种贷款有关的行为；（3）执行有关人民币管理规定的行为；（4）执行有关银行间同业拆借市场、银行间债券市场管理规定的行为；（5）执行有关外汇管理规定的行为；（6）执行有关黄金管理规定的行为；（7）代理中国人民银行经理国库的行为；（8）执行有关清算管理规定的行为；（9）执行有关反洗钱规定的行为。

三、税法

（一）税法概述

1. 税法的定义

税收在本质上是国家出于行使其职能的需要，凭借其政治权力和国家机器，按照法律规定的标准，强制且无偿地取得财政收入的一种方式。在税收过程中形成的社会关系，主要包括税收分配关系和税收征纳程序关系，这是税法的调整对象。所以，税法是国家制定的用以调整国家与纳税人之间在征纳税方面权利与义务关系的法律规范的总称。

税法是国家向全社会进行征税的法律依据，也是国家税务机关依法征税和纳税人依法纳税的行为准则。税法包括实体法和程序法，是实体内容和征管程序相统一的法。

2. 税法的构成要素

税法构成要素，是指税法不可缺少的内容或者要件。它主要包括：征税主体、纳税主体、征税对象、税目和计税依据、税率、纳税环节、纳税期限、纳税地点、税收特别措施、罚则等。

其中，征税主体即是指依据税法行使征税权的国家机关，包括国家的各级税务机关、海关以及其他财政机关。

纳税主体又称纳税人或者纳税义务人，是税法规定的负有缴纳税款义务的法人、自然人以及其他组织。

征税对象又称征税客体，它指明了国家对什么进行征税，从而也是区分税种的标志。征税对象可分为流转额、所得额、财产、行为以及其他5类。与此相适应，国家税收种类就可以分为流转税、所得税、财产税、行为税以及其他实体税，这些也被称为税种。

（二）流转税法

流转税法，是指调整以流转额为征税对象的税收关系的法律、法规的总称。流转额是指经营者在其商品流转过程中的销售收入或其劳务活动所取得的劳务收入或者业务收入。流转税在税种上主要包括增值税、消费税和营业税，其中增值税是主体税种。

1. 增值税

增值税是以商品或者服务的增值额为计税依据而征收的一种流转税，或者称为商品税。

纳税人为在中国境内销售货物或者提供加工、修理修配劳务以及进口货物的单位和个人。征税对象为纳税人在中国境内销售的货物或者提供的加工、修理修配劳务以及进口的货物。税基为销售货物或者提供加工、修理修配劳务以及进口货物的增值额。

下列项目免征增值税：（1）农业生产者销售的自产农产品；（2）避孕药品和用具；（3）古旧图书；（4）直接用于科学研究、科学试验和教学的进口仪器、设备；（5）外国政府、国际组织无偿援助的进口物资和设备；（6）由残疾人的组织直接进口供残疾人专用的物品；（7）销售的自己使用过的物品。

2. 消费税

消费税是以特定消费品的流转额为计税依据而征收的一种流转税。根据法律的规定，消费税的纳税人是在我国境内从事生产、委托加工和进口应税消费品的单位和个人。消费税的征税客体是指生产、委托加工和进口应税消费品的流转额。具体的税目包括：烟、酒和酒精、鞭炮和烟火、贵重首饰和珠宝玉石、化妆品、小汽车、摩托车、汽油、柴油、汽车轮胎和护肤护发品。

3. 营业税

营业税是以应税商品的销售收入额或者应税劳务的营业收入额为计税依据而征收的一种流转税。营业税的纳税人包括在我国境内提供应税劳务、转让无形资产、销售不动产的单位和个人。

案例引入

企业A为企业B运输一批机电设备，收取运费5万元。在运输中又卖给B一些加固材料，收取材料费5千元。B使用这些材料的目的是保证这批设备在运输中的安全。然而，A在纳税申报时只对运输费5万元缴纳了营业税。税务机关查账时发现这个漏洞。

【分析】在该案中，企业A不仅进行了运输服务，收取了运输费用，应当申报缴纳营业税，而且还进行了货物的销售，应该缴纳增值税。在实践中，这种一个销售行为涉及两个应税项目的情况，由税务机关决定应当征收哪一种税，要么全部征收增值税，要么全部营业税。如果纳税人A是专门从事货物运输服务经营的，对其上述混合的销售行为，应当一并征收营业税。

对于下列项目免征营业税：（1）托儿所、幼儿园、养老院、残疾人福利机构提供的育养服务，婚姻介绍，殡葬服务；（2）残疾人员个人提供的劳务；（3）医院、诊所和其他医疗机构提供的医疗服务；（4）学校和其他教育机构提供的教育劳务，学生勤工俭学提供的劳务；（5）农业机耕、排灌、病虫害防治、植物保护、农牧保险以及相关技术培训业务，家禽、牲畜、水生动物的配种和疾病防治；（6）纪念馆、博物馆、文化馆、文物保护单位管理机构、美术馆、展览馆、书画院、图书馆举办文化活动的门票收入，宗教场所举办文化、宗教活动的门票收入；（7）境内保险机构为出口货物提供的保险产品。未达起征点的免税，但起征点仅限于个人。

（三）所得税法

所得税即是以纳税人所得作为征税对象的税种。所得税可以分为个人所得税和企业所得税。所得税法就是调整个人和企业所得税方面权利义务关系的法律规范。

1. 个人所得税法

狭义的个人所得税法指我国现行的2011年的《中华人民共和国个人所得税法》（以下简称《个人所得税法》）。从广义的角度来看，《个人所得税法》、《个人所得税法实施条例》（1994年1月28日颁布）、《税收征管法》（2001年4月28日颁布）以及由中国各级税务机关发布的有关个人所得税征管的规定，都属于调整个人所得税事项的法律法规，构成了现行中国个人所得税法的主体法律基础。

（1）纳税主体。个人所得税的纳税主体分为两类。其一为在中国境内有住所，或者无住所而在境内居住满一年的个人，成为居民纳税人，其就从中国境内和境外取得的所得，缴纳个人所得税。其二为在中国境内无住所又不居住或者无住所而在境内居住不满一年的个人，称为非居民纳税人，其就从中国境内取得的所得，缴纳个人所得税。

（2）征税范围。《个人所得税法》第 2 条规定，下列各项个人所得，应纳个人所得税：工资、薪金所得；个体工商户的生产、经营所得；对企事业单位的承包经营、承租经营所得；劳务报酬所得；稿酬所得；特许权使用费所得；利息、股息、红利所得；财产租赁所得；财产转让所得；偶然所得；经国务院财政部门确定征税的其他所得。

除该条规定的 11 项个人所得需要申报个人所得税外，《个人所得税法》第 4 条还通过列举的方式规定了免征税的个人所得种类，包括：①省级人民政府、国务院部委和中国人民解放军军以上单位，以及外国组织、国际组织颁发的科学、教育、技术、文化、卫生、体育、环境保护等方面的奖金；②国债和国家发行的金融债券利息；③按照国家统一规定发给的补贴、津贴；④福利费、抚恤金、救济金；⑤保险赔款；⑥军人的转业费、复员费；⑦按照国家统一规定发给干部、职工的安家费、退职费、退休工资、离休工资、离休生活补助费；⑧依照我国有关法律规定应予免税的各国驻华使馆、领事馆的外交代表、领事官员和其他人员的所得；⑨中国政府参加的国际公约、签订的协议中规定免税的所得；⑩经国务院财政部门批准免税的所得。

（3）税率。本着适当调节个人收入的原则，纳税人的工资和薪金所得适用超额累进税率，税率为 3%~45%。个体工商户和租赁、承包企业所得适用超额累进税率，税率为 5%~35%。纳税人的其他个人所得如劳务所得、特许使用费以及利息、股息、红利等所得适用 20%的比例税率；稿酬所得适用 20%的比例税率，并按照应纳税额减征 30%。

2. 企业所得税法

《中华人民共和国企业所得税法》（以下简称《企业所得税法》）是为了使中国境内企业和其他取得收入的组织缴纳企业所得税制定的法律。在中华人民共和国境内，企业和其他取得收入的组织（统称企业）为企业所得税的纳税人，依照法律的规定缴纳企业所得税。个人独资企业和合伙企业不是企业所得税纳税人，对其征收个人所得税，以避免重复征税。

（1）纳税主体与纳税范围，见表 8-2。

表 8-2

	居民企业	非居民企业
概念	依法在中国境内成立，或者依照外国（地区）法律成立但实际管理机构在中国境内的企业	依照外国（地区）法律成立且实际管理机构不在中国境内，但在中国境内设立机构、场所的，或者在中国境内未设立机构、场所，但有来源于中国境内所得的企业
纳税义务范围	承担无限纳税义务，就其来源于中国境内、境外的所得缴纳企业所得税	有限纳税义务：是否设立分支机构，以及按照实际联系原则确定

续表

	居民企业	非居民企业
税率	25%	25%；未在中国设立分支机构，或来源于中国境内的与分支机构无关的所得，适用 20%

（2）应税所得额。企业所得税的应税所得额等于企业的生产经营收入和所得税法准予扣除项目金额之间的差额。

《企业所得税法》规定，企业实际发生的与取得收入有关的、合理的支出，包括成本、费用、税金、损失和其他支出，准予在计算应纳税所得额时扣除。此外，在计算应纳税所得额时，下列支出不得扣除：向投资者支付的股息、红利等权益性投资收益款项；企业所得税税款；税收滞纳金；罚金、罚款和被没收财物的损失；该法第九条规定以外的捐赠支出；赞助支出；未经核定的准备金支出；与取得收入无关的其他支出。

（四）税收征收管理法

税收征收管理法，是指国家税务机关进行税收征收管理和纳税人纳税程序方面的法律、法规的总称，主要内容是税务管理、税款征收、税务检查以及纳税人和税务人员违反税法的法律责任。从体系上看，包括国家权力机关制定的税收征管法律、国家权力机关授权行政机关制定的税收征管行政法规和有关税收征管的规章制度等。税收征管法属于税收程序法，它是以规定税收实体法中所确定的权利义务的履行程序为主要内容的法律规范，是税法的有机组成部分。

狭义上讲，税收征收管理法指 2001 年的《中华人民共和国税收征收管理法》（以下简称《税收征收管理法》）。《税收征收管理法》适用于由税务机关负责征收的各种税收的征收管理，就现行有效税种而言，具体适用增值税、消费税、营业税、资源税、企业所得税等。

1. 税务管理

税务管理有三个内容：税务登记；账簿、凭证管理；纳税申报。

税务登记是国家整个税收征管工作的第一环节。从事生产、经营的纳税人应自领取营业执照之日起 30 日内，持有关证件，向税务机关申报办理税务登记。税务机关应当于收到申报的当日办理登记并发给税务登记证件。

纳税人的账簿、记账凭证、完税凭证以及其他与财务会计有关的资料与纳税人计算其应纳税额有着直接的关系，因此，这些账簿和凭证必须真实、可靠，不得弄虚作假。纳税人、扣缴义务人应按照有关法律、行政法规和国务院财政、税务主管部门的规定设置账簿，根据合法、有效凭证记账，进行核算。

纳税申报是税收征纳的基础。纳税人必须依照法律、行政法规规定或者税务机关依照法律、行政法规的规定确定的申报期限、申报内容如实办理纳税申报，报送纳税申报表、财务会计报表以及税务机关根据实际需要要求纳税人报送的其他纳税资料。

2. 税款征收

税款征收的主体是税务机关、税务人员以及经税务机关依照法律、行政法规委托的单位和人员，除此之外，任何单位和个人不得进行税款征收活动。

在程序上，税务机关征收税款时，必须给纳税人开具完税凭证。扣缴义务人代扣、代收税款时，纳税人要求扣缴义务人开具代扣、代收税款凭证的，扣缴义务人应当开具。

税务机关在税收征收中享有行政执法权。纳税人未按照规定期限缴纳税款的，扣缴义务人未按照规定期限解缴税款的，税务机关除责令限期缴纳外，从滞纳税款之日起，按日加收滞纳金。税务机关有根据认为从事生产、经营的纳税人有逃避纳税义务行为的，可以在规定的纳税期之前，责令限期缴纳应纳税款；在限期内发现纳税人有明显的转移、隐匿其应纳税的商品、货物以及其他财产或者应纳税的收入的迹象的，税务机关可以责成纳税人提供纳税担保。如果纳税人不能提供纳税担保，经县以上税务局（分局）局长批准，税务机关可以采取税收保全措施，如冻结存款、查封扣押财物的措施。

3. 纳税人权益保护

税收征收制度强化税务机关执法权限的同时，也对税务机关的执法做出了约束性规定，以避免和减少滥用征税权的行为。这方面的规定主要是税务机关及其工作人员必须严格依法征税、依率计税，不得违反规定开征、停征、多征、少征、提前征收、延缓征收或者摊派税款。

对于法律争议，《税收征收管理法》赋予了纳税人司法救济的途径。纳税人、扣缴义务人、纳税担保人同税务机关在纳税上发生争议时，必须先依照税务机关的纳税决定缴纳或者解缴税款及滞纳金或者提供相应的担保，然后可以依法申请行政复议；对行政复议决定不服的，可以依法向人民法院起诉。当事人对税务机关的处罚决定、强制执行措施或者税收保全措施不服的，可以依法申请行政复议，也可以依法向人民法院起诉。

第四节　市场管理法律制度

一、市场管理法概述

国家对市场管理的重要原因是市场失灵，市场失灵表现为垄断、不正当竞争、市场不能提供公共产品等。国家对市场进行管理必须依法进行。市场管理法就是调整市场管理关系的法律规范的总称。

市场管理法的调整对象是国家对市场管理程中发生的社会性和管理性的市场管理关系，包括生产经营管理关系、市场竞争关系、市场监管关系。

市场管理法是经济法的有机组成部分，是经济法律系中三大主要组成部分之一，是经济法“一体两翼”（即经济法主体、市场管理法和宏观调控法）中的一翼。市场管理法调整的是微观的市场竞争和市场管理关系，构成宏观调控法所调整的宏观经济关系的微观基础。

根据市场经济的本质，市场管理法主要发挥维护自由竞争的秩序、维护公平竞争的秩序、保护消费者的利益三个方面的作用。本节从市场管理法作用发挥的角度，重点讲解反不正当竞争法、反垄断法和消费者权益保护法。

二、反不正当竞争法

（一）反不正当竞争法概述

为保障社会主义市场经济健康发展，鼓励和保护公平竞争，制止不正当竞争行为，保护经营者和消费者的合法权益，我国制定了《中华人民共和国反不正当竞争法》（简称《反不正当竞争法》）。该法是我国反不正当竞争法律体系中最基本的法律，除此之外，国家工商行政管理局针对该法中的条款制定了一些实施细则、地方政府也出台了一些反不正当竞争条例，共同构成我国的反不正当竞争法体系。

《反不正当竞争法》在内容上共有 5 章 33 个条款，规定了总则、不正当竞争行为、监督检查机关及其权限，此外还规定了违法者应承担的法律责任。本部分以该法为基础介绍我国的反不正当竞争法律制度。

（二）不正当竞争行为

不正当竞争行为的实施主体是市场活动中的经营者，即从事商品经营或者营利性服务（以下所称商品包括服务）的法人、其他经济组织和个人。

不正当竞争，则指经营者违反法律的规定，违反诚实信用原则和公平竞争原则，损害其他经营者合法权益，扰乱社会经济秩序的行为。典型的不正当竞争行为包括假冒行为、商业贿赂行为、虚假广告、侵犯商业秘密、不正当有奖销售等。

1. 假冒行为

根据《反不正当竞争法》第 5 条的规定，经营者不得采用下列不正当手段从事市场交易，损害竞争对手：（1）假冒他人的注册商标；（2）擅自使用知名商品特有的名称、包装、装潢，或者使用与知名商品近似的名称、包装、装潢，造成和他人的知名商品相混淆，使购买者误认为是该知名商品；（3）擅自使用他人的企业名称或者姓名，引人误认为是他人的商品；（4）在商品上伪造或者冒用认证标志、名优标志等质量标志，伪造产地，对商品质量作引人误解的虚假表示。

本条规定的是不正当竞争行为中的系列假冒行为，也有学者定性为“市场混淆行为”，上述四种行为共同之处在于误导消费者购买本以为是原品牌的商品，不仅会损害消费者的利益，也侵害了权利人的商业信誉。

2. 商业贿赂行为

商业贿赂，是指经营者为销售或者购买商品而采用财物或者其他手段贿赂对方单位或者个人的行为。换句话说，通过向买方的关键人物提供好处这种非正常的商业竞争途径获得交易机会。通过账外暗中给予对方单位或个人回扣的方式的经营是典型的商业贿赂行为。如实入账的折扣买卖或者给付中间人佣金的买卖，不是商业贿赂。

商业贿赂有四个构成要件：第一，商业贿赂的行贿人是经营者；第二，行为人采用财物或者其他手段实施了贿赂。第三，贿赂的目的是为了销售或者购买商品。第四，行为者的财物给付行为具有一定的隐蔽性，具体地讲，就是不在财务账上如实记载。

3. 虚假广告

广告是经营者向消费者介绍产品的媒介，也是商业竞争重要手段，如果广告内容不真实，就会误导和欺骗消费者与之交易，也对其他经营者造成不公平。因此，《反不正当竞争法》规定，经营者不得利用广告或者其他方法，对商品的质量、制作成分、性能、用途、生产者、有效期限、产地等作引人误解的虚假宣传。

客观上不正确的陈述，如吹嘘楼盘的绿化率达到 80%；隐瞒重大事实，如故意隐瞒产品中包含的有害成分；过度夸张，如谎称自己的产品是全球之最；邀请明星代言，夸大产品效果等，都是虚假广告的表现形式。

认定虚假广告的标准是虚假的广告需要达到能够误导消费者的程度，而不需要事实上已经出现了误导的后果。

4. 侵犯商业秘密

商业秘密，是指不为公众所知悉、能为权利人带来经济利益、具有实用性并经权利人采取保密措施的技术信息和经营信息。据此，商业秘密具有保密性、经济适用性或价值性、权利人采取合理的保密措施三个特点。

商业秘密可以给企业带来竞争优势和商业利益，为权利企业所正当使用，任何人不管通过何种不正当的手段获取商业秘密的，都构成违法行为。侵犯商业秘密的行为不限于使用，非法披露、获取也是侵犯商业秘密的行为。侵犯商业秘密主要有以下 5 种表现：（1）以盗窃、利诱、胁迫或者其他不正当手段获取权利人的商业秘密。（2）披露、使用或者允许他人使用以前项手段获得的权利人的商业秘密。（3）与权利人有业务关系的单位和个人违反合同约定或者违反权利人保守商业秘密的要求，披露、使用或者允许他人使用其所掌握的权利人的商业秘密。（4）权利人的职工违反合同约定或者违反权利人保守商业秘密的要求，披露、使用或者允许他人使用其所掌握的权利人的商业秘密。（5）第三人明知或者应知前款所列违法行为，获取、使用或者披露他人的商业秘密，视为侵犯商业秘密。

5. 不正当有奖销售

有奖销售，是指经营者销售商品或提供服务时，附带向购买者提供物品、金钱或者其他经济利益的行为，其形式有奖励所有购买者的附赠式有奖销售，以及奖励部分购买者的抽奖式有奖销售。有奖销售作为一种促销活动具有合法性，反不正当竞争法所规定的是禁止不正当的有奖销售。

不正当有奖销售行为包括欺骗性有奖销售、利用有奖销售推销质次价高商品、奖金额超过 5000 元的抽奖式有奖销售。

（1）欺骗性有奖销售的表现形式，如：采取不正当手段故意让内定人员中奖；故意将设有中奖标志的商品、奖券不投放市场或者不与商品、奖券同时投放市场；谎称有奖销售或者对所设奖的种类、中奖概率、最高奖金额等做虚假不实的表示。

（2）利用有奖销售推销质次价高商品，如，将价值仅有 200 元的天山雪莲定价为 2000 元，购买者可凭小票返现 20 元。

(3) 奖金额超过5000元的抽奖式有奖销售，这种行为以巨大的利益为吸引，容易刺激人们的投机心理，忽视购买行为本身，且高额有奖销售会严重损害市场公平竞争，所以法律予以禁止。

三、反垄断法

(一) 反垄断法概述

垄断，是指利用自身特有的条件对某种机会和利益进行独占。法律规定禁止和反对的垄断，是指违反法律或社会公共利益，通过合谋性协议，安排或协同行动，或者通过滥用市场优势地位，排斥或控制其他正当的经济活动，在一定的生产领域或流通领域内实质上限制竞争的经济行为。法律上的垄断概念，强调了垄断的违法性和社会危害性特征。

反垄断法，顾名思义就是反对垄断和保护竞争的法律制度。我国的反垄断法是指通过对垄断协议、滥用市场支配地位、经营着集中等垄断行为进行规制，进而预防和制止垄断行为，保护市场公平竞争，提高经济运行效率，维护消费者利益和社会公共利益，促进社会主义市场经济健康发展的法律规范体系。

反不正当竞争法与反垄断法同属于竞争法的范畴，但我国采取了分别立法的模式，先后颁布了《反不正当竞争法》和《反垄断法》，前者某些条款涉及了反垄断行为，后者才是反垄断法的基本法律。

反不正当竞争法是反对不正当竞争行为，反垄断法是反对限制竞争行为，二者互为补充。反不正当竞争法和反垄断法的最大不同之处是它们的立法目的。前者追求的价值理念是公平竞争；反垄断法则是从维护市场的竞争性出发，追求的价值理念是自由竞争。

我国反垄断法并没有对法律上的垄断进行界定，而是采取了列举的方式。我国反垄断法所禁止的垄断行为包括四种类型：经营者的垄断协议；经营者滥用市场支配地位；具有或者可能具有排除、限制竞争效果的经营者集中；滥用行政权力排除、限制竞争。

(二) 垄断协议

垄断协议，就是通常所说的卡特尔，是指各经营者之间通过合谋性协议、安排或者协同行动，相互约束各自的经济活动，违反公共利益，在一定的交易领域内排除、限制竞争的协议、决定或者其他协同行为。

反垄断法禁止具有竞争关系的经营者达成下列垄断协议：(1) 固定或者变更商品价格；(2) 限制商品的生产数量或者销售数量；(3) 分割销售市场或者原材料采购市场；(4) 限制购买新技术、新设备或者限制开发新技术、新产品；(5) 联合抵制交易。禁止的垄断协议还包括经营者与交易相对人达成的固定向第三人转售商品的价格、限定向第三人转售商品的最低价格的协议。

但是，经营者之间为改进技术、研究开发新产品，为实现节约能源、保护环境、救灾救助等社会公共利益，为保障对外贸易和对外经济合作中的正当利益等的目的，所达成的协议不构成反垄断法所禁止的协议。

（三）滥用市场支配地位

1. 市场支配地位及其认定

市场支配地位，是指经营者在相关市场内具有能够控制商品价格、数量或者其他交易条件，或者能够阻碍、影响其他经营者进入相关市场能力的市场地位。

认定一个企业具有市场支配地位，市场占有率是一个重要指标但不是唯一依据。我国反垄断法规定，认定经营者具有市场支配地位，应当依据的因素包括：该经营者在相关市场的市场份额，以及相关市场的竞争状况；该经营者控制销售市场或者原材料采购市场的能力；该经营者的财力和技术条件；其他经营者对该经营者在交易上的依赖程度；其他经营者进入相关市场的难易程度等。

上述认定情形中有一个重要的概念——相关市场。相关市场，是指经营者在一定时期内就特定商品或服务进行竞争的商品范围和地域范围。在反垄断执法实践中，通常需要界定相关商品市场和相关地域市场。在认定经营者的市场占有率或市场集中度时，要在其所属的相关产品市场、相关地理市场中进行判断。如，认定可口可乐公司的市场占有率，就应当看其在同类产品或具有替代性质的产品中的份额，即碳酸饮料市场中的份额。相关地理市场，是指地理范围对市场的影响，如果生产相同产品的企业其产品消费市场相互封闭，则不构成竞争关系，不属于相关市场。

2. 滥用市场支配地位的表现形式

《反垄断法》第 17 条规定，禁止具有市场支配地位的经营者从事下列滥用市场支配地位的行为：（1）以不公平的高价销售商品或者以不公平的低价购买商品；（2）没有正当理由，以低于成本的价格销售商品；（3）没有正当理由，拒绝与交易相对人进行交易；（4）没有正当理由，限定交易相对人只能与其进行交易或者只能与其指定的经营者进行交易；（5）没有正当理由搭售商品，或者在交易时附加其他不合理的交易条件；（6）没有正当理由，对条件相同的交易相对人在交易价格等交易条件上实行差别待遇。

（四）经营者集中

经营者集中，也称企业合并，包括经营者的直接合并、经营者通过取得股权或者资产的方式取得对其他经营者的控制权和经营者通过合同等方式取得对其他经营者的控制权或者能够对其他经营者施加决定性影响。

通过合并前履行申报程序来预防经营者过度集中，是各国反垄断法通行的做法。我国《反垄断法》也规定，经营者集中达到国务院规定的申报标准的，经营者应当事先向国务院反垄断执法机构申报，未申报的不得实施集中。

国务院反垄断执法机构是我国的商务部，由商务部对经营者提交的集中材料进行审查。审查经营者集中，应当考虑的因素包括：（1）参与集中的经营者在相关市场的市场份额及其对市场的控制力；（2）相关市场的市场集中度；（3）经营者集中对市场进入、技术进步的影响；（4）经营者集中对消费者和其他有关经营者的影响；（5）经营者集中对国民经济发展的影响；（6）国务院反垄断执法机构认为应当考虑的影响市场竞争的其他因素。

经营者集中具有或者可能具有排除、限制竞争效果的，国务院反垄断执法机构应当作出禁止经营者集中的决定。

（五）滥用行政权力排除、限制竞争

滥用行政权力排除、限制竞争，可以简称为行政垄断，是指政机关和公共组织滥用行政权力，限制市场竞争的行为。主要表现为限定买卖、地区封锁、信息封锁、设置技术标准和市场准入障碍等。如我国《反垄断法》规定，行政机关和法律、法规授权的具有管理公共事务职能的组织不得滥用行政权力，限定或者变相限定单位或者个人经营、购买、使用其指定的经营者提供的商品，就是对限定买卖的垄断行为的禁止。

此外，我国《反垄断法》还规定，行政机关和法律、法规授权的具有管理公共事务职能的组织不得滥用行政权力，采取不当措施妨碍商品在地区之间的自由流通；行政机关和法律、法规授权的具有管理公共事务职能的组织不得滥用行政权力，采取与本地经营者不平等待遇等方式，排斥或者限制外地经营者在本地投资或者设立分支机构。

四、消费者权益保护法

（一）消费者权益保护法的概念和适用范围

消费者是为满足生活消费需要而购买、使用商品或接受商品性服务的，由国家专门法律确认其主体地位和保护其消费权益的个体社会成员。为了维护全体公民消费权益，保护消费者的合法权益，维护社会经济秩序稳定，促进社会主义市场经济健康发展，我国颁布了《消费者权益保护法》，其是保护消费者权利的基本法律。

《消费者权益保护法》第 2 条界定了该法的调整范围，即消费者为生活消费需要购买、使用商品或者接受服务，其权益受本法保护。消费者保护法不仅适用于消费者购买或者使用的商品，而且适用于他们购买或者使用的服务。如在医疗服务领域，医院和患者之间的信息存在严重不对称的情况，患者的知情权、安全权等合法权益应当受到特殊的保护，适用消费者权益保护法。此外，《消费者权益保护法》第 54 条规定，消费者权益保护法可适用于农民购买的生产资料。

消费者权益保护法保护的是消费者在市场交易中的合法权益，而不包括应当有民法调整的平等当事人之间的财产关系和不被法律所保护的违法产品的买卖。

（二）消费者的权利

我国《消费者权益保护法》以专章规定了消费者的权利，体现了该法以保护消费者权利为宗旨。消费权益保护法确认了消费者在购买、使用商品和接受服务时应当享有的 9 项权利：安全权、知情权、自主选择权、公平交易权、获得赔偿权、依法结社权、知识获取权、维护尊严权、监督批评权。本处重点介绍安全权、知情权和获得赔偿权。

1. 安全权

《消费者权益保护法》第 7 条规定，消费者在购买、使用商品和接受服务时享有人身、财产安全不受损害的权利。消费者有权要求经营者提供的商品和服务，符合保障人

身、财产安全的要求。

与消费者的权利相对应，经营者有义务保证其提供的商品或者服务符合保障人身、财产安全的要求。对可能危及人身、财产安全的商品和服务，应当向消费者做出真实的说明和明确的警示，并说明和标明正确使用商品或者接受服务的方法以及防止危害发生的方法。当消费者的安全权受到侵害时，消费者有权寻求救济，有取得各种损害赔偿的权利。

2. 知情权

消费者享有知悉其购买、使用的商品或者接受的服务的真实情况的权利。消费者的知情权主要包括两个方面，一方面是商品或者服务真实的来源，如产地和生产者；另一方面是商品或者服务本身的真实信息，特别是它们的价格、用途、性能、规格、等级、主要成分、生产日期等。

3. 求偿权

在消费者权利部分，我国《消费者权益保护法》第11条仅规定，消费者因购买、使用商品或者接受服务受到人身、财产损害的，享有依法获得赔偿的权利。

但消费者的求偿权并不局限于其受到的人身、财产损害。经营者提供的商品与服务不符合购买时的质量、数量等要求的，消费者有权要求经营者承担修理、重作、更换、退货、补足商品数量、退还货款和服务费用或者赔偿损失的要求。

对于经营者侵害消费者的人格尊严、侵犯消费者人身自由或者侵害消费者个人信息依法得到保护的权利的，应当停止侵害、恢复名誉、消除影响、赔礼道歉，并赔偿损失。

对于经营者有侮辱诽谤、搜查身体、侵犯人身自由等侵害消费者或者其他受害人人身权益的行为，造成严重精神损害的，受害人可以要求精神损害赔偿。

对于经营者提供商品或者服务有欺诈行为的，消费者有权要求惩罚性赔偿。在经营者明知商品或者服务存在缺陷，仍然向消费者提供造成损害的，受害人也有权要求经营者做出惩罚性的赔偿。

《消费者权益保护法》第55条规定，经营者提供商品或者服务有欺诈行为的，应当按照消费者的要求增加赔偿其受到的损失，增加赔偿的金额为消费者购买商品的价款或者接受服务的费用的三倍；增加赔偿的金额不足五百元的，为五百元。法律另有规定的，依照其规定。

经营者明知商品或者服务存在缺陷，仍然向消费者提供，造成消费者或者其他受害人死亡或者健康严重损害的，受害人有权要求经营者依照本法第四十九条、第五十一条等法律规定赔偿损失，并有权要求所受损失二倍以下的惩罚性赔偿。

（三）消费者争议的解决

当消费者的权益受到侵害时，消费者有权采取相应的途径来维护自己的利益。根据《消费者权益保护法》的规定，消费者争议的解决共有五种途径：与经营者的协商和解、消费者协会的调解、行政申诉、仲裁和诉讼解决。

与经营者的协商和解在实践中是消费者首先使用的方式，如果双方无法达成争议解决的共识，消费者可以继续选择其他途径。

消费者协会是依法成立的对商品和服务进行社会监督的保护消费者合法权益的社会组

织。受理消费者的投诉，并对投诉事项进行调查、调解是消费者协会履行的公益性职责之一。

向行政部门的申诉主要是指向工商行政管理部门提出的申诉。各级人民政府工商行政管理部门和其他有关行政部门应当依照法律、法规的规定，在各自的职责范围内，采取措施，保护消费者的合法权益，受理消费者的申诉，对反映的问题及时调查处理。

除上述途径外，消费者还可以选择仲裁或者向法院提出诉讼。仲裁具有准司法性，程序简单且具有一定的保密性，但前提是消费者与经营者要达成仲裁协议。向人民法院起诉是权利救济的最后保障。消费者寻求救济时并不一定要采取上述所有措施，视情况而定。

本章练习

一、判断题

1. 经济法律关系的主体是指经济法律关系的参加者，包括企业和自然人，不包括国家。（　　）

2. 经济法律关系主体所享有的权利（力）和承担的义务和职责是经济法律关系的内容。（　　）

3. 我国对公司法人的成立采取备案的制度，只需要提交相关材料就可以成立。（　　）

4. 公司的股东大会由全体股东组成，是公司的最高管理机构。（　　）

5. 在我国反垄断就是反不正当竞争，反不正当竞争就是反垄断。（　　）

6. 经营者之间为改进技术的目的，所达成的协议一般不构成反垄断法所禁止的协议。（　　）

7. 经营者集中必须明确认定具有排除、限制竞争效果的，国务院反垄断执法机构才能作出禁止经营者集中的决定。（　　）

8. 消费者只有为生活消费需要购买、使用商品或者接受服务的，其权益才受《消费者权益保护法》保护。（　　）

9. 法律、法规授权的具有管理公共事务职能的组织不得滥用行政权力，采取不当措施妨碍商品在地区之间的自由流通。（　　）

10. 我国对于商业银行的设立采取许可主义的立法原则，设立商业银行，应当经国务院银行业监督管理机构审查批准。（　　）

二、单项选择题

1. 国家对市场进行规制的根源是(　　)。

A. 政府失灵　　B. 垄断　　C. 不正当竞争　　D. 市场失灵

2. 下列关于中国人民银行执行货币政策的表述哪个是正确的？(　　)

A. 中国人民银行在全国人民代表大会领导下独立执行货币政策

B. 中国人民银行在全国人民代表大会领导下与国家财政部共同执行货币政策

C. 中国人民银行在国务院领导下独立执行货币政策

D. 中国人民银行在国务院领导下与国家财政部共同执行货币政策

3. 居民企业在中国缴纳企业所得税的税率是(　　)。

A. 25%　　B. 35%　　C. 20%　　D. 30%

4. 不正当有奖销售行为不包括(   )。
   A. 欺骗性有奖销售
   B. 利用有奖销售推销质次价高商品
   C. 奖金额超过 5000 元的抽奖式有奖销售
   D. 不设置一等奖的有奖销售
5. 下列有关中国人民银行的表述错误的是(   )。
   A. 中国人民银行是中华人民共和国的中央银行
   B. 它是国家发行银行、国家银行、储备银行、银行的银行
   C. 中国人民银行是特殊的商业银行
   D. 中国人民银行有权监督管理黄金市场

三、多项选择题

1. 经济法的调整对象包括(   )。
   A. 企业组织管理关系　　B. 市场管理关系
   C. 宏观调控关系　　D. 民事合同关系
2. 国有企业如果要依据公司法设立的话，他的组织形式只能是(   )。
   A. 有限责任公司　　B. 股份有限责任公司
   C. 合伙企业　　D. 合作模式
3. 消费者的权利包括(   )。
   A. 知情权　　B. 安全权　　C. 批评监督权　　D. 结社权
4. 实行政府指导价或政府定价的范围包括(   )。
   A. 与国民经济发展和人民生活关系重大的极少数商品价格
   B. 奢侈品
   C. 自然垄断经营的商品价格
   D. 重要的公用事业价格和重要的公益性服务价格
5. 下列各项个人所得，应纳个人所得税的是(   )。
   A. 工资、薪金所得　　B. 个体工商户的生产、经营所得
   C. 抚恤金　　D. 军人转业费

四、问答题

1. 简述商业秘密及其特点。
2. 简答商业贿赂的构成要件。
3. 简述我国价格法关于价格形式的界定。

五、案例分析题

《消费者权益保护法》不仅保护了消费者的正常权益，还对经营者有欺诈等行为规定了惩罚性的赔偿，使得消费者在一定情况下，可以从经营者那里取得商品本身价值意外的金钱赔偿。有些商家甚至承诺假一罚十，在消费者购买到假货的情况下，法律也支持消费者主张假一罚十。在这种情况下，山东青年王海明知商品是假货而进行购买，后依据《消费者权益保护法》索取加倍赔偿。有人认为王海打假是为了索赔赚钱，而不是为了生活需要购买或使用商品。

根据案例和《消费者权益保护法》回答以下问题：

1. 《消费者权益保护法》适用的条件或要求包括(　　)。
   A. 被保护者是消费者
   B. 保护的是消费者的合法权益，非法活动获取的利益不受保护
   C. 也适用于消费者接受服务的情形
   D. 到医院接受治疗的事项不受消费者权益保护法调整
2. 消费者可以向经营者主张加倍赔偿的情形是(　　)。
   A. 经营者提供服务有欺诈行为
   B. 经营者对卖出商品有欺诈行为
   C. 经营者明知商品或者服务存在缺陷，仍然向消费者提供，造成了损害
   D. 经营者不知道商品或者服务存在缺陷，卖出后给消费者造成损害
3. 下列说法正确的是(　　)。
   A. 经营者承诺的假一罚十无法无据，是无效的
   B. 经营者在柜台上贴出“本产品一经售出概不负责”无效
   C. 经营者卖出的产品质量有缺陷，经营者不得以属于生产商的责任拒绝消费者的赔偿要求
   D. 当消费者明知购买的是冒用他人商标的商品，因此受到人身伤害的，无权要求经营者赔偿

4. 当经营者提供商品或者服务有欺诈行为的，消费者可以主张的增加赔偿的金额是消费者购买商品的价款或者接受服务的费用的(　　)。

A. 2 倍　　B. 3 倍　　C. 4 倍　　D. 5 倍

第九章

刑事诉讼法

学习目标

全面系统地理解刑事诉讼法学的基本概念、基本理论，了解各项刑事诉讼诉讼程序所包含的基本内容，能够运用本学科理论知识和刑事诉讼法规定对真实案件进行法律分析，能对刑事诉讼的一般问题能作出正确处理，并在此基础上确立法律意识和法律观念、正确应对实际生活中发生的刑事纠纷。

案例引导

1995 年 4 月 26 日傍晚，某村荷花池畔的偏僻处，发生一起杀人案。被害女青年范某，因流血过多休克，乡派出所立即将她送到县人民医院抢救。经抢救，被害人虽脱离生命危险，但仍神志不清。县公安局立即组织力量侦查，很快查明犯罪嫌疑人是与范某同一纺织厂的张某。

张某作案后回到家中神情异常，被其父母察觉。经询问，张据实以告。原来范某与其曾是恋人，但事发前范某意欲与其断绝恋爱关系，致使张某心生不满，故而行凶报复。其父母当即带张某向村委会领导作了交代。

张某的父母与村委会领导商谈，请求村委会出面处理这一问题，并表示愿意向范某及其亲属赔礼道歉，负担其全部经济损失。村委会领导于 4 月 27 日找到范某的父母研究解决办法。村委会领导提出："张某平时表现较好，这次的错误虽很严重，但经过我们教育，已经有了认识。他的家长已表示除全部负担范某的医疗费用外，还愿意拿出 3000 元作为范某的营养补助费，把这个事情作一个妥善的解决。"

范某的父母答复说："范某背部被刺两刀，刺穿肺部，引起胸腔内大出血，造成血气胸，差点死亡，好在医院抢救及时，才脱离了危险，但目前仍处于昏迷之中，我们要求使罪犯受到法律的制裁。"

村委会领导接着说："我们认为这是青年男女间因婚姻恋爱关系问题赌气、争吵造成的，不是故意犯罪，应当以教育为主来处理这个问题。如果你们觉得营养费给得太少，还可以商量再增加一些。范某出院后休养期间的全部误工工资，可由张某家里如数付给。这样处理，可以弥补她的一部分损失，这对村里和对双方都有好处。还希望你们多给范某做点工作。”

经过反复磋商，在村委会领导主持下，张某的父母与范某父母达成了“私了”协议。

当县公安局侦查员于4月30日下午前往逮捕张某时，该村领导将上述协议交给侦查员，说这一案件已经妥善解决，张某除已经赔偿了范某全部医疗费用外，另付给范某营养费四千元，并负担范某出院后在家休养期间的误工工资，要求不要逮捕张某和追究其刑事责任。

【分析】《刑事诉讼法》第3条规定：“对刑事案件的侦查、拘留、执行逮捕、预审，由公安机关负责。检察、批准逮捕、检察机关直接受理的案件的侦查、提起公诉，由人民检察院负责。审判由人民法院负责。除法律特别规定的以外，其他任何机关、团体和个人都无权行使这些权力。”张某的行为已经构成犯罪，依法只能由司法机关处理。在村委会领导主持下，张某的父母与范某父母采取协商的办法“私了”，是不符合法律规定的，所做出的“协议”不具有法律效力。

第一节　刑事诉讼法概述

一、刑事诉讼和刑事诉讼法

（一）刑事诉讼的概念和特点

诉讼是指国家司法机关在当事人及其他诉讼参与人的参加下，按照法定程序解决争议的活动，是人类社会制止和解决社会冲突的主要手段。根据诉讼所要解决的实体问题的不同和诉讼形式的差异，诉讼可以分为刑事诉讼、民事诉讼和行政诉讼。

在我国，刑事诉讼是指人民法院、人民检察院和公安机关（含国家安全机关等其他侦查机关）在当事人及其他诉讼参与人的参加下，依照法律规定的程序，解决被追诉人刑事责任问题的活动。刑事诉讼和民事诉讼、行政诉讼相比具有如下特点：

（1）刑事诉讼必须由法定的专门机关主持进行，其他国家机关无权进行。

（2）刑事诉讼活动必须是在当事人和其他诉讼参与人的参加下进行。

（3）刑事诉讼活动必须依法进行。

（4）刑事诉讼活动的内容是解决被告人的刑事责任问题。

（二）刑事诉讼法的概念和渊源

刑事诉讼法是指国家制定或认可的调整刑事诉讼活动的法律规范的总称。狭义的刑事诉讼法单指刑事诉讼法典，广义的刑事诉讼法指一切调整刑事诉讼活动的法律规范。

我国刑事诉讼法的渊源有以下几种：（1）宪法；（2）刑事诉讼法典；（3）有关的法律。指全国人大及其常委会制定的法律中有关刑事诉讼的规定；（4）有关的法律解释；（5）有关行政法规、规定；（6）有关的国际条约。

二、刑事诉讼法的任务和基本原则

（一）刑事诉讼法的任务

《刑事诉讼法》第2条规定："中华人民共和国刑事诉讼法的任务，是保证准确、及时地查明犯罪事实，正确应用法律，惩罚犯罪分子，保障无罪的人不受刑事追究，教育公民自觉遵守法律，积极同犯罪行为作斗争，维护社会主义法制，尊重和保障人权，保护公民的人身权利、财产权利、民主权利和其他权利，保障社会主义建设事业的顺利进行。"根据这一规定，我国刑事诉讼法的任务包含以下几方面：

（1）保证准确、及时地查明犯罪事实，正确应用法律，惩罚犯罪分子，保障无罪的人不受刑事追究。这是刑事诉讼法的直接任务和首要任务。离开与犯罪作斗争这一主题，刑事诉讼就没有必要进行，刑事诉讼法也不必制定。但在惩罚犯罪的同时，还必须注意保障无罪的人不受刑事追究，即保护无辜。

（2）教育公民自觉遵守法律，积极同犯罪行为作斗争。这是刑事诉讼法的重要任务。实现这一方面的任务，对于预防犯罪，减少犯罪，配合对社会治安进行综合治理，具有重要的意义。

（3）维护社会主义法制，尊重和保障人权，保护公民的人身权利、财产权利、民主权利和其他权利，保障社会主义建设事业的顺利进行。这是刑事诉讼法的根本任务。

（二）刑事诉讼的基本原则

1. 刑事诉讼基本原则的概念和特点

刑事诉讼基本原则是由刑事诉讼法规定的，贯穿于刑事诉讼的全过程或主要诉讼阶段，公、检、法机关和诉讼参与人进行刑事诉讼活动所必须遵循的基本准则。

刑事诉讼的基本原则具有以下特点：

（1）刑事诉讼基本原则体现刑事诉讼活动的基本规律。

（2）刑事诉讼基本原则是由刑事诉讼法明确规定的法律原则。我国刑事诉讼法规定的基本原则可分为两大类，一类是刑事诉讼和其他性质的诉讼必须共同遵守的原则，如：以事实为根据，以法律为准绳原则等，我们称为一般原则。另一类是刑事诉讼所独有的基本原则，如：侦查权、检察权、审判权由专门机关依法行使原则等，即刑事诉讼的特有原则。

（3）刑事诉讼基本原则一般贯穿于刑事诉讼全过程，具有普遍指导意义。一些具体的制度或原则，由于只适用于刑事诉讼的某一阶段或仅适用于某一专门机关或诉讼参与人，解决具体的诉讼问题，因此不是刑事诉讼的基本原则，如：两审终审原则，上诉不加刑原则等。

（4）刑事诉讼基本原则具有法律约束力。

2. 我国刑事诉讼的基本原则

根据我国刑事诉讼法第一编第一章的规定，刑事诉讼的基本原则主要有以下几项：

（1）侦查权、检察权、审判权由专门机关依法行使。《刑事诉讼法》第3条规定：

“对刑事案件的侦查、拘留、执行逮捕、预审，由公安机关负责。检察、批准逮捕、检察机关直接受理的案件的侦查、提起公诉，由人民检察院负责。审判由人民法院负责。除法律特别规定的以外，其他任何机关、团体和个人都无权行使这些权力。”这项原则包含以下几个层次的含义：①侦查权、检察权、审判权具有专属性，只能由公安机关、人民检察院和人民法院等国家专门机关行使；②公安机关、人民检察院和人民法院分别行使侦查权、检察权和审判权，不能相互替代和混淆；③法律特别规定只针对侦查权，即除了公安机关以外，安全机关、军队保卫部门和监狱等在法律规定的范围内享有侦查权；④行使侦查权、检察权、审判权等进行刑事诉讼，必须严格遵守刑事诉讼法、刑法等相关法律的规定。

（2）人民法院、人民检察院依法独立行使职权。《刑事诉讼法》第5条规定：“人民法院依照法律规定独立行使审判权，人民检察院依照法律规定独立行使检察权，不受行政机关、社会团体和个人的干涉。”这一原则主要包括以下两层含义：①人民法院独立行使审判权，人民检察院独立行使检察权，不应受行政机关、社会团体和个人的干涉。②人民法院、人民检察院独立行使职权，都必须严格遵守宪法和法律的各项规定。实行这一原则的目的是使司法机关能够排除外来的干涉，公正地行使审判权和检察权。

在理解这一原则时还应当注意，根据我国宪法和法律的规定，在法院体系中，最高人民法院监督地方各级人民法院和专门人民法院的审判工作，上级人民法院监督下级人民法院的审判工作，就是说，法院在审判工作中，上下级是监督和被监督的关系；在检察院体系中，最高人民检察院领导地方各级人民检察院和专门人民检察院的工作，上级人民检察院领导下级人民检察院的工作，就是说，在行使检察权中，检察系统内部的上下级之间是领导和被领导的关系。由此可以看出，法院独立行使审判权在法院系统独立的前提下，主要体现于审级独立，检察院是以系统独立的方式依法独立行使职权。

司考真题

某大学教授在讲授刑事诉讼法课时，让学生回答如何理解“人民法院依法独立行使审判权”原则，下列四个同学的回答中，正确的理解是：

A. 甲同学认为是指法官个人独立审判案件，不受任何他人影响

B. 乙同学认为是指合议庭独立审判案件，不受任何组织或个人的影响

C. 丙同学认为是指法院独立审判案件，不受行政机关、社会团体和个人的干涉

D. 丁同学认为是指法院依法独立审判案件，上级法院不能对下级法院正在审理的具体案件如何处理发布指示或命令

【分析】在我国，独立行使审判权、检察权的主体是人民法院、人民检察院，这种独立是一种集体独立，而不是某个审判员或检察员个人独立行使审判权或检察权，也不是法院或者检察院的某个部门的独立行使。

（3）依靠群众。《刑事诉讼法》第6条规定：“人民法院、人民检察院和公安机关进行刑事诉讼，必须依靠群众……”依靠群众原则是党的群众路线在刑事诉讼法中的体现，

是优良的司法传统，是我国刑事诉讼的特点之一。贯彻依靠群众原则，必须正确处理好专门机关与依靠群众的关系，另一方面还必须注重依靠群众与专门机关相结合。

（4）以事实为依据，以法律为准绳。《刑事诉讼法》第6条规定："人民法院、人民检察院和公安机关进行刑事诉讼，……必须以事实为根据，以法律为准绳。……"以事实为根据，就是司法机关在进行刑事诉讼，认定被告人的行为性质是否属于犯罪及确定刑事责任时，应当以客观存在的案件事实作为处理问题的根本依据。以法律为准绳，就是指司法机关应该在查明案件事实的基础上，以法律为尺度来衡量案件的具体事实和情节，按照法律的规定对案件作出正确处理。同时，以法律为准绳，还指司法机关及其工作人员要严格按照《刑事诉讼法》规定的原则、制度和程序办案。

以事实为依据、以法律为准绳是紧密联系、相辅相成的。只有两者相结合，才能既准确惩罚犯罪，又有效保障人权，全面实现刑事诉讼的任务。

（5）对一切公民在适用法律上一律平等。《刑事诉讼法》第6条规定："……对于一切公民，在适用法律上一律平等，在法律面前，不允许有任何特权。"这一原则的基本含义是：司法机关在办理刑事案件时，不受民族、种族、性别、职业、社会出身、宗教信仰、教育程度、财产状况、居住期限等因素的影响，对一切公民的合法权益都应该依法给予保护，对一切公民的违法犯罪行为，都应该依法予以追究，在法律面前，不允许有任何特权。

（6）分工负责，互相配合，互相制约。《刑事诉讼法》第7条规定："人民法院、人民检察院和公安机关进行刑事诉讼，应当分工负责，互相配合，互相制约，以保证准确有效地执行法律。"这一原则主要包括以下含义：①分工负责要求各专门机关在刑事诉讼中，应当在法定范围内行使职权，既不能互相替代，也不能互相推诿。②互相配合要求公检法机关在分工负责的基础上相互支持与协作，共同完成惩罚犯罪，保障无罪的人不受刑事追究的任务。③互相制约要求公检法机关在刑事诉讼中应当各把关口，互相约束，防止发生错误和及时纠正错误，正确执行法律。④分工负责，互相配合，互相制约是相互联系、缺一不可的。分工负责是前提，配合与制约是正确执行法律的保障。

（7）人民检察院依法对刑事诉讼实行法律监督。《刑事诉讼法》第8条规定："人民检察院依法对刑事诉讼实行法律监督。"这一原则主要从以下两个方面理解：①人民检察院对刑事诉讼的法律监督主要体现在立案、侦查、审判和执行等各个程序中，要结合具体程序加以掌握。②本原则与"互相制约"的区别是，检察院的法律监督是单向的，而互相制约则是双向或者多向的。

（8）各民族公民有权使用本民族语言文字进行诉讼。《刑事诉讼法》第9条规定："各民族公民都有用本民族语言文字进行诉讼的权利。人民法院、人民检察院和公安机关对于不通晓当地通用的语言文字的诉讼参与人，应当为他们翻译。在少数民族聚居或者多民族杂居的地区，应当用当地通用的语言进行审讯，用当地通用的文字发布判决书、布告和其他文件。"这一原则可以从以下几个方面来理解：①各民族公民，无论当事人，还是辩护人、证人、鉴定人，都有权使用本民族的语言进行陈述、辩论，有权使用本民族文字书写有关诉讼文书。②公、检、法机关在少数民族聚居或多民族杂居的地区，要用当地通用的语言进行侦查、起诉和审判，用当地通用的文字发布判决书、公告、布告和其他文件。③如果诉讼参与人不通晓当地的语言文字，公、检、法机关有义务为其指派或聘请翻译人员进行翻译。

（9）犯罪嫌疑人、被告人有权获得辩护。《刑事诉讼法》第11条规定："被告人有权获得辩护，人民法院有义务保证被告人获得辩护。"犯罪嫌疑人和被告人是对因涉嫌犯罪而受到刑事追诉的人在不同诉讼阶段的称谓。在检察机关向法院提起公诉前被称为犯罪嫌疑人，犯罪嫌疑人也应有权获得辩护，因此该原则我们应称之为"犯罪嫌疑人、被告人有权获得辩护"原则。我国法律赋予犯罪嫌疑人、被告人辩护权，并在制度上和程序上予以保障。在任何情况下，对任何犯罪嫌疑人、被告人，不得以任何理由限制或剥夺其辩护的权利。犯罪嫌疑人、辩护人行使辩护权的方式是多样的，在各个诉讼阶段都可以自行辩护，也可以委托辩护人为其进行辩护。

（10）未经人民法院依法判决，不得确定有罪。《刑事诉讼法》第12条规定："未经人民法院依法判决，对任何人都不得确定有罪。"该原则的基本含义为：①在刑事诉讼中，确定被告人有罪的权力由人民法院统一行使，其他任何机关、团体和个人都无权行使。②人民法院确定任何人有罪，必须依法进行。该原则在刑事诉讼法中主要体现在以下几个方面：①废除了人民检察院原来曾长期拥有的以免予起诉为名义的定罪权，使定罪权由人民法院专门行使；②受到刑事追诉的人在侦查和审查起诉阶段，一律称为"犯罪嫌疑人"，而从检察机关提起公诉之后，则称为"被告人"；③明确由控诉方承担举证责任，公诉人在法庭调查中有义务提出证据，对被告人有罪承担证明责任。④确立了疑罪从无的原则。检察机关对于补充侦查的案件，认为证据不足，不符合起诉条件的，有权作出不起诉的决定；合议庭经过开庭审理，认为案件事实不清、证据不足，不能认定被告人有罪的，应当作出证据不足、指控的犯罪不能成立的无罪判决。

案例引入

1994年1月20日，张在玉因和丈夫佘祥林吵架而失踪。1994年4月11日，湖北省京山县雁门口镇吕冲村一水塘发现一具女尸，由于尸体高度腐烂，加上当时技侦手段相对落后，死者的具体身份一时无法查明，警方通知张在玉娘家人前来辨认尸体。由于该具女尸的身材、发型、年龄以及个头大小与失踪的张在玉几乎一样，张在玉家属辨认后确定为张在玉，因此警方基本认定该具女尸便是失踪3个月的张在玉。佘祥林有重大作案嫌疑，警方立即对其展开调查。1994年4月佘祥林被京山检察院批准逮捕。1994年10月25日，原荆州地区中级人民法院以"故意杀人罪"一审判处他死刑，之后佘祥林提出上诉。1995年1月6日湖北省高院以事实不清、证据不足，将案件发回荆沙市中院重审。后因行政区划变更，佘祥林一案移送京山县公安局，经京山县人民法院和荆门市中级人民法院审理。1998年6月15日，佘祥林被判处有期徒刑15年，附加剥夺政治权利5年。佘祥林不服，提起上诉，1998年9月22日，荆门中院下发刑事裁定书裁定：驳回上诉，维持原判。佘祥林随即被送监服刑。2005年3月28日，张在玉从山东回到京山县家乡，此案随即曝光。

【分析】 本案违反未经人民法院依法判决，对任何人不得确定有罪的原则，实行了有罪推定。本案在审判阶段，数次被法院以“主要事实不清、证据不足”为由发回重审。对于事实不清、证据不足、不能认定被告人有罪的案件，人民法院应当做出证据不足、指控犯罪不能成立的无罪判决。但在本案中最终判决佘祥林犯故意杀人罪，实行了有罪推定，直接违反了上述原则。

（11）保障诉讼参与人的诉讼权利。《刑事诉讼法》第 14 条规定：“人民法院、人民检察院和公安机关应当保障犯罪嫌疑人、被告人和其他诉讼参与人依法享有的辩护权和其他诉讼权利。诉讼参与人对于审判人员、检察人员和侦查人员侵犯公民诉讼权利和人身侮辱的行为，有权提出控告。”此项原则的含义是：①诉讼权利是诉讼参与人所享有的法定权利，法律予以保护，公安司法机关不得以任何方式加以剥夺。②诉讼参与人的诉讼权利受到侵害的时候，有权使用法律手段维护自己的诉讼权利。

（12）依照法定情形不予追究刑事责任。根据《刑事诉讼法》第 15 条的规定，有下列情形之一的，不追究刑事责任，已经追究的，应当撤销案件，或者不起诉，或者终止审理，或者宣告无罪：①情节显著轻微，危害不大，不认为是犯罪。比如盗窃自己家里的财物或亲属的财物而且数额又不太大的，不认为是犯罪；②犯罪已经过了追诉时效期限的；③经特赦令免除刑罚的；④犯罪嫌疑人、被告人死亡的；⑤依照刑法告诉才处理的犯罪，没有告诉或撤回告诉的；⑥其他法律规定免予追究刑事责任的。根据刑事诉讼法的规定，刑事案件只要具备上述情况之一的，司法机关应当分别情况，采取适当的不追诉措施，予以处理。

司考真题

检察院以涉嫌诈骗罪对某甲提起公诉。经法庭审理，法院认定，某甲的行为属于刑法规定的“将代为保管的他人财物非法占为已有并拒不退还”的侵占行为。对于本案，检察院拒不撤回起诉时，法院的哪种处理方法是正确的？（　　）

A. 裁定驳回起诉

B. 裁定终止审理

C. 作出无罪判决

D. 以侵占罪作出有罪判决

【分析】 本题考查在审判阶段对不追究刑事责任的情形的处理方式。侵占行为属于告诉才处理的犯罪，而此时被害人没有告诉，并已经由检察机关提起公诉，案件处于审判阶段，因此法院应裁定终止审理。因此正确答案为 B。

（13）追究外国人刑事责任适用我国《刑事诉讼法》。《刑事诉讼法》第 16 条规定：“对于外国人犯罪应当追究刑事责任的，适用本法的规定。对于享有外交特权和豁免权的外国人犯罪应当追究刑事责任的，通过外交途径解决。”这一原则明确了我国刑事诉讼法对外国人的效力，体现了刑事诉讼中的国家主权原则。

三、刑事诉讼中的基本制度

（一）刑事诉讼中的基本制度的概念

刑事诉讼中的基本制度是指有关的国家机关在处理刑事案件的某一重要阶段或某几个阶段应当遵循的基本操作规则。我国刑事诉讼中的基本制度主要包括：回避制度、公开审判制度、两审终审制度。

（二）回避制度

1. 回避的概念

刑事诉讼中的回避，是指侦查、检察、审判等人员与案件或案件当事人具有某种利害关系或其他特殊关系，可能影响案件的公正处理，从而不得参加办理该案的一项诉讼制度。

2. 回避的适用人员

根据刑事诉讼法规定，适用回避的人员范围包括：审判人员、检察人员、侦查人员以及参与侦查、起诉、审判活动的书记员、鉴定人和翻译人员。人民陪审员、司法警察、勘验人员、执行员和法院中占行政编制的工作人员也属于适用回避的人员范围。

3. 回避的理由与种类

（1）回避的理由

根据《刑事诉讼法》第 28 条和第 29 条的规定，符合以下情形的应当回避：①是本案的当事人或者是当事人的近亲属的。②本人或者他的近亲属和本案有利害关系的。③担任过本案的证人、鉴定人、辩护人、诉讼代理人的。④与本案当事人有其他关系，可能影响公正处理案件的。⑤审判人员、检察人员、侦查人员违反规定接受当事人及其委托的人的请客送礼，以及违反规定会见当事人及其委托的人的，当事人及其法定代理人有权要求他们回避，但申请人应当提供证明材料。

（2）回避的种类

根据实施方式的不同，我们把回避分成自行回避、申请回避和指令回避。

自行回避，是指审判人员、检察人员、侦查人员等在诉讼过程中遇有法定回避情形时，主动要求退出刑事诉讼活动。

申请回避，是指案件当事人及其法定代理人认为审判人员、检察人员、侦查人员等具有法定回避情形，而向他们所在的机关提出申请，要求他们回避。

指令回避，是指在应当回避理由的法定人员没有自行回避或被申请回避，司法机关的有关组织或负责人发现后，有权作出决定，指令相关人员回避。

（三）公开审判制度

《刑事诉讼法》第 11 条规定，人民法院审判案件，除本法另有规定的以外，一律公开进行。审判公开是指人民法院审理案件和宣告判决都必须公开进行，既要允许公民到法庭旁听，又要允许记者采访和报道。但是审判公开有其例外情况。

根据《刑事诉讼法》第183条规定，下列案件不公开审理：①有关国家秘密的案件；②个人隐私的案件；③涉及商业秘密的案件，当事人申请不公开审理的，可以不公开审理。另外，《刑事诉讼法》第274条规定，审判时被告人不满18周岁的案件，不公开审理。该规定是为了防止公开审判可能对未成年人的精神造成创伤，影响其健康成长，同时兼顾其合法权益的维护和保障。

（四）两审终审制度

《刑事诉讼法》第10条规定："人民法院审判案件，实行两审终审制。"所谓"两审终审制"，是指一个刑事案件最多经过两级法院的审判即告终结的制度。针对地方各级人民法院作出的第一审判决和裁定，《刑事诉讼法》规定，在法定的期限内，可以提出上诉或抗诉，由上一级人民法院进行第二审，第二审的判决和裁定是终审的判决裁定，立即发生法律效力。但并非所有的案件都必然经过第二审，如果对第一审判决、裁定在法定期限内没有提出上诉或抗诉．判决也会发生法律效力。两审终审制只适用于地方各级人民法院，最高人民法院一审终审。另外，判处死刑的案件，必须经过死刑复核程序，其判决、裁定才能生效。

第二节　刑事诉讼管辖

刑事案件的管辖是指人民法院、人民检察院、公安机关对直接受理刑事案件职权范围的分工，以及人民法院组织系统内部对受理第一审刑事案件的权限分工。正确地确定管辖问题，对于司法机关在刑事诉讼中科学地进行分工负责，充分发挥各自的职能作用，顺利地完成刑事诉讼任务具有重要意义。我国刑事诉讼的管辖包括职能管辖和审判管辖。审判管辖又包括：级别管辖、地域管辖、指定管辖和专门管辖。

一、职能管辖

职能管辖又叫立案管辖，是指公安机关、人民检察院和人民法院在直接受理刑事案件职权范围上的分工。我国刑事诉讼法对职能管辖的规定如下：

（一）公安机关的受案范围

公安机关直接受理除法律另有规定以外的所有刑事案件。所谓"法律另有规定的"，是指法律规定人民检察院、国家安全机关、军队保卫部门、监狱机关立案管辖的刑事案件，以及人民法院直接受理的自诉案件。

（二）人民检察院的受案范围

人民检察院直接受理的刑事案件包括：①贪污贿赂犯罪案件；②国家工作人员渎职犯罪案件；③国家机关工作人员利用职权实施的侵犯公民人身权利的犯罪案件：主要指国家机关工作人员利用职权实施的非法拘禁案、刑讯逼供案、报复陷害案、非法搜查案以及破坏选举案、非法剥夺宗教信仰自由案、侵犯少数民族风俗习惯案、侵犯公民通信自由案等；④国家机关工作人员利用职权实施的其他重大犯罪案件，需要由人民检察院直接受理，并经省级以上人民检察院决定，由人民检察院立案侦查。

（三）人民法院直接受理案件的范围

（1）自诉案件。自诉案件是指由被害人及其法定代理人直接向人民法院起诉的刑事案件，它包括：告诉才处理的案件，如侮辱诽谤案、暴力干涉婚姻自由案、虐待案、侵占他人财物案。

（2）被害人有证据证明的轻微的刑事案件。包括：①故意伤害案；②遗弃案；③重婚案；④妨害通信自由案；⑤非法侵入他人住宅案；⑥生产、销售伪劣商品案（严重危害社会秩序和国家利益的除外）；⑦侵犯知识产权案（严重危害社会秩序和国家利益的除外）；⑧属于刑法分则第4章、第5章规定的，对被告人可以判处3年有期徒刑以下刑罚的其他轻微刑事案件。

（3）被害人有证据证明对被告人侵犯自己人身、财产权利的行为应当依法追究刑事责任，而公安机关或者人民检察院不予追究被告人刑事责任的案件。

二、审判管辖

（一）审判管辖的含义

审判管辖是指人民法院组织系统内部在审判第一审刑事案件的分工和权限。它分为级别管辖、地域管辖、指定管辖和专门管辖。

（二）级别管辖

1. 级别管辖的概念

级别管辖，是指各级人民法院审判第一审刑事案件的权限划分。它是不同级别法院之间在审判第一审刑事案件上的权限分工，即上、下法院之间包括最高人民法院和地方各级法院之间在审判第一审刑事案件上的权限分工。

2. 级别管辖的划分

（1）基层人民法院管辖：第一审普通刑事案件，但是依照刑事诉讼法由上级人民法院管辖的除外。

（2）中级人民法院管辖：①危害国家安全、恐怖活动案件；②可能判处无期徒刑、死刑的普通刑事案件；③外国人犯罪的刑事案件。

（3）高级人民法院管辖的第一审刑事案件，是全省（自治区、直辖市）性的重大刑事案件。

（4）最高人民法院管辖的第一审刑事案件，是全国性的重大刑事案件。

此外，上级人民法院在必要的时候，可以审判下级人民法院管辖的第一审刑事案件；下级人民法院认为案情重大、复杂，需要由上级人民法院审判的第一审刑事案件，可以请求移送上一级人民法院审判。

(三) 地域管辖

1. 地域管辖的概念

地域管辖，是指同级人民法院之间审判第一审刑事案件的权限划分。

2. 地域管辖的确定

(1) 刑事案件由犯罪地的人民法院管辖，如果由被告人居住地的人民法院审判更为适宜的，可以由被告人居住地的人民法院管辖。

(2) 几个同级人民法院都有管辖权的案件，由最初受理的人民法院审判。在必要的时候可以移送主要犯罪地的人民法院审判。

犯罪地的定义指犯罪的预备地、犯罪行为的实施地、犯罪结果发生地、销赃地，这四个地都属于犯罪地的范围。

(四) 指定管辖

指定管辖是指上级人民法院依照法律规定，指定下级人民法院对某一案件行使管辖权。即上级人民法院可以指定下级人民法院审判管辖不明的案件，也可以指定下级人民法院将案件移送其他人民法院审判。

(五) 专门管辖

专门管辖是指专门人民法院之间，以及专门人民法院与普通人民法院之间受理第一审刑事案件权限范围上的分工。我国的专门管辖主要包括军事法院管辖、铁路运输法院管辖。

经典例题

刑事诉讼管辖，是指公安机关、检察机关和审判机关等在审理(　　)刑事案件上的权限划分。

A. 第一审

B. 第二审

C. 审判监督

D. 死刑复核

【答案】 A

第三节　辩护与代理

一、辩护

(一) 辩护人

1. 辩护人的概念和人数

辩护人，是指受犯罪嫌疑人、被告人的委托或人民法院的指定，帮助犯罪嫌疑人、被告人行使辩护权，以维护其合法权益的人。辩护权是我国法律赋予犯罪嫌疑人、被告人的一项重要的诉讼权利，其内容是针对控诉进行辩解和反驳，维护犯罪嫌疑人、被告人的合法权益。

根据《刑事诉讼法》第 32 条的规定，犯罪嫌疑人、被告人除自己行使辩护权以外，还可以委托一至二人作为辩护人。也就是说，犯罪嫌疑人、被告人至多可以委托 2 个辩护人。但鉴于犯罪嫌疑人、被告人之间存在着利害关系，在共同犯罪案件中，一名辩护人不得同时接受两名以上的同案犯罪嫌疑人、被告人的委托，作为他们的共同辩护人。

2. 辩护人的范围

（1）可以担任辩护人的范围。根据《刑事诉讼法》第 32 条的规定，下列的人可以被委托为辩护人：①律师；②人民团体或者犯罪嫌疑人、被告人所在单位推荐的人；③犯罪嫌疑人、被告人的监护人、亲友。

（2）不能担任辩护人的范围。①被宣告缓刑和刑罚尚未执行完毕的人；②依法被剥夺、限制人身自由的人；③无行为能力或者限制行为能力的人；④人民法院、人民检察院、公安机关、国家安全机关、监狱的现职人员；⑤本院的人民陪审员；⑥与本案审理结果有利害关系的人；⑦外国人或者无国籍人。

但上述不得担任辩护人范围中的第四到第七项规定的人员，如果是被告人的近亲属或者监护人，由被告人委托担任辩护人的，人民法院可以准许。

另外根据《律师法》规定，公务员不得兼任执业律师。律师担任各级人民代表大会常务委员会组成人员的，任职期间不得从事诉讼代理或者辩护业务。曾经担任法官、检察官的律师，从人民法院、人民检察院离任后两年内，不得担任诉讼代理人或者辩护人。

3. 辩护人的权利、义务

（1）辩护人的权利主要有：

① 接受委托担任辩护人的权利；

② 查阅、摘抄、复制案件材料权和会见通信权。

《刑事诉讼法》第 38 条规定："辩护律师自人民检察院对案件审查起诉之日起，可以查阅、摘抄、复制本案的案卷材料。其他辩护人经人民法院、人民检察院许可，也可以查阅、摘抄、复制上述材料。"根据《刑事诉讼法》第 37 条的规定，辩护律师可以同在押的犯罪嫌疑人、被告人会见和通信。其他辩护人经人民法院、人民检察院许可，也可以同在押的犯罪嫌疑人、被告人会见和通信。

③ 调查取证权。

《刑事诉讼法》第 41 条规定："辩护律师经证人或者其他有关单位和个人同意，可以向他们收集与本案有关的材料，也可以申请人民检察院、人民法院收集、调取证据，或者申请人民法院通知证人出庭作证。辩护律师经人民检察院或者人民法院许可，并且经被害人或者其近亲属、被害人提供的证人同意，可以向他们收集与本案有关的材料。"这是辩护律师的权利，其他辩护人没有这项权利。

④ 审查起诉阶段提出辩护意见权。

⑤ 参加法庭调查和法庭辩论权。

⑥ 经被告人同意，提出上诉的权利。

⑦ 对强制措施超过法定期限的，辩护人有权要求解除。

⑧ 代理申诉、控告权。

⑨ 依法独立进行辩护权和人身权利不受侵犯。

⑩ 拒绝辩护权。

《律师法》第32条规定，律师接受委托后，无正当理由的，不得拒绝辩护或者代理。但是，委托事项违法、委托人利用律师提供的服务从事违法活动或者委托人故意隐瞒与案件有关的重要事实的，律师有权拒绝辩护或者代理。

（2）辩护人的义务主要有：

① 根据事实和法律，提出证明犯罪嫌疑人、被告人无罪、罪轻或者减轻、免除其刑事责任的材料和意见，维护犯罪嫌疑人、被告人的合法权益。

② 辩护律师和其他辩护人不得帮助犯罪嫌疑人、被告人隐匿、毁灭、伪造证据或者串供，不得威胁、引诱证人改变证言或者作伪证以及进行其他干扰司法机关诉讼活动的行为。

③ 律师应当保守在执业活动中知悉的国家秘密、商业秘密，不得泄露当事人的隐私。

④ 律师对在执业活动中知悉的委托人和其他人不愿泄露的情况和信息，应当予以保密。但是，委托人或者其他人准备或者正在实施的危害国家安全、公共安全以及其他严重危害他人人身、财产安全的犯罪事实和信息除外。

⑤ 律师在执业活动中不得故意提供虚假证据或者威胁、利诱他人提供虚假证据，妨碍对方当事人合法取得证据。

（二）辩护的种类

刑事诉讼中辩护的种类分为自行辩护、委托辩护和法律援助辩护三种。

1. 自行辩护

自行辩护是指犯罪嫌疑人、被告人针对指控进行反驳、申辩和辩解，自己为自己所作的辩护。自行辩护是犯罪嫌疑人、被告人行使辩护权的重要方式，它贯穿于刑事诉讼的始终，无论是在侦查阶段，或者是在起诉、审判阶段，犯罪嫌疑人、被告人都有权自行辩护。

2. 委托辩护

委托辩护是指犯罪嫌疑人、被告人依法委托律师或者其他公民担任辩护人，协助其进行辩护。犯罪嫌疑人自被侦查机关第一次讯问或采取强制措施之日起，有权委托辩护人。

3. 法律援助辩护

法律援助辩护是指犯罪嫌疑人、被告人没有委托辩护人，在遇有法定情形时，向法律援助机构申请，或者应公、检、法机关通知，由法律援助机构指派律师为其提供辩护人，为犯罪嫌疑人、被告人进行辩护的一种制度。法律援助辩护又可以分为应当通知法律援助辩护和可以申请法律援助辩护两种情形。

（1）应当通知法律援助辩护的情形：犯罪嫌疑人、被告人是盲、聋、哑或者未成年人而没有委托辩护人的；犯罪嫌疑人、被告人是尚未完全丧失辨认或控制自己行为能力的精神病人而没有委托辩护人的；犯罪嫌疑人、被告人可能被判处死刑而没有委托辩护人的，人民法院应当通知法律援助机构指派律师为其提供辩护。

（2）可以申请法律援助辩护的情形：公诉人出庭公诉的案件，被告人因经济困难或者其他原因没有委托辩护人的，人民法院可以指定承担法律援助义务的律师为其提供辩护。

最高法院《解释》第43条规定：具有下列情形之一，被告人没有委托辩护人的，人民法院可以通知法律援助机构指派律师为其提供辩护：①共同犯罪案件中，其他被告人已委托辩护人的；②案件有重大社会影响的；③人民检察院抗诉的案件；④被告人的行为可能不构成犯罪；⑤有必要指派律师提供辩护的其他情形。

司考真题

在下列哪种情形下，人民法院应当为被告人指定辩护人？（　　）

A. 在一起团伙盗窃案件中，被告人陈某、萧某委托了辩护人，而李某没有委托辩护人

B. 王某涉嫌故意杀人，审理时未满18周岁，没有委托辩护人

C. 张某涉嫌故意伤害，被人民检察院提起公诉，而人民法院认为起诉意见和移送的案件证据材料可能影响正确定罪量刑

D. 外国人约翰涉嫌诈骗，被人民检察院提起公诉时没有委托辩护人

【分析】应当指定辩护包括以下情形：犯罪嫌疑人、被告人是盲、聋、哑、未成年人或者尚未完全丧失辨认或控制自己行为能力的精神病人，以及可能被判处死刑而没有委托辩护人的。因此正确答案为B。

（三）拒绝辩护

辩护权是我国法律赋予犯罪嫌疑人、被告人的一项重要的诉讼权利。在审判过程中，被告人可以拒绝辩护人继续为其辩护，也可以另行委托辩护人辩护。如果被告人拒绝法律援助机构指派的律师为其辩护，坚持自己行使辩护权，人民法院应当准许。属于应当提供法律援助的情形，被告人拒绝指派的律师为其辩护的，人民法院应当查明原因，有正当理由的，人民法院应当准许，但被告人需另行委托辩护人，被告人未另行委托辩护人的，人民法院应当通知法律援助机构另行指派律师为其提供辩护。

二、刑事代理

（一）刑事代理的含义

刑事诉讼中的代理，是指代理人接受公诉案件的被害人及其法定代理人或近亲属、自诉案件的自诉人及其法定代理人、附带民事诉讼的当事人及其法定代理人的委托，以被代理人的名义，在被代理人授权的范围内，为维护其合法权益所进行的诉讼活动。

（二）刑事代理的种类

1. 公诉案件被害人的代理

公诉案件中被害人的代理，是指律师或其他公民接受公诉案件的被害人及其法定代理人或者近亲属的委托，担任被害人的代理人参加诉讼。根据《刑事诉讼法》第 44 条的规定，公诉案件的被害人及其法定代理人或近亲属自案件移送审查起诉之日起，有权委托诉讼代理人。

公诉案件被害人的代理具有以下特点：

（1）被害人委托代理人，可以由被害人本人委托，也可以由其法定代理人或近亲属委托。

（2）被害人的法定代理人或近亲属委托的诉讼代理人是被害人的代理人，而不是被害人法定代理人或其近亲属的诉讼代理人。

（3）公诉案件在侦查阶段，被害人不能委托诉讼代理人。

2. 自诉案件的代理

自诉案件的代理，是指在刑事自诉案件中，接受自诉人及其法定代理人的委托，作为诉讼代理人参加诉讼。《刑事诉讼法》第 44 条规定，自诉案件的自诉人及其法定代理人，有权随时委托诉讼代理人。

3. 附带民事诉讼中的代理

附带民事诉讼中的代理，是指诉讼代理人接受附带民事诉讼的当事人及其法定代理人的委托，在所受委托的权限范围内，代理参加诉讼，以维护附带民事当事人的合法权益。根据《刑事诉讼法》第 44 条规定，公诉案件附带民事诉讼当事人及其法定代理人，自案件移送审查起诉之日起，有权委托诉讼代理人；自诉案件附带民事诉讼的当事人及其法定代理人有权随时委托诉讼代理人。

（三）诉讼代理人的范围、权利和责任

1. 诉讼代理人的范围

根据《刑事诉讼法》第 45 条和最高法解释第 55 条的规定，委托诉讼代理人的范围与辩护人的范围相同。有权委托诉讼代理人的人可以在下列人中委托 1~2 人作为诉讼代理人：律师、人民团体或被代理人所在单位推荐的人、被代理人的监护人或亲友。

2. 诉讼代理人的诉讼权利

（1）代理律师可以查阅、摘抄、复制与本案有关的材料，了解案情；其他诉讼代理人经人民法院准许，也可以查阅、摘抄、复制与本案有关的材料，了解案情。

（2）代理律师可以向证人或者其他有关单位和个人收集、调取与本案有关的材料，因证人、有关单位和个人不同意，申请人民法院收集、调取，人民法院认为有必要的，应当同意。代理律师直接申请人民法院收集、调取证据，人民法院认为代理律师不宜或者不能向证人或者其他有关单位和个人收集、调取，并确有必要的，应当同意。人民法院根据代理律师的申请收集、调取证据时，申请人可以在场。

（3）诉讼代理人认为公安机关、人民检察院、人民法院及其工作人员阻碍其依法行使诉讼权利的，有权向同级或上一级人民检察院申诉或者控告。

3. 诉讼代理人的责任

诉讼代理人的责任是根据事实和法律，维护被害人、自诉人或者附带民事诉讼当事人的合法权益。

第四节　刑事诉讼证据

一、刑事诉讼证据的概念和意义

（一）刑事诉讼证据的概念

刑事诉讼证据是指以法律规定的形式表现出来的能够证明案件真实情况的一切事实。证据包括：①物证；②书证；③证人证言；④被害人陈述；⑤犯罪嫌疑人、被告人供述和辩解；⑥鉴定意见；⑦勘验、检查、辨认、侦查实验等笔录；⑧视听资料、电子数据。

（二）刑事诉讼证据的基本特征

证据具有客观性、关联性和合法性三个特征。客观性是指诉讼证据是客观存在的事实，是不以人的意志为转移的。关联性，又称为相关性，是指作为证据的事实与案件事实之间存在某种客观的联系，从而使其对案件事实具有证明作用。正是由于证据的关联性，才使证据具有证明力。合法性，又称证据的法律性，是指证据必须具有法定的形式、由法定的人员依照法定的程序收集、审查和运用。证据的合法性又被称为证据资格、证据能力或可采性。

（三）刑事诉讼证据的意义

（1）证据是查明案情的唯一手段，是正确处理案件的基础。刑事案件是已经发生且无法再现的客观事件。办案人员查明案情的唯一途径，是收集与案件有关的证据，经过判断和推理，在认识上准确再现案件的真实情况。

（2）证据是迫使犯罪分子认罪伏法的有力武器和使无罪的人不受刑事追究的保障。

（3）证据也是进行社会主义法制教育的工具。

司考真题

甲故意杀人案件中，公安机关在侦查过程中除了其他证据外，还收集到了下列材料，如果要认定甲犯有故意杀人罪，下列哪些不具备证据的相关性？

A. 甲写给被害人的恐吓信。

B. 甲在10年以前曾采用过与本案相同的手段实施过杀人行为（未遂，被判过刑）。

C. 甲吃、喝、嫖、赌，道德败坏。

D. 甲的情妇证明，在本案的作案时间中，甲曾与她一起在某电影院看电影，电影的名字是《泰坦尼克号》。

【分析】B 项属于类似事实，C 项属于品格事实，都不具备证据的关联性特征，因此正确答案是：B、C。

二、证据的种类

证据种类，是指表现证据事实内容的各种外部形式。根据《刑事诉讼法》第 42 条的规定，证据有下列几种：

（一）物证

物证是指以其外部特征、物质属性或存在状况证明案件真实情况的物品和痕迹。物证包括物品和痕迹两类。作为物证的物品是指与案件事实有联系的客观实在物，如作案工具、赃款赃物等；作为物证的痕迹，包括两个物体相互作用所产生的印痕和物体运动时所产生的轨迹，前者如脚印、指纹、咬痕、笔迹、枪弹痕迹等，后者如一连串的脚印、汽车刹车时产生的痕迹等。

（二）书证

书证是指以文字、符号所记载的内容和表达的思想来证明案件真实情况的书面材料或其他物质材料，如信件、图片、传单、证书等。书证与物证的区别在于证明力的来源不同。书证是以其记载的内容或表达的思想来证明案件事实，物证则以其外部特征、物质属性或存在状况证明案件事实。如果一个物体同时以上述方式发挥证明作用，则它既是物证又是书证。

（三）证人证言

证人证言是指证人就其所了解的案件情况向司法机关所作的陈述。根据《刑事诉讼法》第 48 条的规定，凡是知道案件情况的人，都有作证的义务。生理上、精神上有缺陷或者年幼，不能辨别是非、不能正确表达的人，不能作为证人。

（四）被害人陈述

被害人陈述是指刑事被害人就其受害情况和其他与案件有关的情况向司法机关所作的陈述。

（五）犯罪嫌疑人、被告人供述和辩解

犯罪嫌疑人、被告人的供述和辩解又称为口供或自白，是指犯罪嫌疑人、被告人就有关案件的情况向侦查、检察、审判人员所作的陈述，通常称为口供。我国刑事诉讼法对待

口供的原则在《刑事诉讼法》第46条规定为："对一切案件的判处都要重证据，重调查研究，不轻信口供。只有被告人供述，没有其他证据的，不能认定被告人有罪和处以刑罚；没有被告人供述，证据充分确实的，可以认定被告人有罪和处以刑罚。"在获得犯罪嫌疑人、被告人口供的过程中，应当坚决禁止刑讯逼供现象。刑讯逼供就是在审讯活动中，对犯罪嫌疑人、被告人施以肉刑或变相肉刑，以逼取被告人口供的野蛮行为。它不仅严重侵犯公民的人身权利，而且容易导致错案的发生，因此刑讯逼供为我国法律所严格禁止。根据最高人民法院的司法解释，凡经查证确实属于采用刑讯逼供等非法方法取得的口供，不能作为定案的根据。

（六）鉴定意见

鉴定意见是指专门机关就案件中的专门性问题，指派或聘请具有专门知识的人进行鉴定后做出的判断性意见。鉴定意见只能对案件中的专门性问题做出结论，而不能对案件中的法律问题和普通事实做出结论。鉴定意见需要出具书面的鉴定书，并由鉴定人本人签名。如果一个问题的鉴定由多人共同进行而鉴定人意见不一致的，应当分别作出鉴定意见。

（七）勘验、检查、辨认、侦查实验等笔录

勘验、检查笔录是指公安、司法人员对与犯罪有关的场所、物品、痕迹、尸体、人身等勘验、检查中所作的客观记载，包括文字记录、绘图、照相、录像、模型等材料。

辨认是在侦查人员的主持下由被害人、证人、犯罪嫌疑人等对犯罪嫌疑人以及与案件有关的物品、尸体、场所所进行识别认定的一项侦查措施。辨认笔录是对辨认过程和结果做出的客观记录。

侦查实验是指为了确定与案件有关的某一事件或事实在某种条件下是否发生以及如何发生，而按照原来的条件，将该事件或事实重演、加以实验的一种证据调查活动。侦查实验笔录是对该侦查实验进行的时间、地点、条件和结果等所进行的客观记录。

（八）视听资料、电子数据

视听资料指以载有能够证明有关案件事实的内容的录音磁带、录像带、电影胶片、电子磁盘及其所载的音响、活动影像和图形，以及电子计算机所存储的音响、活动影像和图形。

电子数据，是指以电子形式存在的，用作证据使用的一切材料及其派生物。电子数据的存在需要借助于一定的介质，并可以通过互联网迅速传播。

经典例题

侦查人员在杀人案件现场收集到一封信和一张字条，信的内容与案件无关，但根据通信对方的姓名和地址查出了犯罪分子。字条的内容也与案件无关，但根据笔迹鉴定找到了字条的书写人，从而发现了犯罪分子。对于本案中的信件和字条属于何种证据种类，下列表述中哪一项是正确的？（　　）

A. 信件是物证，字条是物证

B. 信件是物证，字条是书证

C. 信件是书证，字条是物证

D. 信件是书证，字条是书证

【分析】物证是指以其外部特征、物质属性或存在状况证明案件真实情况的物品和痕迹。书证是指以文字、符号所记载的内容和表达的思想来证明案件真实情况的书面材料或其他物质材料。书证与物证的区别在于书证是以其记载的内容或表达的思想来证明案件事实，物证则以其外部特征、物质属性或存在状况证明案件事实。因此正确答案是C。

三、运用证据的指导原则

运用证据的指导原则，是指在刑事诉讼中，规范证据的收集、证据的审查以及证据的评价等诉讼证明活动的准则，也叫刑事证据规则。根据我国《刑事诉讼法》《非法证据排除规定》等相关法律、法规的规定，主要确立了如下证据原则和规则：

（一）非法证据排除规则

非法证据排除规则是指在刑事诉讼中，以非法手段取得的证据，不得被采纳为认定被告有罪的根据。非法证据排除规则包括对非法言词证据的排除和对非法实物证据的排除。

（二）其他证据规则

1. 关联性规则

关联性规则又称相关性规则，是指只有与诉讼中待证事实具有关联性的证据才可以采纳，一切没有关联性的证据均不予采纳。

2. 传闻证据规则

传闻证据规则是指，如果一个证据被定义为传闻证据，并且没有法定的例外情况可以适用，而该证据主体没有出席法庭接受质证的，则该证据不得被法庭采纳。

3. 最佳证据规则

最佳证据规则是指以文字、符号、图画等方式记载的内容来证明案件时，原件才是最佳证据。

4. 意见证据规则

意见证据规则的主要内容是：证人只能就其自身感知的事实提供证言，一般情况下，不得发表意见，即不得以其感知、观察得出的推断或意见作为证言。

5. 补强证据规则

补强证据规则是指为了防止错误认定案件事实或发生其他危险性，而在运用某些证明力薄弱的证据认定案情时，法律规定必须由其他证据补强其证明力。

6. 自白任意性规则

自白任意性规则又称非任意性自白排除规则，是指在刑事诉讼中，只有基于被追诉人自由意志做出的自白才具有可采性；违背当事人意愿或违反法定程序强制作出的供述不具有可采性。

四、举证责任

（一）证明责任的概念

证明责任，也称举证责任，是指司法机关或者某些当事人对应予认定或者阐明的案件事实或者自己所主张的事实，应当收集或者提供证据予以证明的责任；否则，将承担其认定或主张事实不能成立危险的后果。

（二）证明责任的分配

（1）在公诉案件中，证明犯罪嫌疑人、被告人有罪的责任，由人民检察院和公安机关等承担。

（2）在自诉案件中，自诉人应当对其控诉承担证明责任。

（3）犯罪嫌疑人、被告人一般情况下不承担证明自己无罪的责任，也不承担证明自己有罪的责任，但犯罪嫌疑人、被告人对侦查人员的提问应当如实陈述。

（4）在例外情况下，犯罪嫌疑人、被告人应当承担证明责任，被称作举证责任倒置。主要是指对于巨额财产来源不明的，犯罪嫌疑人负有说明其明显超过合法收入的那部分财产的来源的责任，如果不能说明来源是合法的，则以巨额财产来源不明罪论处。

（5）人民法院不承担证明责任，但是人民法院负有调查、核实证据中的疑问的责任。

（6）公安、司法机关对有关程序法事实负有证明责任。如，公安机关没收被取保候审的犯罪嫌疑人、被告人的保证金的，应当证明被取保候审人有违反《刑事诉讼法》第69条规定的事实。

（7）对于某些程序法事实，提出主张的诉讼当事人负有举证责任。

第五节　刑事诉讼强制措施

一、刑事诉讼强制措施的概念和意义

刑事强制措施是指公安机关、人民检察院和人民法院为了保证刑事诉讼的顺利进行，对犯罪嫌疑人、被告人或现行犯依法采取的限制或剥夺其人身自由的各种强制方法。强制方法的类型按强制的力度由低到高分为拘传、取保候审、监视居住、拘留和逮捕五种。

刑事强制措施的意义在于：防止犯罪嫌疑人、被告人逃避侦查和审判；防止和排除犯罪嫌疑人、被告人可能进行妨碍迅速查明案件的活动；防止发生自杀等意外事件。

二、刑事诉讼强制措施的种类

（一）拘传

拘传是指公安机关、人民检察院和人民法院对未被拘留、逮捕的犯罪嫌疑人、被告人依法强制其到指定地点接受讯问的强制措施。《刑事诉讼法》第 50 条规定，人民法院、人民检察院和公安机关根据案件情况，对犯罪嫌疑人、被告人可以拘传。拘传的目的在于使犯罪嫌疑人、被告人及时到案接受讯问，保证刑事诉讼的顺利进行。

拘传的特点有：①拘传的对象是未被羁押的犯罪嫌疑人、被告人，对于已经被拘留、逮捕的犯罪嫌疑人、被告人，可以直接进行讯问，不需要经过拘传程序。②拘传的目的是强制其到案接受讯问，而不是强制待侦、待诉、待审，因此拘传没有羁押的效力，讯问后应当将被拘传人立即放回。③拘传是强制犯罪嫌疑人、被告人到案接受讯问的强制方法。

（二）取保候审

刑事诉讼中的取保候审是公安机关、人民检察院和人民法院等专门机关对未被逮捕的犯罪嫌疑人、被告人，为防止其有碍侦查、起诉和审判，责令其提出保证人或者交纳保证金，保证随传随到的一种强制措施。

根据《刑事诉讼法》第 65 条的规定，取保候审适用于下列情形：①可能判处管制、拘役或者独立适用附加刑的。②可能判处有期徒刑以上刑罚，采取取保候不致发生社会危险性的。③患有严重疾病、生活不能自理，怀孕或者正在哺乳自己婴儿的妇女，采取取保候审不致发生社会危险的。④羁押期限届满，案件尚未办结，需要采取取保候审的。

取保候审由人民法院、人民检察院和公安机关决定，由公安机关执行。被取保候审的犯罪嫌疑人、被告人应当遵守以下规定：未经执行机关批准不得离开所居住的市、县；在传讯的时候及时到案；不得以任何形式干扰证人作证；不得毁灭、伪造证据或者串供。

取保候审包括提出保证人和交纳保证金两种方法。保证人必须符合法律规定的条件，履行法定义务，否则将被追究相应的责任。对于交纳保证金的犯罪嫌疑人、被告人，如果履行了法律规定的义务，在取保候审结束的时候，应当退还保证金；违反被取保候审人必须遵守的规定的，没收保证金，并且区别情形，责令犯罪嫌疑人、被告人具结悔过，重新交纳保证金、提出保证人或者监视居住、予以逮捕。

取保候审最长不得超过 12 个月。

（三）监视居住

监视居住是指人民法院、人民检察院和公安机关责令犯罪嫌疑人、被告人不得离开限定活动区域和住所，依法限制其人身自由的一种强制方法。

监视居住的适用范围和对象与取保候审相同。多在犯罪嫌疑人、被告人找不到保证人或不能交纳保证金时采用。军队保卫部门、军事检察院、军事法院决定对犯罪嫌疑人、被告人采取监视居住措施的，可以在指定的地点执行，并由专人进行监视。

被监视居住的犯罪嫌疑人、被告人未经执行机关批准不得离开住处，无固定住处的未经批准不得离开指定的居所；未经执行机关批准不得会见他人；在传讯的时候及时到案；不得以任何形式干扰证人作证；不得毁灭、伪造证据或者串供。对违反法律规定义务的犯罪嫌疑人、被告人，情节严重的，予以逮捕。监视居住最长不超过6个月。

（四）拘留

拘留是指公安机关、人民检察院等侦查机关对直接受理的案件，在侦查过程中，遇有紧急情况时，依法临时剥夺某些现行犯或重大嫌疑分子以及犯罪嫌疑人、被告人的人身自由的一种强制措施。

1. 公安机关立案侦查的案适用拘留的条件

（1）拘留的对象必须是现行犯和重大嫌疑分子。现行犯是指正在实施犯罪的人，重大嫌疑分子是指有证据证明有重大犯罪嫌疑的人。

（2）只有在法定的紧急情况下，才能采取拘留：①正在预备犯罪、实行犯罪或者在犯罪后即时被发觉的。②被害人或者在场亲眼看见的人指认他犯罪的。③在身边或者住处发现有犯罪证据的。④犯罪后企图自杀、逃跑或者在逃的。⑤有毁灭、伪造证据或者串供可能的。⑥不讲真实姓名、住址，身份不明的。⑦有流窜作案、多次作案、结伙作案重大嫌疑的。

2. 人民检察院适用拘留的条件

（1）人民检察院适用拘留的对象为犯罪嫌疑人，不包括被告人。

（2）条件：①犯罪后企图自杀、逃跑或者在逃的。②有毁灭、伪造证据或者串供可能的。

3. 拘留的期限

公安机关对被拘留的人，认为需要逮捕的，应当在拘留后的3日以内提请人民检察院审查批准。在特殊情况下，提请审查批准的时间可以延长1日至4日。对于流窜作案、多次作案、结伙作案的重大嫌疑分子，提请审查批准的时间可以延长至30日。人民检察院应当自接到公安机关提请批准逮捕书后的7日以内，作出批准逮捕或者不批准逮捕的决定。

人民检察院对直接受理的案件中被拘留的人，认为需要逮捕的，应当在14日以内作出决定。在特殊情况下，决定逮捕的时间可以延长1日至3日。

（五）逮捕

逮捕是指在一定时期内剥夺犯罪嫌疑人、被告人的人身自由并予以羁押的强制措施。

逮捕是最严厉的一种强制措施。其适用条件是：有证据证明有犯罪事实；可能判处徒刑以上刑罚；采取取保候审、监视居住等方法，尚不足以防止发生社会危险性，而有逮捕必要的。对应当逮捕的犯罪嫌疑人、被告人，如果患有严重疾病，或者是正在怀孕，哺乳自己婴儿的妇女，可以采用取保候审或监视居住的方法。逮捕犯罪嫌疑人、被告人，必须经过人民检察院批准、决定或者人民法院决定，由公安机关执行。

第六节　刑事诉讼程序

一、立案

(一) 立案的概念

立案指公安机关、人民检察院和人民法院对报案、举报、控告及自首的材料进行审查，根据事实和法律决定是否作为刑事案件开始进行侦查或审理的诉讼活动。刑事诉讼程序可以分为立案、侦查、起诉、审判（含一审程序、二审程序、死刑复核程序、审判监督程序）和执行五个具体的诉讼阶段，立案是刑事诉讼的第一个独立阶段。

(二) 立案的材料来源

立案材料是指公安机关、人民检察院发现的或者有关单位、组织或个人向专门机关提交的有关犯罪事实和犯罪嫌疑人情况的材料。立案材料的来源包括：(1) 公安机关或者人民检察院发现的犯罪事实或者犯罪嫌疑人。(2) 机关、团体、企事业单位及公民个人的报案与举报。(3) 被害人的报案与控告。(4) 犯罪嫌疑人的自首。

(三) 立案的条件

专门机关接受或者获取有关犯罪事实和犯罪嫌疑人的材料后，要依法进行审查，对有符合法定的理由和根据的予以立案。立案的条件主要有：(1) 公安机关或人民检察院认为有犯罪事实。(2) 需要追究刑事责任。

司考真题

某公安机关接到群众报案，称邻居何某坠楼而死，公安机关立即派人到现场进行了现场勘验。如果此事要作为一起刑事案件立案的话，那么在立案阶段应当查明的事项是(　　)。

A. 何某死亡的准确时间

B. 何某是跳楼自杀还是他人谋杀

C. 如果是他人谋杀，犯罪嫌疑人是谁

D. 如果是他人谋杀，作案人的动机是什么

【分析】《刑事诉讼法》第 110 条规定：人民法院、人民检察院或者公安机关对于报案、控告、举报和自首的材料，应当按照管辖范围，迅速进行审查，认为有犯罪事实需要追究刑事责任的时候，应当立案。因此本题正确答案为 B。

（四）立案的程序

1. 对立案材料的接受

公安机关、检察院和人民法院对于报案、控告、举报和自首，都应当接受。对于不属于自己管辖的，应当移送主管机关处理，并且通知报案人、控告人、举报人；对于不属于自己管辖而又必须采取紧急措施的，应当先采取紧急措施，然后移送主管机关。“紧急措施”是指保护现场、依法先行拘留嫌疑人、扣押证据等。

2. 对立案材料的审查和处理

人民法院、检察院或者公安机关对于报案、控告、举报和自首的材料，应当按照管辖范围，迅速进行审查。人民法院、检察院、公安机关对立案材料审查后，认为有犯罪事实需要追究刑事责任的时候，应当立案；认为没有犯罪事实，或者犯罪事实显著轻微，不需要追究刑事责任的时候，不予立案。并且将不立案的原因通知控告人。控告人如果不服，可以申请复议。

经典例题

公安机关、人民检察院或者人民法院对于不属于自己管辖的报案、控告、举报应如何处理？（　　）

A. 不应当受理

B. 应当受理，并展开侦查或者审判

C. 不应当受理，告其应向主管机关报案、控告或举报

D. 应当接受，然后移送主管机关处理

【分析】公安机关、检察院和人民法院对于报案、控告、举报和自首，都应当接受。对于不属于自己管辖的，应当移送主管机关处理，并且通知报案人、控告人、举报人。因此正确答案是 D。

二、侦查

（一）侦查的概念和原则

侦查是指公安机关、人民检察院在办理案件过程中，依照法律进行的专门调查工作和有关的强制性措施。

刑事侦查活动比较复杂，在进行刑事侦查的过程中不但要遵循《刑事诉讼法》及相关规定，而且还要遵循以下原则：（1）迅速及时；（2）客观全面；（3）深入细致；（4）依靠群众；（5）遵守法制；（6）保守秘密；（7）比例原则。

（二）侦查行为

1. 讯问犯罪嫌疑人

讯问犯罪嫌疑人是指侦查人员依照法定程序以言词方式，就案件事实和其他与案件有

关的问题向犯罪嫌疑人进行查问的一种侦察活动。

讯问犯罪嫌疑人至少由两名人民检察院或公安机关的侦查人员负责进行。对于已经拘留、逮捕的犯罪嫌疑人，应在拘留逮捕后24小时内在羁押场所进行第一次讯问；否则可到某指定地点或犯罪嫌疑人的住处进行讯问。传唤、拘传持续的时间最长不得超过12小时，禁止用连续拘传、传唤的形式实施变相拘禁。讯问时，应首先讯问犯罪嫌疑人有无犯罪行为，让其自行陈述有罪的情节或无罪的辩解，然后向他提出问题。犯罪嫌疑人对侦查人员的提问，应当如实回答。但对于与本案无关的问题，有权拒绝回答。讯问犯罪嫌疑人应当制作讯问笔录，并且应当交犯罪嫌疑人核对，犯罪嫌疑人承认没有错误后，应当签名或者盖章，侦查人员也应当在笔录上签名。

2. 询问证人和被害人

询问证人是指侦查人员就案件的有关情况依法向证人调查询问。

询问证人可在证人所在单位或住处进行。询问证人应当个别进行。对一案有多个证人的，应运人分别进行，不能采用开座谈会的形式来获取证人证言，防止证人之间相互影响。询问证人之时，侦查人员应当告知证人应当如实地提供证据、证言和有意作伪证或者隐匿罪证要负的法律责任。询问不满18周岁的证人，可通知其法定代理人到场，以保护未成年证人的合法权益。

询问被害人，是指侦查人员依照法定程序以言词方式，就被害人遭受侵害的事实和犯罪嫌疑人的有关情况向被害人进行调查、了解的一种侦查活动。询问被害人的程序和方法与询问证人的程序和方法相同。

3. 勘验、检查

勘验、检查指侦查人员对与犯罪有关的场所、物品、人身、尸体进行的勘查、检验和检查，以发现和固定犯罪活动所遗留下来的各种痕迹、物品的一种侦查活动。勘验的对象是场所、物品和尸体；检查的对象是活人的身体，主要是犯罪嫌疑人、被害人的身体。检查妇女的身体，应当由女工作人员或者医师进行。勘验、检查应由侦查人员进行，必要时可指派或聘请具有专门知识的人，在侦查人员的主持下进行。侦查人员进行勘验、检查必须持有人民检察院或公安机关的证明文件。勘验、检查包括现场勘验、物证检验、尸体检验、人身检查与侦查实验。

4. 搜查

搜查指侦查人员为了收集犯罪证据、查获犯罪人，对犯罪嫌疑人以及可能隐藏罪犯或者犯罪证据的人的身体、物品、住处和其他有关的地方进行搜索、检查。侦查人员进行搜查，必须向被搜查人出示搜查证。但在执行逮捕、拘留时，遇有紧急情况，可不必用搜查证，即在执行逮捕、拘留时，如果被逮捕、拘留的人可能携带危险物品或可能转移、毁灭罪证，侦查人员依法予以搜查，而无须另开搜查证。在搜查时，应当有被搜查人或者他的家属、邻居或其他见证人在场。搜查人员不得少于两人。搜查妇女的身体，必须由女工作人员进行。

5. 查封、扣押

查封、扣押是指侦查人员对侦查中发现的可用以证明犯罪嫌疑人有罪或者无罪的物品、文件依法予以强制扣留或提存。查封、扣押应当由侦查人员进行。查封、扣押范围限于能够证明犯罪嫌疑人有罪或者无罪的物品、文件，与案件无关的，不得查封、扣押。

6. 查询、冻结

查询、冻结是指侦查机关根据侦查犯罪的需要而依法向银行或其他金融机构、邮电机关查询犯罪嫌疑人的存款、汇款、债券、股票、基金份额等财产，在必要时予以冻结的一种侦察活动。

7. 鉴定

鉴定指为了查明案情，解决案件中某些专门性问题，侦查机关指派或聘请具有专门知识的人进行科学鉴别和判断并作出意见的一种侦查活动。侦查机关需指定或聘请具有专门知识并且同案件无关的人作为鉴定人。鉴定人进行鉴定后，应当写出鉴定意见，并且签名。

8. 通缉

通缉指公安机关通令缉拿应当逮捕而在逃的犯罪嫌疑人的一种侦查活动。各级公安机关在自己管辖的地区内，可直接发布通缉令；超出自己管辖的地区，应当报请有权决定的上级机关发布。人民检察院、人民法院需要通缉犯罪嫌疑人或被告人时，应商请公安机关进行。

（三）侦查终结

侦查终结是指侦查机关经过一系列的侦察活动，认为案件事实已经查清，证据确实、充分，足以认定犯罪嫌疑人是否犯罪和应否对其追究刑事责任而决定结束侦查，依法对案件作出处理或者提出处理意见的一项诉讼活动。

公安机关侦查终结后，对经过侦查，犯罪事实清楚、证据确实、充分的案件，应当写出起诉意见书，连同案卷材料、证据一并移送同级人民检察院审查决定。公安机关在侦查过程中，发现不应对犯罪嫌疑人追究刑事责任的，应当撤销案件；犯罪嫌疑人已被逮捕的，应当立即释放，并发给释放证明，并且通知原批准的人民检察院。案件应在法定期间内侦查终结。

三、起诉

刑事诉讼中的起诉是指享有控诉权的国家机关和公民，依法向人民法院提起诉讼，请求人民法院对指控的内容进行审判，以确定被告人刑事责任并依法予以刑事制裁的诉讼活动。我国实行的是以公诉为主、自诉为辅的起诉制度。公诉案件的起诉权专属于国家，只能由人民检察院决定是否提起公诉。

（一）审查起诉

1. 审查起诉的概念

审查起诉指人民检察院对公安机关侦查终结、移送起诉的案件进行审查，以决定是否将案件交付人民法院审判的诉讼活动。

2. 审查起诉的内容

人民检察院审查起诉，必须查明的内容有：犯罪事实情节是否清楚，证据是否确实、充分，犯罪性质和罪名认定是否准确；有无遗漏罪行和其他应当追究刑事责任的人；是否属于不应追究刑事责任的；有无附带民事诉讼；侦查活动是否合法等。

3. 审查起诉的步骤和方法

审查起诉应当对起诉意见书及全部案卷材料和证据进行全面、认真审查，讯问犯罪嫌疑人，听取被害人和犯罪嫌疑人、被害人委托的人的意见。

人民检察院经过审查，认为公安机关移送的案件犯罪事实不清、证据不足或遗漏重要罪行或其他应当追究刑事责任的人等，需要补充侦查，可以退回公安机关补充侦查，也可自行侦查。补充侦查的案件，应在 1 个月以内补充侦查完毕。补充侦查不得超过两次。退回公安机关补充侦查的案件，公安机关补充侦查完毕移送人民检察院后，人民检察院重新计算审查起诉期限。

4. 审查起诉的期限和处理

人民检察院对于公安机关移送审查起诉的案件，应当在 1 个月以内做出决定，重大复杂的案件，1 个月以内不能做出决定的，经检察长批准，可以延长 15 日。

检察院办案人员对案件进行审查后，应当制作案件审查意见书，提出起诉或者不起诉以及是否需要提起附带民事诉讼的意见，经审查起诉部门负责人审核，报请检察长或者检察委员会决定起公诉或不起诉。

对于公安机关移送审查起诉的案件，发现犯罪嫌疑人没有违法犯罪行为的，应当书面说明理由将案卷退回公安机关处理；发现犯罪事实并非犯罪嫌疑人所为的，应当书面说明理由将案卷退回公安机关并建议公安机关重新侦查。如果犯罪嫌疑人已经被逮捕，应当撤销逮捕决定，通知公安机关立即释放。

对于自侦部门移送审查起诉的案件，发现具有上述情形之一的，应当退回本院自侦部门建议作出撤销案件的处理。

（二）提起公诉或不起诉

1. 提起公诉

经过审查，人民检察院认为案件符合提起公诉的条件即犯罪事实已经查清，证据确实、充分的，应当追究犯罪嫌疑人的刑事责任，则应作出起诉决定，向相应的人民法院提起公诉。人民检察院决定提起公诉后，应制作起诉书向有管辖权的人民法院移送并做好出庭支持公诉的准备。

2. 不起诉

不起诉指人民检察院对公安机关侦查终结移送审查起诉的案件或自行侦查终结的案件，经审查认为犯罪嫌疑人的行为不构成犯罪或依法不应追究刑事责任的，作出不向人民法院提起公诉的一种决定。

不起诉可以分为：（1）法定不起诉。犯罪嫌疑人有《刑事诉讼法》第 15 条规定的不追究其刑事责任情形之一的，人民检察院应当作出不起诉决定。（2）酌定不起诉。对于犯罪情节轻微，依照刑法规定不需要判处刑罚或者免除刑罚的，即符合《刑法》第 37 条“对于犯罪情节轻微不需要判处刑罚的，可以免予刑事处罚”的规定的情况，人民检察院可以作出不起诉的决定。（3）存疑不起诉。存疑不起诉也叫证据不足不起诉，即对于补充侦查的案件，人民检察院仍然认为证据不足，不符合起诉条件的，可以作出不起诉的决定。

不起诉的决定，应公开宣布，并将不起诉决定书送达被不起诉人及其单位。对于公安机关移送起诉的案件，还应将不起诉决定书送达公安机关。公安机关认为不起诉的决定有错误的时候，可以要求复议，如果意见不被接受，可以向上一级人民检察院提请复核。有受害人的，不起诉决定书还应送达被害人。被害人如果不服，可于7日内向上一级人民检察院申诉，请求提起公诉，人民检察院应将复查决定告知被害人。被害人对人民检察院维持不起诉决定的，可以向人民法院起诉。被害人也可以不经申诉，直接向人民法院起诉。对于酌量不起诉的案件，被不起诉人如果不服，可在收到决定书后7日内向人民检察院申诉，人民检察院应作出复查决定，通知被不起诉人，同时抄送公安机关。

经典例题

人民检察院审查起诉时，遇到下列选项中的哪些情形，应当作出不起诉的决定？（　　）

A. 情节显著轻微、危害不大，不认为是犯罪的

B. 犯罪情节轻微，依照刑法规定不需要判处刑罚或免除刑罚的

C. 犯罪嫌疑人确有严重疾病，生活不能自理的

D. 经特赦令免除刑罚的

【答案】 A、D

四、审判

（一）刑事审判的概念和基本原则

1. 刑事审判的概念

审判是指原告、被告或者控辩双方在法庭上各自提出自己的主张和证据并进行辩论，法官站在第三者的地位上，基于国家权力依法进行审理并作出裁判的一种诉讼活动。审判根据其所解决纠纷的性质的不同，可以分为刑事审判、民事审判和行政审判。

刑事审判作为审判的一种特殊表现形式，是指人民法院对于刑事案件依法进行审理并且做出裁判的活动。刑事审判的程序包括：第一审程序、第二审程序、死刑复核程序、审判监督程序。

2. 刑事审判的原则

刑事审判的原则，是指在刑事审判中所要遵循的原则，主要包括：审判公开原则、直接言辞原则、辩论原则和集中审理原则。

（1）审判公开原则。

审判公开是指人民法院审理案件和宣告判决应当向社会公开，允许人民群众旁听，允许新闻记者采访报道。

审判公开的例外主要包括以下几种情形：①涉及国家秘密的案件。②涉及个人隐私的案件。③未成年人犯罪的案件。审判时被告人不满18岁的案件，不公开审理，但是，经未成年被告人及其法定代理人同意，未成年被告人所在学校和未成年人保护组织可以派代

表到场。④当事人提出申请的确属涉及商业秘密的案件，可以不公开审理。

（2）直接言辞原则。

直接言辞原则，是指法官必须在法庭上亲自听取当事人，证人及其他诉讼参与人的口头陈述，案件事实和证据必须由控辩双方当庭口头提出并以口头辩论和质证的方式进行调查。直接言词原则包括直接原则和言词原则。直接原则是指法官必须与诉讼参与人直接接触，直接审查有关案件事实材料和证据。言词原则是指法庭审理必须以口头陈述的方式进行。法官要以口头的形式进行讯问（询问）调查，除非法律特别规定，未经口头调查的证据，不得采纳为定案依据。

（3）集中审理原则。

集中审理原则，又称不中断审理原则，是指法院开庭审理案件，应当在不更换审判人员的条件下连续进行，不得中断审理的诉讼原则。

集中审理原则的主要内容包括：一个案件组成一个审判庭进行审理，每起案件自始至终应由同一法庭进行审判，在案件审理开始后尚未结束前不允许法庭再审理其他任何案件；法庭成员不得更换，对于因故不能继续参加审理的，应由始终在场的候补法官、候补陪审员替换，否则应重新审判；集中证据调查与法庭辩论；庭审不中断并迅速作出裁判。

（二）第一审程序

人民检察院向人民法院提起公诉或者自诉人向人民法院提起自诉，案件就进入了第一审程序。第一审程序是指人民法院对刑事案件进行首次审判所遵循的程序，是审判的法定必经程序。第一审程序有普通程序与简易程序之分。

1. 审判组织

审判组织指人民法院审判案件的组织形式，分合议制、独任制和审判委员会三种。

合议制又称合议庭，是我国刑事审判的基本审判组织，人民法院审判案件，一般应组织合议庭进行。合议庭的成员人数应当是单数。合议庭的组成方式有以下几种情况：

（1）基层人民法院、中级人民法院的一审程序合议庭由审判员 3 人或审判员与人民陪审员共 3 人组成，高级人民法院、最高人民法院的一审程序合议庭，则由审判员 3~7 人或审判员与人民陪审员共 3~7 人组成。

（2）审理上诉或抗诉案件的第二审程序合议庭，则由 3 至 5 名审判员组成。

（3）死刑复核程序合议庭由 3 名审判员组成。

合议庭由人民法院院长或庭长指定审判员一人担任审判长，院长或庭长参加审判时，由他们自己担任审判长。

独任庭仅由审判员一人组成，适用于基层人民法院依简易程序审理的案件。

审判委员会是人民法院内部对审判工作实行集体领导的一种审判组织，一般由人民法院院长、副院长、庭长及有经验的审判员组成，其任务是总结审判经验，讨论重大或疑难案件以及其他审判工作问题。

合议庭有权对开庭审理并评议的普通案件作出判决。合议庭认为难以作出决定的疑难、复杂、重大的案件，可提请院长决定提交审判委员会讨论决定。

2. 公诉案件第一审普通程序

公诉案件第一审普通程序指人民法院对公诉案件进行初次审判所应遵循的程序。具体包括下列步骤：

（1）庭前审查。庭前审查指人民法院于开庭审判前对人民检察院移送起诉的案件就是否符合开庭审判的条件进行审查。

（2）开庭前的准备。人民法院决定开庭审判后，应进行必要的准备工作。具体来讲，包括：①确定合议庭的组成人员。②将人民检察院的起诉书副本至迟在开庭 10 日前送达被告人。对于未委托辩护人的被告人，要告知其可以委托辩护人或在必要时指定承担法律援助义务的律师为其提供辩护。③将开庭的时间、地点在开庭 3 日前通知人民检察院。④传唤当事人，通知辩护人、诉讼代理人、证人、鉴定人和翻译人员，传票和通知书至迟在开庭 3 日前送达。⑤对于公开审判的案件，要在开庭 3 日以前先期公布案由、被告人姓名、开庭时间和地点。上述活动情形，应当记入笔录，并由审判人员和书记员签名。

（3）法庭审判。指人民法院组织法庭依法对刑事案件进行审理和判决。法庭审判包括下列程序：①开庭。开庭时，审判长要查明当事人是否到庭，宣布案由；宣布合议庭组成人员、书记员、公诉人、辩护人、诉讼代理人、鉴定人和翻译人员的名单；告知当事人有回避权；告知被告人有辩护权利。②法庭调查。法庭调查指合议庭在公诉人、当事人和其他诉讼参与人的参加下，在法庭上对案件事实和证据进行审查核实。法庭调查包括：宣读起诉书；被告人、被害人陈述；对被告人、被害人等进行发问；审核证据。③法庭辩论。法庭辩论指在审判长主持下，控、辩双方根据法庭调查的情况就案件事实与证据发表各自看法并相互辩驳，也可以在法庭调查中适当开展辩驳。④被告人最后陈述。审判长宣布法庭辩论终结后，被告人有最后陈述的权利。被告人可发表一切与案件有关的见解与想法。⑤评议、宣判。被告人最后陈述之后，审判长应宣布休庭，合议庭进行评议，评议是合议庭组成人员在法庭审理的基础上，对案件的事实和证据进行分析、判断并依法对案件作出处理决定的活动，根据已查明的事实、证据和有关的法律规定，合议庭可以作出有罪判决或者无罪判决。

（4）审判障碍。

延期审理，是指在法庭审理过程中，因遇到某些法定的足以影响审判进行的情况时，法庭决定推迟审理活动，等待该法定情形消失之后，再恢复审判活动。遇到下列情况可延期审理：①需要通知新的证人到庭，调取新的物证，重新鉴定或勘验的；②检察人员发现提起公诉的案件需要补充侦查，提出建议的；③由于当事人申请回避而不能进行审判的。

中止审理，是指在审判过程中，出现了某些使审判活动在一定期限内无法继续进行的情况时，审判人员决定暂时停止审判活动，待有关情形消失后，再行恢复审判。中止审理的法定情形包括：①被告人患有严重疾病，无法出庭的；②被告人逃脱的；③自诉人患有严重疾病，无法出庭，未委托诉讼代理人出庭的；④由于不能抗拒的原因。

终止审理，是指人民法院在案件审判过程中，遇有法律规定的情形时，终结诉讼程序的活动。终止审理不同于延期审理和中止审理，终止审理是由于出现了诉讼不应当继续进行下去的理由或者诉讼不需要继续进行下去的情形。终止审理后，诉讼即告结束，不再恢复。

3. 自诉案件的第一审普通程序

自诉案件的第一审普通程序指人民法院审判自诉案件普遍适用的程序。

（1）自诉案件的范围：①告诉才处理的案件；②被害人有证据证明的轻微刑事案件；③被害人有证据证明被告人侵犯自己人身、财产权利的行为应当追究刑事责任，公安机关或者人民检察院不予追究被告人刑事责任的案件。

（2）对自诉案件的审查。

审查将产生两种结果：①犯罪事实清楚，有足够证据的案件，应当开庭审判。②缺乏罪证的自诉案件，如果自诉人提不出补充证据，应当说服自诉人撤回自诉，或者裁定驳回。

自诉人经两次依法传唤，无正当理由拒不到庭的，或未经法庭许可中途退庭的，按撤诉处理。

（3）自诉案件的第一审普通程序。

自诉案件的审理原则上应参照公诉案件一审普通程序进行，但刑事诉讼法对自诉案件又作了一些特殊规定，包括：①可以调解结案；②当事人可自行和解。如双方自行和解，应该书面或口头向法院撤回自诉；③被告人可提出反诉。反诉也应属于自诉案件的范围，反诉案与原自诉案应合并审理。

4. 简易程序

简易程序是基层人民法院审理某些事实清楚、证据充分、情节简单、犯罪情节轻微的刑事案件所适用的较普通程序相对简化的审判程序。

根据《刑事诉讼法》第 208 条的规定，符合下列条件的案件可以适用简易程序：①属于基层人民法院管辖；②案件事实清楚、证据充分；③被告人承认自己所犯罪行，对指控的犯罪事实没有异议；④被告人对适用简易程序没有异议。

根据我国刑事诉讼法第 209 条的规定，有下列情形之一的，不适用简易程序：①被告人是盲、聋、哑人，或者是尚未完全丧失辨认或者控制自己行为能力的精神病人的；②有重大社会影响的；③共同犯罪案件中部分被告人不认罪或者对适用简易程序有异议的；④其他不适用简易程序审理的理由。

（三）第二审程序

第二审程序，是指第一审人民法院的上一级人民法院，对因不服第一审人民法院尚未发生法律效力的判决或裁定而提起上诉或者抗诉的案件进行审理时所适用的诉讼程序。

上诉，是指法定的诉讼参与人不服地方各级人民法院第一审判决、裁定，依照法定程序要求上一级法院重新审判的诉讼行为。根据《刑事诉讼法》第 216 条的规定，有权提起第二审程序的上诉人包括：被告人及其法定代理人，自诉人及其法定代理人，经被告人同意的被告人的辩护人和近亲属；附带民事诉讼的当事人及其法定代理人。由于他们在刑事诉讼中所处的地位不同，因此其上诉权限也不同。

抗诉，是指人民检察院认为人民法院的判决或裁定确有错误时，提请人民法院依法进行重新审理并予以纠正的监督行为。刑事诉讼中的抗诉通常分为两种：对一审未生效裁判的抗诉，也叫第二审程序的抗诉；对生效裁判的抗诉，也叫再审程序的抗诉。

二审程序的抗诉，是指地方各级人民检察院认为同级人民法院尚未生效的判决、裁定确有错误，依照法定程序提请上一级人民法院重新审判的诉讼活动。有权对一审未生效判决、裁定抗诉，提起第二审程序的抗诉机关，只能是一审人民法院的同级人民检察院。不服判决的上诉和抗诉的期限为10日，不服裁定的上诉和抗诉的期限为5日。该期限从接到判决书或裁定书的第二日起算。

1. 审判原则

（1）全面审查原则。

全面审查原则是指第二审人民法院应当就第一审判决认定的事实和适用法律进行全面审查，不受上诉或者抗诉范围的限制。共同犯罪的案件只有部分被告人上诉的，应当对全案进行审查。

（2）上诉不加刑原则。

上诉不加刑是指第二审人民法院审理只有被告一方提出的上诉案件，不得以任何理由加重被告人的刑罚。它是第二审程序中一项特殊原则，其目的在于切实保障被告一方的上诉权。

2. 审判程序

根据《刑事诉讼法》第195条的规定，第二审人民法院开庭审理上诉或者抗诉案件，参照第一审程序规定的开庭、法庭调查、法庭辩论、被告人最后陈述、评议和宣判的步骤进行。对于事实清楚的上诉案件，第二审法院可以不开庭审理。

3. 对第二审案件的处理

（1）原判决认定事实和适用法律正确、量刑适当的，应当裁定驳回上诉或者抗诉，维持原判。

（2）原判决认定事实没有错误，但适用法律有错误，或者量刑不当的，应当改判。

（3）原判决认定事实不清或者证据不足，可以在查清事实后改判；也可以裁定撤销原判，发回原审人民法院重新审判。

（4）第二审人民法院发现第一审人民法院的审理有违反法律规定的诉讼程序的情形之一的，应当裁定撤销原判，发回原审人民法院重新审判。

（5）对一审裁定的上诉、抗诉案件，二审法院经过审查后，应当参照《刑事诉讼法》第189条和第191条的规定分别处理。或者用裁定驳回上诉、抗诉，维持原裁定；或者用裁定撤销、变更原裁定。但只能使用裁定，而不得使用判决。

第二审人民法院发回原审人民法院重新审判的案件，原审人民法院从收到发回的案件之日起，重新计算审理期限。第二审的判决、裁定和最高人民法院的判决、裁定，都是终审的判决、裁定，一经宣布，立即发生法律效力。

司考真题

下列哪一选项违反上诉不加刑原则？（　　）

A. 一审法院认定马某犯伤害罪判处有期徒刑三年，马某上诉，检察院没有抗诉，二审法院认为一审判决认定事实不清，发回原审法院重新审判。

B. 一审法院认定赵某犯抢夺罪判处有期徒刑五年，赵某上诉，检察院没有抗诉，二审法院在没有改变刑期的情况下将罪名改判为抢劫罪。

C. 一审法院以盗窃罪判处金某有期徒刑两年、王某有期徒刑一年，金某、王某以没有实施犯罪为由提起上诉，检察院认为对金某量刑畸轻提出抗诉，二审法院经审理认为一审对金某、王某量刑均偏轻，但仅对金某改判为五年。

D. 一审法院认定石某犯杀人罪判处死刑立即执行，犯抢劫罪判处无期徒刑，数罪并罚决定执行死刑立即执行。石某上诉后，二审法院认为石某在抢劫现场杀人只构成抢劫罪一个罪，遂撤销一审对杀人罪的认定，以抢劫罪判处死刑立即执行。

【分析】上诉不加刑是指第二审人民法院审理只有被告一方提出的上诉案件，不得以任何理由加重被告人的刑罚。D 项在只有石某上诉的情况下，加重了抢劫罪的刑罚，违反上诉不加刑原则，因此正确答案是：D。

（四）死刑复核程序

死刑复核程序是指拥有死刑复核权的人民法院对判处死刑的案件进行审查核准所应遵循的一种特殊审判程序。根据《刑事诉讼法》的规定，死刑复核程序既包括对判处死刑立即执行案件的复核程序，也包括对判处死刑缓期二年执行案件的复核程序。

1. 判处死刑立即执行案件的复核程序

对于应当报请最高人民法院核准的判处死刑立即执行的案件，按照下面情形分别处理：

（1）中级人民法院判处死刑的第一审案件，被告人不上诉、人民检察院不抗诉的，在上诉、抗诉期满后 10 日内报请高级人民法院复核。高级人民法院同意判处死刑的，依法作出裁定后 10 日内报请最高人民法院核准；不同意判处死刑的，应当提审或者发回重新审判。

（2）中级人民法院判处死刑的第一审案件，被告人提出上诉或者人民检察院提出抗诉，高级人民法院终审裁定维持死刑判决的，在作出裁定后 10 日内报请最高人民法院核准。

（3）高级人民法院判处死刑的第一审案件，被告人不上诉、人民检察院不抗诉的，在上诉、抗诉期满后 10 日内报请最高人民法院核准。

最高人民法院复核死刑案件应当由三名审判员组成合议庭进行复核，并作出核准或者不核准死刑的裁定，对于不核准死刑的，最高人民法院可以发回重审或者予以改判。

2. 判处死刑缓期 2 年执行案件的复核程序

死刑缓期两年执行，简称“死缓”，不是一个独立的刑种，而是死刑的一种特殊执行方法，根据《刑法》第 48 条规定，对于应当判处死刑的犯罪分子，如果不是必须立即执行的，可以判处死刑同时宣告缓期两年执行。判处死刑缓期 2 年执行案件的核准权由高级人民法院统一行使。

高级人民法院对于报请复核的死刑缓期执行的案件，经审核后，根据不同情形分别作出如下处理：

（1）原判决认定事实清楚，证据确实、充分，适用法律正确，量刑适当的，裁定予以核准死缓判决。

（2）原审判决认定的事实不清，证据不足的，裁定撤销原判，发回原审人民法院重新审判。

（3）原审判决认定事实正确，但适用法律有错误或者量刑过重的，应当依法改判。

（4）发现第一审人民法院或者第二审人民法院违反法律规定的诉讼程序，可能影响正确判决的，应当裁定撤销原判，发回原审法院重新审判。

（五）审判监督程序

审判监督程序，是指人民法院、人民检察院对于已经发生法律效力的判决和裁定，发现在认定事实或者适用法律上确有错误，依法提出并由人民法院对该案进行重新审判的一项特殊诉讼程序。

1. 审判监督程序的提起

（1）提起审判监督程序的材料来源。

根据刑事诉讼法的规定和司法实践，这些材料来源主要有：①当事人及其法定代理人、近亲属的申诉。②各级人民代表大会代表提出的纠正错案议案。③司法机关通过办案或者复查案件对错案的发现。④人民群众的来信来访。⑤机关、团体、企业、事业单位和新闻媒体等对生效裁判反映的意见。

（2）提起审判监督程序的主体。

根据《刑事诉讼法》第243条的规定，有权提起审判监督程序的主体有：①各级人民法院院长和审判委员会。各级人民法院院长对本院已经发生法律效力的判决和裁定，如果发现在认定事实上或者在适用法律上确有错误，必须提交审判委员会处理。②最高人民法院和上级人民法院。最高人民法院对各级人民法院已经发生法律效力的判决和裁定，上级人民法院对下级人民法院已经发生法律效力的判决和裁定，如果发现确有错误，有权提审或者指令下级人民法院再审。③最高人民检察院和上级人民检察院。最高人民检察院对各级人民法院已经发生法律效力的判决和裁定，上级人民检察院对下级人民法院已经发生法律效力的判决和裁定，如果发现确有错误，有权按照审判监督程序向同级人民法院提出抗诉。

（3）提起审判监督程序的事由。

提起审判监督程序的事由，是指可以作为提起审判监督程序的条件与根据。我国刑事诉讼法规定，提起再审的事由是已发生法律效力的判决、裁定在认定事实上或者在适用法律上“确有错误”，具体地讲，只有发现下列情形之一的，才能提起审判监督程序：①原判决、裁定在认定事实上确有错误。②原判决、裁定在适用法律上确有错误。③严重违反法律规定的诉讼程序，影响对案件的正确裁判。

（4）提起审判监督程序的方式。

根据《刑事诉讼法》第243条的规定，提起审判监督程序的方式有：决定再审、指令再审、决定提审和提出抗诉。

决定再审是指各级人民法院院长对本院的已经发生法律效力的判决和裁定，如果发现在认定事实或者适用法律上确有错误，经提交审判委员会讨论决定再审从而提起审判监督程序的一种方式。

指令再审是指最高人民法院对各级人民法院的已经发生法律效力的判决、裁定，上级人民法院对下级人民法院的已经发生法律效力的判决、裁定，如果发现确有错误，可以指令下级人民法院再审从而提起审判监督程序的一种方式。

决定提审是指最高人民法院对各级人民法院的已经发生法律效力的判决、裁定，上级人民法院对下级人民法院的已经发生法律效力的判决、裁定，如果发现确有错误，需要重新审理，而直接组成合议庭，调取原审案卷和材料，并进行审判从而提起审判监督程序的一种方式。

提出抗诉是最高人民检察院对各级人民法院的发生法律效力的判决、裁定，上级人民检察院对下级人民法院的已经发生法律效力的判决和裁定，如果发现确有错误，向同级人民法院提出抗诉从而提起审判监督程序的一种方式。

2. 依照审判监督程序对案件的重新审判

人民检察院抗诉的案件，接受抗诉的人民法院应当组成合议庭重新审理，对于原判决事实不清或证据不足的，可指令下级人民法院再审。

人民法院接审判监督程序重新审判的案件，应当另行组成合议庭审理。如果原来是第一审案件，应当依照第一审程序进行，对其所作的判决、裁定，可以上诉、抗诉；如果原来是第二审案件，或者是上级人民法院提审的案件，应当依照第二审程序的规定进行，其所作的判决、裁定是终审判决、裁定。

依审判监督程序对案件重新审理后，应分别情形裁定维持原判，或者裁定撤销原判予以改判，或发回第一审人民法院重新审判。

五、执行

执行指人民法院、监狱和公安机关对已经发生法律效力的判决、裁定所确定的内容予以实现的诉讼活动。执行主体为人民法院、监狱和公安机关。执行的法律依据是发生法律效力的判决和裁定，包括：已过法定期限没有上诉、抗诉的判决和裁定；终审的判决和裁定，包括第二审裁判和最高人民法院的裁判；高级人民法院核准的死刑缓期 2 年执行的判决；最高人民法院核准的死刑判决。

（一）各种判决、裁定的执行程序

1. 死刑判决的执行

对死刑立即执行的判决，由最高人民法院院长签发执行死刑命令，下级人民法院接到命令后，应当在 7 日内交付执行。人民法院在交付执行死刑前，应当通知同级人民检察院派员临场监督。死刑采用枪决或者注射等方法进行。死刑可以在刑场或者指定的羁押场所内执行。执行死刑应当公布，不应示众。

2. 死刑缓期 2 年执行、徒刑、拘役的执行

对于被判处死刑缓期 2 年执行、无期徒刑、有期徒刑的罪犯，由公安机关依法将罪犯交付监狱执行。对于被判处有期徒刑的罪犯，在被交付执行刑罚前，剩余刑期在 1 年以下的，由看守所代为执行。对于被判处拘役的罪犯，由公安机关执行。对未成年犯应当在未成年犯管教所执行刑罚。执行机关应将罪犯及时收押，并通知罪犯家属。被判处有期徒

刑、拘役的罪犯，执行期满，应由执行机关发给释放证明。

3. 拘役缓刑、有期徒刑缓刑的执行

拘役缓刑、有期徒刑缓刑意味着在法定期间内暂缓执行原判刑罚，若缓刑犯在暂缓执行期间不犯罪，则不再执行原判刑罚。被判处徒刑缓刑、拘役缓刑的罪犯，由公安机关交所在单位或者基层组织予以考察。罪犯在缓刑考验期内，必须遵守法律、法规。罪犯在缓刑考验期内未再犯新罪的，缓刑考验期满，则不再执行原判刑罚，由执行机关宣布；罪犯在缓刑考验期内又犯新罪的，则在审判新罪时撤销原缓刑。

4. 管制、剥夺政治权利判决的执行

管制指对罪刑较为轻微的犯罪分子判处的不予关押而在公安机关管束、人民群众监督下进行劳动改造的刑罚方法。剥夺政治权利是指剥夺犯罪分子参加国家管理和政治活动权利的刑罚方法。管制、剥夺政治权利的判决由公安机关执行。执行期满，由公安机关通知本人，并向群众宣布解除管制或恢复政治权利。

5. 罚金、没收财产判决的执行

罚金判决，由人民法院执行。如果由于遭遇不能抗拒的灾祸交纳确实有困难的，可裁定减少或者免除。没收财产的判决，由人民法院执行。必要时可会同公安机关执行。

（二）变更执行程序

1. 死刑缓期 2 年执行的变更

被判处死刑缓期 2 年执行的罪犯，在死刑缓期执行期间没有故意犯罪，死刑缓期执行期满，应予以减刑，由执行机关提出书面意见，报请高级人民法院裁定；如果故意犯罪，查证属实，应当执行死刑，由高级人民法院报请最高人民法院核准。

2. 暂予监外执行

暂予监外执行指对被判处有期徒刑、拘役的罪犯不适宜在监狱等场所关押执行时而于羁押场所外执行刑罚的制度。

暂予监外执行限于被判处有期徒刑或拘役的罪犯，暂予监外执行的条件有三个：（1）有严重疾病需要保外就医的；（2）怀孕或者正在哺乳自己婴儿的妇女；（3）生活不能自理，适用暂予监外执行不致危害社会的有期徒刑、拘役犯，可以暂予监外执行。对于适用保外就医可能有社会危险性的罪犯，或者有自伤自残的罪犯，不得保外就医。罪犯确有严重疾病必须保外就医的，由省级人民政府指定的医院开具证明文件，依照法律规定的程序审批。发现被保外就医的罪犯不符合保外就医条件的，或者严重违反有关保外就医规定的，应当及时收监。

对于暂予监外执行的罪犯，由居住地公安机关执行。执行机关应对其严格管理，基层组织或者罪犯原所在单位协助进行监督。

批准暂予监外执行的机关应当将批准决定抄送人民检察院。人民检察院认为不当的，应当自接到通知之日起 1 个月以内将书面意见送交批准机关，批准机关应立即对暂予监外执行决定进行重新核查。

暂予监外执行的情形消失后，罪犯刑期未满的，应及时收监。罪犯在监外执行期间死亡的，应及时通知监狱。

3. 减刑与假释

减刑指被判处管制、拘役、有期徒刑、无期徒刑的罪犯，在执行期间确有悔改或者立功表现，从而减轻其原判刑罚的制度。

假释指被判处有期徒刑或无期徒刑的罪犯，在执行一定刑期后，确有悔改表现，不致再危害社会，从而将其附条件地提前释放的制度。

减刑、假释均由执行机关提出建议书，报请人民法院审核裁定。人民检察院认为减刑、假释的决定不当，应自收到裁定书副本后20日内，向人民法院提出书面纠正意见，人民法院应在收到纠正意见后1个月内重新组织合议庭进行审理，作出最终裁定。

六、刑事诉讼特别程序

根据《刑事诉讼法》第五编的规定，刑事诉讼特别程序包括：未成年人刑事案件诉讼程序；当事人和解的公诉案件诉讼程序；犯罪嫌疑人、被告人逃匿、死亡案件违法所得的没收程序；依法不负刑事责任的精神病人的强制医疗程序。

（一）未成年人刑事案件诉讼程序

在我国，法律意义上的未成年人是指已满14周岁不满18周岁者。处在这个年龄阶段上的人实施了危害社会、应受刑罚处罚的行为，即属未成年人犯罪。我国未成年犯罪的诉讼程序，是指对于已满14岁未满18周岁的人犯罪的侦查、起诉，审判和执行等刑事诉讼程序，也包括刑事诉讼程序前的调查和处理程序。

未成年人刑事诉讼程序是一种特殊的刑事诉讼程序，除应遵循刑事诉讼法的基本原则外，还应当设定并贯彻适用于未成年人刑事诉讼程序的特有原则，即：

（1）全面调查原则，即司法机关在办理未成年人犯罪案件的过程中，除了对未成年人的犯罪进行调查，也要对未成年人进行特别的被告调查和生理调查。

（2）分别处理原则，即在刑事诉讼过程中对未成年和成年犯罪分子分别适用不同的诉讼程序，区别对待，分别审理，分别羁押和分别执行。

（3）迅速简便原则，即在尽可能的时间内完成诉讼，使未成年被告人免受长时间诉讼过程的侵扰和繁杂的诉讼程序的影响。

（4）相对不公开宣判原则，即对于不满18周岁的被告人宣告判决，应当公开进行，但不得召开群众大会。在群众大会上宣告判决的共同犯罪案件中如有不满18周岁的被告人时，该被告人不得出场。

（二）当事人和解的公诉案件诉讼程序

当事人和解的公诉案件诉讼程序是指，在公诉案件中，公安机关、人民检察院、人民法院在特定的案件范围内，犯罪嫌疑人、被告人真诚悔罪，通过向被害人赔偿损失、赔礼道歉等方式获得了被害人的谅解，被害人自愿和解的，双方当事人可以和解。

当事人和解的公诉案件诉讼程序的适用范围，包括①因民间纠纷引起，涉嫌刑法分则第四章、第五章规定的犯罪案件，可能判处三年有期徒刑以下刑罚的；②除渎职犯罪以外的可能判处七年有期徒刑以下刑罚的过失犯罪案件。但是犯罪嫌疑人、被告人在五年以内曾经故意犯罪的，不适用该程序。

（三）犯罪嫌疑人、被告人逃匿、死亡案件违法所得的没收程序

犯罪嫌疑人、被告人逃匿、死亡案件违法所得的没收程序，是指在符合特定的条件下，犯罪嫌疑人、被告人逃匿或死亡，对违法所得的财物进行处理的一种特别诉讼程序。该程序的适用需要符合下列条件：①犯罪嫌疑人、被告人逃匿、死亡案件违法所得的没收程序适用于贪污贿赂犯罪、恐怖活动犯罪等重大犯罪案件；②犯罪嫌疑人、被告人逃匿，在通缉一年后不能到案，或者犯罪嫌疑人、被告人死亡；③财产有被追缴的必要；④由人民检察院向人民法院提出没收违法所得的申请。

（四）依法不负刑事责任的精神病人的强制医疗程序

强制医疗程序，是指公安、司法机关对不负刑事责任并且具有社会危险性的精神病人采取强制医疗的一种特别程序。

根据《刑事诉讼法》第 284 条的规定，实施暴力行为，危害公共安全或者严重危害公民人身安全，经法定程序鉴定依法不负刑事责任的精神病人，有继续危害社会可能的，可以予以强制医疗。

对精神病人强制医疗的，由人民法院决定。公安机关发现精神病人符合强制医疗条件的，应当写出强制医疗意见书，移送人民检察院。对于公安机关移送的或者在审查起诉过程中发现的精神病人符合强制医疗条件的，人民检察院应当向人民法院提出强制医疗的申请。人民法院在审理案件过程中发现被告人符合强制医疗条件的，可以作出强制医疗的决定。

司考真题

犯罪嫌疑人刘某涉嫌故意杀人被公安机关立案侦查。在侦查过程中，侦查人员发现刘某行为异常。经鉴定，刘某属于依法不负刑事责任的精神病人，需要对其实施强制医疗。关于有权启动强制医疗程序的主体，下列选项正确的是(　　)。

A. 公安机关

B. 检察院

C. 法院

D. 刘某的监护人、法定代理人以及受害人

【分析】对精神病人强制医疗的，由人民法院决定。公安机关发现精神病人符合强制医疗条件的，应当写出强制医疗意见书，移送人民检察院。对于公安机关移送的或者在审查起诉过程中发现的精神病人符合强制医疗条件的，人民检察院应当向人民法院提出强制医疗的申请。人民法院在审理案件过程中发现被告人符合强制医疗条件的，可以作出强制医疗的决定。因此，正确答案是：B、C。

本章练习

一、判断题

1. 对刑事案件的侦查、拘留、执行逮捕、预审，由公安机关负责。检察、批准逮捕、检察机关直接受理的案件的侦查、提起公诉，由人民检察院负责。审判由人民法院负责。（　　）

2. 未经人民法院依法判决，对任何人都不得确定有罪。（　　）

3. 犯罪已过追诉时效期限的，不追究刑事责任，已经追究的除外。（　　）

4. 刑事案件的侦查一律由公安机关进行。（　　）

5. 刑事案件一般由犯罪地的人民法院管辖。（　　）

6. 对侦查人员的回避作出决定前，侦查人员必须停止对案件的侦查。（　　）

7. 公诉案件中被告人有罪的举证责任由人民检察院承担，被告人无罪的举证责任由被告人承担。（　　）

8. 没有被告人的供述，尽管证据确实、充分的，也不可以认定被告人有罪。（　　）

9. 凡是知道案件情况的人，都有作证的义务。但精神病人、未成年人不能作证人。（　　）

10. 凡需要提起公诉的案件，一律由人民检察院审查决定。（　　）

二、单项选择题

1. 下列关于期限的说法正确的是(　　)。

A. 侦查羁押期限应从犯罪嫌疑人被逮捕之日起计算

B. 人民检察院对犯罪嫌疑人的拘留时间最长可达 37 日

C. 法定期间不包括当事人路途上的时间

D. 张某被拘留期限届满之日恰逢法定节假日，应顺延至第一个工作日将其释放

2. 下列关于拘传的理解或者做法正确的是(　　)。

A. 被害人拒不到庭的可以对之适用拘传

B. 刑事诉讼中，对于被告人，可以未经传唤直接将其拘传到庭

C. 拘传犯罪嫌疑人，应当保证犯罪嫌疑人的必要的饮食和休息时间

D. 拘传持续的时间不得超过 24 小时

3. 张某被王某殴打致重伤，但是张某的母亲向公安机关报案后，公安机关却迟迟不予立案，张某于是向检察院申诉，检察院向公安机关发出《要求说明不予立案理由通知书》此时公安机关应当(　　)。

A. 公安机关在收到通知书后 3 日内书面答复检察院

B. 公安机关在收到通知书后 7 日内书面答复检察院

C. 公安机关在收到通知书后 10 日内书面答复检察院

D. 公安机关在收到通知书后 15 日内书面答复检察院

4. 在一起浮尸案的现场，侦查人员发现了一封遗书，根据遗书记载的内容，侦查人员推断出死者的家庭、出身、身份，同时，又根据笔迹鉴定，推断出此遗书确系死者所写。本案中的遗书，属于下列哪种证据？(　　)

A. 书证　　　　　　　　　　　　B. 物证
C. 既是书证，又是物证　　　　　D. 被害人陈述

5. 公安机关、人民检察院或者人民法院对于不属于自己管辖的报案、控告、举报应如何处理？（　）

A. 不应当受理
B. 应当受理，展开侦查或者审判
C. 不应当受理，告其应向主管机关报案
D. 应当接受，然后移送主管机关处理

三、多项选择题

1. 关于附带民事诉讼，以下说法错误的是(　　)。

A. 如法院对刑事被告人作出无罪判决，应告知附带民事诉讼原告人另行提起民事诉讼
B. 附带民事诉讼调解一律应当制作调解书
C. 法院为了保证将来判决能够顺利执行，可以对附带民事诉讼被告人的财产进行冻结
D. 人民法院审理自诉附带民事诉讼案件，应当进行调解

2. 在刑事诉讼中，诉讼代理人认为办案机关及其工作人员阻碍其依法行使诉讼权利的，可以如何进行救济？（　　）

A. 有权向本机关控告
B. 有权向同级人民检察院控告
C. 有权向同级人民检察院申诉
D. 有权向上一级人民检察院控告或申诉

3. 以下表述正确的是(　　)。

A. 县级以上公安机关负责人的回避，由同级人民检察院检察委员会决定
B. 公安机关负责人的回避，应当由上级公安机关负责人决定
C. 当事人及其法定代理人如不服《驳回申请回避决定书》，可以在收到后五日内向原决定机关申请复议一次
D. 当事人及其法定代理人对驳回申请回避的决定不服申请复议的，决定机关应当在三日内作出复议决定并书面通知申请人

4. 贾某因涉嫌诈骗罪被 D 县公安机关依法拘传讯问。自被拘传之日起，贾某在侦查阶段享受有下列哪些诉讼权利？（　　）

A. 自行辩护的权利
B. 聘请律师提供法律咨询、代理申诉和控告
C. 另行委托辩护人
D. 对与本案无关的问题拒绝回答

5. 下列犯罪嫌疑人、被告人中，哪些不适用取保候审？（　　）

A. 甲在取保候审期间故意实施新的犯罪行为
B. 乙涉嫌抢夺他人数额较大的财物被拘留，需逮捕而证据尚不符合逮捕条件

C. 丙刑满释放后第二年又涉嫌重婚

D. 丁是持刀抢劫的被告人

四、问答题

1. 我国刑事诉讼中的强制措施包括哪些？

2. 回避的法定理由有哪些？

3. 我国刑事代理制度的种类包括哪些？

4. 刑事证据的种类有哪些？

五、案例分析题

被告人王某故意杀人案被抓捕归案，后经某市中级法院审理，认为案件事实清楚，证据确实、充分。请分析回答下列问题：

1. 如王某被判处死刑立即执行，下列选项正确的是(　　)。

A. 核准死刑立即执行的机关是最高法院

B. 签发死刑立即执行命令的是最高法院审判委员会

C. 王某由作出终审判决的法院执行

D. 王某由法院交由监狱或指定的羁押场所执行

2. 如王某被判处无期徒刑，附加剥夺政治权利，下列选项错误的是(　　)。

A. 无期徒刑的执行机关是监狱

B. 剥夺政治权利的执行机关是公安机关

C. 对王某应当剥夺政治权利终身

D. 如王某减刑为有期徒刑，剥夺政治权利的期限应改为十五年

3. 如王某被并处没收个人财产，关于本案财产刑的执行及赔偿、债务偿还，下列说法正确的是(　　)。

A. 财产刑由公安机关执行

B. 王某应先履行对提起附带民事诉讼的被害人的民事赔偿责任

C. 案外人对执行标的物提出异议的，法院应当裁定中止执行

D. 王某在案发前所负所有债务，经债权人请求先行予以偿还

4. 如王某在市中级人民法院做出一审判决后，提出上诉，下列哪些说法是正确的(　　)。

A. 王某必须向原审人民法院提出上诉

B. 王某必须在收到起诉状之日起十日内提出上诉

C. 通过原审人民法院提出上诉的，原审人民法院应当在三日以内将上诉状连同案卷、证据移送上一级人民法院，同时将上诉状副本送交同级人民检察院和对方当事人

D. 只有被告人不服地方各级人民法院第一审的判决、裁定，才有权用书状或者口头向上一级人民法院提起上诉

第十章

民事诉讼法

学习目标

理解民事诉讼基本理论，掌握民事诉讼基本操作规程，运用所学的民事诉讼法律知识解决遇到的相关法律问题，保护自己的合法权益，并逐步提高依法发现问题、认识问题、分析问题和解决问题的能力，为今后在职业活动中，积极投身社会主义法制建设、积极参与社会主义司法实践奠定坚实基础。

案例引导

2003 年 8 月，黄某与日晟房地产公司通过签订合同，购买了日晟房地产公司预售的一套房屋。在办理入住手续时，黄某发现该房屋客厅窗外有一根用于装饰的钢梁。这个钢梁不仅遮挡窗户，给自己造成视觉和心理障碍，还威胁自己的人身、财产安全和隐私权。在黄某与房地产公司签订合同过程中，公司没有以售楼处的沙盘图、展示的样板间或者其他任何宣传资料，向黄某明示窗外有这个钢梁，更没有在购房合同中约定窗外有钢梁。但日晟房地产公司认为这个钢梁是从整个小区的美观与协调考虑，按照经政府相关部门批准的小区建设设计图纸安装的，且符合建筑规范。现在整个小区已经竣工，并经验收合格。黄某应该考虑整个小区的利益，况且现在黄某已入住，表明其对房屋的现状也认可，不同意拆除钢梁，因此引发纠纷。请问该纠纷是否属于民事纠纷？黄某可以采取哪些途径来维护自己的权益？

【分析】一个理性的社会应当向其成员提供多种民事纠纷解决的途径或方式，让纠纷主体能够根据法律的规定按照自身利益的需求选择相应的民事纠纷解决方式。在所有纠纷解决方式当中，诉讼是我们解决民事纠纷的最主要也是最重要的途径。该案当事人黄某可以选择与房地产公司和解或进行调解，当然更加可以选择提起民事诉讼来维护自己的合法权益。

第一节　民事诉讼法概述

一、民事诉讼和民事诉讼法

民事诉讼，是指人民法院在双方当事人和其他诉讼参与人参加下，审理和解决民事案件、经济纠纷案件的活动，以及因这些活动而产生的诉讼法律关系。

调整人民法院、当事人和其他诉讼参与人民事诉讼行为的法律规范的总和，称为民事诉讼法。民事诉讼法有形式意义和实质意义的区分。形式意义上的民事诉讼法是指民事诉讼法典，即国家最高权力机关颁布的关于民事诉讼的系统性、专门性法律。1991 年 4 月 9 日，第七届全国人民代表大会第四次会议通过的《中华人民共和国民事诉讼法》是我国现行的民事诉讼法典。广义的民事诉讼法，或称实质意义上的民事诉讼法，不仅包括狭义的民事诉讼法，还包括宪法和其他实体法、程序法有关民事诉讼的规定，以及最高院发布的关于民事诉讼程序的司法解释。

民事诉讼与民事诉讼法是相辅相成的，没有民事诉讼不需要民事诉讼法；反之，没有民事诉讼法也无法进行民事诉讼。民事诉讼法是指导民事诉讼的法。

二、民事诉讼法的指导思想、任务和效力

（一）民事诉讼法的指导思想和任务

民事诉讼法的指导思想概括起来包括：（1）以马克思列宁主义毛泽东思想为指导方针；（2）以宪法为依据；（3）以民事审判工作经验为参考；（4）以满足社会实际需要为目的。

根据《民事诉讼法》第 2 条的规定，我国民事诉讼法的任务是：保护当事人行使诉讼权利，保证人民法院查明事实，分清是非，正确适用法律，及时审理民事案件，确认民事权利义务关系，制裁民事违法行为，保护当事人的合法权益，教育公民自觉遵守法律，维护社会秩序、经济秩序，保障社会主义建设事业顺利进行。

（二）民事诉讼法的效力

民事诉讼法的效力是指民事诉讼法的适用范围，即民事诉讼法对什么人、什么事、在什么时间和空间适用。

1. 对事的效力

民事诉讼法适用于解决哪些案件，实际就是人民法院审理民事、经济案件的主要范围，主要包括以下几类：（1）民法调整的财产关系以及与财产相联系的人身关系发生纠纷的案件；（2）婚姻法调整的婚姻家庭关系发生纠纷的案件；（3）经济法调整的经济关系发生纠纷的部分案件；（4）行政法、劳动法调整的法律关系发生争议的部分案件，包括按法律规定向人民法院起诉或申请执行的案件。

2. 对人的效力

根据我国《民事诉讼法》的规定，只要在中华人民共和国领域内进行民事诉讼，无论是对中国人、外国人、无国籍人，还是对中国法人和组织或外国企业和组织，民事诉讼法均发生效力。

3. 空间的效力

根据国家主权原则，我国民事诉讼法适用于中华人民共和国领域内的一切地方，包括领土、领海、领空和我国领土自然延伸的部分。

4. 时间的效力

民事诉讼法的有效期间一般从立法机关颁布实施之日起，到明令废止或新法颁布施行取代前法之日止。我国《民事诉讼法》从 1991 年 4 月 9 日起施行，这就是生效的起始时间。民诉作为程序法具有溯及既往的效力，新法典施行之前受理但尚未审结的案件，适用新法继续审理。

三、民事诉讼法律关系

（一）民事诉讼法律关系的概念

民事诉讼法律关系，是指受民事诉讼法调整的法院、当事人及其他诉讼参与人之间存在的以诉讼权利义务为内容的具体社会关系。民事诉讼法律关系具有如下特征：（1）民事诉讼当事人始终是民事诉讼法律关系的当然主体。（2）人民法院在民事诉讼法律关系中始终居于重要地位。（3）民事诉讼法律关系是一种多面系列联系。所谓“多面”是指法院与原告、法院与被告、法院与第三人、法院与证人、法院与鉴定人、法院与勘验人、法院与翻译人员等“面”结成的关系。

（二）民事诉讼法律关系的要素

1. 民事诉讼法律关系的主体

民事诉讼法律关系主体，是指在民事诉讼中享有诉讼权利和承担诉讼义务的人，包括人民法院、人民检察院、诉讼参加人和其他诉讼参与人。上述各种主体虽然进入诉讼程序的原因各不相同，但他们均依法享有一定的诉讼权利，并承担相应的诉讼义务。

2. 民事诉讼法律关系的内容

民事诉讼法律关系的内容是民事诉讼法律关系主体在诉讼中享有的诉讼权利和承担的诉讼义务。民事诉讼法律关系的内容包括权利和义务两个方面，权利和义务相互对立，又相互联系。权利的内容是通过相应的义务来表现的，义务的内容是由相应的权利来限定的。

3. 民事诉讼法律关系的客体

民事诉讼法律关系的客体，是指民事诉讼法律关系主体的诉讼权利义务共同指向的对象。

（三）民事诉讼法律关系发生的条件

民事诉讼法律关系的发生不具有随意性；相反，它具有规定性，只有在一定的条件下，民事诉讼法律关系才能发生、发展、变更和消灭。这些条件一般包括民事诉讼法律规范、民事诉讼行为、事件。

四、民事诉讼法的基本原则

（一）诉讼权利平等原则

民事诉讼当事人有平等的诉讼权利。人民法院审理民事案件，应当保障和便利当事人行使诉讼权利，对当事人在适用法律上一律平等。具体说来，民事诉讼当事人不分身份、诉讼中的地位、民事实体上有无过失，在诉讼上地位一律平等。民事诉讼当事人各方享有同等的诉讼权利，承担对等的诉讼义务。人民法院应当为当事人平等地行使诉讼权利提供便利和保障。

（二）同等原则和对等原则

1. 同等原则

民事诉讼法中的同等原则，即外国人、无国籍人、外国企业和组织在人民法院起诉、应诉，同中华人民共和国公民、法人和其他组织有同等的诉讼权利义务。

2. 对等原则

民事诉讼法中的对等原则，即外国法院对中华人民共和国公民、法人和其他组织的民事诉讼权利加以限制的，中华人民共和国人民法院对该国公民、企业和组织的民事诉讼权利，实行对等原则。

（三）自愿合法调解原则

人民法院审理民事案件，应当根据自愿和合法的原则进行调解；调解不成的，应当及时判决。在调解中，受到尊重的首先不是当事人的权利，而是彼此谦让的精神。以牺牲当事人的权利为代价来求得纠纷的解决，无疑会淡化人们的权利义务观念。

（四）辩论原则

人民法院审理民事案件时，当事人有权就双方争议的问题，各自陈述自己的主张及其根据，互相进行辩驳和论证，以维护自己的合法权益。辩论原则建立在原告和被告诉讼地位平等而又彼此对立的基础之上，双方可以相互反驳、争辩，被告还有权对原告进行反诉。辩论权之行使贯穿于诉讼的整个过程。

（五）处分原则

当事人有权在法律规定的范围内处分自己的民事权利和诉讼权利。在民事诉讼中，当事人处分的权利是实体权利和诉讼权利。

当事人处分权不得违反法律规定、不得损害国家的、社会的、集体的和公民个人的利益；否则，人民法院将代表国家实行干预，通过司法审判确认当事人某种不当的处分行为无效。

（六）支持起诉原则

机关、社会团体、企业事业单位对损害国家、集体、或者个人民事权益的行为，可以支持受损害的单位或者个人向人民法院起诉。这是保护当事人民事权益的一项重要措施。

支持起诉的主体是机关、团体、企业事业单位。主要是对受害者负有保护责任的机关、团体和企业事业单位。公民个人不能作为支持起诉的主体。

支持起诉的前提，是法人或者自然人有损害国家集体或者个人民事权益的违法行为。

支持起诉的场合必须是受损害的单位或个人造成了损害，而又不能、不敢或者不便诉诸法院。如果受损害的单位或个人，已向人民法院起诉，就不需要支持起诉。

第二节　民事诉讼管辖

一、民事诉讼管辖的概念

民事诉讼中的管辖，是指各级法院之间和同级法院之间受理的一审民事案件的分工和权限。确定管辖可以使审判权得到落实，保证民事诉讼顺利开始；有利于当事人行使诉讼权利；可以使人民法院明确自己受理第一审民事案件的分工和权限，防止因管辖权不明造成的推诿或者争抢；有利于上级人民法院对下级人民法院实行监督，督促下级人民法院严格执行民事诉讼法关于管辖的规定，纠正违反管辖管理受理案件的程序违法行为。

二、管辖的种类

我国民事诉讼法确定管辖的原则，主要是便于当事人进行诉讼；便于人民法院行使审判权，保证案件公正审判，维护当事人合法权益。依据这些原则，我国民事案件管辖的种类可分为：级别管辖、地域管辖、移送管辖和指定管辖。

（一）级别管辖

级别管辖，是指按照一定的标准，划分上下级法院之间受理第一审民事案件的分工和权限。根据案件的性质、繁简程度和案件影响的大小来确定级别管辖，把性质重大、案情复杂，影响范围大的案件确定给级别高的法院管辖，争议标的金额大小也是确定级别管辖的重要依据。根据民事诉讼法的规定，各级人民法院管辖的第一审民事案件为：

（1）基层人民法院管辖第一审民事案件，法律另有规定的除外。

（2）中院管辖下列第一审民事案件：①重大涉外案件。指争议标的额大，或案情复杂，或居住在国外的当事人人数众多的涉外案件。②在本辖区有重大影响的案件。案件的影响超出基层法院的辖区，在中级法院的辖区产生了重大影响。③最高法院确定由中级法院管辖的案件。

（3）高级法院管辖案件：①管辖在本辖区有重大影响的第一审民事案件。②各高级法院就本省、自治区、直辖市作出的关于案件级别管辖的规定，应当报送最高法院批准。

未经批准的，不能作为级别管辖的依据；已经批准公布实施的，应当认真执行，不得随意更改。

（4）最高人民法院管辖的第一审民事案件：①在全国有重大影响的案件。②认为应当由本院审理的案件。

经典习题

关于民事案件的级别管辖，下列哪一选项是正确的？（　　）

A. 第一审民事案件原则上由基层法院管辖

B. 涉外案件的管辖权全部属于中级法院

C. 高级法院管辖的一审民事案件包括在本辖区内有重大影响的民事案件和它认为应当由自己审理的案件

D. 最高法院仅管辖在全国有重大影响的民事案件

【分析】《民事诉讼法》第 17 条规定，基层人民法院管辖第一审民事案件，但本法另有规定的除外。因此，A 项正确。《民事诉讼法》第 18 条规定，重大涉外案件的一审由中级人民法院管辖。据此可知，而非所有涉外案件的一审都由中院管辖，而是重大涉外案件的一审才由中院管辖。因此，B 项错误。《民事诉讼法》第 19 条规定，高级人民法院管辖在本辖区有重大影响的第一审民事案件。因此，C 项错误。《民事诉讼法》第 20 条规定，最高人民法院管辖在全国有重大影响的案件以及认为应当由本院审理的案件，D 项错误。因此正确答案是：A。

（二）地域管辖

地域管辖，是指确定同级人民法院之间在各自辖区受理第一审民事案件的分工和权限。地域管辖按照各法院的辖区和民事案件的隶属关系来划分诉讼管辖，分为一般地域管辖、特殊地域管辖、专属管辖、协议管辖、共同管辖、选择管辖和合并管辖。

1. 一般地域管辖

（1）一般地域管辖，是指民事案件一般由被告住所地人民法院管辖，被告住所地与经常居住地不一致的，由经常居住地人民法院管辖。这就是通常所说的“原告就被告”原则。

（2）例外规定——由原告所在地法院管辖。下列民事诉讼，由原告住所地人民法院管辖，原告住所地与经常居住地不一致的，对不在中华人民共和国领域内居住的人提起的有关身份关系的诉讼；对下落不明或者宣告失踪的人提起的有关身份关系的诉讼；对被劳动教养的人提起的诉讼；对被监禁的人提起的诉讼。被告一方被注销城镇户口的；追索赡养费案件的几个被告住所地不在同一辖区的；非军人对军人提出的离婚诉讼，如果军人一方为非文职军人，由原告住所地人民法院管辖。夫妻一方离开住所地超过一年，另一方起诉离婚的案件，由原告住所地人民法院管辖。夫妻双方离开住所地超过一年，一方起诉离婚的案件，由被告经常居住地人民法院管辖；没有经常居住地的，由原告起诉时居住地的人民法院管辖。

2. 特殊地域管辖

特殊地域管辖，是以被告住所地及诉讼标的或者引起法律关系发生、变更、消灭的法律事实所在地为标准所确定的管辖。

3. 专属管辖

专属管辖，是指法律强制规定某些案件只能由特定的人民法院管辖，其他法院无管辖权，当事人也不得协议变更管辖。(1) 因不动产纠纷提起的诉讼，由不动产所在地人民法院管辖；(2) 因港口作业中发生纠纷提起的诉讼，由港口所在地人民法院管辖；(3) 因继承遗产纠纷提起的诉讼，由被继承人死亡时住所地或者主要遗产所在地人民法院管辖。有动产、不动产的由不动产所在地为主要遗产所在地，动产有多项的，价值高的动产所在地为遗产所在地。

4. 共同管辖与选择管辖

共同管辖，是指依照法律规定，两个以上人民法院对同一案件都有管辖权。如同一诉讼的几个被告住所地、经常居住地分别在两个以上法院辖区内，或者侵权行为跨越两个以上法院辖区的，这几个人民法院对这一案件都有管辖权。选择管辖，是指对同一案件两个以上人民法院都有管辖权，原告可以选择其中一个法院起诉；原告向两个以上有管辖权的人民法院起诉的，由最先立案的人民法院管辖。选择管辖以共同管辖为基础和前提条件。

两个以上人民法院都有管辖权的诉讼，先立案的人民法院不得将案件移送给另一个有管辖权的人民法院。人民法院在立案前发现其他有管辖权的人民法院已先立案的，不得重复立案，立案后发现其他有管辖权的人民法院已先立案的，裁定将案件移送给先立案的人民法院。合并管辖，是指对某个案件有管辖权的人民法院，可以一并审理与此案有牵连的其他案件。

5. 协议管辖

协议管辖亦称约定管辖，是指双方当事人在纠纷发生前或纠纷发生后，以书面的方式约定管辖法院。《民事诉讼法》第25条规定，协议管辖又称合意管辖或约定管辖。条件：(1) 协议管辖只适用于合同纠纷。(2) 只适用于一审。(3) 必须采用书面形式。当事人可以在合同约定，也可以在合同订立后，诉讼发生前以书面形式约定。此条款或约定具有独立性的效力。(4) 必须在原告住所地、被告住所地、合同签订地、合同履行地、标的物所在地法院这5个法院中选择。(5) 当事人必须做确定、单一的选择，不得选择两个或两个以上，否则无效。

(三) 移送管辖和指定管辖

1. 移送管辖

移送管辖，是指人民法院受理案件后，发现本院对该案无管辖权，依照法律规定将案件移送给有管辖权的人民法院审理。

2. 指定管辖

指定管辖，是指上级人民法院以裁定方式，指定下级人民法院对某一案件行使管辖权。

经典例题

甲县居民刘某与乙县大江房地产公司在丙县售房处签订了房屋买卖合同，购买大江公司在丁县所建住房1套。双方约定合同发生纠纷后，可以向甲县法院或者丙县法院起诉。后因房屋面积发生争议，刘某欲向法院起诉。下列关于管辖权的哪种说法是正确的？（ ）

A. 甲县和丙县法院有管辖权

B. 只有丁县法院有管辖权

C. 乙县和丁县法院有管辖权

D. 丙县和丁县法院有管辖权

【分析】本题考查的是专属管辖。因不动产纠纷提起的诉讼，由不动产所在地人民法院管辖。因此正确答案是：B。

三、管辖权异议

（一）管辖权异议的概念

管辖权异议，是指当事人向受诉法院提出的该院对案件无管辖权的主张。

（二）管辖权异议的条件

（1）提出异议的主体须是本案当事人；

（2）管辖权异议的客体是第一审民事案件的管辖权；

（3）提出管辖权异议的时间须在提交答辩状期间。

（三）法院对管辖权异议的处理

受诉法院收到当事人提出的管辖权异议后，应当认真进行审查，经审查后，如果认为异议成立的，裁定将案件移送有管辖权的法院审理。当案件属于共同管辖时，在移送前应征求原告的意见，否则会剥夺原告选择管辖的权利。如果认为异议不能成立，则应当裁定驳回异议。裁定应当送达双方当事人，当事人不服的，可以在10日内向上一级法院提出上诉。

当事人未提出上诉或上诉被驳回的，受诉法院应通知当事人参加诉讼。当事人对管辖权问题申诉的，不影响受诉法院对案件的审理。

第三节 民事诉讼参加人

民事诉讼参加人，是指参加诉讼的当事人和类似当事人诉讼地位的人，包括当事人（原告、被告、共同诉讼人、诉讼代表人、第三人）和诉讼代理人（法定代理人、委托代理人）。

一、当事人

（一）当事人的概念

民事诉讼中的当事人，是指因民事权利义务关系发生纠纷，以自己的名义进行诉讼，案件审理结果与其有法律上的利害关系，并受人民法院裁判约束的人。公民、法人或其他组织都可以成为民事诉讼的当事人。民事诉讼中的当事人有广义和狭义之分，狭义上的当事人仅指原告和被告。广义上的当事人除原告、被告以外还包括共同诉讼人、第三人。当事人包括形式上的当事人和实质上的当事人。

（二）诉讼权利能力和诉讼行为能力

1. 诉讼权利能力

诉讼权利能力也称为当事人诉讼权利能力或者当事人能力，是指成为民事诉讼当事人，享有民事诉讼权利和承担民事诉讼义务所必需的诉讼法上的资格。起诉的当事人没有当事人能力，法院将驳回起诉。通常情况下，有民事权利能力的人才具有诉讼权利能力。在某些情况下，没有民事权利能力的人也可以有诉讼权利能力。不具有民事权利能力的其他组织在某些情况下也可以有诉讼权利能力。公民的诉讼权利能力始于出生，终于死亡。法人和其他组织的诉讼权利能力，始于成立，终于终止。

2. 诉讼行为能力

诉讼行为能力又称为诉讼能力，是指当事人可以亲自实施诉讼行为，并通过自己的行为，行使诉讼权利和承担诉讼义务的诉讼法上的资格。

（三）原告和被告

原告，是认为自己的民事权益受到侵害，或者与他人发生争议，为维护其合法权益而向人民法院提起诉讼，引起诉讼程序发生的人。

被告，是指被诉称侵犯原告民事权益或与原告发生民事权益争议，被人民法院通知应诉的人。在民事诉讼中，原告与被告享有平等的诉讼权利，都有权委托代理人，提出回避申请、收集、提供证据，进行辩论，请求调解，提出上诉，申请执行，查阅复制与本案有关的材料和法律文书，自行和解等。原告可以放弃或者变更诉讼请求，被告可以承认或者反驳诉讼请求，有权提起反诉。同时，原告和被告都必须承担依法行使诉讼权利，遵守诉讼秩序，履行发生法律效力的判决书、裁定书和调解书的义务。

（四）共同诉讼人

当事人一方或双方各为两人以上，其诉讼标的是共同的，或者是同一种类，人民法院认为可以合并审理并经当事人同意的民事诉讼，称为共同诉讼。共同诉讼人，是指共同诉讼中的当事人一方或双方为两人以上共同起诉或共同应诉的人。

共同诉讼属于诉的合并，原告为两人以上的为积极的共同诉讼；被告为两人以上的为消极的共同诉讼；双方均为两人以上的为混合共同诉讼。争议的诉讼标的是同一的为必要共同诉讼，争议的标的是同种类的共同诉讼，是普通共同诉讼。

（五）第三人

1. 民事诉讼的第三人

民事诉讼的第三人，是指对他人争议的诉讼标的有独立的请求权，或者虽无独立的请求权，但案件的处理结果与其有法律上的利害关系而参加诉讼的人。分为有独立请求权的第三人和无独立请求权的第三人。

2. 有独立请求权的第三人

有独立请求权的第三人，是指对原告和被告争议的诉讼标的具有独立的请求权，而参加诉讼的人。有独立请求权的第三人既反对原告的主张，也反对被告的主张，认为他们都侵犯了自己的合法权益，因而将他们置于被告的地位，在诉讼中有独立的请求权，有权提起诉讼，享有原告的诉讼地位。

3. 无独立请求权的第三人

无独立请求权的第三人，是指虽然对原告与被告之间争议的标的没有独立的请求权，但与案件的处理结果有法律上的利害关系，而参加诉讼的人。在诉讼中无权承认、放弃、变更诉讼请求，无权请求和解和申请执行。

二、诉讼代理人

（一）诉讼代理人的概念

民事诉讼代理人，是指根据法律规定或者当事人的委托，代当事人进行民事诉讼活动的人。被代替或协助的当事人，称为被代理人。诉讼代理行为包括代为诉讼行为和代受诉讼行为，前者如提出诉讼请求、陈述案件事实和理由，提供证据等；后者如接受对方当事人提出的调解意见，代当事人接受诉讼文书等。

（二）诉讼代理人的种类

1. 法定诉讼代理人

法定诉讼代理人，是指根据法律规定，代理无诉讼行为能力的当事人进行民事活动的人。法定代理人的范围一般与无民事行为能力人或者限制民事行为能力人的监护人一致。法定代理人的诉讼代理是一种全权代理，可以按照自己的意志代理被代理人实施所有的诉讼行为，起诉、应诉、放弃或变更诉讼请求、进行调解、提起反诉。法定诉讼代理人也应履行当事人所承担的一切诉讼义务，无需被代理人的授权即可自由处分诉讼权利和实体权利。

2. 委托诉讼代理人

委托诉讼代理人，是指根据当事人、法定代表人或者法定代理人的委托，代为进行诉讼活动的人，也称为授权代理人和意定代理人。其特点是：诉讼代理权的发生是基于当事人、法定代表人或者法定代理人的委托；诉讼代理的权限范围和代理事项由被代理人决定；委托诉讼代理人具有诉讼行为能力。

委托诉讼代理人的范围：律师、基层法律服务工作者；当事人的近亲属或者工作人员；当事人所在社区、单位以及有关社会团体推荐的公民。但无民事行为能力人、限制民事行为能力人或者可能损害被代理人利益的人以及人民法院认为不宜作诉讼代理人的人，不能作为诉讼代理人。

第四节　民事诉讼证据

一、民事诉讼证据的概念和种类

（一）民事诉讼证据的概念和分类

民事诉讼证据，是指能够证明民事案件真实情况的一切事实。民事诉讼证据与刑事诉讼证据、行政诉讼证据相比，具有自己的特点，它由《民事诉讼法》调整，并受民事诉讼程序的制约，其证明对象是与民事实体争议和民事诉讼程序相关的特征事实。

民事诉讼证据在理论上可以按不同的标准进行分类：

（1）按证据的来源分为原始证据和派生证据。证据本身直接来源于案件事实，称为原始证据。原始证据通常被称为第一手材料。不是直接来源于案件事实，而是经过中间环节辗转得来的证据，称为派生证据。派生证据通常被称为第二手材料。将证据划分为原始证据和派生证据的意义在于原始证据与待证事实之间有直接联系，可靠性比较大，诉讼中应尽可能收集。找不到原始证据时，使用派生证据应注意审查其来源的可靠性，并和其他证据加以印证。

（2）按证据与证事实之间的关系分为直接证据和间接证据。直接证据是指能够单独地直接证明待证事实的证据。间接证据是指不能单独地、直接地证明待证事实，但一系列事实组合在一起可以证明待证事实的证据。如离婚案件中，包办、分居、吵架等事实作为证据组合在一起可以证明夫妻感情已经破裂。划分直接证据和间接证据的意义在于，使用间接证据不仅要审查其来源是否可靠，而且要保证各个间接证据之间互无矛盾。

（3）按证据与当事人主张的关系分为本证和反证。能够证明当事人一方所主张的事实存在的证据，称为本证。能够证明当事人一方所主张的事实不存在的证据，称为反证。划分本证和反证的意义在于，本证是一种肯定性的证据，其作用是可以证明当事人一方所主张的事实是真实的。反证是一种否定性的证据，其作用是从相反的方面否定或推翻当事人一方所主张的事实，证明这种事实不能成立。

司考真题

原告诉请被告返还借款5万元，为证明这一事实，原告向法院提交了被告书写的“借据”；被告则主张“借款已经清偿”，并向法院出示了原告交给他的“收据”。关于原、被告双方的证据，下列哪些选项是正确的？（　　）

A.“借据”是本证，“收据”是反证

B.“借据”是本证，“收据”也是本证

C. “借据”是直接证据，“收据”是间接证据

D. “借据”是直接证据，“收据”也是直接证据

【分析】直接证据是指能够单独地直接证明待证事实的证据。间接证据是指不能单独地、直接地证明待证事实，但一系列事实组合在一起可以证明待证事实的证据。能够证明当事人一方所主张的事实存在的证据，称为本证。能够证明当事人一方所主张的事实不存在的证据，称为反证。因此，正确答案是：BD。

（二）民事诉讼证据的种类

根据《民事诉讼法》的规定，证据有以下几种：

1. 书证

凡是用文字、符号、图画在某物体上表达人的思想，其内容可以证明待证事实的一部或全部的，称为书证。

2. 物证

凡是用物品的外形、特征、质量等证明待证事实的一部或全部的，称为物证。

3. 视听资料

凡是利用录像、录音磁带反映出的图像和音响，或以电脑储存的资料来证明待证事实的证据，称为视听资料。

4. 证人证言

证人证言，是指证人以口头或书面形式，就他所了解的案件情况向人民法院所作的陈述。

5. 当事人陈述

当事人在诉讼中向人民法院所作的关于案件事实的叙述，称为当事人陈述。

6. 鉴定意见

人民法院审理民事案件，对某些专门性问题，指定具有专业知识的人进行鉴定，从而作出科学的分析，提出结论性的意见，称为鉴定意见。

7. 勘验笔录

人民法院审判人员为了查明案情，对与争议有关的现场或者物品，亲自进行勘查检验，进行拍照，测量，将勘验情况和结果制成笔录，称为勘验笔录。

二、民事诉讼证明

民事诉讼中的证明，是人民法院或者当事人依法运用证据，查明或确定案件的诉讼活动。证明主体是人民法院和民事诉讼当事人。进行证明活动的目的，在于查明案件事实，保障案件的审判质量，更好地维护民事诉讼当事人的合法权益。

（一）证明对象

证明对象，是指需要由证明主体依法借助证据查明的案件事实，亦称待证事实。

1. 证明对象的范围

民事诉讼的证明对象的范围应包括以下几个方面：

(1) 实体法事实。民事案件的主要事实，是指由民事实体法规定的发生、变更或消灭民事法律关系的法律事实。

(2) 当事人主张的程序法上的主要事实。所谓程序法上的主要事实，是由民事诉讼法律规范所规定，能够引起民事诉讼法律关系发生、变更或消灭的事实。

(3) 外国法律和地方性法规、习惯。

2. 无需证明的事实

所谓无需证明的事实又称免证事实。这类事实不需证明，就能断定它的真实性。根据民事审判实践及《最高人民法院关于民事诉讼证据的若干规定》，无需证明的事实主要有以下几类：

(1) 诉讼上自认的事实。

(2) 众所周知的事实和自然规律及定理。众所周知的事实，指在一定范围内，被大多数人认为是客观真实的事实。

(3) 推定的事实。根据法律规定或者已知事实和日常生活经验法则能推定出的另一事实的事实；被推定的事实，作为证明对象不需加以证明。

(4) 预决的事实。是指人民法院先前做出的生效判决、裁定和调解书中所认定的事实，对正在进行的民事诉讼有预决的意义。

(5) 公证证明的事实。是指由公证机关证明的法律行为、法律文书和法律事实。

经典例题

下列事实中，当事人无须举证是的(　　)。

A. 原告主张国庆节被告休假7天

B. 被告冯某在法庭上承认曾向原告贺某借了一万元钱

C. 离婚诉讼中，原告（丈夫）怀疑6岁的儿子非其亲生儿子，被告（妻子）予以承认

D. 甲乙两公司就轮船的所有权归属发生争议，经仲裁，乙公司取得了轮船的所有权，则原告乙公司是该轮船所有权人的事实。

【分析】A属于众所周知的事实，B属于自认，D是预决的事实，正确答案是：C。

(二) 证明责任

所谓证明责任，是指诉讼当事人通过提出证据证明自己主张的有利于自己的事实的责任，避免因待证事实处于真伪不明状态而承担不利诉讼后果。

举证责任分担的原则是谁主张谁举证，即每一方当事人对自己提出的主张有责任提供证据。负有举证责任的当事人如果无法举证或者拒绝举证，则可能导致其主张不成立。最高人民法院通过司法解释确立了举证时效制度，法院可以指定举证时限，当事人也可以约定举证时限，当事人逾期举证，视为放弃举证，人民法院审理时不进行质证。

我国《民事诉讼法》规定当事人负有举证责任。人民法院的主要职责是按照法定程序全面地、客观地审查核实证据。但在下列两种情况下，人民法院对证据主动调查收集：

当事人及其诉讼代理人因客观原因不能自行收集的证据；人民法院认为审理案件需要的证据。

三、证据保全

（一）证据保全的概念

证据保全，是指在证据可能灭失或以后难以取得的情况下，法院根据申请人的申请或依职权，对证据加以固定和保护的制度。

（二）证据保全的条件

由于证据保全的目的在于防止因证据灭失或难以取得给当事人举证、质证和法庭调查带来困难，因此证据保全应符合以下条件：

1. 证据可能灭失或以后难以取得

这是法院决定采取证据保全措施的原因。证据可能灭失，是指证人可能因病死亡，物证和书证可能会腐烂、销毁。以后难以取得，是指虽然证据没有灭失，但如果不采取保全措施，以后取得该证据可能会成本过高或者难度很大。

2. 证据保全应在开庭审理前提出

这是对证据保全在时间上的要求。《民事诉讼法》没有规定诉前财产保全，只规定了起诉后开庭审理前可以提出诉讼财产保全。开庭审理后，由于已经进入证据调查阶段，就没有实施证据保全的必要。

（三）证据保全的程序

1. 启动方式

证据保全措施，一般是法院根据申请人申请采取的。但在法院认为必要时，也可以由法院依职权主动采取证据保全措施。

2. 申请人

申请采取证据保全措施的人，一般是当事人，但在某些情况下，也可以是利害关系人。

3. 诉前证据保全与诉讼证据保全

（1）诉前证据保全。在起诉前或申请仲裁前向法院（证据所在地、被申请人住所地、对案件有管辖权的人民法院）申请保全证据，法院接受申请后，必须在 48 小时内作出裁定；裁定采取保全措施的，应当立即执行。申请人申请诉前保全证据可能涉及被申请人财产损失的，人民法院可以责令申请人提供相应的担保。申请人不提供担保的，驳回申请。申请人在法院采取保全措施后 15 日内不起诉的，法院应当解除保全措施。诉前证据保全，法院不能依职权采取，必须由当事人申请才能启动。申请人可以向有管辖权的法院提出。

（2）诉讼证据保全。对于诉讼证据保全，法院既可以根据申请人的申请采取，也可以在认为必要时，依职权主动采取。

（四）证据保全的方法

法院采取证据保全措施时，应当根据不同证据的特点，采取不同的方法。对证人证言，应当采取作笔录或录音的方法；对书证的保全，应当采取拍照、复制的方法；对物证的保全，可以采取通过现场勘验，制作笔录、绘图、拍照、录像，保存原物的方法等，客观真实地反映证据。

第五节　财产保全和先予执行

一、财产保全

（一）财产保全的概念

财产保全，是指遇有有关财产可能被转移、隐匿、毁灭等情形，可能造成对利害关系人权益的损害或可能使人民法院将来的判决难以执行或不能执行时，根据利害关系人或者当事人的申请或者人民法院的决定，对有关财产采取保护措施的制度。财产保全的意义在于维护利害关系人和当事人的合法权益以及保证法院裁判在社会实践中能得到真正的执行。依据保全措施实施的时机不同，财产保全的种类分为诉前保全和诉讼保全。

诉前保全，是指在诉讼发生前，人民法院根据利害关系人的申请，对有关的财产采取保护措施的制度。实质条件是：利害关系人与他人之间存在争议的法律关系所涉及的财产处于情况紧急状态下，不立即采取财产保全措施将有可能使利害关系人的合法权益遭受到不可弥补的现实危险。必须有利害关系人向财产所在地人民法院提出申请，并提供担保。

诉讼保全，是指在诉讼过程中，为了保证人民法院的判决能够顺利实施，人民法院根据当事人的申请或者在必要时依职权决定对有关财产采取保护措施的制度。实质条件时存在因各种主客观原因可能使人民法院将作出的判决难以或者不能实现的情况。在诉讼中有当事人向受诉人民法院提出申请，或由人民法院依职权决定，人民法院接受申请时，可以责令申请人提供担保。

（二）范围和措施

1. 范围

财产保全限于请求的范围或与本案有关的财物。请求范围，是指保全的财产其价值与诉讼请求相当或者与利害关系人的请求相当。与办案有关的财物，是指本案的标的物，可供将来执行法院判决的财物或利害关系人请求予以保全的财物。

2. 措施

查封、扣押、冻结或法律规定的其他方法。

（三）程序

诉前财产保全由利害关系人提出，申请人应当提供担保；诉讼财产保全由当事人提出或法院依职权决定，法院可以责令申请人提供担保。要求申请人提供担保，申请人拒绝提供的，人民法院依法驳回申请，申请人提供担保可以是自己的以财产作为担保，也可以由第三人作为保证人提供担保。

人民法院接受申请后，必须在 48 小时内作出裁定；裁定采取财产保全措施的，应当立即开始执行，有关单位有义务协助人民法院执行。当事人不服人民法院财产保全裁定的，可以申请复议一次，复议期间不停止裁定的执行。

符合下列条件之一的，可以解除财产保全措施：（1）诉前保全措施采取后，利害关系人在 15 日内未起诉的。（2）被申请人向人民法院提供担保的。（3）申请人在财产保全期间撤回申请，人民法院同意其撤回申请的。（4）人民法院确认被申请人申请复议意见有理，而作出新裁定，撤销原财产保全裁定的。（5）被申请人依法履行了人民法院判决的义务，财产保全没有存在意义的。

二、先予执行

（一）先予执行的概念

先予执行，是指人民法院在终局判决之前，为解决权利人生活或生产经营的急需，依法裁定义务人预先履行义务的制度。

（二）先予执行的适用范围

人民法院对下列案件，根据当事人的申请，可以裁定先予执行：（1）追索赡养费、扶养费、抚育费、抚恤金、医疗费用的；（2）追索劳动报酬的；（3）因情况紧急需要先予执行的。情况紧急，是指：需要立即停止侵害、排除妨碍的；需要立即制止某项行为的；需要立即返还用于购置生产原料、生产工具货款的；追索恢复生产、经营急需的保险理赔费的。

（三）申请先予执行的条件

（1）当事人之间权利义务明确；

（2）申请人有实现权利的迫切需要；

（3）当事人向人民法院提出申请（人民法院不能主动依职权裁定采取先予执行的措施）；

（4）被申请人有履行的能力。

（四）先予执行的程序

权利人向受诉人民法院以书面形式提出。当事人申请先予执行，人民法院认为有必要让申请人提供担保的，可以责令申请人提供担保，不提供担保的可以驳回申请。

人民法院对当事人提出的先予执行的申请，应当进行审查，审查的内容主要是：申请的案件是否属于先予执行的范围，申请是否符合先予执行条件。

第六节　对妨碍民事诉讼的强制措施

一、对妨碍民事诉讼的强制措施的概念

对妨害民事诉讼的强制措施，是指人民法院在民事诉讼中，为了制止和排除诉讼参与人或案外人对民事诉讼的妨害，维护正常的诉讼秩序，保证诉讼活动的顺利进行，而依法对妨害人所采取的各种强制手段的总称。

二、对妨害民事诉讼强制措施的种类及适用

对妨害民事诉讼的行为采取强制措施，是排除诉讼障碍的一种有效方法。根据《民事诉讼法》的规定，人民法院可以根据不同的妨害民事诉讼行为的情节轻重以及特定的条件，采取不同的强制措施。人民法院适用强制措施，必须按照法律规定的条件和程序进行。具体包括以下五种强制措施：

（一）拘传

拘传，也称强制到庭，指人民法院对必须到庭的被告，派出司法警察强制其到庭参加诉讼的措施。

按照《民事诉讼法》的规定，采取拘传措施应具备下列条件：

（1）被拘传的对象必须是法律规定或人民法院认为必须到庭的被告。根据最高人民法院的司法解释，必须到庭的被告，主要是指追索赡养费、抚育费、扶养费案件的被告；损害赔偿案件的被告；不到庭就无法查清案情的被告。另外，给国家、集体或他人造成损害的未成年人的法定代理人，如其必须到庭，经两次传票传唤无正当理由拒不到庭的，也可以适用拘传。在反诉中，本诉的原告变成了反诉的被告，如果是必须到庭的，也可以对其适用拘传。

（2）必须经过两次传票传唤。人民法院必须依照诉讼文书的送达方式，将传票两次送达被告，传唤其出庭。如果采用打电话、捎口信等简易方式传唤被告，被告不到庭的，不能拘传被告。

（3）被告无正当理由拒不到庭。因遇不可抗拒的自然灾害，或被告因生病等健康原因不能到庭的，即可以认为是有正当理由。人民法院应审查被告不到庭的原因，无正当理由，便可以适用拘传。

以上三个条件必须同时具备，才能对被告适用拘传。

对被执行人采取拘传方式进行调查询问，应当拘传至人民法院；在人民法院辖区以外采取拘传措施时，应当将被拘传人拘传至当地人民法院，当地人民法院应当予以协助。由于拘传不同于拘留，所以，《最高人民法院关于人民法院执行工作若干问题的规定》（试行）中进一步规定，对被拘传人的调查询问不得超过24小时，调查询问后不得限制被拘传人的人身自由。

（二）训诫

训诫，是指人民法院对妨害民事诉讼情节较轻的人，以口头形式给予批评教育，指出其行为的违法性并责令其改正、不得再犯的措施。

适用训诫，一般是当庭进行。训诫的内容应记入笔录，由被训诫者签名。

（三）责令退出法庭

责令退出法庭，是指人民法院对于违反法庭规则，扰乱法庭秩序的行为人，由司法警察依法强制其退出法庭的措施。

经训诫仍不改正，经合议庭或独任审判员决定，由审判长或独任审判员口头宣布，责令其退出法庭。行为人如不自动退出法庭，可由司法警察强制其退出法庭。训诫内容、被责令者姓名、违反法庭规则的事实和危害后果应记入笔录。

（四）罚款

罚款，是指人民法院依法强制实施了妨害民事诉讼行为的人，交纳一定现金的措施。这是一种带有惩罚性的强制措施。

罚款是一种比较严厉的强制措施，对妨害民事诉讼行为人的罚款数额，应根据妨害行为的具体情节及所造成的危害后果来决定。对个人的罚款金额，为人民币十万元以下。对单位的罚款金额，为人民币五万元以上一百万元以下。人民法院收到罚款后，必须给交款人开具收据。

（五）拘留

拘留，是指人民法院对实施妨害民事诉讼行为的人所采取的在一定期间内限制其人身自由的强制措施。

拘留是强制措施中最严厉的一种，它涉及公民的人身自由和民主权利。因此适用时必须慎重。只有对极少数有严重妨害民事诉讼行为人，经反复教育仍坚持错误的，才能适用。在执行拘留时，执行人员应向被拘留人出示并当场宣读拘留决定书。根据《民事诉讼法》的规定，拘留的期限不得超过 15 天。

罚款、拘留两种措施可以单独适用，也可以合并适用。被罚款、拘留的人不服罚款、拘留决定的，可以向上一级人民法院申请复议。复议期间不停止决定的执行。上级人民法院应在收到复议申请后 5 日内作出决定，并将复议结果通知下级人民法院和当事人。上级人民法院复议时认为强制措施不当，应当制作决定书，撤销或变更下级人民法院的拘留、罚款决定。情况紧急的，可以在口头通知后 3 日内发出决定书。

经典例题

对于扰乱法庭秩序的当事人家属，根据情节轻重可以采取的措施有(　　)。

A. 拘传

B. 训诫

C. 责令退出法庭

D. 拘留

【分析】被拘传的对象必须是法律规定或人民法院认为必须到庭的被告。对当事人家属无法采用拘传的强制措施，因此正确答案是：BCD。

第七节　民事诉讼程序

一、第一审普通程序

（一）第一审普通程序的概念和特征

第一审普通程序是人民法院审理第一审民事案件、经济纠纷案件通常适用的程序。第一审普通程序在民事审判程序中具有重要的作用，与其他程序相比，具有以下特征：

（1）普通程序是民事审判程序中最系统、完备的一种审判程序。普通程序的系统完备性是相对《民事诉讼法》中的其他审判程序而言的，如简易程序、特别程序、第二审程序、审判监督程序等。上述程序没有像普通程序规定的那么系统、完整。在普通程序中，从起诉、受理开始直至人民法院作出裁判，全部诉讼过程都作了明确、具体的规定。

（2）普通程序具有广泛的适用性。普通程序广泛的适用性可以表现在两个方面：①除基层人民法院适用简易程序和特别程序审理案件外，人民法院审理第一审民事、经济案件，都应依法适用普通程序进行审判；②即使是依照简易程序、特别程序、二审程序和审判监督程序审理案件，也与普通程序发生紧密联系。如依照民事诉讼法规定，审理简单民事案件时应适用简易程序。在审理过程中，如发现该案件不属于简单民事案件，可以改用普遍程序审理。适用特别程序审理的案件也是如此，在审理过程中发现该案不属于特殊案件，应改为普通程序审理。在二审程序和审判监督程序中，除了按第二审程序和审判监督程序的有关规定审理案件外，还应根据案件的实际需要和法律规定适用普通程序的有关规定。

（二）起诉的概念和条件

1. 起诉的概念

民事诉讼中的起诉，是指公民、法人或者其他组织，认为自己所享有的或者依法由自己管理、支配的民事权益受到侵害，或者与他人发生民事权益的争议，以自己的名义请求法院通过审判给予司法保护的诉讼行为。由于司法的不告不理原则，起诉是当事人行使诉权的起点，是引起审判权的前提。

2. 起诉的条件

根据《民事诉讼法》第 119 条的规定，起诉必须具备以下四个条件：（1）原告是与本案有直接利害关系的公民、法人和其他组织。（2）有明确的被告。原告起诉时应当指出侵犯他的权益或与他发生争执的被告是谁。（3）有具体的诉讼请求和事实、理由。诉讼请求，是指原告要求人民法院保护其民事权益的内容。事实和理由，是指原告提出请求的根据。(4) 属于人民法院受理民事诉讼的范围和受诉人民法院管辖。

根据《民事诉讼法》第120条的规定，起诉应当向人民法院递交起诉状，并按照被告人数提出副本。书写起诉状确有困难的，可以口头起诉，由人民法院记入笔录，并告知对方当事人。可见，起诉形式以书面为原则，以口头为例外。

(三) 审理前的准备和开庭审理

1. 审理前的准备

审理前的准备，是指人民法院在受理案件后，开庭审理之前所做的准备工作。这一阶段，审判人员主要做以下几项准备工作：(1) 发送起诉状副本和答辩状副本。(2) 审阅诉讼材料，调查收集证据。(3) 更换和追加当事人。

2. 开庭审理

开庭审理，是指受诉法院在完成审前的各项准备后，于确定的期日，在双方当事人及其他诉讼参与人的参加下，依照法定形式和程序，在法庭上对民事案件进行实体审理的诉讼活动。

(1) 开庭审理前的准备。根据《民事诉讼法》第136条的规定，开庭审理前准备工作有两项：①人民法院审理民事案件，应当在开庭3日前通知当事人和其他诉讼参与人。对于当事人，应当用传票传唤；对诉讼代理、证人、鉴定人、勘验人、翻译人员，应当用通知书通知其到庭。当事人或其他诉讼参与人在外地的，应留有必要的在途时间。②公开审理的案件，应当公告当事人姓名、案由和开庭时间、地点。

(2) 开庭审理的程序。主要有以下六个步骤：

① 准备开庭。根据《民事诉讼法》第137条的规定，开庭审理前，书记员应当查明当事人和其他诉讼参与人是否到庭，宣布法庭纪律。开庭审理时，由审判长核对当事人，宣布案由，宣布审判人员、书记员名单，告知当事人有关的诉讼权利义务，询问当事人是否提出回避申请。

② 法庭调查。法庭调查是开庭审理的中心环节，是对案件进行实体审理的主要阶段，其任务是审查核实各种诉讼证据，对案件进行直接、全面的调查。

③ 法庭辩论。法庭辩论是开庭审理的又一重要阶段，由当事人就如何认定事实和适用法律进行辩论。当事人可以根据法庭调查的材料，对于证据证明力、事实认定、法律适用及理由，向法庭提出自己的意见。根据《民事诉讼法》第141条的规定，法庭辩论按下列顺序进行：原告及其诉讼代理人发言，被告及其诉讼代理人答辩，第三人及其诉讼代理人发言或者答辩，互相辩论。法庭辩论终结，由审判长按照原告、被告、第三人的先后顺序征询各方最后意见。

④ 法庭调解。根据《民事诉讼法》第142条的规定，法庭辩论终结，应当依法作出判决。判决前能够调解的，还可以进行调解，调解不成的，应当及时判决。

⑤ 合议庭评议。法庭辩论后，调解没有达成协议，合议庭成员退庭进行评议。合议庭评议实行少数服从多数的原则。审判人员在法庭调查和法庭辩论的基础上，正确适用法律，对案件事实和证据进行客观、全面地分析判断，力求作出正确的结论。

⑥ 宣判。合议庭评议完毕，应制作判决书。根据《民事诉讼法》第 148 条的规定。开庭审理无论是否公开，宣告判决一律公开进行。当庭宣判的，应当在 10 日内发送判决书；定期宣判的，宣判后立即发给判决书。宣告判决时，必须告知当事人上诉权利、上诉期限和上诉的人民法院。宣告离婚判决，必须告知当事人在判决发生法律效力前不得另行结婚。

（四）撤诉和缺席判决

1. 撤诉

撤诉，是指在人民法院受理案件后到判决宣告前，原告撤回其起诉的行为。

根据《民事诉讼法》的规定，撤诉有广义和狭义两种，广义的撤诉包括申请撤诉与按撤诉处理；狭义的撤诉仅指申请撤诉。

申请撤诉，是指在一审判决宣告前，原告向人民法院申请撤回其起诉的一种诉讼行为。申请撤诉需要符合下列条件：（1）要有申请撤诉的具体行为，即必须向人民法院明确提出撤诉的请求；（2）申请撤诉必须是原告的自愿行为；（3）申请撤诉的目的必须正当、合法；（4）原告的撤诉申请必须在受诉人民法院宣判前提出。

有下列情形之一的，按撤诉处理：（1）原告经传票传唤，无正当理由拒不到庭的；（2）在法庭审理过程中，原告未经法庭许可中途退庭的；（3）原告为无诉讼行为能力人的，其法定代理人经传票传唤，无正当理由拒不到庭，又不委托诉讼代理人到庭的；（4）原告未按规定预交案件受理费，经法院通知后仍不预交的，又没有申请免交或者缓交理由的。

有独立请求权的第三人有上述情形的，也按撤诉处理。

人民法院裁定撤诉后，诉讼即告终结，当事人可以在诉讼时效内再行起诉。

经典例题

下列哪些民事诉讼案件法院不可以按撤诉处理？(　　)

A. 王某是有独立请求权的第三人，开庭审理过程中未经法庭许可中途退庭

B. 韩律师是原告的委托代理人，无正当理由拒不到庭

C. 张某是无独立请求权的第三人，无正当理由拒不到庭

D. 李某是被告的法定代理人，无正当理由拒不到庭

【分析】《民事诉讼法》第 143 条规定，原告经传票传唤，无正当理由拒不到庭的，或者未经法庭许可中途退庭的，可以按撤诉处理；被告反诉的，可以缺席判决。民诉意见第 159 条规定，有独立请求权的第三人经人民法院传票传唤，无正当理由拒不到庭的，或者未经法庭许可中途退庭的，可以对该第三人比照《民事诉讼法》第 129 条的规定，按撤诉处理。民诉意见第 162 条规定，无独立请求权的第三人经人民法院传票传唤，无正当理由拒不到庭，或者未经法庭许可中途退庭的，不影响案件的审理。民诉意见第 158 条规定，无民事行为能力的当事人的法定代理人，经传票传唤无正当理由拒不到庭的，如属原告方，可以比照《民事诉讼法》第 129 条的规定，按撤诉处理；如属被告方，可以比照《民事诉讼法》第 130 条的规定缺席判决。因此正确答案是：BCD。

2. 缺席判决

缺席判决，相对于对席判决而言，它是指人民法院在一方当事人无故拒不到庭或者未经法庭许可中途退庭的情况下依法审理后所作出的判决。

有下列情形之一的，可以缺席判决：（1）被告经人民法院合法传票传唤，无正当事由拒不到庭，或者未经法庭许可中途退庭的；（2）被告反诉，原告经人民合法传票传唤，无正当事由拒不到庭，或者未经法庭许可中途退庭的；（3）无民事行为能力的被告的法定代理人经传票传唤，无正当理由拒不到庭，又不委托诉讼代理人的；（4）人民法院裁定不准许原告撤诉的，原告经法院传票传唤，无正当理由拒不到庭的；（5）无独立请求权的第三人经法院传票传唤，无正当理由拒不到庭，或者未经法庭许可中途退庭的；（6）借贷案件中，债权人起诉，债务人下落不明的，法院受理案件后公告传唤债务人应诉。公告期届满，债务人仍不应诉，借贷关系明确，经审理后可缺席判决。

（五）延期审理与诉讼中止和终结

1. 延期审理

延期审理，是指在开庭期日到来之前，或者在开庭审理进行中，由于出现了法律规定的某些特殊情况，致使开庭审理无法按期进行或者无法继续进行，因而必须推延开庭审理期日。

根据《民事诉讼法》第 146 条的规定，有下列情形之一的，可以延期审理：（1）必须到庭的当事人和其他诉讼参与人有正当理由没有到庭的；（2）当事人临时提出回避申请的；（3）需要通知新的证人到庭，调取新的证据，重新鉴定、勘验，或者需要补充调查；（4）其他应当延期的情形。

2. 诉讼中止

诉讼中止，是指在诉讼进行中，因发生法定中止诉讼的原因，法院裁定暂时停止诉讼程序。

根据《民事诉讼法》第 150 条的规定，有下列情形之一的，中止诉讼：（1）一方当事人死亡，需要等待继承人表明是否参加诉讼的；（2）一方当事人丧失诉讼行为能力，尚未确定法定代理人的；（3）作为一方当事人的法人或者其他组织终止，尚未确定权利义务承受人的；（4）一方当事人因不可抗拒的事由，不能参加诉讼的；（5）本案必须以另一案的审理结果为依据，而另一案尚未审结的；（6）其他应当中止诉讼的情形。

符合上述情况的，法院应作出裁定中止诉讼。中止诉讼的原因消除后，由当事人申请或者法院依职权恢复诉讼程序。在此种情况下，不必撤销原裁定，从法院通知或准许当事人双方继续进行诉讼时起，中止诉讼的裁定即失去效力。

3. 诉讼终结

诉讼终结，是指在诉讼过程中因发生某种情况，使诉讼程序继续进行已没有必要或不可能继续进行从而结束诉讼程序。

根据《民事诉讼法》第 151 条的规定，有下列情形之一的，终结诉讼：（1）原告死亡，没有继承人，或者继承人放弃诉讼权利的；（2）被告死亡，没有遗产，也没有应当承担义务的人的；（3）离婚案件中一方当事人死亡；（4）追索赡养费、扶养费、抚育费以及解除收养关系案件的一方当事人死亡。

（六）反诉

反诉，是指原告起诉后，被告于同一诉讼程序对原告起诉。民事诉讼法把反诉规定为被告的一项诉讼权利，反诉可以与本诉合并审理。

反诉具有以下特征：

（1）反诉对象的特定性。反诉只能由本诉被告针对本诉原告而向法院提出。

（2）反诉请求的独立性。反诉作为一种独立的诉讼请求而存在，本诉撤回并不影响反诉的继续审理。

（3）反诉目的的对抗性。被告提起反诉足以对抗原告的本诉请求，抵销、吞并本诉或使本诉失去作用。

（4）反诉的请求和理由与本诉具有牵连性。本诉是反诉的前提，没有本诉就没有反诉。

反诉的条件是：

（1）反诉只能是本诉被告向本诉原告提起。

（2）反诉必须向受理本诉的法院提起。

（3）反诉与本诉的诉讼请求必须能适用同类诉讼程序，如本诉适用普通程序，反诉适用特别程序，则反诉不能成立。

（4）反诉必须于一审判决前提出。

（5）反诉的诉讼请求与本诉的诉讼请求必须有事实上或法律上的联系。

二、简易程序

（一）简易程序的概念

简易程序，是指基层人民法院及其派出法庭审理简单民事案件和简单经济纠纷案件所适用的程序。

（二）简易程序的特点

1. 起诉方式简便

对简单的民事案件，原告可以口头起诉。

2. 受理案件的程序简便

当事人双方可以同时到基层人民法院或者它派出的法庭，请求解决纠纷。基层人民法院或者它派出的法庭可以当即审理，也可以另定日期审理。

3. 传唤或通知当事人、其他诉讼参与人的方式简便

可以用简便方式随时传唤当事人、证人。

4. 审判组织简便

简单的民事案件由审判员一人独任审理，但必须有书记员记录。适用简易程序审理的

案件的过程中，发现案情复杂，需要转化为普通程序审理的，可以转为普通程序，并组织合议庭对案件进行审理，同时及时通知双方当事人。审理期限从立案的次日起算。

5. 开庭审理程序简便

审判人员可以根据案件的具体情况，简化案件审理的方式和步骤，不受普通程序中关于开庭审理阶段和顺序的限制。

6. 审理期限简短

适用简易程序审理民事案件，人民法院应当在立案之日起 3 个月内审结，且为不变期间，当事人或法院都不得申请延长。适用简易程序审理的案件，当事人同时到庭的，可以径行开庭进行调解，调解前告知当事人诉讼权利义务和主持调解的审判人员，在询问当事人是否申请审判人员回避后，当事人不申请回避的可以直接进行调解。调解不成或者达成协议后当事人反悔未提出新的事实和证据，可以不重新开庭，直接作出判决。

（三）简易程序的适用范围

1. 适用简易程序的人民法院

根据《民事诉讼法》第 157 条的规定，基层人民法院和它派出的法庭审理事实清楚、权利义务关系明确、争议不大的简单的民事案件，适用简易程序。中级及以上的人民法院都不能适用简易程序审理第一审民事案件。

2. 适用简易程序的案件

根据《民事诉讼法》的规定，事实清楚、权利义务关系明确、争议不大的简单的民事案件，适用简易程序。此外，当事人双方也可以约定适用简易程序。

三、第二审程序

（一）第二审程序的概念

第二审程序，是指由于民事诉讼当事人不服地方各级人民法院生效的第一审裁判而在法定期间内向上一级人民法院提起上诉而引起的诉讼程序。第一审程序是第二审程序的前提和基础，第二审程序是第一审程序的继续和发展。第二审人民法院审理上诉案件，首先运用第二审程序的有关规定，没有规定的适用普通程序的有关规定。

（二）提起第二审程序的条件

1. 实质条件

必须有法定的上诉对象。法定的上诉对象，是指依法可以上诉的判决和裁定。可以上诉的判决包括：地方各级人民法院适用普通程序和简易程序审理的第一审判决；第二审人民法院发回原审人民法院重审后所作出的判决。可以上诉的裁定有：人民法院作出的不予受理的裁定；人民法院对当事人的管辖异议作出的裁定；驳回起诉的裁定。

2. 形式要件

（1）必须有法定的上诉人和被上诉人。

（2）必须在法定的上诉期内提出上诉。

（3）必须提交上诉状。

（三）上诉的受理

上诉的受理，是指人民法院通过法律程序，对当事人提起的上诉进行审查，给符合上诉条件的案件予以受理的行为。上诉状应当通过原审人民法院提出，并按照对方当事人或者代表人的人数提出副本。当事人直接向第二审人民法院上诉的，第二审人民法院应当在5日内将上诉状移交原审人民法院。

（四）上诉案件的审理

1. 审理前的准备工作

主要包括：组成合议庭；审阅案卷，询问当事人、证人，进行调查。

2. 审理范围

《民事诉讼法》第168条规定，第二审人民法院对上诉请求的有关事实和适用法律进行审查。

3. 对一审判决的裁判

第二审人民法院对上诉案件，经过审理，按照下列情形，分别处理：①原判决、裁定认定事实清楚，适用法律正确的，以判决、裁定方式驳回上诉，维持原判决、裁定；②原判决、裁定认定事实错误或者适用法律错误的，以判决、裁定方式依法改判、撤销或者变更；③原判决认定基本事实不清的，裁定撤销原判决，发回原审人民法院重审，或者查清事实后改判；④原判决遗漏当事人或者违法缺席判决等严重违反法定程序的，裁定撤销原判决，发回原审人民法院重审。

原审人民法院对发回重审的案件作出判决后，当事人提起上诉的，第二审人民法院不得再次发回重审。

4. 审理期限

人民法院审理对判决上诉的案件，应当在第二审立案之日起三个月内审结。有特殊情况需要延长的，由本院院长批准。人民法院审理对裁定上诉的案件，应当在第二审立案之日起三十日内作出终审裁定。对裁定上诉的案件的审结期限，不能延长。

经典例题

继承人甲乙因继承纠纷诉至法院，要求人民法院对被继续人遗产，包括小楼一栋、存款若干，做出分割。一审判决中未涉及对存款的继承问题，甲上诉，二审人民法院的正确处理方法是(　　)。

A. 告之甲对一审判决未涉及的诉讼请求另行起诉

B. 二审中，就一审判决未涉及的诉讼请求一并做出判决

C. 按自愿原则进行调解，调解不成的，发回重审

D. 无条件发回一审重审

【分析】 对当事人在一审中已经提出的诉讼请求，原审人民法院未作审理、判决的，

第二审人民法院可以根据当事人自愿的原则进行调解，调解不成的，发回重审。因此，正确答案是：C。

四、审判监督程序

（一）审判监督程序的概念和特点

审判监督程序也叫再审程序，是指当事人、人民检察院和人民法院对已经发生法律效力的判决、裁定，基于法定的事实和理由，认为确有错误，申请、提起和决定对相应的案件进行再审，从而由人民法院对案件进行重新审理所适用的诉讼程序。

审判监督程序与第一审程序和第二审程序相比具有以下特点：

（1）审理的对象是已经生效且确有错误的判决书、裁定书和调解书。

（2）提起的主体是当事人、各级人民法院院长及其审判委员会、最高人民法院、上级人民法院、最高人民检察院、上级人民检察院。

（3）审理法院可能是案件的原审法院，也可能是案件的原上诉审法院或上级人民法院。

（4）提起的时间较长。法律对法定组织和人员提起审判监督程序的时间未作规定；对当事人申请再审的期限规定为裁判生效后6个月内提出。

（5）适用审判监督程序审理案件，不交纳诉讼费用。

（二）当事人申请再审

1. 当事人申请再审的概念

当事人申请再审，是指民事诉讼的当事人对已经发生法律效力的判决、裁定、调解书，认为有错误，向上一级人民法院申请再行审理的行为。

2. 当事人申请再审的条件

（1）申请再审的主体必须合格。申请再审的主体是受生效法律判决、裁定或调解书约束的本案当事人或符合法定条件的案外人。

（2）申请再审的对象必须合格。当事人对已经发生法律效力的判决、裁定，认为有错误的，可以向上一级人民法院申请再审；当事人对已经发生法律效力的调解书，提出证据证明调解违反自愿原则或者调解协议的内容违反法律的，可以申请再审。

当事人对已经发生法律效力的解除婚姻关系的判决、调解书，不得申请再审。

按照督促程序、公示催告程序、企业法人破产还债程序审理的案件以及依照审判监督程序审理后维持原判的案件，当事人不得申请再审。

（3）必须在法定的期限内申请再审。当事人申请再审，应当在判决、裁定发生法律效力后6个月内提出。但有新的证据，足以推翻原判决、裁定的；原判决、裁定认定事实的主要证据是伪造的；据以作出原判决、裁定的法律文书被撤销或者变更的；审判人员审理该案件时有贪污受贿，徇私舞弊，枉法裁判行为的，自知道或者应当知道之日起6个月内提出。

（4）当事人可以向上一级人民法院申请再审，特殊情况下也可以向原审人民法院申请再审。

（5）必须具备法定的申请再审的事由。根据《民事诉讼法》第200条的规定，当事人的申请符合下列情形之一的，人民法院应当再审：①有新的证据，足以推翻原判决、裁定的；②原判决、裁定认定的基本事实缺乏证据证明的；③原判决、裁定认定事实的主要证据是伪造的；④原判决、裁定认定事实的主要证据未经质证的；⑤对审理案件需要的主要证据，当事人因客观原因不能自行收集，书面申请人民法院调查收集，人民法院未调查收集的；⑥原判决、裁定适用法律确有错误的；⑦审判组织的组成不合法或者依法应当回避的审判人员没有回避的；⑧无诉讼行为能力人未经法定代理人代为诉讼或者应当参加诉讼的当事人，因不能归责于本人或者其诉讼代理人的事由，未参加诉讼的；⑨违反法律规定，剥夺当事人辩论权利的；⑩未经传票传唤，缺席判决的；⑪原判决、裁定遗漏或者超出诉讼请求的；⑫据以作出原判决、裁定的法律文书被撤销或者变更的；⑬审判人员审理该案件时有贪污受贿，徇私舞弊，枉法裁判行为的。

（三）人民法院决定再审

各级人民法院院长对本院已经发生法律效力的判决、裁定、调解书，发现确有错误，认为需要再审的，应当提交审判委员会讨论决定。各级人民法院院长对本院已经发生法律效力的判决、裁定，发现确有错误，经审判委员会讨论决定再审的，应当裁定中止原判决、裁定的执行。

最高人民法院对地方各级人民法院已经发生法律效力的判决、裁定、调解书，上级人民法院对下级人民法院已经发生法律效力的判决、裁定、调解书，发现确有错误的，有权提审或者指令下级人民法院再审。

最高人民法院对地方各级人民法院已经发生法律效力的判决、裁定，上级人民法院对下级人民法院已经发生法律效力的判决、裁定，如果发现确有错误，应在提审或者指令下级人民法院再审的裁定中同时写明中止原判决、裁定的执行；情况紧急的，可以将中止执行的裁定口头通知负责执行的人民法院，但应在口头通知后10日内发出裁定书。

（四）人民检察院抗诉提起再审

最高人民检察院对各级人民法院已经发生法律效力的判决、裁定，上级人民检察院对下级人民法院已经发生法律效力的判决、裁定，发现有法定抗诉情形，应当按照审判监督程序抗诉。地方各级人民检察院对同级人民法院已经发生法律效力的判决、裁定，发现有法定情形，应当提请上级人民检察院按照审判监督程序抗诉。人民检察院提出抗诉的案件，人民法院应当再审。

（五）再审案件的审理

1. 裁定中止原判决、裁定的执行

按照审判监督程序决定再审的案件，裁定中止原判决、裁定、调解书的执行，但追索赡养费、扶养费、抚育费、抚恤金、医疗费用、劳动报酬等案件，可以不中止执行。

2. 依法组成或另行组成合议庭

再审案件不能实行独任制，再审案件合议庭必须由全新的成员组成。

3. 再审案件适用的审判程序

人民法院按照审判监督程序再审的案件，发生法律效力的判决、裁定是由第一审法院作出的，按照第一审程序审理，所作的判决、裁定，当事人可以上诉；发生法律效力的判决、裁定是由第二审法院作出的，按照第二审程序审理，所作的判决、裁定，是发生法律效力的判决、裁定；上级人民法院按照审判监督程序提审的，按照第二审程序审理，所作的判决、裁定是发生法律效力的判决、裁定。

五、特别程序

（一）特别程序的概念和特点

特别程序，是指人民法院审理某些非民事权益纠纷案件所适用的特殊程序。

特别程序的特点包括：

（1）适用特别程序审理的案件，其目的不是解决双方当事人之间的民事权益冲突，而是确认某种法律事实是否存在，权利状态的有无或公民是否享有某种资格，能否行使某种权利。

法院在依照特别程序审理案件的过程中，发现本案属于民事权益争议的，应裁定终结特别程序，并通知利害关系人可另行起诉。

（2）启动特别程序的当事人比较特殊。

特别程序可基于申请人的申请而开始；起诉人或者申请人不一定与本案有直接利害关系。这与普通程序具有明显的区别，在普通诉讼程序中，起诉的原告必须是与本案有直接利害关系的公民、法人和其他组织，与本案没有直接利害关系的公民、法人和其他组织不得提起诉讼，不能做符合条件的原告。

（3）实行一审终审制度。人民法院依照特别程序审理案件，实行一审终审制，判决书一经送达，即发生法律效力，当事人不得对之声明不服，不得提起上诉。

（4）审判组织特殊。与审理民事争议案件的审判组织相比，根据特别程序审理案件的审判组织较为特别。例如审理选民资格案件或者重大疑难的其他案件，必须是由审判员组成合议庭审理。除此之外的其他按特别程序审理的案件，由独任制法庭审理。而在普通程序中民事案件一般由合议制法庭审理，合议庭可由审判员组成，也可由审判员和陪审员组成。根据简易程序审理的简单民事案件，由独任制法庭审理。

（5）根据特别程序审理的案件，判决发生效力后，如发现认定事实或适用法律确有错误，无需启动再审程序，由原审法院按特别程序的规定，撤销原判决，作出新判决。

（6）审理期限较短。根据《民事诉讼法》的规定，按特别程序审理的案件，应当在立案之日起 30 日内或公告期满后 30 日内审结，有特殊情况需要延长的，由本院院长审批。但选民资格案件必须在选举日之前审结，不得延长到选举日后审结。在普通程序中，对于民事案件的审理期限一般较长。

(7) 免交案件受理费。根据特别程序审理的案件，不论当事人的情况如何，一律免交案件受理费。而在普通程序中，一般需要交纳案件受理费。如果需要免交，则要求当事人证明交纳诉讼费用确有困难，并提出免交的申请，由受诉法院审查决定。对于那些确有困难，无力交纳的当事人，可批准免交；反之，对于那些有能力交纳的当事人，不批准免交。

我国民事诉讼法中适用特别程序审理的案件包括：人民法院审理选民资格案件、宣告失踪或者宣告死亡案件、认定公民无民事行为能力或者限制民事行为能力案件、认定财产无主案件、确认调解协议案件和实现担保物权案件。

经典例题

我国目前适用特别程序审理的案件，不包括(　　)。

A. 选民资格案件

B. 宣告公民死亡案件

C. 认定财产无主案件

D. 认定婚姻关系无效案件

【分析】我国民事诉讼法中适用特别程序审理的包括案件：人民法院审理选民资格案件、宣告失踪或者宣告死亡案件、认定公民无民事行为能力或者限制民事行为能力案件、认定财产无主案件、确认调解协议案件和实现担保物权案件。因此正确答案是：D。

(二) 选民资格案件

这是指公民本人或其他有关公民，对选举委员会就选民资格的申诉处理决定不服，依法向选区所在地的基层法院起诉要求予以司法解决的案件。

根据《民事诉讼法》的相关规定，公民不服选举委员会对选民资格的申诉所作的处理决定，可以在选举日的5日以前向选区所在地基层人民法院起诉。人民法院受理选民资格案件后，必须在选举日前审结。审理时，起诉人、选举委员会的代表和有关公民必须参加。人民法院的判决书，应当在选举日前送达选举委员会和起诉人，并通知有关公民。

(三) 宣告失踪或者宣告死亡案件

公民下落不明满2年，利害关系人申请宣告其失踪的，向下落不明人住所地基层人民法院提出。申请书应当写明失踪的事实、时间和请求，并附有公安机关或者其他有关机关关于该公民下落不明的书面证明。

公民下落不明满4年，或者因意外事故下落不明满2年，或者因意外事故下落不明，经有关机关证明该公民不可能生存，利害关系人申请宣告其死亡的，向下落不明人住所地基层人民法院提出。申请书应当写明下落不明的事实、时间和请求，并附有公安机关或者其他有关机关关于该公民下落不明的书面证明。

人民法院受理宣告失踪、宣告死亡案件后，应当发出寻找下落不明人的公告。宣告失踪的公告期间为3个月，宣告死亡的公告期间为一年。因意外事故下落不明，经有关机关证明该公民不可能生存的，宣告死亡的公告期间为3个月。

公告期间届满，人民法院应当根据被宣告失踪、宣告死亡的事实是否得到确认，作出宣告失踪、宣告死亡的判决或者驳回申请的判决。

被宣告失踪、宣告死亡的公民重新出现，经本人或者利害关系人申请，人民法院应当作出新判决，撤销原判决。

（四）认定公民无民事行为能力或者限制民事行为能力案件

这是指人民法院根据利害关系人的申请，对不能正确辨认自己行为或者不能完全辨认自己行为的精神病人，按照法定程序，认定并宣告公民无民事行为能力、限制民事行为能力的案件。

申请认定公民无民事行为能力或者限制民事行为能力，由其近亲属或者其他利害关系人向该公民住所地基层人民法院提出。

（五）认定财产无主案件

这是指对于所有人不明或者所有人不存在的财产，人民法院根据申请人的申请，查证属实后，作出判决，宣布该财产为无主财产，收归国家或集体所有的案件。

申请认定财产无主，由公民、法人或者其他组织向财产所在地基层人民法院提出。申请书应当写明财产的种类、数量以及要求认定财产无主的根据。

人民法院受理申请后，经审查核实，应当发出财产认领公告。公告满一年无人认领的，判决认定财产无主，收归国家或者集体所有。

判决认定财产无主后，原财产所有人或者继承人出现，在民法通则规定的诉讼时效期间可以对财产提出请求，人民法院审查属实后，应当作出新判决，撤销原判决。

（六）确认调解协议案件

申请司法确认调解协议，由双方当事人依照《人民调解法》等法律，自调解协议生效之日起30日内，共同向调解组织所在地基层人民法院提出。

人民法院受理后，经审查，符合法律规定的，裁定调解协议有效，一方当事人拒绝履行或未全部履行的，对方当事人可以向人民法院申请执行；不符合法律规定的，裁定驳回申请，当事人可以通过调解方式变更调解协议或者达成新的调解协议，也可以向人民法院提起诉讼。

（七）实现担保物权

申请实现担保物权，由担保物权人以及其他有权请求实现担保物权的人依照物权法等法律，向担保财产所在地或者担保物权登记地基层人民法院提出。

人民法院受理申请后，经审查，符合法律规定的，裁定拍卖、变卖担保财产，当事人依据该裁定可以向人民法院申请执行；不符合法律规定的，裁定驳回申请，当事人可以向人民法院提起诉讼。

六、其他审判程序

（一）督促程序

督促程序又称债务催偿程序，是指人民法院根据债权人的申请，向债务人发出支付令，催促债务人在法定期限内向债权人清偿债务的法律制度。

督促程序适用于债权人请求债务人给付金钱、有价证券的案件。有价证券包括汇票、本票、支票以及股票、债券、国库券、可转让的存款单。

督促程序的特点有：（1）范围仅限于特定的债权债务关系，债权人和债务人之间没有其他债权、债务纠纷；（2）是一种非讼程序，不解决当事人之间债权债务关系争议，是依债权人申请开始，请求人民法院直接发出支付令，不需经过法庭审理，而要求债务人履行债务；（3）是一种简便、快捷的处理案件的程序。只需审判员一人审理，并实行一审终审制。

（二）公示催告程序

公示催告程序，是指票据持有人之票据被盗、遗失或者灭失的情况下，人民法院根据当事人的申请，以公告的方式催告利害关系人在一定期间内申报权利，如果逾期无人申报，根据申请人的申请，依法作出除权判决的程序。

公示催告程序适用于可以背书转让的票据持有人，因票据被盗、遗失或者灭失，申请作出除权判决的案件。可以背书转让的票据包括汇票、银行本票、和央行批准的地区的转账支票。

公示催告程序具有以下特点：（1）引起程序开始的方式特殊。是基于当事人的申请；（2）适用于特定范围；（3）无明确的相对人；（4）审判程序简略。主要是书面审查和公示方式；（5）结案方式特殊；（6）实行一审终审。不得对判决或裁定提起上诉，不得申请再审。

（三）企业法人破产还债程序

企业法人破产还债程序，是企业法人因严重亏损，无力清偿到期债务，人民法院根据债权人或债务人的申请，宣告破产并偿还债务的程序。它是一种清偿债务、结束债权债务关系的具有强制性的特殊手段。目的是公平清偿，保护债权债务双方当事人的合法权益。它也是通过法律程序使债权公平受偿的手段。

破产制度是一种独立的程序制度，开始阶段类似诉讼程序、认定无争议的客观事实，类似非讼程序；清算和分配阶段类似强制执行程序。作用是审理并宣告债务人破产，把债务人的全部财产平均分配给全体债权人，以终结债权债务关系。

七、执行程序

（一）执行和执行程序

1. 执行

执行，是指人民法院的执行组织依照法定的程序，对发生法律效力的法律文书确定的给付内容，以国家的强制力为后盾，依法采取强制措施，迫使义务人履行义务的行为。执行以生效的法律文书为依据；执行根据必须具备给付内容；执行必须以负有义务的一方当事人无故不履行义务为前提。

2. 执行程序

执行程序，是指保证具有执行效力的法律文书得以实施的程序，经审判程序处理的民事案件并不必然要经过执行程序。执行程序所适用的案件不只限于审判程序处理的案件范围。

（二）执行根据

执行根据包括：（1）人民法院制作的具有执行内容的法律文书，包括民事判决、裁定、调解书和支付令，刑事裁判中的财产部分。（2）其他机关制作的由人民法院执行的法律文书。（3）公证机关依法赋予强制执行效力的债权文书。（4）仲裁机关制作的依法由人民法院执行的仲裁裁决书。（5）人民法院制作的承认并执行外国法院裁判、裁决或者外国仲裁机构的裁决的裁定书。

（三）执行的期限

申请执行的期限，双方或者一方当事人是公民的为 1 年，双方是法人或者其他组织的为 6 个月。从法律文书规定履行期间的最后一日起计算；法律文书规定分期履行的，从规定的每次履行期间的最后一日起计算。

（四）执行机构

基层人民法院、中级人民法院根据需要可以设立执行机构——执行庭。成员主要是执行员和书记员，采取重大措施时，应有司法警察参加。

（五）执行措施及种类

被执行人未按执行通知履行法律文书确定的义务，人民法院有权扣留、提取被执行人应当履行义务部分的收入。被执行人未按执行通知履行法律文书确定的义务，人民法院有权查封、扣押、冻结、拍卖、变卖被执行人应当履行义务部分的财产。被执行人不履行法律文书确定的义务，并隐匿财产的，人民法院有权发出搜查令，对被执行人及其住所或者财产隐匿地进行搜查。由院长签发搜查令。法律文书指定交付的财物或者票证，由执行员传唤双方当事人当面交付，或者由执行员转交，并由被交付人签收。对判决、裁定和其他法律文书指定的行为，被执行人未按执行通知履行的，人民法院可以强制执行或者委托有关单位或者其他人完成，费用由被执行人承担。

（六）执行中止和执行终结

1. 执行中止

执行中止，是指在执行过程中，由于某种特殊情况的发生而暂时停止执行程序，待该情况消除后再恢复执行程序的制度。

有下列情形之一的，人民法院应当裁定中止执行：（1）申请人表示可以延期执行的；（2）案外人对执行标的提出确有理由的异议的；（3）作为一方当事人的公民死亡，需要等待继承人继承权利或者承担义务的；（4）作为一方当事人的法人或者其他组织终止，尚未确定权利义务承受人的；（5）人民法院认为应当中止执行的其他情形，如被执行人下落不明，或作为执行根据的法律文书与正在审理的案件有密切联系，无法单独执行，以及被执行人在短期内无偿付能力等都会引起执行程序的中止。

2. 执行终结

执行终结，是指在执行过程中，由于发生某些特殊情况，执行程序不可能或者没有必要继续进行，从而结束执行程序的制度。

有下列情形之一的，人民法院裁定终结执行：（1）申请人撤销申请的；（2）据以执行的法律文书被撤销的；（3）作为被执行人的公民死亡，无遗产可供执行，又无义务承担人的；（4）追索赡养费、扶养费、抚育费案件的权利人死亡的；（5）作为被执行人的公民因生活困难无力偿还借款，无收入来源，又丧失劳动能力的；（6）人民法院认为应当终结执行的其他情形。

执行终结，应当由人民法院作出裁定，执行终结的裁定，当事人不能提起上诉，也不能申请复议。

本章练习

一、判断题

1. 对公民提起的民事诉讼，由被告住所地人民法院管辖；被告住所地与经常居住地不一致的，由经常居住地人民法院管辖。（　　）

2. 对不在中华人民共和国领域内居住的人提起的诉讼由原告住所地人民法院管辖。（　　）

3. 两个以上人民法院都有管辖权的诉讼，原告可以向其中一个人民法院起诉；原告向两个以上有管辖权的人民法院起诉的，由最先立案的人民法院管辖。（　　）

4. 人民法院审理第一审民事案件，由审判员、陪审员共同组成合议庭。合议庭的成员人数，必须是单数。（　　）

5. 院长担任审判长时的回避，由审判委员会决定；审判人员的回避，由院长决定；其他人员的回避，由审判长决定。（　　）

6. 调解达成协议，人民法院应当制作调解书。调解书制作完成即具有法律效力。（　　）

7. 人民法院对必须到庭的被告，无正当理由拒不到庭的，可以拘传。（　　）

8. 判决不准离婚和调解和好的离婚案件，判决、调解维持收养关系的案件，原告在六个月内又起诉的，不予受理。 (　　)

9. 人民法院应当在立案之日起五日内将起诉状副本发送被告，被告应当在收到之日起15日内提出答辩状。 (　　)

10. 当事人对已经发生法律效力的判决、裁定，认为有错误的，可以向上一级人民法院申请再审。 (　　)

二、单项选择题

1. 有关公开审判制度，正确的是(　　)。

A. 对涉及国家秘密的案件不公开审理，但宣判要公开

B. 不公开审理的案件宣判时也不应当公开

C. 个人隐私的案件是否公开审理，由当事人申请法院决定

D. 涉及商业秘密的案件，法律明文规定不公开审理

2. 下列哪些情形不需要回避？(　　)

A. 人民陪审员李某为本案原告的叔叔

B. 书记员何某是本案被告某公司的股东

C. 审判员宋某为本案原告代理律师的哥哥

D. 审判长朱某与本案原告代理人（常在本院办案）刘律师认识，但无私交

3. 下列说法错误的是(　　)。

A. 发回重审的案件，法院应重新组成合议庭，原合议庭的组成人员不能再参加重审案件的合议庭

B. 再审案件，原来是第一审的按照第一审组成合议庭，原来是第二审的按照第二审程序组成合议庭

C. 再审案件原来是第二审或上级法院提审的，按照第二审程序组成合议庭

D. 再审案件原来是第一审的，可以由另外的审判员独任重新审理

4. 下列哪种文书在法院送达时不宜采用留置送达？(　　)

A. 合同纠纷的判决书　　B. 驳回起诉的裁定书

C. 各种调解书　　D. 先予执行的裁定书

5. 按照证据与证明责任的关系来划分，可以将证据分为(　　)。

A. 本证与反证　　B. 原始证据与传来证据

C. 直接证据与间接证据　　D. 书证与物证

三、多项选择题

1. 民事纠纷的特点表现为(　　)。

A. 民事纠纷主体法律地位平等

B. 民事纠纷的内容是对民事权利义务的争议

C. 民事纠纷不仅仅限于民事权利义务争议的范畴

D. 民事纠纷具有可处分性

2. 下列哪些案件属于不宜公开审理的案件？(　　)

A. 涉及国家秘密的案件　　B. 涉及个人隐私的案件

C. 当事人不愿公开审理的离婚案件

D. 当事人不愿公开审理的涉及商业秘密的案件

3. 可以被委托为诉讼代理人的有(　　)。

A. 律师　　B. 当事人的近亲属

C. 有关的社会团体或者所在单位推荐的人

D. 有行为能力的人

4. 下列哪些案件属于原告所在地人民法院管辖？(　　)

A. 对不在中华人民共和国领域内居住的人提起的有关身份关系的诉讼

B. 对被采取强制性教育措施的人提起的诉讼

C. 对下落不明或者宣告失踪的人提起的有关身份关系的诉讼

D. 因侵权行为提起的诉讼

5. 诉讼中的下列哪些法定情形应按撤诉处理？(　　)

A. 无民事行为能力人的离婚诉讼，当事人的法定代理人应当到庭而没有到庭的

B. 原告经传票传唤，无正当理由拒不到庭的

C. 原告未经法院许可中途退庭的

D. 原告应预交而未预交案件受理费的

四、问答题

1. 起诉的形式要件有哪些？

2. 人民法院依职权提起再审必须具备哪些条件？

3. 妨碍民事诉讼的强制措施有哪些？

4. 民事判决的种类包括哪些？

五、案例分析

2009 年 2 月，家住甲市 A 区的赵某向家住甲市 B 区的李某借了 5000 元，言明 2010 年 2 月之前偿还。到期后赵某一直没有还钱。2010 年 3 月，李某找到赵某家追讨该债务，发生争吵。赵某因所牵宠物狗易受惊，遂对李某说："你不要大声喊，狗会咬你。"李某不理，仍然叫骂，并指着狗叫喊。该狗受惊，扑向李某并将其咬伤。李某治伤花费 6000 元。李某起诉要求赵某返还欠款 5000 元、支付医药费 6000 元，并向法院提交了赵某书写的借条、其向赵某转账 5000 元的银行转账凭证、本人病历、医院的诊断书（复印件）、医院处方（复印件）、发票等。赵某称，其向李某借款是事实，但在 2010 年 1 月卖给李某一块玉石，价值 5000 元，说好用玉石货款清偿借款。当时李某表示同意，并称之后会把借条还给赵某，但其一直未还该借条。赵某还称，李某故意激怒狗，被狗咬伤的责任应由李某自己承担。对此，赵某提交了邻居孙某出具的书面证词，该证词描述了李某当时骂人和骂狗的情形。赵某认为，李某提交的诊断书、医院处方均为复印件，没有证明力。

请回答下列问题：

1. 关于李某与赵某之间欠款的诉讼管辖，下列选项正确的是(　　)。

A. 甲市 A 区法院或甲市 B 区法院　　B. 专属甲市 B 区法院

C. 甲市中级法院　　D. 应当专属甲市 A 区法院

2. 关于本案李某被狗咬伤的证据证明问题，下列选项正确的是(　　)。

A. 赵某的证人提出的书面证词属于书证

B. 李某提交的诊断书、医院处方为复印件，肯定无证明力

C. 李某是因为挑逗赵某的狗而被狗咬伤的事实的证明责任由赵某承担

D. 李某受损害与被赵某的狗咬伤之间具有因果关系的证明责任由赵某承担

3. 关于法院对李某提出的返还欠款 5000 元和支付医药费 6000 元的诉讼审理，下列选项正确的是(　　)。

A. 可以分别审理，一并作出判决　　B. 可以合并审理，一起作出判决

C. 可以合并审理，分别作出判决　　D. 必须分别审理，分别作出判决

4. 关于赵某向李某借款 5000 元的证据证明问题，下列选项正确的是(　　)。

A. 李某提出的借条是反证

B. 李某提出的其向赵某转账 5000 元的银行转账凭证是直接证据

C. 赵某承认借款事实属于自认

D. 赵某所言已用卖玉石的款项偿还借款属于反证

第十一章

行政诉讼法

学习目标

熟练掌握行政诉讼法各基本原则、基本理论和概念，掌握行政诉讼法各种程序，并能正确运用行政诉讼法的基本知识和概念去判断和解决实际问题。在司法实践中，能够正确理解行政诉讼法规范，正确适用行政诉讼法，培养法治观念和法律意识，增强懂法守法的自觉性并监督行政权的正确行使。

案例引导

张某是某市车站路摆摊卖小吃的个体户。2010年8月20日，张某与一顾客谢某发生争执，继而相互推搡，致使谢某跌伤了右腿。第二天，某市某区公安分局治安科依据《治安管理处罚法》的相关规定，以殴打他人为由，裁决张某治安罚款100元，并赔偿医药费45元。该治安科未制作、送达治安处罚裁决书，罚款由治安科出具了一个收据。张某不服，以为殴打他人为由，向某区人民法院提起诉讼，状告某区公安分局治安科违法实施行政处罚。

问题：某区公安分局治安科是否可以成为适格被告？行政诉讼被告的范围是什么？

【分析】 治安科是区公安分局的内部机构，是具体执行公务、实现区公安分局职能的机构，其自身不能以自己的名义对外行使行政职权，也不能独立承担由此所产生的法律责任，不具有行政主体资格。治安科对外所作出的一切具体行政行为只能是以某区公安分局的名义作出，由此产生的法律后果也应由某区公安分局来承担。因此，某区公安分局治安科不能以自己的名义对张某进行行政处罚，而张某也只能以区公安分局为被告。行政诉讼在严格意义上是以行政主体为被告的诉讼。行政主体包括行使国家行政管理职权的行政机关和法律、法规授权其行使某一或者某些行政管理职权的组织。

第一节 行政诉讼法概述

一、行政诉讼与行政诉讼法

(一) 行政诉讼

一般认为，行政诉讼是指公民、法人或者其他组织认为具有公共行政职权的机关和组织的具体行政行为侵犯其合法权益，向人民法院提起诉讼，人民法院由此依循行政诉讼程序对具体行政行为合法性进行审查并作出裁判，解决行政争议的活动。

(二) 行政诉讼法

行政诉讼法概念有广义和狭义之分。广义的行政诉讼法，是指规定人民法院、当事人、其他诉讼参与人以及法律监督机关进行行政诉讼活动，调控他们之间在诉讼过程中相互间关系的法律规范体系。简言之，行政诉讼法就是规定行政诉讼活动的一切法律规范的总和。狭义的行政诉讼法，是指具有专门、完整法律形式的行政诉讼法典，在我国即1989年4月4日第7届全国人大第2次会议通过的《中华人民共和国行政诉讼法》。行政诉讼实践，是由广义的行政诉讼法予以全面调整的，而不是单纯地依据行政诉讼法典。

二、行政诉讼法的宗旨

保证人民法院正确、及时审理行政案件，解决行政争议。保护公民、法人和其他组织的合法权益。监督行政机关依法行使行政职权。

三、行政诉讼法的主要原则

行政诉讼的基本原则，是由《行政诉讼法》确认和体现的，指导行政诉讼活动的基本准则，可分为共有原则和特有原则。

(一) 行政诉讼的共有原则

这些原则与其他诉讼活动，如民事诉讼、刑事诉讼的原则相同的，是诉讼活动的一般准则，又称为一般原则。包括人民法院依法独立行使审判权原则、以事实为根据，以法律为准绳原则、当事人法律地位平等原则、使用本民族语言文字进行诉讼原则、辩论原则、人民检察院实行法律监督原则等。

(二) 行政诉讼的特有原则

这些原则是行政诉讼自身所特有的，与其他诉讼活动的原则是完全不同的。包括：

1. 人民法院特定主管原则

该原则又称有限管辖原则，是指对于行政纠纷，人民法院只管辖并解决其中的一部分。这与人民法院对刑事案件、民事案件的完全管辖权不同。有如下几层含义：

（1）人民法院只主管法律、法规明确规定由人民法院主管的那一部分案件。

（2）法律规定由人民法院主管的行政案件，只要当事人依法提起诉讼，人民法院必须受理并进行审理。

（3）在法律明确规定行政复议为必经过阶段的情况下，人民法院不能受理未经行政复议的行政案件。

2. 人民法院对具体行政行为合法性审查原则

该原则是指人民法院通过审理行政案件对具体行政行为的合法性进行审查并作出判决，这是在行政诉讼中确定人民法院同行政机关相互关系的基本准则。法院只审查具体行政行为，而不审查抽象行政行为。

3. 不适用调解原则

人民法院审理行政案件，不得进行调解。因为行政诉讼处理的是行政争议，而引起争议的具体行政行为是行政机关依职权实施的，行政职权属于国家权力，是不能通过调解而放弃或让步的。但赔偿诉讼可以适用调解。

4. 诉讼不停止执行原则

行政机关作出的具体行政行为，不因为相对人的起诉而停止执行，在诉讼期间，依然具有法律效力。这是国家行政管理连续性、有效性和不间断性的必然要求。

经典例题

关于行政诉讼法制度表述正确的选项是(　　)。

A. 行政诉讼案件一律由被告承担举证责任

B. 行政诉讼案件一律不适用调解

C. 行政诉讼期间不停止具体行政行为的执行

D. 行政诉讼一审期间被告可以申请撤诉

【分析】在行政诉讼中，举证责任主要由被诉的行政主体承担，并非一律由被告承担，因此A项错误。行政机关作出的具体行政行为，不因为相对人的起诉而停止执行，但在有法条规定的例外情形时，停止执行，因此C项错误。行政诉讼中的撤诉，是指原告或上诉人（或原审原告或原审上诉人）自立案至人民法院作出裁判前，向法院撤回自己的诉讼请求，不再要求人民法院对案件进行审理的行为。因此D项错误。正确答案是：B。

第二节　行政诉讼制度

一、行政诉讼受案范围

行政诉讼受案范围，是指人民法院受理行政诉讼案件的范围，规定了公民、法人或者其他组织对行政主体的哪些行政行为不服可以提起行政诉讼。

（一）人民法院受理的行政案件

（1）对行政拘留、暂扣或者吊销许可证和执照、责令停产停业、没收违法所得、没收非法财物、罚款、警告等行政处罚不服的；

（2）对限制人身自由或者对财产的查封、扣押、冻结等行政强制措施和行政强制执行不服的；

（3）申请行政许可，行政机关拒绝或者在法定期限内不予答复，或者对行政机关作出的有关行政许可的其他决定不服的；

（4）对行政机关作出的关于确认土地、矿藏、水流、森林、山岭、草原、荒地、滩涂、海域等自然资源的所有权或者使用权的决定不服的；

（5）对征收、征用决定及其补偿决定不服的；

（6）申请行政机关履行保护人身权、财产权等合法权益的法定职责，行政机关拒绝履行或者不予答复的；

（7）认为行政机关侵犯其经营自主权或者农村土地承包经营权、农村土地经营权的；

（8）认为行政机关滥用行政权力排除或者限制竞争的；

（9）认为行政机关违法集资、摊派费用或者违法要求履行其他义务的；

（10）认为行政机关没有依法支付抚恤金、最低生活保障待遇或者社会保险待遇的；

（11）认为行政机关不依法履行、未按照约定履行或者违法变更、解除政府特许经营协议、土地房屋征收补偿协议等协议的；

（12）认为行政机关侵犯其他人身权、财产权等合法权益的。

除前款规定外，人民法院受理法律、法规规定可以提起诉讼的其他行政案件。

（二）人民法院不予受理的事项

（1）国防、外交等国家行为。国家行为是一种政治行为，对国家行为的审查权属于国家权力机关。

（2）抽象行政行为。这是指行政法规、规章或者行政机关制定、发布的具有普遍约束力的决定、命令。

目前宪法和法律没有赋予人民法院司法审查权。对抽象行政行为的监督通过本级权力机关和上级行政机关实施。人民法院审理行政诉讼案件，参照部委规章和地方规章，认为规章之间不一致的，送请有权机关作出解释或者裁决。

（3）内部行政行为。该行为属于行政机关管理其内部事务的自律权范围，主要是行政机关对行政机关工作人员的奖惩、任免等决定。对内部行政行为的审查由监察机关、人事机关或其上级行政机关进行。

（4）行政终局行为。这是指法律规定由行政机关最终裁决的具体行政行为。这里的"法律"仅指最高权力机关制定的规范性文件。

二、行政诉讼管辖

（一）管辖的概念

行政诉讼中的案件管辖，是指人民法院之间受理第一审行政案件的权限分工。管辖解决的是人民法院在受理行政案件上的权限分工。人民法院设置四个审级：基层、中级、高级和最高，每一审级又根据地域的划分设置若干法院，当一个案件诉到法院，就需要在这些法院之间进行权限分工，对于管辖的把握，我们可以从管辖的种类入手，管辖的种类分为级别管辖、地域管辖和裁定管辖。

（二）管辖的种类

1. 级别管辖

（1）基层人民法院管辖的第一审行政案件。除由上级人民法院管辖的第一审行政案件外，其余第一审行政案件都由基层人民法院管辖。

（2）中级人民法院管辖的第一审行政案件。①确认发明专利权的案件和海关处理的案件；②对国务院各部门或省、自治区、直辖市人民政府所作出的具体行政行为提起诉讼的案件；③本辖区内重大、复杂的案件。

（3）高级人民法院管辖本辖区内重大复杂的第一审行政案件。

（4）最高人民法院管辖全国范围内重大、复杂的第一审行政案件。

2. 地域管辖

（1）一般地域管辖，也称普通地域管辖，是指行政案件由最初作出具体行政行为的行政机关所在地人民法院管辖。

（2）特殊地域管辖，是指因为某种特殊因素的存在，不能完全按照一般地域管辖的原则来确定，而是按照法律规定的特殊规则确定的管辖。具体包括以下三种：①被告是复议机关，但考虑到原告与复议机关可能不在同一地域，为方便原告起诉，该案件可以由作出原具体行政行为的行政机关所在地人民法院管辖，也可以由复议机关所在地的人民法院管辖。即此时不遵循一般地域管辖的原则，而是根据原告的选择确定。②因不动产提起诉讼的，由不动产所在地人民法院专属管辖。③限制人身自由案件的管辖，可以由被告行政机关所在地法院管辖，也可以原告所在地法院管辖。

3. 裁定管辖

裁定管辖包括移送管辖、指定管辖以及管辖权的转移，与《民事诉讼法》相关规定基本相同。

三、行政诉讼证明

（一）证明对象

证明对象，是指需要运用证据加以证明的案件事实，又称待证事实。包括：事实、行政法律规范和规范性文件、专门知识。

（二）举证责任的概念和内容

举证责任，又称证明责任，是指当事人必须对自己所主张的事实提供证据加以证明，否则应承担败诉风险的诉讼法律责任。

举证责任包括两方面内容：一是行为责任，即当事人对其主张负有提供证据加以证明的责任；二是对可能败诉的后果承担责任，即无法提供证据加以证明时，承担不利的诉讼后果。

（三）行政主体在行政诉讼中的举证责任

在行政诉讼中，举证责任主要由被诉的行政主体承担。《行政诉讼法》第34条规定，被告对作出的具体行政行为负有举证责任，应当提供作出该具体行政行为的证据和所依据的规范性文件。其范围包括：①作出具体行政行为的事实根据；②所适用的法律、法规、规章和其他规范性文件，并证明其适用是正确的；③所作的具体行政行为是其职权范围内的行为；④正确行使职权的证据；⑤具体行政行为符合法定程序的证据；⑥如是不履行或拖延履行法定职责的，证明其有正当理由。

在诉讼过程中，行政主体不得自行向原告和证人收集证据，这是行政主体举证责任的派生规定，也是实施具体行政行为"先取证，后处理"的要求。

（四）原告的举证责任

（1）证明起诉符合法定条件，但被告认为原告起诉超过起诉期限的除外。

（2）在起诉被告不作为案件中，证明其提出申请的事实。

（3）在一并提起的行政赔偿诉讼中，证明因受被诉行为侵害而造成损失的事实。

（4）其他应当由原告承担举证责任的事项。

第三节 行政诉讼参加人

行政诉讼参加人，是指在行政诉讼中与诉讼争议的具体行政行为有利害关系，在整个或者部分诉讼过程中参与诉讼活动的人，以及代理其参加诉讼的人。行政诉讼参加人包括当事人（原告、被告、和第三人）和诉讼代理人。

一、行政诉讼当事人

行政诉讼当事人，是指因具体行政行为发生争议，以自己的名义向人民法院起诉、应诉和参加诉讼，并受人民法院裁判约束的人。广义包括原告、被告、共同诉讼人、第三人；狭义只指原告和被告。具有以下特征：以自己的名义进行诉讼；与案件有利害关系；受人民法院裁判的约束。

（一）原告

行政诉讼的原告，是指认为自己的合法权益受到行政机关的具体行政行为侵犯，以自己的名义向人民法院提起诉讼的公民、法人或其他组织。具有以下法律特征：①以自己的名义向人民法院起诉；②认为具体行政行为侵犯自己的合法权益或与具体行政行为有法律上的利害关系；③受人民法院的裁判约束。

（二）被告

被告，是指受到原告指控，人民法院认定其应当履行被告义务的行政机关。被告的成立，取决于原告指控的合法，原告指控的合法性和被告参加诉讼的必要性都由人民法院决定。

行政诉讼被告资格的具体认定分为以下几种情况：（1）公民、法人或者其他组织直接向人民法院提起诉讼的，作出行政行为的行政机关是被告。（2）经复议的案件，复议机关决定维持原行政行为的，作出原行政行为的行政机关和复议机关是共同被告；复议机关改变原行政行为的，复议机关是被告。（3）复议机关在法定期限内未作出复议决定，公民、法人或者其他组织起诉原行政行为的，作出原行政行为的行政机关是被告；起诉复议机关不作为的，复议机关是被告。（4）两个以上行政机关作出同一行政行为的，共同作出行政行为的行政机关是共同被告。（5）行政机关委托的组织所作的行政行为，委托的行政机关是被告。（6）行政机关被撤销或者职权变更的，继续行使其职权的行政机关是被告。

经典例题

当事人对行政复议机关在法定期限内的不作为提起诉讼的，被告是(　　)。

A. 做出原具体行政行为的行政机关

B. 行政复议机关

C. 行政赔偿委员会

D. 具体办案人员

【分析】复议机关在法定期限内未作出复议决定，公民、法人或者其他组织起诉原行政行为的，作出原行政行为的行政机关是被告；起诉复议机关不作为的，复议机关是被告。正确答案是：B。

（三）共同诉讼人

共同诉讼人是共同原告和共同被告的总称，它是共同诉讼的当事人。

共同诉讼是指当事人一方或双方为两人以上的诉讼。共同诉讼人可以分为必要共同诉讼中的共同诉讼人和普通共同诉讼中的共同诉讼人。

必要的共同诉讼，是因同一具体行政行为而发生的共同诉讼。指当事人一方或双方为两人以上，因同一个具体行政行为发生争议，人民法院认为必须合并审理的行政诉讼。

普通的共同诉讼，是因同样的具体行政行为而发生的共同诉讼。指当事人一方或双方为两人以上，因两个或两个以上同样的具体行政行为发生争议，人民法院认为可以合并审理的行政诉讼，但是合并审理不是必须的。

（四）第三人

行政诉讼的第三人，是指同诉讼中争议的具体行政行为有利害关系，为了维护自己的合法权益而参加到他人业已开始、尚未结束的诉讼中的，原告以外的公民、法人或其他组织。参加方式既可以由第三人自己提出申请并经人民法院准许，亦可由人民法院通知参加。所谓利害关系是指法律上的权利义务关系。

第三人主张具体行政行为违法，将行政机关视为被告，第三人应当享有和承担原告的诉讼权利和义务。第三人主张维持原具体行政行为，要求法院驳回原告的诉讼请求，他没有将原诉当事人任何一方视为被告，第三人不能取得相当于原告的法律地位，但可以提出主张和证据，参加辩论、反驳原告的诉讼请求、支持被告的主张，以最终确定被诉行政行为的合法性。如果法院判决对其权益产生了不利影响，第三人有权提起上诉。

二、行政诉讼代理人

（一）行政诉讼代理人的概念及特征

行政诉讼代理人，是指根据法律规定、当事人的委托或者人民法院的指定，在一定的权限范围内，以被代理人的名义进行行政诉讼行为的人。具有以下特征：①代理人只能以被代理人的名义进行诉讼活动；②代理人只能在代理权限内实施代理行为；③代理人在代理权限范围内所实施的诉讼行为，其法律后果由被代理人承担；④代理人只能代理当事人一方，并且不能同时代理其他诉讼参加人。

（二）代理人的种类

按照诉讼代理权产生的根据不同可以把代理人分为：

（1）法定代理人，指根据法律规定的亲权和监护权而直接享有代理权限，代理无诉讼能力的公民进行诉讼的代理人。

（2）指定代理人，指由人民法院指定，代理无诉讼能力的公民进行诉讼的代理人。

（3）委托代理人，指受当事人或法定代理人的委托授权而代为进行诉讼行为的人。委托代理人包括律师、社会团体、提起诉讼的公民的近亲属或者所在单位推荐的人，以及经人民法院许可的其他公民。

经典例题

公务员在行政诉讼中的法律地位是(　　)。

A. 原告

B. 被告

C. 第三人

D. 不具有诉讼当事人的地位

【分析】D。行政诉讼中的法律地位的取得与是否具有公务员身份无关。

第四节　行政诉讼程序

一、起诉与受理

（一）起诉

行政诉讼的起诉，是指公民、法人和其他组织向人民法院提起行政诉讼，要求保护自己合法权益的行为。

提起行政诉讼应当具备以下条件：①原告是认为具体行政行为侵犯其合法权益的公民、法人或者其他组织；②有明确的被告；③有具体的诉讼请求和事实根据；④属于人民法院受案范围和受诉人民法院管辖。

起诉必须在法律规定的期限内提出。申请人不服复议决定的，可以在收到复议决定书之日起 15 日内提起诉讼；复议机关逾期不作决定的，申请人可以在复议期满之日起 15 日提起诉讼；直接向人民法院提起诉讼的，应当在知道作出具体行政行为之日起 3 个月内提出。法律另有规定的除外。

（二）受理

受理是人民法院对符合法律规定起诉条件的行政案件决定立案审理的诉讼行为。人民法院接到原告的起诉状，应当在 7 日内立案受理或者作出不予受理的裁定。原告对裁定不服的，可以提起上诉。

二、一审程序

第一审程序，是指人民法院对行政案件进行初次审理的程序，涉及审理步骤、审理期限、判决方式等具体规定。

（一）审理前的准备

1. 依法组成合议庭

人民法院审理行政案件，应当成立合议庭作为审判组织。合议庭的组成原则，实行陪审制和审判员制相结合。合议庭的活动，实行少数服从多数的原则。

2. 通知被告应诉

人民法院应当在法定期限内将起诉状副本发送被告，将被告答辩状副本发送原告。被告应当在法定期限内向人民法院提交作出具体行政行为的有关材料，提出答辩状，被告不提出答辩状的，不影响法院审理的进行。

3. 审判人员审阅诉讼材料，进行调查研究，收集证据。

4. 决定开庭审理的方式

行政案件原则上实行公开审理，但涉及国家秘密、个人隐私和法律另有规定的除外。

5. 决定是否裁定停止被诉具体行政行为的执行

诉讼期间，原则上不停止具体行政行为的执行。但有下列情形之一的，停止具体行政行为的执行：被告认为需要停止执行的；原告申请停止执行，人民法院认为该具体行政行为的执行会造成难以弥补的损失，并且停止执行不损害社会公共利益的；法律、法规规定停止执行的。

（二）开庭审理的程序

开庭审理分六个阶段进行：开庭准备，审查出庭情况，法庭调查，法庭辩论，合议庭评议，公开宣判。

（三）宣告判决

人民法院对行政案件审理后，根据不同情况，分别作出以下判决：

（1）具体行政行为证据确凿，适用法律、法规正确，符合法定程序的，判决维持。

（2）被告作出的具体行政行为主要证据不足的；或者适用法律、法规错误的；或者违反法定程序的；或者超越职权的；或者滥用职权的，明显不当的，人民法院判决撤销或者部分撤销，并可以判决被告重新作出具体行政行为。

（3）被告不履行或者拖延履行法定职责的，判决其在一定期限内履行。

（4）行政处罚明显不当，或者其他行政行为涉及对款额的确定、认定确有错误的，人民法院可以判决变更。

（5）赔偿判决。

（6）驳回原告诉讼请求判决，是人民法院经审理认为原告的诉讼请求依法不能成立，但又不适宜对被诉具体行政行为作出其他类型的判决的情况下，直接作出否定原告诉讼请求的一种判决形式。

（7）确认判决。确认判决是人民法院通过对被诉具体行政行为的审查，确认被诉具体行政行为合法或违法的一种判决形式。

三、二审程序

（一）上诉的提起

当事人不服第一审人民法院判决或者裁定的，有权在判决书或裁定书送达之日起15日内或者10日内向上一级人民法院提起上诉。逾期不上诉的，人民法院的第一审判决或者裁定发生法律效力。

（二）审理和裁判

上一级人民法院依照第二审程序对上诉案件进行书面审理。行政诉讼一审必须开庭审理，但第二审人民法院审理行政案件可以实行书面审理。

第二审在程序上是一审的纠错程序，通常以第一审法院的判决和裁定作为审查标的，但在行政诉讼中，第二审人民法院审理上诉案件实行全面审查的原则，即应当对原审人民法院的裁定和被诉具体行政行为是否合法进行全面审查，而不受上诉范围的限制。

一审中被告行政机关可以改变所作具体行政行为，但在二审中则不然，上诉受理后，一项非常重要的法律后果是，上诉一经受理，在第二审程序中，行政机关不得改变其原具体行政行为。

（三）二审裁判

（1）裁定撤销，发回重审。①原审判决认定事实不清，证据不足，或者违反法定程序可能影响案件正确判决的；②若是一审不予受理或者驳回起诉裁定，二审法院认为确有错误，且起诉符合法定条件，则撤销原审裁定，指令原审法院立案受理或者继续审理。

（2）依法改判。①原审判决认定事实不清，证据不足，或者违反法定程序可能影响案件正确判决的，在查清事实的基础上依法改判；②原审判决认定事实清楚，但适用法律法规错误，依法改判。

（3）维持原判。原审判决认定事实清楚，适用法律法规正确。

（四）审理期限

人民法院审理上诉案件，应当自收到上诉状之日起 2 个月内作出终审判决，有特殊情况需要延长的，由高级人民法院批准，高级人民法院审理上诉案件需要延长的，由最高人民法院批准。

四、审判监督程序

审判监督程序，是指人民法院对已经发生法律效力的判决和裁定，发现在认定事实和适用法律上有错误，依法进行重新审理的制度。

（一）再审的提起

各级人民法院院对本院已生效的判决、裁定，认为需要再审，提交审判委员会讨论决定；上级人民法院对下级人民法院已生效的判决、裁定，有权提审或者指令下级人民法院再审；人民检察院对人民法院已生效的判决裁定，发现违反法律、法规规定的，有权按照再审程序提起抗诉。

（二）再审的审判程序

再审案件原来是第一审的，按照第一审程序进行再审。当事人不服再审判决或裁定，可以上诉；再审案件原来是第二审的，按照第二审程序进行。新的判决、裁定为终审的判决、裁定，当事人不得上诉。

五、执行程序

根据我国《行政诉讼法》第 95 条的规定，公民、法人或者其他组织拒绝履行判决、裁定、调解书的，行政机关或者第三人可以向第一审人民法院申请强制执行，或者由行政机关依法强制执行。

行政机关拒绝履行人民法院的行政判决、裁定的，第一审人民法院可以采取以下执行措施：①从行政机关的银行账户上划拨应当归还的罚款和应当支付的赔偿金。②在规定期限内不履行的，从期满之日起，对该行政机关负责人按日处50元到100元的罚款，促使其履行义务。③将行政机关拒绝履行的情况予以公告。④向监察机关或者该行政机关的上一级行政机关或者监察、人事机关提出司法建议。接受司法建设的机关，根据有关规定进行处理，并且将处理情况告知人民法院。⑤追究刑事责任。拒不履行判决、裁定、调解书，社会影响恶劣的，可以对该行政机关直接负责的主管人员和其他直接责任人员予以拘留；情节严重，构成犯罪的，依法追究刑事责任。

执行的实施有以下步骤：

（1）执行开始。人民法院依照法定程序开始行使诉讼执行权的途径，有申请执行、移交执行和委托执行。

（2）执行中止和执行终结。执行中止指执行开始后出现不能继续的特殊情况，执行暂时停止进行，待该情况消失后继续进行执行。执行中出现执行无必要继续进行或者无法进行的情况，从而终止正在进行的执行程序，叫做执行终结。

（3）执行补救。执行已经结束，发现执行造成错误需要进行补救的，叫做执行补救。补救措施主要有执行回转和再执行。

本章练习

一、判断题

1. 行政机关工作人员对行政机关作出奖惩、任免等决定不服的，可以向人民法院提起行政诉讼。（　）

2. 因不动产提起的行政诉讼，由不动产所在地人民法院管辖。（　）

3. 公民、法人或者其他组织直接向人民法院提起诉讼的，作出行政行为的行政机关是被告。经复议的案件，复议机关决定维持原行政行为的，作出原行政行为的行政机关是被告；复议机关改变原行政行为的，复议机关是被告。（　）

4. 公民、法人或者其他组织同被诉行政行为有利害关系但没有提起诉讼，或者同案件处理结果有利害关系的，可以作为第三人申请参加诉讼。（　）

5. 被告对作出的行政行为负有举证责任，应当提供作出该行政行为的证据和所依据的规范性文件。（　）

6. 在诉讼过程中，被告及其诉讼代理人可以向原告、第三人和证人收集证据。（　）

7. 诉讼期间，除法律另有规定外，不停止行政行为的执行。（　）

8. 人民法院对行政案件宣告判决或者裁定前，原告申请撤诉的，或者被告改变其所作的行政行为，原告同意并申请撤诉的，是否准许，由人民法院裁定。（　）

9. 人民法院审理行政案件，一律不适用调解。（　）

10. 人民法院判决被告重新作出行政行为的，被告不得以同一的事实和理由作出与原行政行为基本相同的行政行为。（　）

二、单项选择题

1. 根据《行政诉讼法》的规定，下列情形不属于法院受理范围的是（　）。

A. 张某符合法定条件申请颁发许可证或营业执照，但行政机关拒绝办理或不

予答复

B. 李某认为工商管理局对其违章经营的罚款决定有误

C. 王某认为行政机关违法征收其土地，对征收决定不服的

D. 赵某认为单位免除自己行政职务的处罚决定不合理

2. 公民、法人或其他组织对行政机关的派出机构做出的具体行政行为不服的，应以(　　)为行政诉讼被告。

A. 该派出机构　　B. 该行政机关

C. 该行政机关的上级主管机关　　D. 该派出机构和该行政机关

3. 行政诉讼中，行政处罚明显不当，或者其他行政行为涉及对款额的确定、认定确有错误的，人民法院可以判决(　　)。

A. 变更　　B. 重新作出行政行为

C. 责令履行　　D. 确认违法

4. 因不动产提起的行政诉讼，由(　　)人民法院管辖。

A. 原告所在地　　B. 被告所在地

C. 中级人民法院　　D. 不动产所在地

5. 行政诉讼中的原、被告一般是(　　)。

A. 原告为公民、法人或其他组织，被告是国家的行政机关

B. 原告是国家机关，被告是国家行政机关工作人员

C. 原被告均是国家机关行政工作人员

D. 原告是国家行政机关，被告是公民、法人或其他组织

三、多项选择题

1. 行政诉讼中，原则上不停止被诉行政行为的执行，但下列(　　)情形时除外。

A. 行政机关改变原行政行为的

B. 被告认为需要停止执行的

C. 原告或利害关系人申请停止执行且法院认为应当停止执行该行政行为且不损害国家、社会公共利益的

D. 人民法院认为应当停止执行的

2. 在起诉被告不履行法定职责的案件中，原告应当提供其向被告提出申请的证据，但下列(　　)情形之一的除外。

A. 被告的行政行为对原告造成了损害但因被告的原因导致原告无法举证的

B. 被告应当依职权主动履行法定职责的

C. 原告因正当理由不能提供证据的

D. 被告因正当理由不能提供证据的

3. 下列哪些不属于行政诉讼的受案范围？(　　)

A. 国防、外交等国家行为

B. 行政法规、规章或行政机关制定、发布的具有普遍约束力的决定、命令

C. 行政机关对行政机关工作人员的奖惩、任免等决定

D. 认为行政机关滥用行政权力或排除或限制竞争的

4. 提起行政诉讼应当符合哪些条件？(　　)

A. 原告是符合《行政诉讼法》规定的公民、法人或其他组织

B. 有明确的被告

C. 有具体的诉讼请求和事实根据

D. 属于人民法院受案范围和受诉人民法院管辖

5. 人民法院审理上诉案件，应当对原审人民法院的(　　)进行全面审查。

A. 判决　　　　B. 原被告资格的确定

C. 裁定　　　　D. 被诉行政行为

四、问答题

1. 行政诉讼当中的被告如何确定？

2. 行政诉讼法上的起诉应当符合哪些形式要件？

3. 行政诉讼期间，不停止行政行为执行的例外情形包括哪些？

4. 人民法院判决确认违法，但不撤销行政行为的情形包括哪些？

五、案例分析

王某从事服装生产，未经有关部门许可即在该市 A 区与 B 区交界处跨界修建了一排简易厂房。市规划部门发现后认定王某所建的厂房是违章建筑，通知王某限期拆除。王某对该通知不服，向其住所地 C 区人民法院提起行政诉讼。

请分析回答下列问题：

1. 如果市规划部门在该市 D 区，以下法院中哪些拥有管辖权？(　　)

A. A 区人民法院和 B 区人民法院　　　　B. C 区人民法院

C. D 区人民法院　　　　D. 以上都不对

2. C 区人民法院受理此案以后，以下的哪些做法是符合行政诉讼规定的？(　　)

A. 组成行政审判庭审理该案

B. 考虑到案情简单，可由审判员独任审判该案件

C. 将该案件移送至 A 区人民法院管辖或 B 区人民法院管辖

D. 将该案件移送至 D 区人民法院

3. 下列哪些是本案的适格被告？(　　)

A. 市规划局　　　　B. A 区规划局

C. B 区规划局　　　　D. C 区规划局

4. 如王某先后向 A 区、B 区和 C 区人民法院先后递交了起诉书，下列说法正确的是(　　)。

A. 应由先收到起诉书的 A 区法院受理

B. 应由先立案的 B 区法院受理

C. 先立案的 C 区法院发现此案不属于本案管辖，应移送给有管辖权的人民法院

D. 谁先立案谁受理

第十二章

国　际　法

学习目标

国际法是一个庞杂的法律规范的体系。根据国际法调整的国际关系及其调整方法的不同，在法学研究与学习上将国际法区分为国际公法、国际私法和国际经济法三个分支学科。学习国际法要知悉国际法及其各个分支学科的整体知识框架，知晓国际公法、国际私法与国际经济法的区别与联系。从历史的角度而言，需要了解国际法的产生与发展以及不同历史时期不同国际法学派的理论观点，了解中国对国际法的理论与实践的逐渐参与。从学以致用的角度而言，需要通过理解国际法的基本理论，主要结合国际条约掌握国际法在处理国家之间在政治、经济、外交、海洋、太空、环境等方面和领域的关系的基本准则，提高运用国际法分析和解决国际法律问题的能力。

案例引导

中国倡导设立亚投行

亚洲基础设施投资银行（Asian Infrastructure Investment Bank，简称“亚投行”）是由我国习近平主席提出倡议，由包括中国、印度、新加坡等在内21个首批意向创始成员共同决定成立，目前已经成立的一个政府间国际组织。截至2015年4月15日，亚投行意向创始成员国确定为57个。我国台湾地区已于2015年3月31日通过国台办向亚投行筹备秘书处传真加入意向书。大陆方面表示欢迎台湾方面申请加入亚投行。双方就此保持沟通，为台湾方面以适当名义加入亚投行积极探寻可行办法。

中国倡导设立亚投行是中国积极参与国际法实践的一个案例。亚投行的发起、筹建和未来活动，都必须在国际法的框架内运作，同时也可发展着国际法在国际金融合作、国际投融资以及国际组织领域的新的规则和制度。亚投行作为一个政府间国际金融组织，体现国际货币金融关系，回应了改革国际货币金融秩序的现实需要，将会是国际经济新秩序的范例。亚投行的成功，将会推动中国在遵循国际法的框架下，积极参与国际事务，创建更加符合公正合理的国际经济新秩序所要求的国际法规则。

【分析】在中国倡导设立亚投行这个案例中，涉及许多的国际法律问题。其一，能够成为亚投行创始成员国或加入国的资格涉及国际法的主体理论，台湾地区是中国的一个省级地区，不具有国际法的主体地位，需要在中央的同意下以适当名义加入。其二，国与国之间通过订立协议的方式设立一个国际组织，涉及国际条约法与国际组织法的调整与适用问题。其三，亚投行作为一个金融组织其活动与运作还要遵循国际金融法的相关规定。其四，在设立亚投行的法律关系中还会涉及争端的解决、国际组织及其人员的特权与豁免、国家责任等诸多国际法的规则。

因此，要进行国际交往首先需要知晓国际法的有关规则，遵循国际法发展国家间的关系。

第一节 国际公法

传统国际法认为国家是国际法的唯一的主体，国际法主要是调整国与国之间的政治、外交、军事等关系的法律规范的总称。而随着国际法调整的国际关系的不断增多以及其他国际法主体的被认可，对国际法的研究根据国际法所调整的国际关系与调整方法的不同，将国际法这一法律部门区分为国际公法、国际私法与国际经济法三个子部门，相应的国际法学作为一门学科，也被区分为国际公法学、国际私法学和国际经济法学（表 12-1）。

表 12-1 **国际公法、国际私法与国际经济法的比较**

	国际公法	国际经济法	国际私法
调整的关系	国际公法主体之间的政治、经济、外交、军事、人权的国际保护等关系	国际经济法主体之间的经济关系	涉外民商事法律适用关系
法律主体	国家、政府间国际组织、争取独立的民族、个人	包括国家在内的所有市场主体都可以成为国际经济法的主体	基本主体是自然人和法人，国家和国际组织可以民事主体资格行事
调整方法	条约与习惯	条约、惯例、国内法	冲突规范
法律渊源	国际条约、国际习惯、一般法律原则	国际条约、国际惯例、国内法	国际条约、国际惯例、国内法

通过比较得出，国际经济法就是涉外经济法，调整所有具有涉外因素的法律关系，其在调整国与国之间的经济关系时与国际法是重合交叉的。如世界贸易组织法（WTO 法）就是国际法与国际经济法的交叉领域。国际私法又称法律冲突法，调整的国际关系具有特殊性，其旨在解决涉外民商事法律关系中法律适用冲突的问题。如一项涉外婚姻的法律效力该适用哪一国家的法律进行认定的问题。

一、国际法基础理论

（一）国际法的概念

1. 国际法的定义

国际公法又称国际法，是法律的一个特殊部门。与平常提到的民法、刑法等国内法不同，国际法调整的主要是国家与国家之间的关系。除国家是国际社会的基本法律主体外，国际法还调整其他国际法主体之间的关系。因此，国际法是调整国际法主体国际交往中的关系的具有法律拘束力的原则和规则的总称，是国际关系的准则。

国际法具有特殊性，并不意味着国际法如一些学者所主张的国际法不是法，是国际道德或者是国际礼让。国际法的特征表现为它的国际性与法律性。

首先，国际法的法律性。国际法具有法律拘束力，国际法有其特有的法律形成机制和法律实施机制。国家之间通过订立条约或者默认形成习惯的方式制定约束它们行为的规则，通过国际法主体的自我约束，靠主体本身单独的或集体的力量来实施国际法。国际法主要是靠各国的自觉遵守以及国际舆论来加以维持。尽管国际上有国际法院和国际仲裁机关，有维和部队，但它们通常并没有强制管辖权。所以国际法具有强制力，只不过国际上缺乏强制实施国际法的强制机关而已。

其次，国际法的国际性。国际法区别于国内法的地方，不仅在于上述国际法的形成与实施机制的特殊性，还在于国际法的主体与国际法调整的关系具有特殊性。国际法调整国家之间，以及在一定条件和范围下调整国家、政府间国际组织、甚至个人之间的在国际层面发生的法律关系。

2. 国际法的主体

国际法的主体即为国际法所调整的国际法律关系的参加者，或者说是具有国际法律人格者。凡是在国际法中能够直接独立地参与国际关系，能够直接享有或者承担国际法上的权利或义务的主体，就是国际法的主体。

国家是国际法的主要主体，国家具有国际法上完全的权利能力和行为能力，能够独立自主地决定国内外的事务，可以享受国际法上的所有权利，承担国际法上的所有义务，因此，国家是完整的国际法主体。

政府间国际组织的国际法主体地位在第二次世界大战后逐渐得到认可。其国际法主体地位是通过建立该组织的国际条约或者说是该组织的“组织宪章”赋予的，是为履行其职能所必需的资格。

第二次世界大战后的纽伦堡审判和东京大审判是在国际层面追究个人犯有国际罪行的国际责任的典型实例。证明个人具有承担国际法上的义务，包括承担责任的能力和资格。作为新兴学科的国际人权法和国际环境法的发展，确立了个人在国际法上直接享有权利的资格和能力。因此，从个人直接承担国际法上的义务或者从个人直享有国际法上的权利来看，都应该承认个人在一定条件下已经具备了国际法主体的资格。对于个人之所以取得国际法的主体资格，我国著名国际法学家李浩培认为，个人的国际法主体地位依赖于各主权国家的意志，由于一些主权国家以条约规定个人有部分国际法主体地位，个人才取得这种地位。①

3. 国际法的性质

马克思主义法学观认为法的本质是统治阶级意志的体现。这种观点也同样适用于国际法。国际法的阶级性体现在国际法是各国统治阶级意志的妥协或协调。国际社会是一个平权型结构的社会，并没有一个凌驾于各国之上的权力机构来制定法律，国际法的形成取决于各国之间所形成的“共同意志”，而这种“共同意志”只能是各个国家讨价还价之后的具有妥协性的“合意”。此种各国之间的意志的协议或妥协，也就构成了国际法之所以为各国所愿意遵守的效力依据。

案例引入

英伊石油公司案

1933 年 4 月 29 日，伊朗与英国的英伊石油公司签订了一项特许权协议。协议授予英伊石油公司在伊朗境内的特许区开采和加工石油的特许权。然而，1951 年伊朗通过了国有化法律，就此取消了英伊石油公司的特许权。随后该公司要求按照协议的规定以仲裁方式解决其与伊朗政府之间的争端，但被伊朗政府拒绝。英国政府于 1951 年 5 月 16 日向国际法院提起诉讼，请求国际法院判决伊朗政府有义务将争端提交仲裁，或请求法院判决伊朗败诉，承担协议中的义务。伊朗提出反对主张，认为国际法院对此案没有管辖权。国际法院认可了伊朗政府的主张，认为其对该案不具有管辖权。

【分析】在国际法院看来协议本身只是“政府和外国法人之间的一项特许权合同”，不是国际法意义上的条约。据此，国际法院认为其对该案没有管辖权。

英伊石油公司案在很大程度上澄清了国际法的性质和特点。首先，它说明了国际法主要是国家之间的法律。如果本案中英国的诉讼请求成立，即 1933 年的特许权协议具有条约和国内法上合同的双重性质，则意味着国际法院受理了一个政府与个人之间合同纠纷的案件，同时也意味着个人成为了国际法院诉讼的主体。这一点，显然是与《国际法院规约》的规定相矛盾的。英伊石油公司案还说明了国际法调整国家之间的关系。英国政府把 1933 年的特许权协议视为具有双重性质，实际上混淆了条约和依据国内法签订的协议的区别。在国际法的体系中，承担条约中义务、享有条约中权利主体是国家等国际法主体，而非外国法人。虽然英国、伊朗两国政府在谈判中起到了一定作用，但 1933 年的特许权协议终究是英伊石油公司与伊朗政府签署的，所以该协议不能被认为是条约。这也反映了国际法通常并不调整国家与个人之间的关系，而是调整国家与国家之间的关系。

（二）国际法与国内法的关系

国际法与国内法是两个不同的法律体系，但二者之间具有联系。国际法与国内法之间的关系问题，主要是国际法在国内法的适用问题，即国际法在国内法中具有何种地位与国

① 李浩培，《国际法的概念和渊源》，贵州人民出版社 1994 年版，第 26~27 页。

际法如何适用于国内。

国际法对于国家具有法律拘束力，要求国家按照国际法的规定履行其国际义务，国家的行为不管其是立法、司法还是行政行为，都不得与其承担的国际法上的国际义务相违背。因此，在国际法层面，国内立法不能改变国际法的规定；国家不得以其国内法的规定来对抗其应承担的国际法义务，或以国内法的规定为理由来逃脱其国际责任；在国内层面，国际法不干涉一国国内法的制定，除非该国承担了相应的国际义务。

案例引入

美国与台湾的关系问题

《中美建交联合公报》标志着中美建立正式外交关系，美国承认中华人民共和国政府是中国唯一合法政府，不再与台湾保持官方关系。《八一七公报》中美国有义务逐步减少它对台湾的武器出售，并向台湾出售的武器在性能和数量上将不超过中美建交后近几年供应的水平。然而从1979年中美正式建交至今，美国几乎每年都对台湾出售大批先进武器，而且其金额和数量也有不断增长的趋势。中方多次就美售台武器问题表明中国政府的严正立场，指出美方错误行径严重违反中美三个联合公报特别是《八一七公报》原则，严重干涉中国内政，是违反国际法的行为。而美国却以《对台关系法》为由继续保持其对台军售和美台军事联系。

【分析】 在本案例中，涉及的一个问题是，从国际法理论的角度看，美国向台湾出售武器的行为的实质是什么？这种行为的实质是国际法与国内法的关系问题。一方面美国的这种做法违反了其与中国订立的条约的义务，但另一方面这种做法又符合其国内法的要求。那么，美国制定的国内法《对台关系法》与该国参加的条约冲突时，其国内法是否当然无效？国内的立法机构，具有立法权，只要立法机构制定的法律符合规定，则在国内就是有效的，不能因为其与该国参加的条约相冲突，就认定其无效。不过，一国违反条约做法即使是符合其国内法的规定，也不能以此为理由，对抗其应当承担的国际义务。美国对其违反国际义务的行为要承担国际法上的责任。

（三）国际法的基本原则

国际法的基本原则是指各国公认的、构成国际法基础、适用于国际法各个领域、具有强行法的性质的法律原则。国际法的基本原则具有强行法性质，适用于所有国家，对所有国家具有强制拘束力。

《联合国宪章》第2条是对国际法基本原则的权威表述。该条规定了国际法上的基本原则，如："各国主权平等原则""和平解决国际争端原则""互相尊重领土完整原则""在国际关系中禁止使用武力"以及"互不干涉内政原则"等。

中国政府于1954年提出了"和平共处五项原则"。这五项原则分别是：互相尊重主权和领土完整、互不侵犯、互不干涉内政、平等互利、和平共处。由于这五项原则是发展中国家首先提出并得到广泛认可的系统化的原则，是对《联合国宪章》的国际法基本原则的概括和表述，其本身也是现代国际法的基本原则。

二、国际法上的国家

国家是国际法的基本主体，具有完全的承担国际法上的权利和义务的能力。根据国家主权平等原则，国家与国家之间并无权力上的隶属与管辖，国家享有在另外一个国家内免受司法管辖的权利。国家享有管辖豁免，并不意味着国家实施的违反国际法的行为不需要承担国际责任。

（一）国家的基本权利和义务

1. 国家的概念

国家享有基本权利和义务的前提是国家存在的事实。国家只有具备成立国家的要素并且国家的成立不违反一般国际法时，这个国家才是国际法意义上的国家。国家须具备下四个要素：定居的居民；确定的领土；有效统治的政府和享有主权。具备这些条件后还必须符合不违反公认的国际法原则。“二战”期间，日本在占领的东北成立了“伪满洲国”，其后国际联盟大会于 1933 年 2 月 24 日通过决议，宣布维持并承认满洲的现行制度与现行国际义务的基本原则不相符合。这表明国家有义务不承认“伪满洲国”，也表明“伪满洲国”并不是一个国际法上的国家。

2. 国家的基本权利

一般地说，基本权利是国家固有的、当然享有的权利，例如独立和平等。国家在享有基本权利的同时，必然负有尊重他国基本权利的义务，这构成一国承担的基本义务。根据联合国大会于 1946 年 12 月 6 日通过的《国家权利和义务宣言草案》，国家有四项基本权利：

（1）独立权，是指国家根据自己的意志处理本国对内、对外事务而不受任何外来控制和干涉的权利。独立权包括紧密联系的经济独立和政治独立。

（2）平等权，是指国家在国际法面前一律平等，平等地享受国际法权利和承担国际法义务的权利。

（3）自卫权，是指国家在遭受武力攻击时，单独或者集体共同抵抗侵略的权利。自卫权的行使是合法使用武力的一种情形，但自卫权的实施是有条件限制的。首先，自卫权行使的前提是受到正在进行的武装攻击。其次，国家在行使自卫权时要符合相称性和必要性的原则，正如国际法院在“尼加拉瓜军事行动及准军事行动案”中所说，自卫“对于武力攻击来说是相称的，并且是应对该攻击所必要的措施”。① 再次，《联合国宪章》第 51 条要求采取自卫的国家应将其采取的行动立即向安理会报告，并且行动不得影响安理会维持国际和平与安全职能，并且不得与安理会为此采取的行动相抵触。

（4）管辖权是指国家通过立法、司法或行政手段对本国领土范围之内和/或之外的一定的人、事、物进行支配和处理的权利。国家的管辖权根据行使的对象的不同，分为属地管辖权、属人管辖权、保护管辖权和普遍管辖权。

---

① ICJ, Nicaragua Case, Merits, para, 176.

案例引入

美国"先发制人"的自卫

先发制人战略是乔治·W·布什任内国家战略的核心组成部分之一，它是美国为消除911恐怖阴影做出的带有激进风格的战略选择。作为一种指导美国"反恐"行动的军事战略，"先发制人"自卫是指以强大的军事实力为支撑，采取一种超前性和进攻性的战略态势，在恐怖主义势力和"敌对国家"对美国产生实质性威胁前将之摧毁。

【分析】以自卫为名，先发制人的进行武力打击是建立在国家对威胁的一种主观判断，因为这种武断的打击很容易被滥用，从而造成"恃强凌弱"的隐患。这种所谓的自卫并不符合公认的国际法上自卫权的行使条件，因而应当是被禁止的。

（二）国家豁免

国家豁免即国家主权豁免，是指在国际交往中一国国家及其国家财产不受或免受他国管辖。非经一国同意，他国司法机关不得受理针对该国或对该国的行为和财产提起的诉讼，也不得对该国的财产采取诉讼保全措施和强制执行。国家管辖豁免从广义上指国家不受另一国的国家公权力的约束，但通常仅指国家在另一国法院不受司法管辖的豁免。

司考真题

甲国政府与乙国A公司在乙国签订一份资源开发合同后，A公司称甲国政府未按合同及时支付有关款项。纠纷发生后，甲国明确表示放弃关于该案的诉讼管辖豁免权，根据国际法规则，下列哪一选项是正确的？（　　）（2010/1/30，单选）

A. 乙国法院可对甲国财产进行查封

B. 乙国法院原则上不能对甲国强制执行判决，除非甲国明示放弃在该案上的执行豁免

C. 如第三国法院曾对甲国强制执行判决，则乙国法院可对甲国强制执行判决

D. 如乙国主张限制豁免，则可对甲国强制执行判决

【分析】B。国家主权豁免是指国家的行为和财产不受或免受他国管辖，在实践中主要表现为国家的司法豁免，一般包含三项内容：（1）一国不对他国的国家行为和财产进行管辖，一国的国内法院非经外国同意，不得受理以外国国家为被告或外国国家行为为诉由的诉讼。（2）一国法院不能对外国国家代表或国家财产采取任何程序上的强制措施。（3）不能对国家财产强制执行。三项内容相互联系又彼此独立，放弃一个不等于对其他的放弃，所以虽然甲国明确表示放弃该案的诉讼管辖豁免权，但不代表放弃执行豁免。所以A、C、D项错误。

（三）国家责任

1. 国家责任的构成要件

国际责任，是指国际法主体依照国际法应当承担的法律责任。国家责任则专指国家违反国际法所应当承担的不利法律后果。国家责任的构成主要从两方面进行考察，其一，主观方面要求“具有可归因于国家的行为”；其二，客观方面要求“该行为违反了国家所应承担的国际义务”，即行为违反国际法。国家责任的归责采取的是严格责任的归责理论，不管国家违反国际法的行为出于故意还是过失，只要违法国际法就意味着存在损害结果，需要违法的国家承担法律责任。

由于国家是一个组织体，国家的行为都是由相应的国家机构或国家代表实际实施的，因此可归因于国家的行为要求该行为不管实施主体为何，主要是以国家的名义所实施的或者得到国家授权所实施的行为，就视为国家行为。从国际法的角度衡量，如果该国家行为违反了该国所应当承担的国际义务，则构成国家的不法行为，产生该国的国家责任。

2. 国家责任的承担形式

国家的不法行为一经确定，就会在行为国与受害国之间产生基于权利救济的新的法律关系。行为国要承担第二性的义务，受害国有权追究行为国的国家责任，或得救济。行为国所要承担的具体的第二性的义务就是国家责任的形式。根据国际法委员会起草的《国家责任条款草案》的规定，国家责任的形式有以下几种：

（1）停止和不重犯。在实施一项持续性的不法行为时，立即停止该行为；在必要情况下，提供不重犯该行为的适当承诺和保证。责任国的这两项义务在一定条件下是必要的，有助于修复违背义务之后的法律关系。如，在特雷尔冶炼厂仲裁案中，仲裁法庭针对加拿大在邻近美国边界的特雷尔冶炼厂排放的废气对美国华盛顿州造成严重污染的情况，裁定加拿大除应对所造成的损害给予赔偿外，特雷尔冶炼厂必须采取措施，“以防止将来对美国的污染。”

（2）充分赔偿。国家对其国际环境不法行为承担国家环境责任的另一项一般性的义务是向相关受害国提供充分的赔偿。充分赔偿的义务的实现方式包括单独或合并地采取恢复原状、补偿和满足的方式。

在恢复原状并非实际上做不到，并且从促使恢复原状而不要求补偿所得到的利益不至于同所引起的负担完全不成比例的情况下，受害国有权要求恢复原状，责任国也有义务恢复原状。在国家的不法行为造成的损害无法或未能以恢复原状的方式得到赔偿，那么补偿的责任承担方式会被援引。满足这种责任承担形式作为一种非常规的责任承担方式。其前提是恢复原状或补偿未能达到充分赔偿。对于精神损害，如对受害国尊严的伤害，则不是物质赔偿所能满足的。此时，通过责任国的遗憾、正式道歉这种悔过的方式则可以达到对受害国精神上补救的目的。

（3）限制主权。国际社会中也存在追究国家具有刑事性质责任的实践。典型的是国际刑事法庭对犯有侵略罪的国家的审判活动。《国家责任条款草案》并没有使用国家的国际罪行或国家的国际刑事责任的用语，而是使用了“严重违背一般国际法强制性规范的义务的不法行为”。目前尚无公认的国家刑事责任承担方式。

限制主权是国际社会追究国际罪行的国家责任时适用的一种方式，以第二次世界大战后对德、日的占领是最为典型。如，第二次世界大战后苏、美、英、法四国对德国分区占领，共同行使德国的最高权力。第二次世界大战后对日本领土主权限于本国的四个岛屿，限制日本武装力量、军事装备及军工业的发展等。

三、国际法上的个人

（一）国籍与外交保护

国籍是判断个人是否是某一国家公民的标准。不具有一国国籍的人相对于该国而言就是外国人或无国籍人。国籍是个人同某一国家法律上的稳定的联系，它指一个人隶属于某一个国家的国民或者公民的法律资格或身份。国家行使外交保护的前提是要求被保护者具有与保护国国籍上的联系。

外交保护，是指一国针对其国民因另一国国际不法行为所受的损害，以国家的名义为该国民采取外交行动或其他和平解决手段。外交保护是国家享有的一项权利，国家并没有义务进行外交保护。外交保护的条件之一在于须证明受害者为该国国民，这在国际法上被称为“持续国籍原则”，也就是说，个人自遭受侵害时起至得到外交保护时止，必须连续地具有保护国的国籍。

司考例题

甲国公民詹某在乙国合法握有一幢房屋。乙国某公司欲租用该房屋，被詹某拒绝。该公司遂强行占用该房屋，并将詹某打伤。根据国际法的有关则，下列救济方式哪一项是正确的？（　　）（2004，单选）

A. 詹某应向乙国提出外交保护请求

B. 詹某可以将此事件诉诸乙国行政及司法当局

C. 詹某应向甲国驻在乙国的外交团提出外交保护的请求

D. 甲国可以立即行使外交保护权

【分析】 B。国家行使外交保护权一般应将符合三个条件：（1）一国国民权利受到侵害是由于所在国的国家不当行为所致。（2）受害人自受害行为发生起到外交保护结束的期间内，必须持续执有保护国国籍。（3）提出外交保护之前，受害人必须用尽当地法律规定的一切可以利用的救济办法，包括行政和司法救济手段，而仍未获得合理补偿。此为“用尽当地救济”原则。乙国某公司的行为显然不是国家行为，因此詹某不能请求外交保护，但并不妨碍詹某在乙国获得行政及司法途径的救济。如果乙国未能提供有效司法救济或者有效救济无法获取，则构成乙国不当行为，甲国可以行使外交保护。

（二）引渡与庇护

1. 引渡

引渡，是指被请求国将位于本国境内的被外国追捕、通缉、被指控为犯罪嫌疑人的人或已经判刑的人，根据请求国请求，送交请求国审判或处罚的一种国际司法协助行为。引渡制度涉及三方面内容：请求国、被请求国和引渡对象。请求国是引渡对象所在国以外的、对该引渡对象有管辖权的国家；被请求国是引渡对象所在的国家；引渡对象是请求国视之为违反其有关法律，应当受到审判或者处罚的人。

对于可引渡的犯罪，一般是普通刑事犯罪，“双重犯罪原则”和“政治犯不引渡原则”是被一般接受的原则。国家一般没有引渡的义务，国家相互间的引渡一般是依据国内立法和对其有拘束力的引渡条约来进行的。我们国家目前正在进行的对外逃贪官的追逃追赃行为就要借助于引渡。

2. 庇护

庇护一般是指领土庇护，即国家对于遭受追诉或迫害而来避难的外国人，准其入境和居留，并给予保护的行为。庇护是国家的一项权利，是国家自主处理和自由决定的事项。我国《宪法》第 32 条第 2 款规定：“中华人民共和国对于因为政治原因要求避难的外国人，可以给予受庇护的权利。”

国际实践中，还有一种所谓的“域外庇护”或者“外交庇护”，即在本国停泊在外国港口的军用船舶、停留在外国机场的军用飞机或者驻外国的使领馆内庇护政治犯。但这种域外庇护缺乏国际条约及国际习惯法上的依据。我国坚决反对构成干涉一国内政的所谓“域外庇护”或者“外交庇护”。

案例分析

王立军叛逃美国领事馆事件

2012 年 2 月 6 日，时任重庆市副市长王立军私自进入美国驻成都总领事馆并滞留一天才离开。尽管时间短暂，但美国领事馆的做法仍然违反了《维也纳领事关系公约》的规定，领事馆不得充作任何与其职务不相符的用途。

思考题

斯诺登庇护案

美国人斯诺登由于向外界透漏美国国家安全局的监听计划，而为美国所通缉。为此，斯诺登开始向包括冰岛在内的十几个国家寻求政治庇护。一些国家明确拒绝了斯诺登的庇护申请，一些国家则表示庇护申请须在其领土内提交，几个拉美国家则明确表示接受斯诺登的申请。在此过程中，斯诺登于 2013 年 6 月向俄罗斯政府提交了庇护申请。俄罗斯决定向斯诺登提供为期 1 年的临时政治难民身份。那么俄罗斯的做法以及其他国家的关于是否接受斯诺登的庇护请求的决定是否有国际法依据呢？

（三）人权的国际保护

人权，是指一个人作为人所享有或应享有的基本的、不可被剥夺的权利。人权是每个国家有义务保障和促进的权利。如果说个人是国际法上的人权的权利主体的话，则国家就是国际法上的人权的义务主体。国家负有义务尊重和保障人权。

人权的国际保护，是指国家通过国际合作，制定有关尊重和保护人权的国际法规则促进和保证人的基本权利和自由。人权的国际保护有赖于国际人权法的制定和实施。国际人权法既包括规定具体人权内容实体法也包括人权保护实施机制的程序法。这些国际人权法集中表现为一系列保护人权的国际公约。国际人权法主要是由一系列保护人权的国际公约构成的。联合国成立以来已经先后制定了多个国际人权公约，《世界人权宣言》《经济、社会及文化权利国际公约》和《公民权利和政治权利国际公约》构成“国际人权宪章”，是现代国际人权法的基本文件。

2006 年 3 月 15 日，第 60 届联合国大会设立了人权理事会，以取代总部设在瑞士日内瓦的人权委员会。人权理事会是联大的专门负责联合国人权领域工作的大会附属机构。除了条约体系外，国际人权法还形成了人权保护的实施制度，包括报告制度、国家来文及和解制度、个人申诉制度。

四、国际法上的空间

（一）国家领土

国家领土，是指国家主权支配和管辖下的地球的特定部分及附属的特定上空和地下。国家领土有领陆、领水、领陆和领水的底土以及领陆和领水以上的空气空间等部分组成。领土是国家权力行使的空间范围，国家对其领土享有领土主权。

司考真题

奥尔菲油田跨越甲乙两国边界，分别位于甲乙两国的底土中。甲乙两国均为联合国成员国，且它们之间没有相关的协议。根据有关的国际法规则和国际实践，对油田归属与开发，下列哪一选项是正确的？（　　）（2007，单选）

A. 该油田属于甲乙两国的共有物，其中任何一国无权单独进行勘探和开采

B. 该油田位于甲乙两国各自底土中的部分分属甲国、乙国各自所有

C. 该油田的开发应在联合国托管理事会监督下进行

D. 无论哪一方对该油田进行开发，都必须与另一方分享所获的油气收益

【分析】B。根据国际法规则和国际实践，底土是领土的一部分，领土以边界为界，同时依据国家主权原则，国家对领土内的一切自然资源享有主权，因此选项 B 是正确的，选项 A、D 的说法不符合题意。联合国托管理事会不具有该项职能，其主要职责是：协助安理会和大会履行其在国际托管制度方面的责任，并负责监督托管领土。目前联合国的托管制度已经完成历史使命。

1. 领土的取得方式

（1）先占，亦称占领，是指国家通过对无主土地的占有而有意识地取得对该土地的主权的行为。先占的主体是国家，客体是不属于任何国家的土地。先占须具备三个条件：一是国家具有取得无主土地主权的意思。二是国家对该土地实行有效占领并采取实际控制

措施。三是先占的对象是无主土地。

（2）割让，是一国通过条约将其部分领土移转给另一国。割让一般是战败国将自己领土的一部分划归战胜国的方式。例如第一次鸦片战争失败后，清朝将香港岛割让给英国。割让也包括非强制的割让，如买卖、赠与、互换等。强制割让违反现代国际法，而非强制割让具有合法性。

（3）时效，是指一国对他国领土进行占领之后，经过长期和平地行使管辖权，从而使该国取得他国领土主权的领土取得方式。

案例引入

东格陵兰法律地位案

1931 年 7 月，挪威政府发布一项公告，宣布根据先占原则其对东格陵兰岛地区拥有主权。丹麦对此提出抗议并将争议提交常设国际法院，请求法院判决丹麦对该地区享有主权。

在判决中，法院认为 1931 年 7 月 10 日之前，没有任何一个国家就丹麦对东格陵兰地区的主权提出异议，丹麦对该地区连续不断、不受干扰地行使着主权。尤其是 1721 年丹麦在整个格陵兰岛建立了自己的殖民地，更加显示了对岛（包括东格陵兰）的主权。因此，挪威称该地区是无主地的主张不能被采纳。

【分析】 在本案中，法院没有就丹麦是通过先占还是时效而取得该地区的主权作出说明，仅仅从有效控制的角度作出了判决。

（4）征服，是指一国通过武力兼并另一国领土的全部或者部分，从而取得领土的方式。由于现代国际法废弃了国家的战争权，征服无法取得领土的主权了。

（5）添附，是指由于自然或者人为作用而取得领土的方式，包括自然添附和人为添附。自然添附是由于自然界的力量而出现的领土，例如，河流入海的泥沙堆积形成新的沙洲。人为添附是由于人类自己的力量而出现的领土，例如人造岛屿。

以上是传统的领土取得方式。现代国际法上领土取得与变更的新方式则包括：①民族自决。民族自决是指被殖民或压迫的民族从前殖民地或宗主国独立出来成立新国家或加入其他国家而带来的领土变更。②全民公投。全民公投是指有关国家在符合国际法的前提下，采取全民投票的方式决定争议土地的归属。全民公投必须是在符合国际法的条件下，投票民众自由意志的表达。全民公投一般是根据有关条约或国内法规定进行的。

2. 南北极的法律地位

南极的法律地位由《南极条约》进行了规定。该条约对南极地区的法律地位作出如下规定：（1）和平利用南极；（2）南极科学考察自由和国际合作；（3）冻结各国对南极的领土和权利要求；（4）维持南极地区的公海制度。

在北极地区尚不存在如《南极条约》的法律文件。然而，根据一般国际法规则，尤其是《联合国海洋法公约》，北极地区除有关国家的陆地领土、领海和专属经济区外，其余部分就是公海了。其他国家享有海洋法公约规定的在北冰洋航行、飞越、捕鱼、科研、铺设海底电缆管道及建造人工岛屿和设施等项自由。

司考真题

甲乙丙三国均为南极地区相关条约缔约国。甲国在加入条约前，曾对南极地区的某区域提出过领土要求。乙国在成为条约缔约国后，在南极建立了常年考察站。丙国利用自己靠近南极的地理优势，准备在南极大规模开发旅游。根据《南极条约》和相关制度，下列哪些判断是正确的？（　　）（2010，多选）

A. 甲国加入条约意味着其放弃或否定了对南极的领土要求

B. 甲国成为条约缔约国，表明其他缔约国对甲国主张南极领土权利的确认

C. 乙国上述在南极地区的活动，并不构成对南极地区提出领土主张的支持和证据

D. 丙国旅游开发不得对南极环境系统造成破坏

【分析】CD。冻结对南极的领土要求是目前南极地区法律制度的主要内容之一。包括对南极领土不得提出新的要求或扩大现有要求；《南极条约》不构成对任何现有的对南极领土主张的支持或否定；条约有效期间进行的任何活动也不构成主张支持或否定对南极领土要求的基础。据此，甲国加入条约并不意味着其放弃或否定了对南极的领土要求，A选项错误。甲国成为条约缔约国，也不构成其他缔约国对甲国主张南极领土权利的确认，B选项错误。乙国在南极地区的活动，并不构成对南极地区提出领土主张的支持和证据，C选项正确。根据《南极条约》和相关制度，南极只用于和平目的；任何国家都有在南极进行科学考察的自由；维持南极地区水域的公海制度，任何国家在南极地区根据国际法享有的对公海的权利不受损害或影响；保护南极环境与资源，在南极进行的任何活动不得破坏南极的环境或生态。故D选项正确。

（二）海洋法

海洋法是当代国际法的重要组成部分，其调整的海域主要包括领海、专属经济区、毗连区、大陆架、用于国际航行的海峡、群岛水域、公海、国际海底区域。国际海洋法为各国维护和谐的海洋秩序，调整国家间在海洋领域的利益，规范国家开发利用海洋的活动提供了行为准则。其中，1982年的《联合国海洋法公约》其广泛的代表性和对习惯国际海洋法的编纂，构成现代国际海洋法律体系的基石。我国是《联合国海洋法公约》的缔约国，公约应当是我们维护海洋权利的有力武器。本部分内容结合我国正在面临的海洋争端，学习和分析海洋法的知识。

案例引入

中国在南海的海洋权益与争端

在东海，中国与日本除了钓鱼岛争端外，还涉及中日大陆架与专属经济区的划界争端。在南海，根据国际法上的先占理论，中国对散落于南海的东沙群岛、西沙群岛和南沙群岛享有所有权。中国最先发现和命名了南海诸岛，并长期没有异议地占有和管理这些岛

礁。然而随着南海油气资源的大规模发现等原因，南海周边国家开始侵占我国的岛礁，并在我国南海九段线的历史性水域内主张专属经济区。

要解决这些争议，首先，要知晓海洋法中关于岛屿、大陆架、专属经济区的法律制度；其次，明确中国依据海洋法在南海享有哪些权利；再次，清楚对于海洋相向的国家之间划分专属经济区的规则是什么。

1. 我国在海洋上的领土主权

领土包括领海和海洋之上的岛礁。钓鱼岛及其附属岛屿自古以来就是中国领土，并不因其他国家的非法控制而丧失对岛屿的主权。在南海之中的岛礁也是如此。我国在海洋上的领土主权还及于陆地领土（包括岛屿）及其内水以外邻接的一带海域——领海。

根据《联合国海洋法公约》的规定，每一国家有权确定从其领海基线量起不超过12海里的领海。而领海基线是国家内水与领海的分界线，它是沿海国测算其领海、毗连区、专属经济区和大陆架宽度的起算线，一般为沿岸低潮线。

我国不仅对"南海九段线"以内的岛礁享有领土主权，此中领土主权也及于岛礁周围的一定范围的海域，即领海。我国同《联合国海洋法公约》的规定一致，确定领海的宽度为12海里。

2. 我国的专属经济区

专属经济区是领海以外毗邻领海的一定宽度的海域，从领海基线起算不超过200海里。它是《联合国海洋法公约》确立的一项新的海洋法律制度。专属经济区属于国家管辖海域，具有特殊的法律地位。根据《中华人民共和国专属经济区和大陆架法》，我国宣布中华人民共和国的专属经济区为其领海以外并邻接领海的区域，从领海基线量起向外延伸至200海里。

根据《联合国海洋法公约》的规定，我国在本国的专属经济区享有以下主权权利：

（1）以勘探和开发、养护管辖海床和底土及其上覆水域的自然资源为目的的主权权利；沿海国对其生物或非生物资源之外的其他资源，如利用风力、洋流和水力生产能源等其他活动享有主权权利。

（2）沿海国对专属经济区内的人工岛屿、设施和结构的建造和使用享有专属管辖权。

（3）对海洋科学研究的专属管辖权。

（4）对海洋环境保护和保全的专属管辖权。

司考真题

甲国在其宣布的专属经济区水域某暗礁上修建了一座人工岛屿。乙国拟铺设一条通过甲国专属经济区的海底电缆。根据《联合国海洋法公约》，下列哪一选项是正确的？（　　）（2010，单选）

A. 甲国不能在该暗礁上修建人工岛

B. 甲国对建造和使用该人工岛屿握有管辖权

C. 甲国对该人工岛屿拥有领土主权

D. 乙国不可在甲国专属经济区内铺设海底电缆

【分析】B。专属经济区的法律地位既不是领海也不是公海。沿海国对于专属经济区不拥有领土权，只享有公约规定的某些主权权利。其他国家在这个区域享有航行和飞越，铺设海底电缆和管道的自由以及与此有关的其他合法的权利。

3. 我国的大陆架

大陆架，是指沿海国陆地领土在领海以外水下自然延伸的部分。一国可享有从算领海宽度的基线量起到大陆边的外缘的200海里的大陆架，如果不够，则可扩展到200海里的距离。在中国黄海、东海和南海都有宽阔的大陆架。其中，东海大陆架是我国陆地领土向海洋的自然延伸，终止于冲绳海槽。

我国对大陆架享有为勘探和开采自然资源的目的，对大陆架行使主权权利。权利内容类似于专属经济区上的主权权利。

4. 我国在南海的历史性权利

相对于作为现代海洋法宪章性文件的《联合国海洋法公约》而言，该公约中所称的“历史性权利”，即在公约的编纂之前根据当时的国际法就已经合法存在的权利，也称为“既得权利”。

我国在南海享有的历史性权利是我国的既得权利。这种权利的取得具有明确的历史依据和法律基础。南海诸岛自古以来就是中国领土。中国政府和人民有着长期管理和开发南海诸岛及其周围海域的历史。自中华民国政府标注南海九段线（南海断续国界线）以后20多年都没有任何国家提出异议，中国历史性地和无争议性地管辖着南海九段线以内的岛礁和海域。南海九段线是中国管辖的岛屿和历史性水域的边界线，或者说九段线是我国在南海的管辖界线，我国对线内的所有岛礁及海域具有国家管辖权。

5. 我国与相向国家专属经济区和大陆架的划界

海洋相向国家的专属经济区和大陆架如依据海洋法公约进行主张，会产生海域和大陆架的重合。划分专属经济区和大陆架界限应坚持的规则主要是：其一是等距离（中间线）的规则，其二是公平原则，此外也可以由当事国选择其他方法的原则。

等距离规则与公平原则是方法与目标的关系，二者并不矛盾。为了实现公平划界，可以采用等距离方式，也可以由当事国协商选择。因此，对划界方法的选择，取决于案件的具体情况，背后的基本精神应当是公平划界。此外，对大陆架的划界还应当顾及大陆架是领土的自然延伸的规则。

中华人民共和国与海岸相邻或者相向国家关于专属经济区和大陆架的主张重叠的，在国际法基础上按照公平原则以协议划定界限。

（三）空间法

空间法调整的国家活动的领域包括两类，其一是空气空间，其二是外层空间。在不同的两类空间适用不同的国际法规则。对于空气空间来说，国家拥有完全的排他的主权，而外层空间则被视为全人类的“共有物”，任何国家不得主张主权权利，外层空间对所有人开放，供所有人开发和利用。

1. 空气空间法

（1）空气空间的法律地位。

空气空间的法律地位包括两种，其一是国家的领空，其二是领空以外的空气空间。二者有不同的法律地位。

国家领空是国家的领陆和领水之上的空气空间，是国家领土的组成部分，国家享有领空主权。每个国家对本国领空资源都有排他的开发和利用的主权，制定航空法律的权力，发展本国航空和设立禁飞区的权力。任何国家的航空器未经地面国家的允许不得飞经或飞入该国领空。

各国领空以外的空气空间是指公海、南极和各国专属经济区之上的空气空间。这个空间不属任何国家管辖范围，各国在其中享有符合国际法自由飞行权。

（2）国际航空法。

目前关于利用空气空间的法律主要是有关民用航空活动的法律规范，称为国际航空法。国际航空法是调整国家在空气空间从事航空活动所产生的法律关系的法律。每一国家为了保卫国防安全，维护空中交通秩序，保护国家和人民的利益，有权制定法律法规，对空域进行管理。国家对违法的航空器有权要求其在指定的机场降落，也可给其任何其他指令，以终止此类侵犯。国家之间可以通过订立协议的方式，互相开放本国的航空资源，制定国际航空的国际法规则。

案例引入

韩国客机案

1983 年 9 月 1 日，韩国航空公司一架波音客机，在执行航班飞行中，因偏离航线进入苏联领空，在萨哈林岛附近被苏联军用飞机导弹击中后坠入日本海，机上人员全部丧生。

美国在安理会中认为：一国拥有的主权并不意味着要求或允许在和平时期击落民航班机。苏联的回复是：每个国家都拥有保护其边界的主权权利，边界内的上空当然包括在内。

【分析】 该事件引起了国际社会的广泛关注。1984 年，国际民航组织大会修改了《国际民用航空公约》第 3 条，为了限制对民用航空器使用武力，该条进一步规定，“每一国家必须避免对飞行中的民用航空器使用武力，如拦截迫不得已使用时，必须不危及航空器内人员的生命和航空器的安全”。

2. 外层空间法

外层空间作为法律上的概念，一般是指国家主权范围以外的整个空间，广义上来说，外层空间包括所有天体在内。

外层空间法是调整各国探测和利用外层空间活动的国际法原则和规范的总称。根据

《外层空间条约》的规定，所有国家可在平等的基础上，根据国际法自由探索利用外层空间，包括月球和其他天体。各国在外层空间有进行科学考察的自由。探索和利用外层空间应为所有国家谋福利，这种探索和利用应是全人类的事情。

外层空间法的法律制度具体包括登记外空物体的制度、营救制度、责任制度和禁止外空军事利用的制度，见表 12-2。

表 12-2

登记制度	双重登记制：从事任何外空发射活动都要在本国和联合国秘书处登记
营救制度	(1) 援助：对发现在一国领土内的宇航员，领土国应立即尽力营救； (2) 通知：在获悉或发现宇航员发生意外、遇难或紧急降落时，应立即通知其发射国及联合国秘书长； (3) 送还：对于发生意外的空间物体应送还其发射国
责任制度	外空物体彼此间损害：过错责任；对地面第三人或空中飞机：绝对责任
外空军事利用问题	(1) 各国不在环绕地球轨道上放置任何携带核武器或任何其他类型大规模毁灭性武器的物体；不以任何其他方式在外层空间布置此种武器 (2) 月球和其他天体必须专用于和平目的 (3) 外空中不禁止进行非核武器的试验，不禁止进行军事演习

1972 年的《空间物体造成损害的国际责任公约》规定了两种归责原则。绝对责任原则适用于发射国对其空间物体对地球表面或飞行中的航空器造成的损害承担绝对责任。只有当受害国的损害是由其重大过失或故意造成时，这种绝对责任才存在例外。过失责任原则适用于发射国对在外空所造成的损害承担过失责任。

案例引入

"宇宙 954 号"案

1978 年一颗苏联核动力卫星"宇宙 954 号"从轨道脱落，坠入加拿大境内，其放射物散落在一大片区域内。三年后加拿大和苏联签订了一份协议，协议同意苏联支付 300 万加元用以解决此问题，但不再承担其他法律责任。

【分析】"宇宙 954 号"核动力卫星坠入加拿大，其放射性物质碎片对加方造成损害，苏联无疑应对其侵权行为承担责任。在这里，适用的是绝对责任的归责原则。

五、国际法上的交往

（一）外交和领事关系法

外交关系法和领事关系法是国际法的重要组成部分。它们分别主要是调整国家之间外交关系和领事关系的原则、规则和制度的总称。外交和领事豁免是外交关系和领事关系法中的关键性问题，也是学习的重点。

1. 概述

外交关系法是调整国家之间对外关系的原则、规则和制度的总称，主要涉及外交机关及其人员的地位、职能、特权与豁免、义务等内容。

外交机关是国家为实现其对外政策，同他国建立和发展外交关系而进行外交活动的各种国家机关的总称。一国国内的外交机关包括国家元首、政府和外交部门，驻外的外交机关常分为临时和常驻外交机关两种，临时的外交机关只是一国派遣到他国或国际组织的执行临时外交任务的外交使团。使馆是一个国家派驻另一个国家的外交使团，是常驻的外交机关。使馆人员由馆长和职员组成。其中，使馆馆长是使馆的首长，负责使馆一切事宜。在处理外交事务时，在接受国代表派遣国。

领事关系是一国根据与他国之间达成的协议，在对方特定地区设立领事馆、派驻领事而形成的关系。领事关系法是有关调整国家间领事关系的原则、规则和制度的总称。领馆是领事执行职务的机关。领事则是一国根据协议派往另一国家的特定城市或地区，主要是为了保护本国和本国国民在当地的商业和经济上的利益的官员。

领馆和使馆都是执行本国对外政策的国家对外关系机关，但有很大的差别。使馆全面代表派遣国同接受国政府进行外交往来；领馆通常仅就领事职务范围内的事项同地方当局进行交涉。使馆所保护的利益一般对派遣国来说是带全局性的，领馆的保护一般则表现为经常性的事务。使馆的工作和活动范围是接受国全境，领馆则一般限于领区。

司考练习

根据《维也纳外交关系公约》和《维也纳领事关系公约》的规定，下列关于外交关系和领事关系的表述正确的是：（　　）。

A. 除非另有声明，两国之间同意建立外交关系就意味着同意建立领事关系

B. 领事机构主要负责在接受国全境保护派遣国国民或法人的利益

C. 外交关系断绝，领事关系也随之断绝

D. 外交特权与豁免的程度与领事特权和豁免相同

【分析】 A。本题考核外交关系和领事关系。选项 B 错误。领事机构不是负责全境范围内保护派遣国的国民和法人的，而是一定区域的。选项 C 错误。外交关系断绝，领事关系不必然断绝。选项 D 错误。外交特权与豁免要高于领事的特权与豁免。

2. 使馆馆舍和领馆馆舍的特权与豁免

见表 12-3～表 12-5。

表 12-3　　**使馆馆舍和领馆馆舍的特权与豁免比较**

比较	馆舍及财产	保　护	人员的寓所、财产、文书信件	其　他
使馆	非经馆长允许，接受国人员绝对不得进入使馆任何地方；不可推定同意而进入；使馆及财产绝不可征用	接受国有保护使馆安全与安宁的责任	外交官员的私人寓所非经允许，接受国人员不得进入，文书、信件以及财产，不得开拆、查封等	财产及档案不可侵犯；通信自由；免纳捐税；行动和旅行自由；使用派遣国的国家标志
领事馆	非经馆长允许，接受国人员不得进入领馆专供工作的区域；可推定同意而进入；财产必要时可征用，但应给予及时充分有效补偿	接受国有保护领馆安全与安宁的责任	《维也纳领事关系公约》未作专门规定	同上

表 12-4　　**使、领馆人员的刑事管辖豁免及比较**

	刑事管辖豁免
外交官员	不得对外交官员行使刑事管辖权，除非派遣国放弃其刑事管辖豁免权
领事官员	一般享有刑事管辖豁免权，但领事官员犯重罪的可管辖，已作出的判决可执行

表 12-5　　**使、领馆人员的管辖豁免及例外之比较**

	民事和行政管辖豁免例外				
外交官员	（1）外交代表以私人身份参与的私有不动产的物权的诉讼	（2）外交代表私人参与的继承案件	（3）外交代表私人从事商业或专业活动	（4）外交代表主动诉讼引起对他主诉之反诉	
领事官员	（1）领事官未明示或默示以派遣国代表身份订立的契约之诉讼			（2）领事官主动诉讼引起的反诉	（3）与第三者因车、船或航空器在接受国内的意外事故发生的诉讼

（二）条约法

条约是国际法存在的最主要的形式，而条约成立的实质条件、条约的效力、终止和停止实施等方面的原则和规则又是国际法的重要分支。本部分主要涉及国际条约法中有关条约的缔结与生效、条约的保留、条约的解释和适用等规则。

1. 条约的缔结和生效

条约是国际法主体之间、主要是国家之间依据国际法所缔结的据以确定其相互权利和义务的书面国际协议。

条约的缔结需要以下实质要件：①具备缔约能力和缔约权；②自由同意（非自由同意的情形如：错误、诈欺和贿赂、强迫）；③符合国际强行法。其中缔约能力指缔约方以自己的名义缔结条约，独立享受条约权利，承担条约义务以及承担违约责任的能力。在形式上，条约缔结的程序一般包括以下环节：谈判—签字—批准—交换批准书。

条约的生效是指条约在法律上成立，并开始对各缔约方产生拘束力。对于条约生效的日期和方式，《维也纳条约法公约》第24条第1款指出："条约生效之方式及日期，依条约之规定或依谈判国之协议。"

2. 条约的保留

条约的保留，是指一国于签署、批准、接受、赞同或加入条约时所作的片面声明，不论措辞名称如何，其目的在于排除或更改条约中的若干规定对该国适用时的法律效果。保留适用于多条约允许保留的部分，对双边条约不发生保留。但有下列情形之一者，不得保留：条约本身禁止保留；条约仅准许特定的保留，而有关保留不在其内；保留与条约目的和宗旨不合。

保留的法律效果在于：在保留国与接受保留国之间，按保留的范围改变该保留所涉及的一些条款规定。在保留国与反对保留国之间，若反对保留国并不反对该条约在保留国与反对保留国之间生效，则保留所涉及的规定，在保留的范围内，不适用于该两国之间。在未提出保留的国家之间，按照原来条约的规定，无论未提出保留的国家是否接受另一缔约国的保留。

保留可随时撤回，该撤回无须经已接受保留的国家的同意。对保留的反对也可以随时撤回。

3. 条约的解释与适用

（1）条约的解释，是指缔约国对条约约文的理解影响条约实施和适用时对条约条款的真实含义予以说明。条约官方解释的主体包括当事方、国际仲裁或司法机关和国际组织。

条约的解释需要遵循一定的原则。首先善意原则要求对条约加以善意的解释，解释应合理、合法。其次，整体原则要求根据条约的全部条款而不拘泥于个别字句进行解释。第三，目的原则要求特别注重条约所载的目的和宗旨。最后，通常意义原则要求按照其上下文中通常有的意义解释。

（2）条约的适用，包括条约适用的时间范围和空间范围。

在时间上，遵循"条约不溯及既往"原则。条约通常自生效之日起开始适用，并且条约的规定一般只对生效以后发生的属于条约调整范围内的事实有效，而不适用于其生效以前发生的情况，除非条约本身有相反的规定。条约适用的空间范围遵循的基本规则是：对某一缔约国有效的条约，应该适于该国的全部领土，除非条约本身有不同的规定。

在条约实践中，以我国为例，中国缔结的条约自然应该适用于中国全部领土。但是按照香港基本法的规定，中华人民共和国缔结的国际条约和协定，中央政府可根据香港特别行政区的情况和需要，在征询特别行政区政府意见后，决定是否适用于香港特别行政区。

（3）条约必须遵守原则与条约对第三方的效力。

条约必须遵守原则是一项重要的国际习惯法原则，涉及条约对当事国的效力问题。该原则要求，条约的当事国应当善意履行条约规定的义务。在国际法上，要求国家必须遵守的条约得是合法有效的条约。

条约对第三方的效力问题指条约是否可以为第三方规定权利或义务的问题。因为条约是缔结方为规定相互权利和义务关系根据国际法订立的协议，所以这一问题遵循“条约相对效力原则”：条约只对缔约方有拘束力，而不对非缔约方的第三方产生效力。但在第三方同意的情况下，则可以为第三方设定权利义务。

案例引入

上萨瓦和节克斯自由区案

1815 年，参加“维也纳和会”的列强发表了一个宣言：宣布上萨瓦和节克斯成为两个单一的经济自由区，关税边界设在法国境内。第一次世界大战结束后，法国认为情势发生重大变迁，建立节克斯区和上萨瓦区的根据已经消失，要求改变这些附着于其领土上的“地役”。就此，法、瑞两国于 1920 年开始谈判，但没结果。1924 年 10 月 30 日，法、瑞两国签订特别协议，同意将争端提交常设国际法院解决。

【分析】该案涉及“情势变迁原则”构成“条约必须信守原则”的例外问题。“情势变迁原则”及其适用条件和例外，规定于《维也纳条约法公约》第 62 条。在另外一个案件“渔业管辖权案”中，国际法院在管辖权的判决中表示：“国际法承认决定当事国接受条约的情况的基本改变，某些情况下构成受到影响的当事国终止或暂停实施该条约的理由，如果这种改变导致条约所施加的义务的范围产生了根本变动的话。”

（三）武装冲突与中立法

1. 武装冲突法

武装冲突法是现代国际法的一个有机组成部分，它是调整各种形式的武装冲突中交战国（方）之间、交战国（方）与中立国之间的关系，规范作战行为的原则、规则和规章制度的总称。现代国际法上的武装冲突法其内容可以分为三个方面：（1）主要适用于“战争”的传统国际法规则；（2）联合国的集体安全制度；（3）国际人道法。也有学者将国际人道法作为上位概念，认为国际人道法包括了武装冲突法。红十字国际委员会对国际人道法给出的定义就是如此：由协定或习惯所构成的，其目的在于解决国际性和非国际性武装冲突直接引起的人道问题，以及出于人道方面的原因，为保护已经或可能受武装冲突影响的人员及其财产，对冲突方使用的作战手段和方法的选择进行一定限制的国际规则。①

武装冲突法或国际人道法在关于限制作战方法和手段方面的基本原则包括：第一，区分原则。只有战斗员和其他军事目标是合法的攻击目标，平民以及其他应当受保护的人（如战俘、伤者、病者等）和民用物体不得成为攻击的目标。第二，比例原则。如果攻击一个军事目标将会造成与该攻击预期得到的直接军事利益相比要过分重大的、不成比例的平民的伤亡或损失，那么这样的攻击应该被禁止。第三，限制原则。战争与武装冲突中应对一些作战手段和方法加以限制。原则上各交战国和冲突各方对作战方法和手段的选择都应受到法律的限制。第四，中立原则。武装部队的伤、病员、战俘和平民，是武装冲突法保护的对象，通称为"被保护人"。交战各方与被保护人关系上具有一定的权利和义务，从而使后者的安全和利益具有法律的保障。第五，"军事必要"不能解除交战国义务原则。"军事必要"不能用来解除各交战国或武装冲突各方尊重和适用武装冲突法的原则、规则和制度的义务。

2. 中立法

根据传统国际法的一般原则，不愿意参加战争的国家有权宣布战时中立。战争或武装冲突法规定交战国与中立国之间权利和义务关系，目的在于使交战国与中立国之间的利益保持平衡。一国宣布中立是一种法律行为，引起交战国和中立国之间的权利和义务关系。战时中立不同于永久中立，永久中立包含了战时中立的权利义务。

（1）中立国的义务。自我约束义务：中立国对交战国任何一方不应给予援助；防止的义务：中立国应采取措施防止交战国为了进行战争而利用其领土或其管辖范围内的区域；容忍的义务：交战国的行动使本国国民蒙受不利时，应在一定范围内予以容忍。

（2）联合国集体安全与中立。传统国际法上，参加战争或保持中立完全是当事国的自由，但联合国宪章规定会员国有义务不保持中立。中立国家在军事上承担不参加战争的义务，但宪章规定宪章义务优先。安理会采取有关强制措施时，有关国家不能采取中立立场。

3. 国际罪行与国际刑事法院

《国际刑事法院规约》规定的国际罪行有：灭绝种族罪，战争罪，反人道罪和侵略罪。对个人追究其国际罪行的典型实例是第二次世界大战后的纽伦堡和东京大审判。《欧洲国际军事法庭宪章》和纽伦堡审判判决中所包含的原则：（1）从事构成违反国际法的犯罪行为的人承担个人责任，并因而受惩罚；（2）不违反所在国的国内法不能作为免除国际法律责任的理由；（3）被告的地位不能作为免除国际法责任的理由；（4）政府或上级命令不能作为免除国际法责任的理由；（5）被控有违反国际法罪行的人有权得到公平审判；（6）违反国际法的罪行是：破坏和平罪、战争罪和反人道罪；（7）共谋上述罪行是违反国际法的罪行；（8）战争罪犯无权要求庇护；（9）战争罪犯不适用法庭时效。

① The Efforts of ICRC in the Case of International Humanitarian Law, International Review of the Red Cross, March-April, 1981.

追究个人国际刑事责任的机构一般为常设性的或临时性的国际刑事法庭。后者如联合国前南刑事法庭、联合国卢旺达国际法庭。常设性的国际刑事法庭为国际刑事法院，其是根据《国际刑事法院罗马规约》于2002年7月生效时成立于海牙。

国际刑事法院的管辖范围包括：①灭绝种族罪；②战争罪；③危害人类罪；④侵略罪。所管辖的这四类犯罪行为限于发生在规约生效后。

国际刑事法院的管辖权具有补充性，只是在各个国家所属的法院不能自主审理的情况下才可介入。

（四）和平解决国际争端

1. 政治方法

和平解决国际争端是国际法的一项基本原则。和平解决国际争端的方法包括政治解决方法和法律解决方法。

司考真题

甲、乙两国因历史遗留的宗教和民族问题，积怨甚深。2004年甲国新任领导人试图缓和两国关系，请求丙国予以调停。甲、乙、丙三国之间没有任何关于解决争端方法方面的专门条约。根据国际法的有关规则和实践，下列哪一项判断是正确的？（　　）（2005，单选）

A. 丙国在这种情况下，有义务充当调停者

B. 如果丙国进行调停，则乙国有义务参与调停活动

C. 如果丙国进行调停，对于调停的结果，一般不负有监督和担保的义务

D. 如果丙国进行调停，则甲国必须接受调停结果

【答案】C。调停，是指第三方以调停者的身份，就争端的解决提出方案，并直接参加和主持谈判，以协助争端解决。调停国提出的方案本身没有法律拘束力，争端当事方不是必须接受，对进行调停及其成败不承担任何法律义务或后果。调停一般是第三方出于善意主动进行的，也可以是应当事国或各方邀请进行的，争端当事方或第三方可以对有关的行动加以拒绝，但不应将这种行为视为不友好。调停者可以是国家、组织或个人。

除调停外，第三方参与的争端解决方法还有斡旋。斡旋，是指争端以外的第三方为促成当事国进行谈判或争端解决，采取和提供某些协助活动。第三国本身不参加谈判，也不提出任何解决争端的方案。

2. 法律方法

争端方也可以选择仲裁的方式，即争端当事国达成协议同意将它们之间的争端交给由双方自己选任的仲裁员来裁决并承诺服从裁决的一种国际争端解决方法。

争端当事国如果选择司法方法，则可以将它们的争议提交国际法院或受理海洋法争端的国际海洋法法庭。

（1）国际法院，详见表12-6。

表 12-6

<table>
<tr><td rowspan="2">法官制度</td><td colspan="3">15 名法官、平行选举产生</td></tr>
<tr><td colspan="3">不回避制度及专案法官制度</td></tr>
<tr><td rowspan="4">管辖权</td><td rowspan="2">诉讼管辖权（两个条件均应满足）</td><td>对人管辖</td><td>①联合国会员国；
②非联合国的会员国但为《国际法院规约》当事国；
③非联合国的会员国也非《国际法院规约》的当事国，但预先向国际法院书记处交存一份声明，表示愿意接受国际法院管辖、保证执行法院判决及履行相关其他义务的国家</td></tr>
<tr><td>对事管辖</td><td>①自愿管辖：当事国在争端发生后，达成协议，将争端提交国际法院；
②协定管辖：缔约各方在现行条约或协定中规定，各方同意将有关争端提交国际法院解决；
③任意强制管辖：《国际法院规约》当事国，可自愿发表声明，对于接受同样义务的任何其他国家，就下列事项承认国际法院的强制管辖权，而无须另行订立特别协议：条约解释、违反国际义务的事实、国际赔偿的性质和范围</td></tr>
<tr><td rowspan="2">咨询管辖权</td><td colspan="2">性质：国际法院发表的咨询意见无法律拘束力</td></tr>
<tr><td colspan="2">有权请求发表咨询意见的主体：联合国大会、大会临时委员会、安理会、经社理事会、托管理事会等及经大会授权的联合国专门机构或其他机构
无权请求的主体：国家、团体、个人及联合国秘书长等</td></tr>
<tr><td rowspan="2">诉讼程序</td><td>一般程序</td><td colspan="2">起诉、书面程序和口头程序</td></tr>
<tr><td>附带程序</td><td colspan="2">初步反对主张、临时保全、参加或共同诉讼、中止诉讼</td></tr>
<tr><td rowspan="2">判决之执行</td><td colspan="3">判决一经作出即对当事国产生拘束力</td></tr>
<tr><td colspan="3">如败诉方拒不履行判决，胜诉方可向安理会提出申诉；安理会可以作出建议或决定采取措施执行判决</td></tr>
</table>

案例引入

国际法院关于科索沃独立问题的咨询意见

科索沃原为塞尔维亚的两个自治省之一。科索沃议会 2008 年 2 月 17 日通过独立宣言，宣布脱离塞尔维亚成为一个独立的国家。塞尔维亚坚决予以反对。联合国大会就科索沃单方面独立是否符合国际法发表咨询意见。国际法院对此发表的咨询意见认为，科索沃单方面宣布独立并不违反国际法。

【分析】 国际法院的咨询意见效力如何？国际法院的咨询意见对于澄清国际法的相关问

题当然具有非常重要的作用，但是国际法院规约以及联合国宪章都没有赋予咨询意见等同于案件判决的效力。因此，从理论上讲，咨询意见仅仅具有磋商性质，没有法律约束力。

（2）国际海洋法法庭是根据《联合国海洋法公约》设立的，它是在海洋活动领域的全球性国际司法机构。海洋法法庭的建立，不排除国际法院对海洋活动争端的管辖，争端当事国可以自愿选择将海洋争端交由哪个机构来审理。

3. 联合国与和平解决国际争端

随着冷战的结束，联合国在和平解决国际争端方面和处理可能导致破坏和平的情势方面发挥着越来越大的作用。

联合国大会可以就宪章范围内的任何问题或事项，包括有关国际争端的解决，向联合国会员国、安理会或兼向二者提出建议，包括解决有关争端的建议或和平调整的方法。

安理会对维持国际和平及安全负有主要责任，因此，也是联合国解决国际争端，特别是解决可能危及国际和平和安全的重大争端的主要机关。安理会可以进行调查，建议适当的争端解决程序或调整方法；可以进行调停，斡旋或和解；安理会在断定存在对于和平之威胁、和平之破坏及侵略行为后，可决定采取武力以外的办法实施其决定，或采取军事行动以维持国际和平与安全。

第二节 国 际 私 法

国际私法主要涉及国际私法的基本理论、冲突规范、适用冲突规范的制度，涉外民事法律关系的法律适用以及国际民事诉讼和国际商事仲裁几个部分。

一、国际私法概述

（一）国际私法的定义

国际私法是以直接规范和间接规范相结合来调整平等主体之间的国际民商事法律关系并解决国际民商事法律冲突的法律部门。

从国际私法的定义可以看出，国际民商事关系是国际私法的调整对象。民商事关系的“国际性”的判断标准是“涉外性”，即民商事关系中主体、客体和内容这三要素中至少有一个或一个以上的因素与国外有联系就构成具有“涉外性”。如，根据我国最高人民法院《关于贯彻执行〈中华人民共和国民法通则〉若干问题的意见》的规定，凡民事关系的一方或者双方当事人是外国人、无国籍人、外国法人的；民事关系的标的物在外国领域内的，产生、变更或者消灭民事权利义务关系的法律事实发生在外国的，均为涉外民事关系。

司考真题

下列在我国法院提起的诉讼中，构成涉外民事法律关系的有哪些？（ ）（2002，多选题）

A. 发生在美国的犯罪行为因在我国发生结果而对犯罪嫌疑人追究刑事责任

B. 中国公民和美国公民之间的婚姻关系

C. 中国公民和德国公民之间的继承关系

D. 因发生在引渡的交通事故而产生的侵权行为

【答案】BCD。A 项不属于民事关系。

(二) 国际私法的调整方法

区别于国际公法和国际经济法，国际私法调整涉外民商事法律关系的方法具有特殊性。狭义的国际私法也称作法律适用法或法律冲突法，其旨在解决调整涉外民商事法律关系的不同法律在适用冲突的情况下，如何选择准据法的问题。因此，国际私法最先采用的调整方法便是冲突法的调整方法，也叫间接调整方法。

间接调整方法就是在有关的国内法或国际条约中规定某类国际民商事法律关系受何种法律调整或支配，而不直接规定如何调整国际民商事法律关系当事人之间的实体权利与义务关系的一种方法。

国际私法另外一种调整方法是直接方法，即直接规定当事人的权利与义务的“实体规范”来直接调整国际民商事法律关系当事人之间的权利与义务关系的一种方法。通过制定统一实体法的方式来确定国际民商事法律主体间的权利和义务，具有消除法律冲突的效果。但就是因为统一规定了民商事主体的权利义务，统一实体法与国际经济法发生重合，从而有学者否定国际私法的此种调整方法。如《联合国国际货物销售合同公约》其既是国际私法中的统一实体法，也是国际贸易法中的具体公约。

(三) 国际私法的渊源

法律渊源即具有法律效力的法的表现形式。国际私法的渊源包括国内法上的渊源和国际法上的渊源。国内立法是国际私法渊源的最早表现形式。国内法上的渊源根据各国法律传统的不同，一般包括国内立法、国内判例、司法解释等；国际法上的渊源主要包括国际条约和国际惯例。我国《民法通则》第 142 条确认了国际条约和国际惯例的渊源地位。其规定：“中华人民共和国缔结或者参加的国际条约同中华人民共和国的民事法律有不同规定的，适用国际条约的规定，但中华人民共和国声明保留的条款除外。中华人民共和国法律和中华人民共和国缔结或者参加的国际条约没有规定的，可以适用国际惯例。”

此外，在我国，对国际商事惯例的适用一般需要当事人选择，同时，适用国际惯例不得违背我国的公共秩序。

(四) 国际私法的主体

国际私法的主体具有广泛性，凡是有资格参与民商事法律关系的主体都可能成为国际私法的主体。因此，国际私法的主体通常包括国家、国际组织、自然人、法人等。

在国际私法上，自然人与法人的国籍具有重要意义。根据国籍可以判断所涉民商事法律关系是否具有涉外性，可以判断主体的权利能力与行为能力问题，可以决定是否享有某种待遇等。国籍也是确定法律关系准据法的重要连结点。自然人国籍的取得多采用出生地结合血统主义来确定，法人的国籍则主要根据登记注册地。

自然人与法人的住所也是一个重要的国际私法上的连结点，也是经常据以确定本国法的依据。

外国法人也是国际私法的主体。外国法人获得一国的认可，是外国法人进入该国活动的前提。在国际私法中，国家、政府间国际组织也可以根据民商法的规定以民商事主体的资格参与民商事活动，享有和承担相应的民商事权利和义务。

二、冲突规范

冲突规范是国际私法特有的一种法律规范。相对于统一实体法避免或消除了法律冲突，冲突规范则是解决存在法律冲突。

（一）冲突规范的定义

冲突规范，又称为法律适用规范、法律选择规范，是指明某种涉外民商事法律关系应该适用何种法律的规范。冲突规范并不直接规定当事人的实体权利和义务，而只规定某种涉外民商事关系应适用何种法律，其必须与它所指向的某国的实体法结合起来，才能最终确定当事人的实体权利和义务。

（二）冲突规范的结构

冲突规范通常是由范围、系属和连结点三要素构成。

以“交通事故适用事故发生地国家的国内法”这一冲突规范为例。范围指冲突规范所要调整的涉外民商事法律关系或要解决的法律问题，在该规范中，冲突规范所要解决的法律问题是交通事故的处理，交通事故所形成的法律关系受何种法律调整来确定权利义务的问题。系属是指冲突规范中指明“范围”应当适用的法律的部分。在该规范中，“事故发生地国家的国内法”即是规范的系属部分。这一冲突规范明确了交通事故应当适用的法律为“事故发生地法”。连结点是将范围与系属连结在一起的标志点。连结点可以有多种，如国籍、住所、行为发生地、婚姻登记地、法院地等。在该冲突规范中，连结点为“事故发生地”。

系属是具体指明冲突规范要解决的法律问题适用何种法律的部分，对于同类性质法律关系的冲突问题，适用的系属具有一致性。因此，国际私法中将实践中已被公式化和固定化的系属，称为系属公式。常见的系属公式，如属人法，是指以当事人的国籍、住所或居所作连结点的系属公式，主要用于解决有关人们能力、身份、婚姻家庭和财产继承等方面的法律冲突问题。如行为地法，指作出某种民事法律行为时的所在地法律。由于民事法律行为多种多样，所以行为地法实际上可以分解为若干个系属公式，例如合同缔结地法、合同履行地法、侵权行为地法、婚姻缔结地法、立遗嘱地法，等等。

（三）冲突规范的类型

1. 单边冲突规范

单边冲突规范是指直接规定国际民商事法律关系直接适用某一特定国家法律的冲突规

范。如我国《合同法》中规定：在中华人民共和国境内履行的中外合资经营企业合同、中外合作经营企业合同、中外合作勘探开发自然资源合同，适用中华人民共和国法律。

2. 双边冲突规范

双边冲突规范是指只规定一个可以推定的系属，可以根据该系属的指示寻找应适用的法律的规范。例如《中华人民共和国民法通则》第144条规定了“不动产的所有权，适用不动产所在地法律”。该冲突规范本身并没有直接规定应适用的法律，而只是规定应适用“不动产所在地法律”，也就是说，通过客观存在的不动产所在地寻找适用的法律。

3. 重叠适用的冲突规范

重叠适用的冲突规范是指其系属有两个或两个以上并且同时适用于某种民商事法律关系的冲突规范。如离婚须依夫妇之本国法和法院地法均符合条件才可为之，就要求重叠适用本地法和法院地法。

4. 选择冲突规范

选择冲突规范是指存在两个或两个以上的系属，但需选择其一适用的规范。其中又分为有条件的选择冲突规范和无条件的选择冲突规范。前者指必须按照冲突规范设定的条件对冲突规范中的系属进行选择的规范。如《中华人民共和国民法通则》第145条规定：涉外合同的当事人可以选择处理合同争议所适用的法律。涉外合同的当事人没有选择的，适用与合同有最密切联系国家的法律。在这里选择适用与合同有最密切联系国家的法律的条件是涉外合同的当事人没有选择所适用的法律。

所谓无条件的选择冲突规范，是指可以任意对冲突规范中的系属进行选择的规范。冲突规范同时罗列了几个国家的法律，如行为完成地的法律、法院地的法律等可供选择，而且这些国家法律间具有同等价值，可以任意地、不加限制地选择其一适用。

（四）准据法

准据法，是指依照冲突规范的指引而援用的用来确定涉外民商事关系当事人权利和义务的特定的实体法。准据法是通过冲突规范的指引，而确定的某一特定国家的实体法，是调整冲突规范中具体的“范围”的法律。在国际私法中，选择准据法的方法有许多，并不完全统一。

真题演练

在国际私法中，准据法的特点有哪些？（　　）（2010，多选题）

A. 准据法必须是通过冲突规范所指定的法律

B. 准据法是能够具体确定当事人权利义务的实体法

C. 准据法可以是国际统一实体规范

D. 准据法一般是依据冲突规范中的系属并结合国际民商事案件的具体情况来确定的

【答案】 ABD。C项的国际统一实体规范不需要经冲突规范指定援用就能直接适用，因此不符合准据法的特点，是错误的。

（五）适用冲突规范的法律制度

案例引入

泰国人甲男子死后，英国人乙以其妻子的身份在英国起诉要求将甲的遗产归其所有。这时，关于甲乙两人是否具有夫妻关系的判断构成乙是否可以主张甲的遗产的先决条件。如果确定了甲乙的夫妻关系，这时乙对甲的财产的权利是基于夫妻财产关系的权利还是妻子对丈夫的继承权利的问题，在国际私法上则是一个识别的问题，需要从法律上定性有关的事实。在这个案件中，如果英国法院确定适用泰国的法律，英国法院需要查明泰国相关法律的具体规则进行审理案件，此时涉及国际私法上外国法的查明。如果适用泰国法违反了英国当地的公共秩序，则英国法院可以以公共秩序保留为理由，拒绝适用泰国法。

【分析】在这个案件中，分别涉及适用冲突规范中的先决、识别、外国法的查明和公共秩序保留四项法律制度。

1. 识别

识别，又称定性或归类，是指在适用冲突规范时，将待解释的事实情况或法律问题归入一定的法律范畴的过程。定性包含两个方面的内容：一是对有关的事实或问题进行定性，即对涉外民商事案件所涉及的事实或问题都予以分类和定性，纳入特定的法律范畴。只有首先明确了这一点才能根据何种冲突规范去选择法律。二是对冲突规范本身进行定性，即对冲突规范的对象或范围所使用的法律术语进行解释。有时准据法也需要识别，例如当准据法为属人法时，需要解决属人法是国籍国法还是住所地法等。

对于识别的准据法的确定，我国《涉外民事关系法律适用法》第 8 条规定："涉外民事关系的定性，适用法院地法。"

2. 反致

国际私法上广义的反致，是指不同国家或不同地区的冲突规范对同一民商法律关系的法律适用作了不同的规定或不同的解释的情况下，如果审理案件的法官将本国或本地区的冲突规范所指定的外国法视为包括冲突规范在内的全部法律，就会出现外国法的冲突规范将适用的法律指回到法院地国，或者转指到其他国家，或者转指到其他国家后又指回法院地国等情形。

我国拒绝采用反致制度，《涉外民事关系法律适用法》第 9 条规定：涉外民事关系适用的外国法律，不包括该国的法律适用法。

3. 公共秩序保留

公共秩序保留指一国依据冲突规范指引应适用外国法时，发现该外国法的规定与本国国家和社会的重大利益、法律或道德的基本原则相抵触，可以限制或排除该外国法适用的一种制度。

我国也确立有公共秩序保留制度。《最高人民法院关于审理涉外民事或商事合同纠纷案件法律适用若干问题的规定》第7条规定，适用外国法律违反中华人民共和国社会公共利益的，该外国法律不予适用，而应当适用中华人民共和国法律。《涉外民事关系法律适用法》第5条规定："外国法律的适用将损害中华人民共和国社会公共利益的，适用中华人民共和国法律。"

4. 法律规避

法律规避，是指国际民商事法律关系的当事人故意制造某种连结点，以避开本应适用的对其不利法律，从而使对自己有利的法律得以适用的一种行为。一般认为，法律规避属于欺诈行为，应当认定为非法，并且不适用其制造出来的连结点指向的法律。

我国对规避我国法律强制性规定的行为认定为非法。《民通意见》第194条规定，当事人规避我国强制性或者禁止性法律规范的行为，不发生适用外国法律的效力。《涉外民事关系法律适用法》更进一步直接规定："中华人民共和国法律对涉外民事关系有强制性规定的，直接适用该强制性规定。"

三、涉外民商事法律关系的法律适用

涉外民商事法律关系的法律适用是国际私法的重点内容，由于各国对涉外民商事法律关系适用的法律的规定不一，主要结合我国法律的规定来掌握此部分的内容。

(一) 权利能力和行为能力的法律适用

1. 自然人权利能力和行为能力的法律适用

自然人的权利能力始于出生，终于死亡。然而各国法律对出生和死亡采取的标准不甚一致，就会出现自然人权利能力方面的冲突。自然人的行为能力的具备要看两个条件：达到一定年龄和心智健全，各国对这两个条件的规定也不一致，在涉外民事关系中就会出现行为能力方面适用哪国法律的问题。

关于自然人的权利能力和行为能力的法律适用上通行的做法是适用当事人的属人法(本国法或住所地法)。

我国《涉外民事关系法律适用法》规定："自然人的民事权利能力，适用经常居所地法。""宣告失踪或者宣告死亡适用自然人经常居所地法律。""自然人的民事行为能力适用经常居所地法律。"对自然人行为能力准据法的确定，如果自然人从事民事活动，依据经常居所地法律为无民事行为能力，依据行为地法律为有民事行为能力的，适用行为地法律，但涉及婚姻家庭、继承的除外。

2. 法人的权利能力和行为能力的法律适用

真题解析

甲国A公司和乙国B公司共同出资组建了C公司，C公司注册地和主营业地均在乙国，同时在甲国、乙国和中国设有分支机构，现涉及中国某项业务诉诸中国某法院。根据我国相关法律规定，该公司的民事行为能力应当适用哪国法律？(　　)(2011，单选题)

A. 甲国法　B. 乙国法　C. 中国法　D. 乙国法或者中国法

【答案】B。该案为我国法院受理，法院根据我国《涉外民事关系法律适用法》第14条的规定："法人其分支机构的民事权利能力、民事行为能力、组织机构、股东权利义务等事项，适用登记地法律。法人的主营业地与登记地不一致的，可以适用主营业地法律。"

（二）物权的法律适用

在能够解决物权冲突的所有法律中，物之所在地法是一个非常重要的确定准据法的系属。

1. 物之所在地法。

物之所在地法就是物权关系客体物所在地的法律。该原则适用的范围主要有：决定物权客体的范围、种类和内容；决定物权的取得、转移、变更和消灭的条件；决定物权的保护方法等。

物之所在地法原则并不适用于一切民法上的物，其适用例外包括：运送中的物品的物权关系一般适用启运地法或送达地法；船舶、飞机等运输工具的物权关系一般适用登记注册地法或旗国法；外国法人终止或解散时有关物权关系一般适用法人属人法。

2. 我国关于物权关系的法律适用

在我国，不动产的所有权、买卖、租赁、抵押、使用等民事关系，均适用不动产所在地法律。对于动产的物权问题，根据场所支配行为的规则，适用动产交易地法律。

船舶、民用航空物的所有权、抵押权适用船旗国或登记国的法律，优先权适用法院地法律。

（三）债权的法律适用

民法上的债权分为合同之债和侵权之债。因此，债权的法律适用分为合同的法律适用和侵权行为的法律适用。

1. 合同之债的法律适用

民商领域的合同是当事人意思自治的产物。当事人意思自治原则同样适用于合同准据法的选择，并具有一定的优先地位。除意思自治原则外，经常用以确定合同准据法的方法还包括最密切联系原则和特征履行原则。最密切联系原则，是指就某一法律关系，在当事人没有选择应适用的法律或选择无效的情况下，法院依据这一原则，在与法律关系有联系的国家中，选择一个与该法律关系本质上有重大联系，利害关系最密切的国家的法律予以适用。特征性履行原则，是指涉外合同的当事人未选择适用于合同的法律，根据合同的特殊性质确定合同准据法的原则。

中国的法律规定了上述三种方法的适用。《涉外民事关系法律适用法》第41条规定，"当事人可以协议选择合同适用的法律，当事人没有选择的，适用履行义务最能体现该合同特征的一方当事人经常居所地或者其他与该合同有最密切联系的法律。"法院根据最密切联系原则确定合同应适用的法律时，应根据合同的特殊性质，以及某一方当事人履行的义务最能体现合同的本质特性等因素确定与合同有最密切联系的国家或者地区的法律作为合同的准据法。

2. 侵权之债的法律适用

关于侵权行为的法律适用，国际上一般包括以下几种方式：侵权行为地法；法院地法；重叠适用法院地法和侵权行为地法。随着国际私法的发展，侵权行为的法律适用出现了可以援引的新适用方法：侵权行为自体法与最密切联系原则；当事人意思自治原则；适用对受害人有利的法律。

我国关于侵权行为法律适用的规定根据不同的情形，适用不同的法律选择规则。

一般而言，侵权责任适用侵权行为地法律，但当事人有共同经常居所地的，适用共同经常居所地法律。我国尊重当事人的意思自治，侵权行为发生后，当事人协议选择适用法律的按照其协议。

对于产品侵权责任、侵害他人人格权的责任适用被侵权人经常居所地法律。

对于船舶碰撞问题，船舶在公海上发生碰撞的损害赔偿，适用受理案件的法院所在地法律。但是同一国籍的船舶不论碰撞发生于何地，碰撞船舶之间的损害赔偿适用船旗国法。

民用航空器对地面第三人的损害赔偿，适用侵权行为地法律。民用航空器在公海上空对水面第三人的损害赔偿适用受理案件的法院所在地法律。

（四）知识产权的法律适用

例题解析

甲国A公司向乙国B公司出口一批货物，但A公司与B公司就该批货物在中国境内的商标权产生争议，双方诉至中国某法院。关于该商标权有关争议的法律适用，下列选项正确的是(　　)。

A. 归属争议应适用中国法

B. 归属争议应适用甲国法

C. 转让争议应适用甲国法

D. 转让争议当事人可以协议选择法律

【答案】 A、D。

我国《涉外民事关系法律适用法》规定，知识产权的归属和内容，适用被请求保护地法律。第49条规定：“当事人可以协议选择知识产权转让和许可使用适用的法律。当事人没有选择的，适用本法对合同的有关规定。”第50条规定：“知识产权的侵权责任，适用被请求保护地法律，当事人也可以在侵权行为发生后协议选择适用法院地法律。”

（五）婚姻、家庭与继承

我国法律关于婚姻、家庭与继承涉外关系法律适用的规定详见表12-7。

表 12-7

事　项		法律适用规则
结婚	结婚条件	首先适用当事人共同经常居所地法律；其次适用共同国籍国法律，最后在一方当事人经常居所地或者国籍国缔结婚姻适用婚姻缔结地法律
	结婚手续	符合婚姻缔结地法律、一方当事人经常居所地法律或者国籍国法律的，均为有效
离婚	协议离婚	协议选择适用一方当事人经常居所地法律或者国籍国法律；当事人没有选择的，适用共同经常居所地法律，没有共同经常居所地的，适用共同国籍国法律；没有共同国籍的，适用办理离婚手续机构所在地法律
	诉讼离婚	适用法院地法律
夫妻关系	夫妻人身关系	适用共同经常居所地法律；没有共同经常居所地的适用共同国籍国法律
	夫妻财产关系	协议选择适用一方当事人经常居所地法律、国籍国法律或者主要财产所在地法律；当事人没有选择的，适用共同经常居所地法律；没有共同经常居所地的，适用共同国籍国法律
父母子女关系		适用共同经常居所地法律，没共同经常居所地的，适用一方当事人经常居所地法或者国籍国法律中有利于保护弱者权益的法律
收养	条件和手续	适用收养人和被收养人经常居所地法律
	收养的效力	适用收养时收养人经常居所地法律
	收养的解除	适用收养时收养人经常居所地法律或者法院地法律
监护		适用一方当事人经常居所地法律或者国籍国法律中有利于保护被监护人权益的法律
抚养		适用一方当事人经常居所地法律、国籍国法律或者主要财产所在地法律中有利于保护被扶养人权益的法律
继承	法定继承	适用被继承人死亡时经常居所地法律；不动产法定继承，适用不动产所在地法律
	遗嘱方式	符合遗嘱人立遗嘱时或者死亡时经常居所地法律、国籍国法律或者遗嘱行为地法律的，遗嘱均为成立
	遗嘱效力	适用遗嘱人立遗嘱时或者死亡时经常居所地法律或者国籍国法律
	无人继承遗产的归属	适用被继承人死亡时遗产所在地法律

四、国际民商事争议的解决

在国际经济交往和民事往来中不可避免地会出现各方当事人之间在权利义务方面所发

生的各种纠纷。涉外民商事纠纷的解决包括当事人自行地协商解决和通过第三方的仲裁机关或司法机关解决。

（一）国际商事仲裁

1. 概述

仲裁是双方当事人在争议发生前或发生后达成协议，自愿将他们的争议交给仲裁机构进行评断作出对双方当事人有拘束力的裁决的一种争议解决方式。

国际商事仲裁可受理的争议是当事人之间的商事争议，即基于契约性或非契约性商事法律关系产生的权利义务纠纷，具体指由于合同、侵权或者根据有关法律规定而产生的经济上的权利义务关系，例如货物买卖、财产租赁、民用航空、铁路、公路的客货运输以及产品责任、环境污染、海上事故和所有权争议等，但不包括外国投资者与东道国政府之间的争端。

国际商事仲裁机构，是指通过仲裁方式独立公正地解决双方当事人在国际商事关系中争议的民间机构。国际商事仲裁机构根据组织形式的不同，可分为临时仲裁庭和常设仲裁庭，其中常设仲裁机构是现代国际商事仲裁的主要组织形式。

仲裁协议是进行仲裁的法律基础，没有仲裁协议就不能进行仲裁。国际商事仲裁协议是当事各方将它们之间可能发生的争议或者业已发生的国际商事争议，交付仲裁解决的合意，一般是书面的形式。

2. 仲裁的法律适用

对于仲裁协议的法律适用，国际上通常按照普通合同的法律适用原则来决定。当事人可以协议选择仲裁协议适用的法律，当事人没有选择的，适用仲裁机构所在地法律或者仲裁地法律。

对于国际商事仲裁适用的实体法的适用，一般由当事人选择确定，如果当事人未作选择，则适用仲裁庭认为合适的冲突规范所确定的实体法，或者仲裁地的冲突规范所确定的实体法，或者与案件有最密切联系的实体法。

对于仲裁规则，一般来说当事人也可以自主选择，但有些常设仲裁机构要求在其机构仲裁的案件适用自己的仲裁规则。

3. 外国仲裁裁决的承认与执行

《关于外国相互承认与执行外国仲裁裁决的纽约公约》规定以下情况可以拒绝承认和执行外国仲裁裁决：缺乏有效的仲裁协议；被执行人的合法参与权受到侵害；超范围仲裁；程序有缺陷；裁决未生效；争议事项为不可仲裁事项；与公共秩序相抵触。

我国承认与执行外国商事仲裁裁决，通常按照互惠原则，或者按照两国之间签订的或共同参加的国际公约的规定才能进行。由于我国已经是《纽约公约》的成员国，因此承认与执行另一缔约国领土内作出的裁决应根据公约的规定。但适用公约时，应注意我国作出的两项保留：其一，互惠保留，即在另一缔约国领土内作出的裁决适用该公约。其二，商事保留，即那些按照我国法律属于契约性或非契约性商事法律关系所引起的争议作出的裁决适用公约的规定。

（二）国际民事诉讼

国际民事诉讼，就一国而言，又称为涉外民事诉讼，即具有涉外因素的民事诉讼。也是一国法院在双方当事人和其他诉讼参与人的参加下，审理国际或涉外民事案件的活动以及在这些活动中产生的诉讼关系。

1. 外国人的民事诉讼地位

我国对外国人在我国享有的民事诉讼地位实行对等原则，在对等的条件下赋予外国人国民待遇。外国当事人的民事诉讼权利能力由当事人的属人法决定。但即使根据其属人法无民事诉讼行为能力，如果依法院地国的法律却有民事诉讼行为能力时，应当认为有民事诉讼行为能力。

外国人在我国法院参与诉讼时，可以亲自进行，也可以通过一定程序委托我国律师或者我国其他公民代为进行。

司法解释

《最高人民法院关于人民法院受理涉及特权与豁免的民事或商事案件有关问题的通知》的规定，凡以在中国享有特权与豁免的主体为被告、第三人向人民法院起诉的民事案件，人民法院在决定受理之前，报请本辖区高级人民法院审查，高级人民法院同意受理的，应当将其审查意见，报最高人民法院批准。

2. 国际司法协助

司法协助，是指一国法院或其他主管机关，根据另一国法院或其他主管机关或有关当事人的请求代为实施或者协助实施一定的司法行为。狭义的国际司法协助仅限于两国之间送达诉讼文书和司法文书、代为调查取证；而广义的司法协助还包括承认和执行外国法院判决和仲裁机构裁决。在我国司法协助的内容指广义的司法协助。

（1）司法协助的途径。司法协助请求的提出一般通过以下几个途径：外交途径、使领馆途径、法院途径、中心机关途径。

向中国提出司法协助请求的，首先依条约规定的途径，没有条约的，通过外交途径；没有条约又无互惠关系的国家法院，不通过外交途径，直接请求我国法院协助的，应予退回并说明理由。

（2）域外送达与域外取证。这是行使国家司法主权的一种行为。域外送达，是指一国法院根据国际条约或本国法律或按照互惠原则将司法文书和司法外文书送交给居住在国外的诉讼当事人或其他诉讼参与人的行为。域外取证，是指基于国际条约或互惠原则，被请求国协助请求国调查案情，获得或收集证据的活动。与域外送达相比，域外取证具有更严格的属地性，如果没有证据所在地的准许，不能在该外国境内实施取证行为。

（3）外国法院判决的承认与执行。

真题演练

当事人欲将某外国法院作出的民事判决申请我国法院承认和执行。根据中国法律下列哪一选项是错误的？(　　)

A. 该判决应向中国有管辖权的法院申请承认和执行

B. 该判决应是外国法院作出的发生法律效力的判决

C. 承认和执行该判决的请求须由该外国法院向中国法院提出，不能由当事人向中国法院提出

D. 如该判决违反中国的公共利益，中国法院不予以承认和执行

【答案】C。外国法院作出的发生效力的判决、裁决，需要我国法院承认和执行的，可以由当事人直接向我国有管辖权的中级人民法院申请承认和执行，可以由外国法院依照该国与我国缔结或者参加的国际条约的规定，或者按照互惠原则，请求我国法院承认和执行。

第三节　国际贸易法律制度

国际贸易法是调整各国间商品、技术、服务的交换关系以及与这种交换关系有关的各种法律制度与法律规范的总称，包括国际公约、国际商业惯例以及各国有关对外贸易方面的法律、制度与规定。国际贸易法是国际经济法的主体内容。

国际贸易法以贸易的对象为标准，主要可以分为国际货物贸易法、国际服务贸易法、国际技术贸易法。本节内容结合国际贸易公约和惯例的规则讲解国际货物买卖的法律制度，通过对世界贸易组织法律制度的讲解，学习有关政府管理贸易、服务贸易、与贸易有关的投资和知识产权法律制度。

一、国际货物买卖法

国际贸易法（国际货物买卖法）是国际贸易法的一个重要分支。国际贸易法是调整跨越国界的货物贸易关系以及与货物贸易有关的各种关系的法律规范的总和。我国于1986年加入了《联合国国际货物销售合同公约》，因此，我国的涉外货物买卖关系在遵守我国合同法时，也要符合公约的规定。

本书以《联合国国际货物买卖合同公约》为规范依据，重点介绍公约的适用、国际货物买卖合同的成立，双方的权利义务以及风险转移问题。除公约外，国际贸易术语解释通则也是本部分的重要内容。

（一）《联合国国际货物买卖合同公约》

1980年《联合国国际货物买卖合同公约》（以下简称公约）具有很高的灵活性和普遍接受性，反映了贸易统一法运动的发展趋势，对国际贸易影响巨大。

1. 公约的适用

公约适用于国际货物销售合同。国际货物销售合同是指营业地位于不同国家的人之间

就有关货物买卖的权利义务关系而达成的协议。国际货物买卖合同的国际性以当事人的营业地位于不同国家为准，不考虑当事人的国籍。

公约只调整货物买卖，非货物交易，如服务贸易、技术贸易不适用公约。以下为不适用公约的合同：供私人或家庭消费的货物销售；以拍卖的方式、依法律执行令状进行的销售；有价证券、船舶、飞机、电力的销售。

公约并没有调整国际货物销售合同的所有问题，公约的规定仅限于因合同而产生的买卖双方的权利义务关系问题。公约没有涉及的法律问题主要有：其一，公约不涉及有关销售合同的效力问题；其二，公约不涉及销售合同中所售货物的所有权转移问题；其三，公约不涉及卖方对货物引起的人身伤亡的责任问题。

公约在使用上还具有自动性、任意性和非强制性的特点。自动性指如果合同双方当事人没有排除公约的适用，则公约自动适用于他们之间的国际货物销售合同。任意性和非强制性表现在：当事人可以通过选择适用其他法律从而排除公约的适用；当事人可以在买卖合同中约定部分地适用公约，或对公约的内容进行改变。

我国是该公约的缔约国，因此，营业地在我国的企业与其他缔约国内具有营业地的企业订立国际货物销售合同时，自动适用公约的规定，除非当事方有其他意思表示。我国在加入公约时提出了两项保留：其一，国际货物销售合同应采用书面形式；其二，以国际私法规则扩大适用的保留，我国仅认可营业地在两个缔约国之间的货物销售合同为公约所调整。我国的当事方对公约的修改适用不能违背我国做出的保留。

2. 国际货物销售合同的成立

国际货物销售合同是买卖双方达成货物销售的合意，合同可以采用口头或书面的形式。合同签订就其实质来说包括两个方面：一方提出订约的意思（要约），另一方表示同意（承诺）。

要约，是指向一个或者一个以上特定的人提出的订立合同的建议，此种建议一经被要约人接受对要约人具有法律拘束力。要约的内容要求十分明确、肯定，要约于送达受约人时生效。要约在送达被要约人之前可撤回，在送达受要约人之后、受要约人表达接受之前可撤销，但要约以明示或以其他方式表示要约是不可撤销的或受约人有理由信赖要约是不可撤销的，并本着这种依赖行事，则要约不能撤销。

承诺是受要约人对要约表示无条件接受的意思表示。承诺要符合一定的要件：

承诺要由受要约人作出才生效力；与要约的内容保持一致；应在要约有效时间内作出。一般来说，迟到的承诺或逾期的承诺不是有效承诺，属于新的要约。但公约第 21 条作出了变通规定：对于逾期的承诺，如果要约人毫不迟疑地以口头或书面的方式，将接受该承诺的意思通知受要约人，则该逾期的承诺仍为有效承诺；因邮寄迟延而造成的逾期承诺，因为它是在传递正常下能够及时送达要约人的情况下寄发的，则该项逾期承诺具有承诺的效力，除非要约人毫不迟疑地以口头或书面的形式，通知受要约人，他认为其要约已经失效。

对要约的承诺于表示同意的通知送达要约人时生效，要约与被要约人达成货物买卖的合意，双方之间成立货物销售合同法律关系。

3. 买卖双方的权利和义务

买卖双方在国际货物销售合同中相互既享有权利也承担对应的义务。买方的义务即意味着卖方的权利，反之亦然。

买方的义务包括支付价金，涉及付款应履行的步骤和手续、付款地点和付款时间；收取货物，包括采取一切理应采取的行动以期卖方能提交货物和接收货物。

卖方的义务是提交货物与单据，涉及交货地点、交货时间和单据的交付；担保义务，包括质量担保与权利担保。其中质量担保卖方必须保证其交付的货物与合同规定的相符，在合同没有规定或规定不明确的情况下，则须符合同一规格货物通常使用的目的，并足以保全货物的方式包装。卖方的权利担保指卖方不仅要保证对所售货物拥有所有权，第三方不得提出物权上的要求，还要求交付的货物没有知识产权争议。

4. 货物的风险转移

国际货物买卖中的风险是指货物因自然原因或意外事故所致的损坏或灭失的危险。由于当风险转移给谁后，由风险所引起的货物的损毁及灭失就由谁来承担，因此，确定风险转移的时间尤为重要。

公约在确定货物的风险转移上基本上采取的是以交货时间确定风险转移的原则。在不同的情况下，交货时间的认定标准也不一样。在货物涉及运输下，卖方在某一特定地点履行交货义务后，风险就转移给了买方，如果合同中没有规定交货地点，卖方货交第一承运人即代表完成交货，发生风险转移。已在运输途中的货物销售的风险转移的时间点一般是订立合同时，但如果情况需要，风险自货交承运人时转移给买方。

（二）《国际贸易术语解释通则 2010》

国际贸易术语属于国际贸易惯例，表现为一组字母和简短概念的组合，用于划分买卖双方当事人之间的责任、风险、费用，并反映价格构成、交货条件，因此，贸易术语又被称为“价格术语”或“交货条件”。《国际贸易术语解释通则 2010》明确、补充、细化了买卖双方在国际货物买卖合同某些方面的义务。从作用上说，它是对《联合国国际货物销售合同公约》和当事人约定的补充，当事方可以选择适用。其中，FOB 和 CIF 术语是国际贸易中使用最广泛的贸易术语。

FOB（Free on Board），船上交货（指定转运港）。该贸易术语中，卖方的义务是，在规定的日期或期限内，将备妥的货物按港口习惯的方式在指定的装运港交到买方指定的船上或通过取得已交付至船上货物的方式，履行其交货义务；办理出口手续。风险转移点在货物装上船后，有关费用以及货物灭失或损坏的一切风险转自买方承担。在 FOB 术语中，买方自行负担费用订立从指定装运港运输货物的合同。

CIF（Cost，Insurance and Freight）成本加运费（指定目的港）。在该贸易术语中，买方的义务是按照通常条件自行负担费用订立运输合同，支付将货物装运至指定目的港的运费。货物风险转移的时间点在货物装上船时转移给买方，但是卖方有义务以买方为受益人自行负担费用取得货物运输途中的保险。

二、世界贸易组织（WTO）法律制度概述

WTO 协议是指 1994 年签署的《建立世界贸易组织的马拉喀什协议》（简称 WTO 协

议），根据该协议所建立的国际经济组织便是“世界贸易组织”，英文简称 WTO；WTO 规则是对 WTO 一揽子协议所规定的法律规范的总称。WTO 规则是国际法规则的一部分，主要调整 WTO 成员方在贸易以及与贸易相关的服务和知识产权保护等领域的政府措施。

WTO 协议规定有自己的法律规则形成机制、法律体系、组织机构和争端解决机制，形成了一个相对自治的规则领域，也形成了一个新的国际法律部门世界贸易组织法（WTO 法）。

（一）WTO 概述

第二次世界大战之后，为了规范国际贸易，有关国家签署了临时适用的关税及贸易总协定（简称 GATT），之后经过多轮的贸易谈判，于 1995 年 1 月 1 日成立了世界贸易组织。与关贸总协定相比，世贸组织涵盖货物贸易、服务贸易以及知识产权贸易，而关贸总协定只适用于商品货物贸易。

世贸组织制定、监督、管理和执行共同构成世贸组织的多边及诸边贸易协定，通过实施市场开放、非歧视和公平贸易等原则，建立一个完整的、更具活力的、持久的多边贸易体制，来实现世界贸易自由化的目标，促进世界各国经济的共同发展和人民生活水平的提高。

世贸组织是具有法人地位和国际法律人格，是当代最重要的国际经济组织之一，其与国际货币基金组织、世界银行一起被称为世界经济发展的三大支柱，有“经济联合国”之称。

1. WTO 的组织机构

WTO 的组织机构主要分为三级：

第一级为部长级会议。其是世贸组织的最高权力机构，讨论和决定涉及世贸组织职能的所有重要问题，如任命世贸组织总干事并制定有关规则、对世贸组织协定和多边贸易协定做出解释、豁免某成员对世贸组织协定和其他多边贸易协定所承担的义务等。

问题引入

2011 年 12 月 16 日俄罗斯加入世贸组织，请问批准俄罗斯入世的 WTO 机构是哪一个？

第二级为总理事会（the General Council）和各专门委员会，其均设于部长级会议之下。在部长级会议休会期间，其职能由总理事会代为行使。总理事会负责处理世贸组织的日常事务，监督和指导各项协定以及部长级会议所作决定的贯彻执行。总理事会还履行争端解决机构和贸易政策审议机构的职责。

部长级会议下设立专门委员会，以处理特定的贸易及其他有关事宜，如贸易与发展委员会、国际收支限制委员会和财务与行政委员会。

第三级为理事会。总理事会下设货物贸易理事会、服务贸易理事会和知识产权理事会，它们在总理事会指导下分别负责管理监督货物贸易协议、服务贸易协议和与贸易有关的知识产权协定的实施。

从内部日常机构设置看，部长级会议任命总干事，并设立由总干事领导的秘书处，履行部长会议赋予的职能。除上述常设机构外，世贸组织还根据需要设立一些分委员会、工作组等，研究和报告有关专门事项并最终提交相关理事会作决定。

2. WTO 的法律体系

WTO 规则是由 WTO 协议所规定的。因此，WTO 的法律体系或法律框架是由 WTO 协议及其 4 个附件所组成或体现的。WTO 协议本身规定了 WTO 机构职能、地位、决策、原始成员以及成员加入、退出等事项。4 个附件构成 WTO 法律体系的实质性权利义务规则。

WTO 的法律体系如图 12-1 所示。

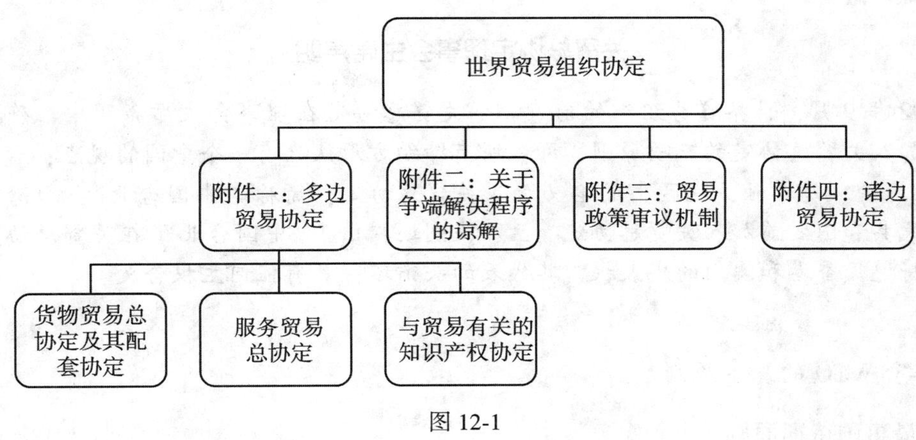

图 12-1

3. WTO 的成员方

案例引入

中国在 WTO 的“一国四席”

2001 年 12 月 11 日，中国正式加入世界贸易组织，成为其第 143 个成员。第二日，“台湾、澎湖、金门、马祖”单独关税区以“中国台北”的名义签订了入世议定书。加上之前的中国香港和中国澳门已经是 WTO 的成员方，所以在 WTO 中一个主权国家中国就具有了四个成员方席位。

【思考】中国台北、中国香港和中国澳门能够加入 WTO 的法律依据？港澳台在 WTO 中的法律地位如何？

一般而言，政府间国际组织的成员只有具有国际法律人格的主权国家才能加入。但为了便于在经济与贸易主体之间达成互惠互利协议，以实现其宗旨，关税与贸易总协定（GATT）承认国家和单独关税区都可以成为 GATT 的成员方。

根据关税与贸易总协定第 26 条第 5 款第 3 项的规定：“原由某缔约国代表接受本协定

的任何关税领土，如现在在处理对外贸易关系和本协定规定的其他事务方面享有或取得完全自主权，这一领土经负责的缔约国发表声明证实上述事实后，应视为本协定的一个缔约方。”中国香港和中国澳门就是通过此种途径成为GATT成员方，在WTO取代GATT后继续作为成员方存在。“台湾、澎湖、金门、马祖”单独关税区以“中国台北”的名义在中国中央政府的同意下加入了WTO。

单独关税区是具有一定的关税贸易主权和对外交往权的“非国家实体”，单独关税区不享有主权，但是，在WTO内根据多边贸易协议，享有与国家同等权利，承担同等义务。

背景资料

关贸总协定理事会主席声明

1992年9月，世界贸易组织的前身——关贸总协定在理事会主席声明中，确定了中国台湾加入关贸总协定的三项原则，即：所有缔约方承认只有一个中国的观点；台湾可以“台、澎、金、马单独关税区”的名义加入关贸总协定，简称“中国台北”；台湾不应在中华人民共和国之前加入关贸总协定。主席声明还指出，“中国台北”在关贸总协定中的代表权将遵循香港和澳门的代表权，其代表的头衔不得具有任何主权含义。

（二）WTO的基本原则

1. 最惠国待遇原则

最惠国待遇原则是国际经济交往中的基本原则，它要求一国在经济关系中给予另一国国民的待遇不应低于该国现在和未来给予任何第三国国民的待遇。最惠国待遇注重的是外国人之间的平等。

在WTO下的最惠国待遇原则主要体现在货物贸易领域，指一成员给予原产于或运往另一成员的任何产品的利益、优惠、特权与豁免应当立即无条件地给予原产于或运往所有其他成员领土的同类产品。WTO的最惠国待遇原则既适用于边境措施，也适用于国内税和国内规章的措施，但不适用关税同盟与自由贸易区以及某些单方面优惠安排，也不适用于投资措施。

司考真题

关于世界贸易组织的最惠国待遇制度，下列哪种说法是正确的？（　　）（2006，单选题）

A. 由于在WTO不同的协议中，最惠国待遇的含义不完全相同，所以，最惠国待遇的获得是有条件的

B. 在WTO中，最惠国待遇是各成员国相互给予的，每个成员既是施惠者，也是受惠者

C. 对最惠国待遇原则的修改需经全体成员4/5同意才有效

D. 区域经济安排是最惠国待遇义务的例外，但边境贸易优惠则不是

【答案】B。WTO的最惠国待遇原则表现出普遍性、相互性、自动性和统一性的特

点。WTO 中某成员给予另一成员在货物贸易方面的优惠、特权和豁免都必须同样给予所有其他成员，每一成员既是施惠者，也是受惠者。B 正确。最惠国待遇义务具有立即性和无条件性，每一成员自动享有其他成员给予其他任何国家的最惠国待遇，不应歧视其中任何一个成员，也不应存在特殊的双边互惠关系，故 A 错误。根据 WTO 的规定，对最惠国待遇的修改须经全体成员方同意方有效。故 C 错误。根据前文最惠国待遇的使用例外可知 D 错误。

2. 国民待遇原则

WTO 下的国民待遇原则不同于其他经贸领域的国民待遇原则，它是指一成员产品输入到另一成员境内时，进口国不得直接或间接地对该产品征收高于本国相同或类似产品的国内税和国内费用。在关于产品在国内销售的法律规章实施方面，也不得歧视外国产品。WTO 的国民待遇也主要适用于货物贸易，不适用于边境措施，不适用于投资措施（涉及《与贸易有关的投资措施协议》除外），不适用于政府对特种产品的补贴，不适用于政府采购。

3. 约束关税原则

WTO 促进贸易自由化的主要措施之一便是大规模的削减关税。约束关税，不断削减关税，指成员国应受其在关税减让表中所作关税税率承诺的约束，不得征收超过约束税率的关税。关税减让表不能单方面改变，也不能直接或间接改变。关税的重新分类、货币兑换方式的改变、货币的重新定值、决定完税价格方法的改变都不能损害关税减让表的价值。

4. 一般禁止数量限制原则

在 WTO 贸易领域原则上取消一切数量限制，如果要进行数量限制需遵循非歧视的原则。

根据 GATT 第 11、13 条阐述的一般禁止数量限制原则，其含义指任何成员不得对其他成员产品进口和本国产品出口实行禁止或限制，不论是采取配额、许可证还是其他措施。允许各成员采取一定的保护本国工业或其他产业的措施，这种保护应运用关税和国内税手段，并尽可能维持在较低的合理的水平，而不应采取数量限制。在 CATT 允许的特定情况下，各成员可以对某些产品进出口实行一定数量限制，但是这种限制应在非歧视的基础上实施，使相关产品的贸易分配与若无此限制时其他成员预期可得到的配额接近。

三、WTO 的贸易法律制度

WTO 的有关贸易制度主要包括三个方面，即货物贸易制度、服务贸易制度和与贸易有关的知识产权制度。

（一）货物贸易制度

货物贸易制度主要体现在 1994 年关税与贸易总协定（GATT 1994）和有关的协定中，如农产品协定、纺织品和服装协定、反倾销与反补贴协定、原产地规则协定、装船前检验协定、技术贸易壁垒协定、实施卫生与植物卫生措施协定、进口许可证程序协定、海关估价协定等。

WTO 的不歧视原则在货物贸易中占有重要地位，上述的最惠国待遇原则和国民待遇原则就主要用于规范货物贸易的差别待遇问题。WTO 的货物贸易原则主要体现在 WTO 对国家贸易管理措施的制约，如海关估价、进口许可程序、卫生与植物卫生检验检疫、反倾销、反补贴和保障措施等。

（二）服务贸易制度

国际服务贸易法是调整国际服务贸易的法律规范的总称。其中，世界贸易组织《服务贸易总协定》是第一个调整国际服务贸易的多边性、具有法律强制力的规则。它的签订和实施，标志着国际服务贸易及国际服务贸易法进入一个新的发展阶段。

WTO《服务贸易总协定》是一个框架性协议，它规定了成员承担的一般义务和成员根据具体承诺承担的市场准入和国民待遇义务。服务贸易总协定已被列入 WTO 所管辖的框架协议的附件一中，要求 WTO 成员一揽子接受。

1. 服务贸易的方式

案例引入

服务贸易总协定规定了服务贸易的方式，下列哪个选项不属于协定规定的服务贸易？（　　）

A. 中国某运动员应聘到美国担任体育教练

B. 中国某旅行公司组团到泰国旅游

C. 加拿大某银行在中国设立分支机构

D. 中国政府援助非洲某国一笔资金

【答案】D。题 A 属于《服务贸易总协定》所称的自然人存在，B 属于境外消费，C 属于商业存在，均是国际服务贸易；选项 D 属于一国政府对另一国政府的资金援助，不是服务贸易的范畴。

服务贸易总协定规定的服务贸易是指通过以下四种方式提供的服务。

（1）跨境提供。自一成员方境内向另一成员方境内提供服务，没有人员、物资流动（但可以有资金流动）。如通过邮电、计算机网络进行的视听、信息传递和国际资金划拨等。

（2）过境消费。即在一成员方境内向另一成员方的消费者提供服务，也就是消费者的流动，即境外消费。如境外旅游、机器设备运至国外接受维修服务等。

（3）商业存在。一成员方的服务提供者在另一成员方境内以商业存在的形式提供服务。“商业存在”是指任何类型的商业或专业机构，包括为提供服务在一成员方境内组建、取得或维持一个法人或创建或维持一个分支机构或代表处。如一国的银行、保险公司在另一国建立银行或保险分公司，通过在国外建立的该分支机构提供服务。

（4）自然人存在。一成员方服务提供者以自然人身份在另一成员方境内提供服务。也就是自然人的流动。如一国演员、教师、医生到另一成员方境内举办演唱会或开办讲座。

2. 服务贸易总协定的调整方法

服务贸易总协定除规定了各国都要承担的一般义务外，通过各成员不断的谈判达成每一成员方具体化的承诺。因此，一成员在服务贸易总协定下的义务包括一般义务和具体义务。一般义务包括最惠国待遇、透明度和相互承认标准。

具体的义务包括：

（1）市场准入。又称市场开放。每一成员方按照其具体做出的承诺保证其他成员方的服务和服务提供者在进入该国市场上所得到的待遇不低于其具体承诺。

（2）国民待遇。服务贸易总协定第17条规定了国民待遇原则，要求每一成员应按照具体承诺细目表所列的条件和资格，给予任何其他成员的服务提供者的待遇应不低于其给予本国相同服务和服务提供者的待遇。

构成具体承诺的市场准入是国民待遇的基础和前提。外国服务和服务提供者无法进入到一国的市场，也就无法涉及其与一国国民的待遇比较问题。

（三）与贸易有关的知识产权制度

与贸易有关的知识产权制度在原来的关税与贸易总协定中是没有的，属于WTO中新的规定。WTO的《贸易有关的知识产权保护协议》（TRIPs），对知识产权的保护设置了一个最低标准，即成员方提供的保护不得低于TRIPs规定的保护水准。根据其规定，受保护的对象包括以下七类：版权和相关权利、商标、地理标识、工业设计、专利、集成电路布图设计及未披露的信息。此外，TRIPs还规定了成员方实施权利的程序和救济手段、争端解决、透明性、最惠国待遇和国民待遇等。

（四）WTO的争端解决机制

案例引入

中国是世界上最大的螺丝、螺母和螺栓等碳钢紧固件生产国，欧盟是这些产品的主要市场。2009年1月，欧盟决定对中国碳钢紧固件产品征收26.5%至85%的反倾销税。2009年7月31日，中国将欧盟有关立法及反倾销措施诉诸世贸组织争端解决机制。此案成为中国在世贸组织起诉欧盟的第一案。世贸组织上诉机构2011年7月15日发布报告，最终裁定中国在与欧盟关于紧固件的贸易争端中胜诉。

1. WTO争端解决机制概述

解决世界贸易组织成员之间的贸易争议是世界贸易组织的职能之一。WTO争端解决机制起源于1947年GATT第22、23条关于争议解决的程序。世界贸易组织成立后，建立了独立的、统一的多边争端解决制度。WTO争端解决机制与GATT争端解决机制相比更加完善和有效率，其特点在于：（1）WTO争端解决机制是单一的，将该组织项下的各项协议的争议解决统一了起来，并设立了专门的争议解决机构DSB。由DSB解决的争议，不仅包括传统的货物贸易，还包括知识产权和服务贸易引起的争议。（2）WTO争端解决机制是专门设立的。根据WTO协议设立的DSB，是唯一有权解决争议的专家小组和通过专家小组和上诉机构的报告和建议的权威机构，并负责监督对所通过的裁定和建议的实施。（3）设立了审查专家组裁决的上诉机构和程序，保证法律的一致性和可预期性。（4）WTO争端解决机制通过决议所采用的是“反向一致”的方式，即在通过专家小组的报告及有关的报复措施的决定时，只要不是全体一致反对，该特定的提案就算通过，大大提高了争议处理的速度和效率。

2. 程序

WTO 争端解决机制的运作过程主要由四个阶段组成：（1）协商阶段。当协议项下的争议发生以后，认为自己利益受损的一方应当向另一成员提出磋商的书面请求，磋商程序未能解决问题，提出磋商要求的一方可请求 DSB 设立专家小组解决争议。（2）设立专家小组及对争议事项的审查阶段。由专家小组对案件进行审议，做出裁决或建议。（3）上诉审查程序。上诉机构对专家小组的建议或裁定中的法律问题以及法律解释进行审议，可以维持、变更或推翻专家组的裁决或结论。（4）执行程序。专家小组或上诉机构的报告通过后 30 天，有关缔约方必须向 DSB 通报其对所通过的报告中提出的建议打算采用的措施，修改或撤销被认定违反义务的有关措施等。

3. 裁决的效力

DSU 赋予 WTO 争议解决程序准司法性质，因此 WTO 争端解决机制下的生效裁决或建议就具有类似于判决的效力。实际履行专家组和上诉机构的建议和裁定，是 WTO 相关成员应当承担的国际法义务。

DSB 的一个非常重要的职能，就是对专家组和上诉机构报告中的建议和裁定的执行情况实施监督。如果败诉方未在合理期限内执行争端解决机构的建议和裁决，则被诉方应申诉方请求，必须在合理期限届满前与申诉方进行补偿谈判。如果在合理期限届满前双方没有就补偿达成一致，申诉方可要求争端解决机构授权对被诉方进行报复，即中止对被诉方承担的减让或其他义务。

本章练习

一、判断题

1. 国际法从学科体系上，通常划分为国际公法、国际私法和国际经济法三个分支学科。（　　）

2. 国际公法所调整的主体仅指具有独立主权的国家、在一些情况下也包括正在争取独立的民族。（　　）

3. 独立权是指国家根据自己的意志处理本国对内、对外事务而不受任何外来控制和干涉的权利。独立权包括紧密联系的经济独立和政治独立。（　　）

4. 外交庇护，即在本国停泊在外国港口的军用船舶、停留在外国机场的军用飞机或者驻外国的使领馆内庇护政治犯，也是国际法公认的一项法律制度。（　　）

5. 条约信守原则是国际法上的一项基本原则，没有例外情况。（　　）

6. 准据法可以是国际统一实体规范。（　　）

7. 适用外国法律违反中华人民共和国社会公共利益的，该外国法律不予适用，而应当适用中华人民共和国法律。（　　）

8. 在我国，不动产的所有权、买卖、租赁、抵押、使用等民事关系，均适用不动产所在地法律。（　　）

9.《联合国国际货物销售合同公约》只调整货物买卖。（　　）

10. 在通过 WTO 专家小组的报告及有关的报复措施的决定时，只要不是全体一致反对，该特定的提案就可以通过。 ( )

二、单项选择题

1. 国际法的渊源不包括( )。

A. 条约 B. 国际习惯

C. 一般法律原则 D. 司法判例

2. 国家的构成要素不包括( )。

A. 领土 B. 居民 C. 主权 D. 军队

3. 当事人欲将某外国法院作出的民事判决申请我国法院承认和执行。根据中国法律下列哪一选项是错误的？( )

A. 该判决应向中国有管辖权的法院申请承认和执行

B. 该判决应是外国法院作出的发生法律效力的判决

C. 承认和执行该判决的请求须由该外国法院向中国法院提出，不能由当事人向中国法院提出

D. 如该判决违反中国的公共利益，中国法院不予以承认和执行

4. 根据联合国国际货物销售合同公约的有关规定，判定合同是否为国际货物买卖合同的标准是( )。

A. 当事人具有不同的国籍 B. 合同在不同的国家签订

C. 当事人的营业地位于不同的国家 D. 标的物做跨越国境的运输

5. 根据 2010 年《国际贸易术语解释通则》的规定，下列哪一种贸易需由卖方办理进口手续？( )

A. FAS B. FCA C. DDP D. CPT

三、多项选择题

1. 甲乙丙三国均为南极地区相关条约缔约国。甲国在加入条约前，曾对南极地区的某区域提出过领土要求。乙国在成为条约缔约国后，在南极建立了常年考察站。丙国利用自己靠近南极的地理优势，准备在南极大规模开发旅游。根据《南极条约》和相关制度，下列哪些判断是错误的？( )

A. 甲国加入条约意味着其放弃或否定了对南极的领土要求

B. 甲国成为条约缔约国，表明其他缔约国对甲国主张南极领土权利的确认

C. 乙国上述在南极地区的活动，并不构成对南极地区提出领土主张的支持和证据

D. 丙国旅游开发不得对南极环境系统造成破坏

2. CFR 和 CIF 贸易术语适用于( )。

A. 海上运输 B. 内河运输 C. 陆路运输 D. 工厂交货

3. 甲国 A 公司向乙国 B 公司出口一批货物，但 A 公司与 B 公司就该批货物在中国境内的商标权产生争议，双方诉至中国某法院。关于该商标权有关争议的法律适用，下列选项错误的是( )。

A. 归属争议应适用中国法 B. 归属争议应适用甲国法

C. 转让争议应适用甲国法 D. 转让争议当事人可以协议选择法律

4. 国家的基本权利包括(　　)。

A. 独立权　　B. 平等权　　C. 自卫权　　D. 管辖权

5. 服务贸易总协定规定的服务贸易方式有(　　)。

A. 跨境提供　　B. 过境消费　　C. 自然人存在　　D. 商业存在

四、问答题

1. 简述 CISG 中规定的卖方的担保义务。

2. 国家责任的两个构成要件分别是什么？

3. 试述《联合国国际货物销售合同公约》的适用范围。

五、案例分析题

在南海，根据国际法上的先占理论，中国对散落于南海的东沙群岛、西沙群岛和南沙群岛享有所有权。中国最先发现和命名了南海诸岛，并长期没有异议地占有和管理这些岛礁。然而随着南海油气资源的大规模发现等原因，南海周边国家如菲律宾开始侵占我国的岛礁。菲律宾更是于 2013 年 1 月 21 日向国际海洋法仲裁庭单方面提起仲裁，要求仲裁庭裁决中国在《联合国海洋法公约》的权利范围之外对 U 形线内的水域、海床和底土所主张的历史性权利与公约不符等。

根据案例所反映的国际法知识，回答以下问题：

单项选择题

1. 国家的领土包括下列哪些部分？(　　)

A. 陆地　　B. 国内河流　　C. 岛屿　　D. 领水

2. 根据先占理论，下列说法正确的是(　　)。

A. 先占要求占有的国家具有取得无主土地主权的意思

B. 只要一个国家发现了某一无主岛屿，那么这个岛屿就是这个国家的了

C. 通过强制占领某一国家的领土，对方没有反抗的，经过一段时间可以构成先占

D. 先占的对象是无主土地，土地上已经有部落居住的不构成无主地。

3. 对于《联合国海洋法公约》的说法，下述错误的是(　　)。

A. 根据《联合国海洋法公约》的规定，每一国家有权确定从其领海基线量起不超过 12 海里的领海

B. 《联合国海洋法公约》其广泛的代表性和对习惯国际海洋法的编纂，构成现代国际海洋法律体系的基石

C. 《联合国海洋法公约》要求对于国家因海洋权益所产生的争端，必须提交国际法院解决

D. 《联合国海洋法公约》规定沿海国对于专属经济区拥有领土权，其他国家需要经过沿海国批准才能在专属经济区航行

4. 根据国际法的相关规则，下列说法正确的是(　　)。

A. 对于菲律宾提出的仲裁，中国必须要到仲裁庭进行应诉

B. 中国在南沙诸岛上有权建设灯塔和港口

C. 对于菲律宾非法占有我国岛屿的情形，我国只能向联合国起诉

D. 菲律宾与中国可以就南海争端达成一致交予国际法院裁决

习题参考答案

第一章

一、判断题

1. 错误 2. 正确 3. 错误 4. 错误 5. 正确
6. 正确 7. 正确 8. 错误 9. 正确 10. 正确

二、单项选择题

1. B 2. C 3. D 4. D 5. A

三、多项选择题

1. ABCD 2. ABD 3. ABC 4. ABCD 5. ACD

四、问答题

1. 所谓法律，是体现国家意志的，由国家制定或认可的，以权利、义务为主要内容的，并由国家强制力保障实施的行为规范。

法律是体现国家意志的社会规范；法律由国家制定或认可；法律以权利、义务为主要内容；法律具有国家强制性，其实施有国家强制力作为保障。

2. 合法原则；民主原则；平等原则；统一原则。

3. 依法治国的主体是广大人民群众；依法治国中所依据的“法”，是社会主义民主制度化、法律化的宪法和法律，充分体现了广大人民群众的意志和利益；依法治国的客体是国家的各项工作，包括所有的国家事务和社会事务。

五、案例分析题

1. B 2. C 3. C 4. B

第二章

一、判断题

1. 正确 2. 错误 3. 正确 4. 错误 5. 正确
6. 错误 7. 错误 8. 错误 9. 正确 10. 错误

二、单项选择题

1. C 2. A 3. B 4. C 5. A

三、多项选择题

1. AB 2. ABCD 3. BCD 4. ABCD 5. BD

四、问答题

1. 宪法是特定国家法律体系中规定国家的根本制度、根本任务及一系列基本制度，集中全面反映国家的政治力量对比关系，将现行民主制度法律化、条文化，具有最高法律效力，作为该国一切组织和个人的行为准则的根本大法。宪法具有以下几方面的特征：①从内容上来看，宪法规定的是国家的根本制度、根本任务和一系列基本制度；②从阶级性上来看，宪法反映了该国的政治力量对比关系，集中体现了掌握国家政权的统治阶级的意志；③从宪法的功能价值来看，宪法是民主制度的法律化、条文化，其功能价值在于保障民主制度。④从法律地位来看，宪法是国家的根本大法，具有最高的法律效力。

2. ①人民主权原则；②人权保障原则；③权力制约原则；④法治原则。

3. 政治保障；法律保障；制度保障。

4. ①民主集中制原则；②社会主义法治原则；③责任制原则；④联系群众，为人民服务原则；⑤精简和效率原则。

五、案例分析题

1. B　　2. D　　3. D　　4. A

第三章

一、判断题

1. 错误　　2. 正确　　3. 错误　　4. 正确　　5. 错误
6. 错误　　7. 正确　　8. 正确　　9. 正确　　10. 错误

二、单项选择题

1. B　　2. D　　3. C　　4. D　　5. B

三、多项选择题

1. ABD　　2. ABCD　　3. ABD　　4. ABC　　5. ABC

四、问答题

1. 依法行政原则；行政公正、公开原则；尊重和保障人权原则；信赖保护原则；比例原则。

2. 行政执法行为，是指由享有特定法定职权的行政主体，依法实施的直接影响行政相对人的权利义务的行为，或者对行政相对人是否依法行使权利和履行义务进行监督检查的行为，具体包括行政许可、行政确认、行政奖励、行政处罚、行政强制、行政合同等行为。

3. 所谓行政违法，是指由享有行政职权的行政主体所实施的，违反行政法律规范，侵害法律保护的行政关系，但未构成犯罪的，应当承担相关行政责任的行政行为。构成要件：行政违法的主体是行政主体；行政主体的主观上有过错；行政主体客观实施了行政违法行为；行政违法侵害的客体是受法律保护的行政关系。

五、案例分析题

1. B　　2. C　　3. B　　4. C

第四章

一、判断题

1. 错误　2. 正确　3. 错误　4. 错误　5. 正确
6. 错误　7. 错误　8. 正确　9. 错误　10. 错误

二、单项选择题

1. B　2. A　3. B　4. A　5. B

三、多项选择题

1. BCD　2. ABCD　3. ACD　4. ABCD　5. ABCD

四、问答题（略）

五、案例分析题

1. C　2. A　3. C　4. A

第五章

一、判断题

1. 错误　2. 正确　3. 正确　4. 错误　5. 正确
6. 错误　7. 正确　8. 错误　9. 错误　10. 正确

二、单项选择题

1. A　2. C　3. D　4. C　5. D

三、多项选择题

1. AD　2. ABD　3. BC　4. BC　5. CD

四、问答题（略）

五、案例分析题

1. C　2. B　3. C　4. C

第六章

一、判断题

1. 正确　2. 错误　3. 错误　4. 正确　5. 错误
6. 错误　7. 正确　8. 正确　9. 正确　10. 正确

二、单项选择题

1. A　2. A　3. D　4. C　5. C

三、多项选择题

1. ABD　2. ABD　3. ABCD　4. AD　5. ACD

四、问答题

1. 著作权的特征可以概括为以下几点：

(1) 权利主体广泛。

原则上，各类民事主体（公民、法人等）都可以成为知识产权的权利主体，但著作权权利主体的实施范围较之其他各类型的知识产权更为广泛。如未成年人，一般难以成为专利权和商标权的权利主体，但却不妨成为著作权的主体。又如外国人，如要取得专利权或商标权，均需履行法定申请与审批手续，因种种条件限制，其申请未必得到批准，而其作品只要是在国内首次发表，即依法享有著作权，这就使其权利主体范围广于专利权和商标权。

（2）权利客体广泛。

作为著作权的客体，作品同样是一种智力成果，但其表现形式繁多，范围极其广泛。无论从其思想内容（含文学、艺术、自然科学、社会科学等各方面）还是外观表现（口头、书面、摄影、绘画、雕刻、音像等）看，只要能被人感知，均能成为客体。

（3）权利内容丰富。

著作权内容和其他知识产权一样，包括人身和财产权两方面权利。然而从立法上看，无论是人身权还是财产权，在著作权中都体现得更加充分，内容更加丰富。就人身权而言，工业产权中专利权、商标权基本上不涉及人身权，而著作权中的人身权则包括发表权、署名权、修改权和保护作品完整权。著作权的财产权也极为丰富，包括播放权、摄影权、演绎权、发行权等内容。

（4）权利可以分割。

如职务作品可以由作者和所在单位分别享有著作权的有关具体权利，电影作品的著作权的归属也有此特点。

（5）权利限制较多。

从法理上说，任何权利都不是绝对的，权利滥用更为法律所禁止。这一点，在著作权中体现得尤为突出。由于作为著作权客体的作品既是个人（单位）财产，又是一种社会财富，为了国家、公众和社会利益，法律对著作权人对其作品的专有权利作了直接规定并加以限制，如我国著作权法第 22 条所规定的“合理使用”情形，第 32 条第 2 款所作的“法定许可”规定，都是对著作权人专有权利的限制。

（6）权利时间较长。

作者终身，加死后 50 年。

2. 法定许可使用，是指依据《著作权法》的直接规定，以一定方式使用他人已经发表的作品，可以不经著作权人的同意，但应按规定支付报酬并尊重著作权人的一项法律制度。

法定许可使用的范围，一定程度上体现了该国著作权的保护水平。由于各国政治、经济、文化、科技等方面发展水平的差异，就法定许可使用的范围而言，公有制国家的许可范围一定宽于资本主义国家，发达国家对许可范围的限定则严于发展中国家。较广泛的法定许可是我国著作权法的一个特点。这主要是由于我国地域辽阔，文化水平、社会管理能力较落后，因而在有关的作品被使用时难以逐一征得著作权人的同意。况且由于有关作品业已发表，因而进一步（以新的形式）来传播一般并不违背作者的意志，至于著作权人的经济利益则体现在使用费上。

根据我国《著作权法》和最高人民法院有关司法解释，我国法定使用许可包括如下情形：

（1）为实施九年制义务教育和国家教育规划而编写出版教科书，除作者事先声明不许使用外，可以不经著作权人许可，在教科书中汇编已经发表的作品片段或者短小的文字作品、音乐作品或者单幅的美术作品、摄影作品；

（2）作品被报社、期刊社刊登后，除著作权人声明不得转载、摘编的外，其他报刊可以转载或者作为文摘、资料刊登；

（3）已在报刊上刊登或者网络上传播的作品，除著作权人声明或者上载该作品的网络服务提供者受著作权人的委托声明不得转载、摘编的以外，网站可以转载、摘编；

（4）录音制作者使用他人已经合法录制为录音制品的音乐作品制作录音制品，著作权人声明不许使用的除外；

（5）广播电台、电视台播放他人已经发表的作品；

（6）广播电台、电视台播放已经出版的录音制品。

3. 专利权在许多方面是受限制的。这其中包括专利的时间限制，以及专利权实施中的限制。专利权的时间限制在法律上表现为专利权保护期，而实施中的限制则有更多的表现方式。

（1）专利权的保护期。

在国际上，发明专利权保护期通常为15至20年；实用新型、外观设计专利权保护期通常低于10年。我国现行专利法对于发明专利权的保护期规定为二十年，自专利申请之日起计算。我国专利法的这一规定显然已经完全达到国际通行的水平。我国现行专利法规定的实用新型和外观设计专利权的保护期为自专利申请之日起算十年。在实用新型等专利的保护方面，我国专利法的保护水平也绝不比国际通行标准逊色。

（2）首次销售。

所谓首次销售，是指当专利权人自己制造或者许可他人制造的专利产品上市经过首次销售之后，专利权人对这些特定产品不再享有任何意义上的支配权，即购买者对这些产品的再转让或者使用都与专利权人无关。这种情况被称作首次销售；也有人称此为权利耗尽或权利用尽，因为专利权人的利益在首次销售中已经得以实现，故而称其为用尽或耗尽。我国专利法中也有明文规定："专利权人制造或者经专利权人许可制造的专利产品售出后，使用或者销售该产品的"行为不视为侵犯专利权。

（3）善意侵权。

善意侵权，是指在不知情的状态下销售或者使用了侵犯他人专利权的产品的行为，可不承担赔偿责任。这种情况被称为善意侵权。但是如果销售商在得到专利权人通知之后仍然销售其库存的侵权产品，则不能认为其不知情。

（4）先行实施。

先行实施，是指在专利申请日前已经开始制造与专利产品相同的产品或者使用与专利技术相同的技术，或者已经作好制造、使用的准备的，依法可以在原有范围内继续制造、使用该项技术。实施者的这种权利被称作先行实施权或简称为先用权。在我国专利法中，先行实施或称先用权的范围仅限于在原有范围内制造或者使用，对于销售行为未予规定。

（5）临时过境。

当交通工具临时通过一国领域时，为交通工具自身需要而在其设备或装置中使用有关专利技术的，不视为侵犯专利权。有关交通工具临时过境的规定源自《巴黎公约》。《巴黎公约》第五条之三对船舶、飞机以及陆上车辆等交通工具偶然性地进入一国领域时，该交通工具本身所用的有关专利技术不被认为是侵权。如果各国专利法中没有这一规定，国际往来就非常困难。巴黎公约的成员国无不遵从这一规范。

（6）非营利实施。

非营利性实施专利技术的行为一般不被视为侵犯专利权。

4. 商标权的内容如下：

（1）专有使用权。

专有使用权是指商标权人在核定使用的商品上专有使用核准的注册商标的权利。这是商标权的最重要内容。专有使用注册商标也是商标权人注册商标的主要目的。

《商标法》第五十一条规定："注册商标以核准注册的商标和核定使用的商品为限。"这一规定体现了商标权的专有使用权的权能。它对专用权的权利范围做出了限定。权利范围称为商标权的效力范围，注册商标所有人对其注册商标的使用权包含两方面的意义，一是权利人只能在这一法律规定的范围内有效，二是在该范围内商标权人对其注册商标的使用是专有使用，即独占使用。

商标作为区别同类商品（或服务）的不同生产者、经营者的标志，只有商标所有人享有专有使用权，才能达到表彰自己区别他人的目的，才能表明这一商品或服务是自己生产或经营的，才能很好地树立商标的信誉，也只有专有使用注册商标，才能更好地体现商标权的价值。

（2）禁止权。

商标所有人在享有专有使用其注册商标权利的同时，还享有禁止他人使用其注册商标的权利。在排他、独占性地使用上，商标权与所有权的性质是一致的。

商标权人的这种禁止权的效力范围要大于自己专有使用权的效力范围。这对于有效地保证商标权人的权利不受侵犯，具有重要的作用。

（3）转让商标的权利。

商标作为一种无形财产，是可以转让的，转让商标是商标所有权人对自己财产的处分，商标所有人转让商标的权利是商标权的重要内容之一。尽管商标所有人注册商标的主要目的是为了专用商标，但另一方面，商标权作为一项财产，具有价值和使用价值，也可以成为转让的标的。

专有使用注册商标是商标所有人权利的体现，转让商标同样是商标所有人权利的体现。转让商标一般是有偿的，但也有无偿转让的。无论是有偿转让，还是无偿转让，都需依法定程序进行。

（4）许可他人使用商标的权利。

作为一种知识财产，商标所有人不仅可以依据法律所授予的权利自己专有使用，也可以授权他人使用。商标所有人通过行使许可权而获得收益，说明商标权具有与所有权一样的收益权能。许可他人使用不同于转让，它既不转让商标的所有权，也不完全转移使用权，即在许可他人使用时不会排斥商标所有人的使用。

五、案例分析题

1. B　　2. A　　3. A　　4. A

第七章

一、判断题

1. 错误　2. 错误　3. 正确　4. 错误　5. 错误
6. 错误　7. 错误　8. 错误　9. 错误　10. 错误

二、单项选择题

1. A　2. C　3. D　4. C　5. D

三、多项选择题

1. AD　2. ABD　3. BC　4. BC　5. CD

四、问答题（略）

五、案例分析题

1. C　2. B　3. A　4. C

第八章

一、判断题

1. 错误　2. 正确　3. 错误　4. 正确　5. 错误
6. 正确　7. 错误　8. 正确　9. 正确　10. 正确

二、单项选择题

1. D　2. C　3. A　4. D　5. C

三、多项选择题

1. ABC　2. AB　3. ABCD　4. ACD　5. AB

四、简答题

1. 商业秘密，是指不为公众所知悉、能为权利人带来经济利益、具有实用性并经权利人采取保密措施的技术信息和经营信息。据此，商业秘密具有保密性、经济适用性或价值性、权利人采取合理的保密措施三个特点。

2. 商业贿赂有四个构成要件：第一，商业贿赂的行贿人是经营者；第二，行为人采用财物或者其他手段实施了贿赂；第三，贿赂的目的是为了销售或者购买商品；第四，行为者的财物给付行为具有一定的隐蔽性，具体地讲，就是不在财务账上如实记载。

3. 我国的价格形式有三种，即市场调节价、政府指导价和政府定价。市场调节价是指由经营者自主制定，通过市场竞争形成的价格。政府指导价是指由政府价格主管部门或者其他有关部门，按照定价权限和范围规定基准价及其浮动幅度指导经营者制定的价格。政府定价由政府主管部门或其他有关部门，按照权限和范围制定的价格。

五、案例分析题

1. ABC　2. ABC　3. BC　4. B

第九章

一、判断题

1. 正确　2. 正确　3. 错误　4. 错误　5. 正确
6. 错误　7. 错误　8. 错误　9. 错误　10. 正确

二、单项选择题

1. A　　2. B　　3. B　　4. C　　5. D

三、多项选择题

1. ABD　　2. BCD　　3. ACD　　4. ABD　　5. AD

四、简答题

1. 刑事诉讼中的强制措施，是指公安机关、人民检察院和人民法院为了保证刑事诉讼的顺利进行，依法对刑事案件的犯罪嫌疑人、被告人的人身自由进行限制或者剥夺的各种强制性方法。包括拘传、取保候审、监视居住、拘留、逮捕。

2. 回避的理由包括：第一，审判人员、检察人员、侦查人员等具有下列情形之一的，应当回避：（1）是本案的当事人或者当事人的近亲属。（2）本人或者他的近亲属和本案有利害关系。（3）担任过本案证人、鉴定人、辩护人或者诉讼代理人。（4）与本案当事人有其他关系，可能影响公正处理案件。第二，在上述法定回避理由之外，还有特殊的回避理由，根据《刑事诉讼法》的有关规定，对于第二审法院经过第二审程序裁定发回重审的案件，原审法院负责审理此案的原合议庭组成人员不得再参与对案件的审理。

3. 我国刑事诉讼中的代理包括以下几种：第一，公诉案件中的代理，即诉讼代理人接受公诉案件的被害人及其法定代理人或者近亲属的委托，代理被害人参加诉讼，以维护被害人的合法权益。公诉案件的被害人及其法定代理人或近亲属自案件移送审查起诉之日起，有权委托诉讼代理人。第二，自诉案件中的代理，即代理人接受自诉人及其法定代理人的委托参加诉讼，以维护自诉人的合法权益。自诉案件的自诉人可以随时委托诉讼代理人。第三，附带民事诉讼中的代理，即诉讼代理人接受附带民事诉讼的当事人及其法定代理人的委托，在所受委托的权限范围内，代理参加诉讼，以维护当事人及其法定代理人的合法权益。

4. 证据，是指可以用于证明案件事实的材料。刑事诉讼中的证据包括：（1）物证；（2）书证；（3）证人证言；（4）被害人陈述；（5）犯罪嫌疑人、被告人供述和辩解；（6）鉴定意见；（7）勘验、检查、辨认、侦查实验等笔录；（8）视听资料、电子数据。

五、案例分析题

1. A　　2. D　　3. B　　4. C

第十章

一、判断题

1. 正确　　2. 错误　　3. 正确　　4. 错误　　5. 正确

6. 错误　　7. 错误　　8. 错误　　9. 正确　　10. 正确

二、单项选择题

1. A　　2. D　　3. D　　4. C　　5. A

三、多项选择题

1. ABD　　2. ABCD　　3. ABC　　4. ABC　　5. BCD

四、简答题

1. 根据我国《民事诉讼法》第 109 条之规定，起诉应当向人民法院递交起诉状，并按被告人人数提出副本，同时起诉状应当具有以下内容：（1）当事人的基本情况，包括姓名、性别、年龄、民族、籍贯、职业、住址。如是法人写明其全称、住所及其法定代表人姓名、职务。如是其他组织、写明其全称，主要负责人姓名、职务。有诉讼代理人的，应写明代理人的基本情况和代理权限；（2）诉讼请求；（3）事实和理由；（4）证据和证据的来源、种类、证明对象、证人姓名和住所。

2. 人民法院依职权提起再审，是指人民法院发现本院或者下级人民法院已经发生法律效力的判决、裁定确有错误，根据法律规定，决定对案件进行再次审理的诉讼行为。因此，人民法院依职权提起再审也称为人民法院决定再审。根据《民事诉讼法》第177条的规定，人民法院依职权提起再审必须具备下列条件：（1）案件的性质必须是诉讼案件。（2）案件的判决或者裁定必须已经发生法律效力。（3）已经生效的判决或者裁定必须确有错误。（4）必须由法定的主体提起或者决定。根据民事诉讼法的规定，对于本院已经发生法律效力的判决、裁定，应当由本院院长提交审判委员会讨论决定是否再审；对于地方各级人民法院已经发生法律效力的判决、裁定，最高人民法院、上级人民法院有权决定再审。

3. 根据《民事诉讼法》的规定，对妨害民事诉讼强制措施的种类有以下五种：拘传、训诫、责令退出法庭、罚款、拘留。（1）拘传，是对于必须到庭的被告，经人民法院传票传唤，无正当理由拒绝出庭的，人民法院派出司法警察，强制被传唤人到庭参加诉讼活动的一种措施。（2）训诫，是人民法院对妨害民事诉讼程序行为较轻的人，以口头方式予以严肃的批评教育，并指出其行为的违法性和危害性，令其以后不得再犯的一种强制措施。（3）责令退出法庭，是指人民法院对于违反法庭规则的人，强制其离开法庭的措施。（4）罚款，是人民法院对实施妨害民事诉讼行为情节比较严重的人，责令其在规定的时间内，交纳一定数额金钱的强制措施。（5）拘留，是人民法院对实施妨害民事诉讼行为情节严重的人，将其留置在特定的场所，在一定期限内限制其人身自由的强制措施。拘留期限为15日以下。除上述强制措施外，《民事诉讼法》还规定，妨害民事诉讼行为情节特别严重、构成犯罪的，依法追究其刑事责任。

4. 民事判决按不同的标准、不同的角度，可以作不同的分类：民事判决就其所解决的诉讼的性质不同，可以分为给付判决、确认判决和变更判决。民事判决就其解决案件的全部或一部分争议，可分为全部判决和一部分判决。民事判决根据双方当事人是否出庭，分为对席判决和缺席判决。民事判决根据其案件的审理程序，可分为一审判决、二审判决和再审判决。民事判决就其解决案件的结果，分为肯定判决和否定判决。肯定判决是准许原告诉讼请求的判决，也就是原告获得胜诉的判决。否定判决是驳回原告诉讼请求，也就是原告败诉的判决。

五、案例分析题

1. A　　2. C　　3. C　　4. C

第十一章

一、判断题

1. 错误　　2. 正确　　3. 错误　　4. 正确　　5. 正确
6. 错误　　7. 正确　　8. 正确　　9. 错误　　10. 正确

二、单项选择题

1. D　2. B　3. A　4. D　5. A

三、多项选择题

1. BCD　2. BC　3. ABC　4. ABCD　5. ACD

四、简答题

1. 根据《行政诉讼法》第二十六条的规定，公民、法人或者其他组织直接向人民法院提起诉讼的，作出行政行为的行政机关是被告。经复议的案件，复议机关决定维持原行政行为的，作出原行政行为的行政机关和复议机关是共同被告；复议机关改变原行政行为的，复议机关是被告。复议机关在法定期限内未作出复议决定，公民、法人或者其他组织起诉原行政行为的，作出原行政行为的行政机关是被告；起诉复议机关不作为的，复议机关是被告。两个以上行政机关作出同一行政行为的，共同作出行政行为的行政机关是共同被告。行政机关委托的组织所作的行政行为，委托的行政机关是被告。行政机关被撤销或者职权变更的，继续行使其职权的行政机关是被告。

2. 根据《行政诉讼法》第四十九条的规定，提起诉讼应当符合下列条件：(1) 原告是符合刑事诉讼法规定的公民、法人或者其他组织；(2) 有明确的被告；(3) 有具体的诉讼请求和事实根据；(4) 属于人民法院受案范围和受诉人民法院管辖。

3. 根据《行政诉讼法》第五十六条的规定，诉讼期间，不停止行政行为的执行。但有下列情形之一的，裁定停止执行：(1) 被告认为需要停止执行的；(2) 原告或者利害关系人申请停止执行，人民法院认为该行政行为的执行会造成难以弥补的损失，并且停止执行不损害国家利益、社会公共利益的；(3) 人民法院认为该行政行为的执行会给国家利益、社会公共利益造成重大损害的；(4) 法律、法规规定停止执行的。

4. 行政行为有下列情形的，人民法院判决确认违法，但不撤销行政行为：(1) 行政行为依法应当撤销，但撤销会给国家利益、社会公共利益造成重大损害的；(2) 行政行为程序轻微违法，但对原告权利不产生实际影响的。行政行为有下列情形之一，不需要撤销或者判决履行的，人民法院判决确认违法：(1) 行政行为违法，但不具有可撤销内容的；(2) 被告改变原违法行政行为，原告仍要求确认原行政行为违法的；(3) 被告不履行或者拖延履行法定职责，判决履行没有意义的。

五、案例分析题

1. A　2. C　3. A　4. B

第十二章

一、判断题

1. 正确　2. 错误　3. 正确　4. 错误　5. 错误

6. 错误　7. 正确　8. 正确　9. 正确　10. 正确

二、单项选择题

1. D　2. D　3. C　4. C　5. C

三、多项选择题

1. AB　2. AB　3. BC　4. ABCD　5. ABCD

四、问答题

1. 卖方的担保义务分为两类：一为质量担保，二为权利担保。质量担保：卖方应当交付与合同规定相符的质量和数量的货物。权利担保：卖方所交付的货物，必须是第三方不能提出任何权利和要求的货物。

2. 主观要件：构成国家责任的不法行为是可归因于国家的国家行为；客观要件：国家的行为违背了该国所承担的国际义务。

3. 其一，具有国际性的合同：营业地标准；其二，适用于货物贸易；其三，适用于合同的事项包括合同订立、当事人权利义务、救济。

五、案例分析题

1. ABCD　2. AD　3. BD　4. BD

参考文献

1. 马克思，恩格斯：《德意志意识形态》（节选本），人民出版社 2003 年版。
2. 《马克思恩格斯选集》（第 1 卷），人民出版社 1995 年版。
3. 付子堂：《法理学初阶》，法律出版社 2003 年版。
4. 舒国滢：《法理学》，中国人民大学出版社 2012 年版。
5. ［古希腊］亚里士多德：《政治学》，吴寿彭译，商务印书馆 1983 年版。
6. 《董必武政治法律文集》，法律出版社 1986 年版。
7. 《邓小平文选》（第 2 卷），人民出版社 1994 年版第 2 版。
8. 蒋碧昆：《宪法学》，中国政法大学出版社 2002 年版。
9. 张千帆：《宪法学》，法律出版社 2015 年版。
10. 陈弘毅：《宪法学的世界》，中国政法大学出版社 2014 年版。
11. 胡建淼：《行政法学概要》，浙江工商大学出版社 2012 年版。
12. 姜明安：《行政法与行政诉讼法》，北京大学出版社、高等教育出版社 2007 年版。
13. 陈兴良：《刑法学》，复旦大学出版社 2003 年版。
14. 高铭暄、马克昌：《刑法学》，北京大学出版社、高等教育出版社 2005 年版。
15. 杨春洗、杨敦先、郭自力：《中国刑法论》，北京大学出版社 2005 年版。
16. 王国枢：《刑事诉讼法学》，北京大学出版社 2010 年版。
17. 江平：《民法学》，中国政法大学出版社 2007 年版。
18. 魏振瀛：《民法》，北京大学出版社、高等教育出版社 2004 年版。
19. 宋宗宇、刘云生：《民法学》，重庆大学出版社 2007 年版。
20. 王利明、杨立新：《民法学》，法律出版社 2008 年版。
21. 刘春田：《知识产权法》（第五版），中国人民大学出版社 2014 年版。
22. 吴汉东：《知识产权法》（第五版），法律出版社 2014 年版。
23. 巫昌祯、夏吟兰：《婚姻家庭法学》，中国政法大学出版社 2007 年版。
24. 杨大文、龙翼飞、夏吟兰：《婚姻家庭法学》，中国人民大学出版社 2007 年版。
25. 杨紫烜：《经济法》，北京大学出版社 2014 年版。
26. 王晓晔：《经济法学》，社科文献出版社 2010 年版。
27. 徐孟洲、曾宪义：《经济法学原理与案例教程》，中国人民大学出版社 2010 年版。
28. 《中华人民共和国消费者权益保护法释义》，法律出版社 2013 年版。
29. 陈卫东：《刑事诉讼法》，中国人民大学出版社 2015 年版。

30. 陈光中：《刑事诉讼法》，北京大学出版社、高等教育出版社 2013 年版。

31. 《最高人民法院关于适用〈中华人民共和国刑事诉讼法〉的解释》理解与适用，中国法制出版社 2013 年版。

32. 沈德咏：《最高人民法院民事诉讼法司法解释理解与适用》，人民法院出版社 2015 年版。

33. 田平安：《民事诉讼法原理》，厦门大学出版社 2015 年版。

34. 姜明安：《行政法与行政诉讼法》，北京大学出版社 2015 年第 6 版。

35. 《中华人民共和国行政诉讼法解读》，中国法制出版社 2014 年第 1 版。

36. ［奥地利］菲德罗斯：《国际法》（上），李浩培译，商务印书馆 1981 年版。

37. ［韩］柳炳华：《国际法》（上），中国政法大学出版社 1997 年版。

38. 王铁崖、周忠海：《周鲠生国际法论文选》，海天出版社 1999 年版。

39. 绍津：《国际法》，北京大学出版社 2014 年版。

40. 周忠海：《国际法》，中国政法大学出版社 2013 年版。

41. 程晓霞、余民才：《国际法》，中国人民大学出版社 2011 年版。

42. 王传丽：《国际经济法》，中国政法大学出版社 2012 年版。

43. 于劲松、吴志攀：《国际经济法》，北京大学出版社 2014 年版。

44. 左海聪：《国际经济法的理论与实践》，武汉大学出版社 2003 年版。

45. 韩德培、肖永平：《国际私法》，高等教育出版社 2014 年版。

46. 李双元、欧福永：《国际私法》，北京大学出版社 2014 年版。

47. 王衡：《中国 WTO 争端应对法律问题研究》，法律出版社 2015 年版。

48. 边永民：《国际公法案例选评》，对外经济贸易大学出版社 2015 年版。

49. 张乃根：《国际法与国际秩序》，上海人民出版社 2015 年版。

50. 夏勇：《人权概念起源》，中国政法大学出版社 1992 年版。

51. Brownlie，Ian. Principles of International Law. Oxford：Clarendon Press，4th ed.，1990.

52. John O'Brien. International Law. London/Sydney：Cavendish Publishing Limited，2001.

53. Kate Parlett. The Individual in the International Legal System—Continuity and Change in International Law. New York：Cambridge University Press，2011.

54. R. Higgins，Problems and Process. International Law and How We Use It，Oxford：Oxford University Press，1994.

55. Thomas J. Buergenthal. International Human Rights Law. West Group，2002.

全国高等学校应用型法学人才培养系列规划精品教材

法学概论
法学导论
国际商法
刑法判例教程
竞争法
房地产法学
民法实训
婚姻家庭与继承法
法律逻辑
经济法
合同法学
公司法学
仲裁法学
专利法学
著作权法学
商标法学
证据法学
证券法学
法律文书学
中国司法制度
金融法
商法总论
法经济学
票据法学
法律英语

为辅助教学，提升教学效果，本系列教材全部提供配套PPT电子课件。在教学中选用本系列教材的教师，可通过以下途径免费获得相应课件。

联系电话：027-87215590

电子邮件：cbs22@whu.edu.cn

欢迎广大教师和读者选用本系列教材，并提出您宝贵的意见、建议和要求，也欢迎您携作品加入我们的出版平台，我们将继续提供优质的出版服务。

联系人：胡　艳（出版策划编辑）

电　话：13476277833

E-mail：214050036@qq.com

图书在版编目(CIP)数据

法学概论/王丽娜主编．—武汉：武汉大学出版社,2017.4
全国高等学校应用型法学人才培养系列规划精品教材
ISBN 978-7-307-19144-0

Ⅰ.法…　Ⅱ.王…　Ⅲ.法学—概论—高等学校—教材　Ⅳ.D90

中国版本图书馆 CIP 数据核字(2017)第 004923 号

责任编辑:胡　艳　　责任校对:汪欣怡　　版式设计:马　佳

出版发行：**武汉大学出版社**　（430072　武昌　珞珈山）
（电子邮件：cbs22@whu.edu.cn　网址：www.wdp.com.cn）
印刷:武汉中科兴业印务有限公司
开本：787×1092　1/16　印张:25.25　字数:597 千字　插页:1
版次：2017 年 4 月第 1 版　　2017 年 4 月第 1 次印刷
ISBN 978-7-307-19144-0　　定价:49.00 元

版权所有，不得翻印;凡购我社的图书，如有质量问题，请与当地图书销售部门联系调换。